LA GRANDE ENCYCLOPÉDIE FLEURUS

CHEVAL

Direction d'ouvrage : Hubert Deveaux et Marie Garagnoux,
avec l'aimable collaboration de Bertrand de Perthuis

Rédacteurs :
Virginie Bruneau
Frédéric Chéhu
Nathalie Michaud
Bertrand de Perthuis
Jérôme Transetti

Coordination éditoriale et contribution rédactionnelle :
Marie-Gabrielle Slama et Edwige Nicot

Iconographie : Brigitte Blanche

Correction : Hélène Valay

Directrice de collection : Hélène Dutilleul

Direction éditoriale : Christophe Savouré

Mise en page : Else

Réalisation : Hubert Deveaux & Co

15-27 rue Moussorgski - 75018 Paris
1ère édition : mars 2001

Édition brochée 03 n° M 11102, août 2011.
ISBN : 978-2-215-10010-2
Code MDS : 590887

Photogravure : Quat'Coul, Toulouse
Imprimé en Chine sur les presses de Book Partners China Ltd.
Loi n° 49-956 du 16 juillet 1949 sur les publications destinées à la jeunesse.

LA GRANDE ENCYCLOPÉDIE FLEURUS

CHEVAL

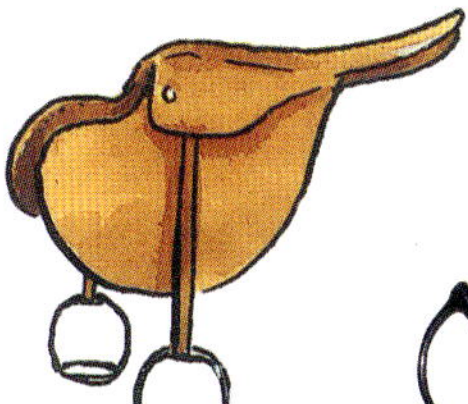

FLEURUS
fleuruseditions.com

Avant-propos

Que tu aies la chance d'avoir ton propre poney ou que tu montes régulièrement dans un club, que tu sois un cavalier émérite ou que l'équitation soit encore un rêve pour toi : ce livre t'est destiné.

Ses auteurs - journalistes, écrivains, cavaliers, anciens moniteurs et vétérinaire - ont tous, comme toi, une passion pour les chevaux.
Leur but est de te la faire partager.

Afin que cette passion repose sur une connaissance approfondie du cheval, ils te décrivent tous les aspects de ce formidable compagnon.

Les informations encyclopédiques (histoire, anatomie, psychologie) te permettront de comprendre parfaitement ta monture. Les conseils pratiques t'aideront, eux, à t'en occuper dans les meilleures conditions et à améliorer tes performances.

Plus tu en sauras sur ton cheval ou ton poney, plus ta relation avec lui sera source de plaisir et de bonheur pour vous deux.

Et maintenant, à cheval !

L'éditeur

Les mots suivis d'un astérisque (*) sont expliqués dans le lexique en fin d'ouvrage.

Sommaire

Mille et un chevaux

Aux petits soins

En selle ! 176

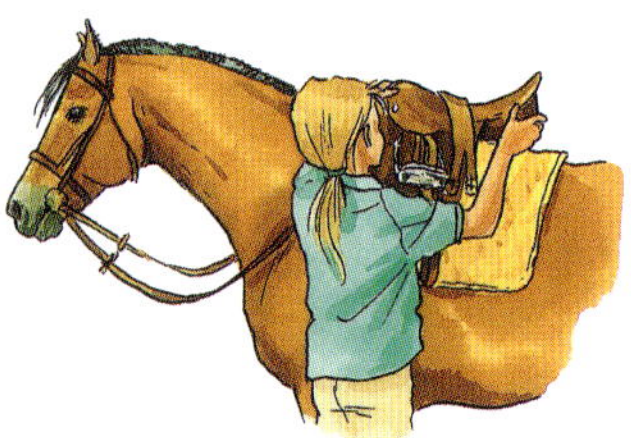

Des sports et des loisirs 222

Des chevaux et des hommes 254

D'hier à aujourd'hui 274

Comportement et mode de vie

Comment vivent les chevaux ? De quelle manière perçoivent-ils leur environnement ? Comment le poulain vient-il au monde ? Que deviennent les vieilles montures ? Peut-on trouver aujourd'hui des chevaux libres ? Autant de questions – et de réponses – qui permettent d'appréhender les particularités du comportement et du mode de vie des équidés, ces mammifères herbivores qui n'en finissent pas de nous fasciner.

Des troupeaux et des pâturages

L'écurie ? Un mal nécessaire. L'élément naturel du cheval reste le pré. Brouter, brouter, brouter, voilà l'activité vitale, extrêmement sérieuse et laborieuse, que les chevaux pratiquent en groupe organisé.

Avant tout herbivore

Le cheval est un herbivore : il se nourrit d'herbes, de feuilles, de fruits, de céréales, de légumes… Il ne faut donc pas lui proposer du jambon ou du fromage ! En revanche, on peut lui apporter de temps en temps des pommes, des carottes ou, pourquoi pas, des oranges, des tomates, du céleri… Lorsqu'il est libre dans un pré, le cheval ne mange quasiment que des herbes. Ce régime est moins monotone qu'il n'y paraît car celles-ci se composent d'espèces distinctes, aux goûts très différents.

Cheval contre vache

Attention, le cheval n'est pas un ruminant, comme la vache ou le mouton. Bovins et ovins régurgitent leur nourriture pour la digérer une seconde fois. Le cheval, lui, n'a qu'un seul estomac et ce qu'il ingurgite n'y passe qu'une fois. Il possède un très gros colon qui assure la fonction des multiples poches des ruminants. Ces derniers assimilent mieux leur nourriture que les chevaux. Une bouse de vache est liquide et presque sans résidus ; un crottin de cheval est beaucoup plus compact et contient encore des céréales.

Pour compenser, les chevaux broutent quelque seize heures par jour, tandis que les vaches ne consacrent que huit heures quotidiennes à cette activité. Même si l'herbe n'est pas très grasse, les équidés se rattrapent sur la quantité. Ainsi, les chevaux sauvages se contentaient souvent de pâturages assez maigres en broutant longuement.

Trop à manger…

De nos jours, les chevaux domestiques préfèrent les herbes charnues des prés riches, tels ceux de Normandie. On constate d'ailleurs qu'ils sont plus souvent malades d'avoir trop mangé que d'avoir un peu jeûné… Les poneys shetlands, par exemple, souffrent fréquemment d'une très grave maladie, la fourbure*, lorsqu'on les laisse s'empiffrer sans contrôle. Lors d'une mise au pré, il faut donc s'assurer que la pâture ne fournit pas une nourriture surabondante en quantité et en qualité (*voir p. 148*).

Un vrai nomade

Avant leur domestication, les chevaux migraient. Ils ne fuyaient pas l'hiver mais, tels des nomades, ils se déplaçaient sur de très longues distances à la recherche de ressources alimentaires ou d'eau. Leur territoire, plus ou moins grand selon la richesse des pâturages, changeait en cas de disette. Un cheval peut donc couvrir

plusieurs dizaines de kilomètres par jour. Le monter une heure puis le laisser enfermé dans son box le reste de la journée est très mauvais pour son équilibre psychologique.

Un animal grégaire

L'équidé déteste la solitude. Il est fait pour vivre en groupe, lequel permet d'assurer constamment une surveillance face aux prédateurs. Dans la nature, les chevaux évoluaient au sein de familles composées de trois à dix individus : un étalon entouré d'une à trois juments et de leurs petits. C'est toujours ainsi que vivent leurs cousins les zèbres des plaines. Les grands troupeaux de chevaux rassemblés parfois autour des points d'eau étaient en fait constitués de plusieurs familles. Les chevaux domestiques entretiennent, eux aussi, de solides amitiés avec leurs compagnons de pré ou d'écurie. Ils n'aiment pas rester seuls et ont besoin de camarades avec lesquels ils peuvent se sentir, se toucher… communiquer.

***Pendant que ses deux congénères broutent**, le troisième poney de ce groupe de haflingers assure la surveillance.*

LE SAVAIS-TU ?

Retour à la case départ
Un cavalier part seul en promenade, chute et lâche la bride. Que va faire son cheval ? Dans 90 % des cas, il rentre au grand galop à l'écurie rejoindre ce qui représente pour lui la sécurité : les autres chevaux.

Chèvre de compagnie
Lorsque l'on ne peut pas entretenir plus d'un cheval, la solution consiste à le faire cohabiter avec un autre animal. Une chèvre naine est par exemple un choix excellent : ce petit ruminant, peu onéreux à l'achat et à l'entretien, ne prend pas de place. Chèvre et cheval font vite bon ménage et on constate que la chèvre éloigne de son compagnon les maladies contagieuses.

La fuite pour seule défense

Dépourvu de crocs, de cornes ou de griffes, le cheval est une proie sans défense. Pour survivre dans la nature et échapper aux grands prédateurs, sa seule tactique est la fuite. Tous ses comportements en découlent : le cheval est peureux et émotif.

"Courage, fuyons !" Telle est la devise du cheval. Pour lui, la nouveauté, l'imprévu, la surprise sont synonymes de danger. Il reste toujours sur ses gardes, craignant nuit et jour l'attaque d'un prédateur. Le moindre bruit inattendu, le moindre mouvement brusque le font sursauter. En groupe, les chevaux se conduisent un peu comme les moutons de Panurge. Ils ont tendance à imiter les comportements de leurs proches. Ainsi il suffit qu'un seul cheval s'effraie pour que toute la reprise* s'affole. De même, si un cheval sent que son cavalier a peur, cette inquiétude va le gagner et il aura tendance à s'enfuir.

***Encolure relevée**, oreilles plaquées en arrière, œil blanc, ce cheval paniqué est contenu grâce au calme et à la technique de sa cavalière.*

Le cheval emballé

Le cheval est hypersensible. Sa crainte dégénère parfois en panique. Il se met alors à galoper droit devant lui, aussi vite et aussi loin qu'il le peut. On dit qu'il s'emballe. Cette situation est dangereuse pour le cavalier, qui doit savoir garder son calme afin de ne pas communiquer ses angoisses à sa monture. Il ne doit pas crier ni se crisper sur son dos, mais le tranquilliser et le rassurer d'une voix posée, avant de détourner sa course sur un grand cercle.

Paralysé par la peur

En promenade, il arrive qu'un cheval refuse catégoriquement d'avancer. Parfois une simple flaque d'eau ou un tissu claquant au vent le bloque. D'autres fois, on ne parvient pas à identifier la cause de cet arrêt. Quoi qu'il en soit, c'est presque toujours la peur qui motive cette obstination. Il suffit généralement qu'un autre cheval passe devant lui pour que le récalcitrant, rassuré, le suive. Le cavalier peut aussi apaiser sa monture en lui parlant doucement, attendre que celle-ci se calme et tenter de passer l'obstacle à reculons. L'essentiel est que le cheval ne soit pas pris de panique, ce qui déclenche son réflexe de fuite.

***Troupeau de chevaux arabes** en pleine fuite*

***Lors d'une course**, au moment de l'ouverture des stalles de départ, les chevaux ont le même réflexe de partir en flèche que leurs ancêtres sauvages à l'approche des prédateurs.*

Un réflexe de gagneur

La rapidité a toujours été l'élément indispensable qui a pu assurer la survie de la race équine.
Avant que l'homme ne s'en mêle, la vitesse était déjà l'un des premiers critères de sélection naturelle : à 1 jour, le poulain devait déjà pouvoir galoper si un prédateur attaquait, et c'est le cheval le moins rapide qui était dévoré.
L'homme, lui aussi, a fait de la vitesse du cheval l'une de ses exigences.
Pour les courses, il utilise ce réflexe inné de fuite du cheval.
Et c'est en croisant les étalons et les juments lauréats du plus grand nombre de compétitions que les éleveurs sont parvenus à créer la race de chevaux la plus rapide au monde : le pur-sang anglais.

LE SAVAIS-TU ?

Un piège préhistorique

De gigantesques amas d'os de chevaux ont été découverts au bas de la roche de Solutré (en Saône-et-Loire), prouvant que, de 32000 à 12000 av. J.-C., les Solutréens s'y sont nourris de chevaux. Les historiens ont longtemps supposé que ces chasseurs préhistoriques utilisaient la propension à paniquer des chevaux pour les diriger vers le haut de la falaise et les obliger à se précipiter dans le vide. Mais le fait que les ossements ne se trouvent pas exactement au pied de la falaise discrédite cette hypothèse. Aujourd'hui, on pense plutôt que les chevaux étaient poussés dans une sorte de corridor dont la roche de Solutré constituait l'une des parois.

Comment voit-il ?

On raconte souvent que le cheval voit les objets qui l'entourent sept fois plus gros que nous ne les voyons, mais c'est une idée fausse. En revanche, ses particularités anatomiques rendent sa vision très différente de la nôtre.

Son champ visuel

Les yeux du cheval sont placés sur les côtés de la tête et non sur le devant, comme chez l'homme. Par conséquent, l'équidé ne voit avec ses deux yeux à la fois que dans un angle étroit de 60°, juste devant lui. C'est seulement dans cet angle qu'il dispose d'une vision en trois dimensions. Sur les côtés, en revanche, le cheval ne peut regarder que d'un œil.
Mais en tournant un peu sa longue encolure, il dispose d'une vision panoramique à 360° et peut donc distinguer, entre autres, les mouvements de son cavalier.
Il n'y a guère que sous ses naseaux et derrière lui, dans l'axe de son encolure, que le cheval ne voit pas : ce sont ses "zones aveugles".

Heureusement, de longs poils tactiles et hypersensibles (les vibrisses) lui permettent de sentir ce qui se passe sous son nez ; il ne faut donc jamais les couper.

Il est également important de ne pas approcher un cheval par derrière sans l'avertir de la voix. Celui qui l'aborde par surprise dans sa zone aveugle risque fort de recevoir un coup de pied. Dans la nature, ce sont en effet les prédateurs qui surgissent subitement dans son dos…

Une vision en couleur

On ne sait pas encore parfaitement comment le cheval voit les couleurs. Ce qui est certain, c'est qu'il les distingue avec moins de précision que nous. Par exemple, il ne différencie pas bien les couleurs pastel les unes des autres. À très haut niveau, les chefs de piste s'amusent d'ailleurs à piéger les chevaux en construisant des obstacles fort peu contrastés ou qui se confondent avec la couleur du sol. Mais, dans la plupart des concours hippiques, on utilise des obstacles dont les barres ont des couleurs vives et tranchées, afin que les chevaux les discernent parfaitement.

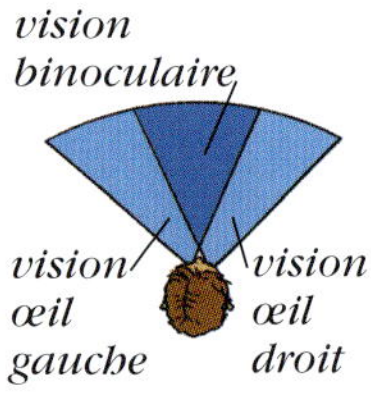

Champ de vision de l'homme

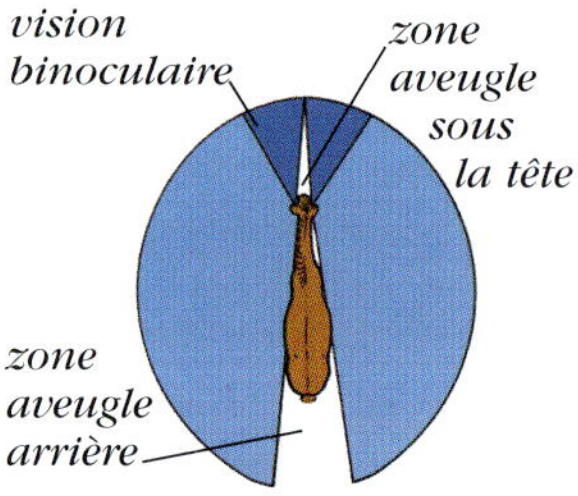

Champ de vision du cheval

LE SAVAIS-TU?

Les chevaux de nuit
Aux États-Unis, au début du XIXe siècle, les cow-boys qui menaient les grands convois de bétail disposaient chacun de sept chevaux, dont un de nuit, ou *night horse*, doué d'une meilleure vision nocturne que les autres. Celui-ci était utilisé pour les rondes de nuit autour du troupeau endormi.

***Ces deux géants américains**, des belgians, sont équipés d'œillères afin de rester concentrés durant les compétitions de traction auxquelles ils participent.*

Une vision nocturne

Si le cheval est moins doué que nous pour percevoir les couleurs, dans la pénombre, au contraire, sa vision est bien meilleure que la nôtre.
Les randonneurs estiment que, tant qu'ils distinguent les oreilles de leur monture, celle-ci peut voir où elle pose le pied.
Mais lorsqu'il passe du soleil à la pénombre, le cheval met plus de temps que l'homme pour s'habituer à l'obscurité. Il faut donc se méfier des trop forts contrastes de lumière qui risquent de l'aveugler.
Au moment de le faire monter dans un van, il est conseillé d'ouvrir toutes les issues du véhicule, afin d'y faire entrer le plus de lumière possible.

Un cerveau différent du nôtre

À cause de la position et de la constitution de ses yeux, le cheval ne voit pas tout à fait comme nous. Les parties de son cerveau qui décortiquent l'image captée par son œil ne fonctionnent pas non plus exactement comme les nôtres. Ainsi, le cheval est plus sensible que l'homme aux mouvements ou aux nouveautés dans le paysage. Son attention est très facilement attirée par un mouvement dans le lointain ou par un objet inhabituel dans son environnement. Voilà pourquoi on ne doit pas faire de geste brusque à proximité des chevaux. C'est aussi la raison d'être des œillères. On en met aux chevaux d'attelage et aux chevaux de course pour qu'ils ne soient pas distraits par ce qui se passe autour d'eux.

LES IDÉES FAUSSES

On raconte beaucoup d'absurdités à propos de la vue des chevaux.
Non, ils ne voient pas en noir et blanc ! Ils sont tout à fait sensibles aux couleurs.
Non, ils ne voient pas que ce qui bouge ! Ils remarquent parfaitement les éléments immobiles, surtout s'ils sont nouveaux dans leur environnement.
Non, le cheval ne voit pas dans le noir ! Il se repère mieux que nous dans la pénombre, mais, dans l'obscurité complète, il est aussi aveugle que nous.
Non, le cheval ne voit pas flou ! Son acuité visuelle est moins développée que la nôtre de près, mais il possède une bonne vision de loin.

Un grand sensible

Oreille fine, odorat développé, goût affirmé, excellent toucher... Le monde sensible du cheval est très riche en nuances. Et bien percevoir son environnement n'est-ce pas déjà le comprendre ?

L'ouïe

Toujours sur le qui-vive, le cheval peut tourner ses oreilles sur 180° dans la direction d'où provient le bruit qui l'intéresse. Il dispose même de plus de vingt muscles pour animer les jolies conques qui lui servent de pavillons auditifs. Ces récepteurs mobiles lui donnent la capacité de localiser avec précision la source d'un son et d'entendre des bruits de plus faible intensité que nous. Il perçoit donc les ultrasons et les infrasons, c'est-à-dire des sons trop aigus ou trop graves pour être détectés par l'oreille humaine.
Voilà pourquoi le cheval sent venir l'orage ou semble pouvoir anticiper les tremblements de terre. En fait, il entend simplement bien avant nous les grondements de ces phénomènes naturels.

L'odorat

Sans être aussi fin limier que le chien, le cheval a néanmoins accès à un monde olfactif qui nous est tout à fait inconnu. Si l'on dépliait et si l'on étalait la muqueuse olfactive d'un cheval, celle-ci occuperait une surface supérieure à celle de son corps !
En balade, il peut reconnaître les différents massifs forestiers à la senteur caractéristique des espèces d'arbres qui les composent.
On dit même qu'il sentirait physiquement la peur qu'éprouve un cavalier, grâce à l'odeur de sa sueur.

Le goût

Associé à l'odorat, le goût permet au cheval de distinguer les herbes qu'il aime de celles qu'il boude ou qui sont dangereuses pour lui.
Il perçoit probablement les mêmes quatre saveurs que l'homme : sucré, salé, acide et amer. Il semble toutefois que le cheval apprécie particulièrement les aliments amers. Il développe facilement une grande appétence pour les produits sucrés, à condition d'en avoir rencontré auparavant.
C'est pourquoi on ajoute souvent de la

***Oreilles extrêmement mobiles**, comme montées sur des pivots pour ce welsh (à gauche) et ce cleveland bay (à droite)*

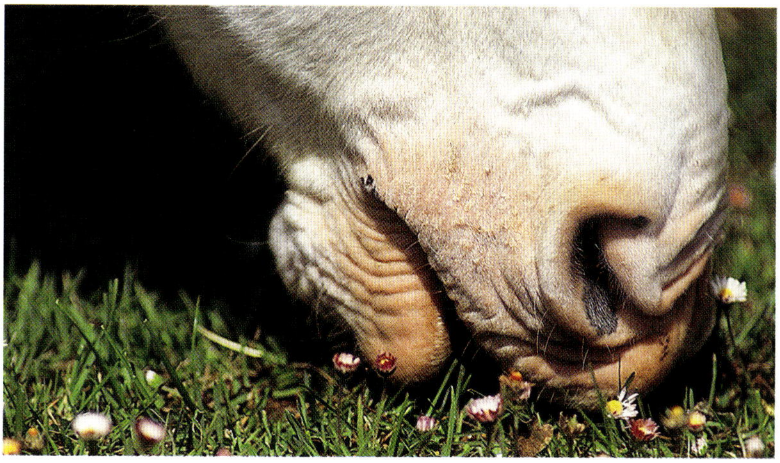

mélasse sucrée à sa ration, pour la rendre plus appétissante. La langue est également un organe tactile grâce auquel il peut identifier et reconnaître la texture des plantes.

Le toucher

En dépit de l'épaisseur de sa peau, le cheval a un excellent toucher. Par exemple, il perçoit parfaitement la présence d'une mouche sur son dos et va la chasser grâce à des muscles superficiels, les muscles peauciers, avec lesquels il peut faire bouger sa peau. Chacun de ses poils a aussi la capacité de se dresser grâce à un petit muscle. Faute de mains, les équidés utilisent leurs lèvres comme organes préhensiles. Elles sont très sensibles et exceptionnellement habiles, un peu comme nos doigts. Elles sont, en outre, doublées de poils sensoriels que l'on nomme les vibrisses. Ces longues moustaches servent de palpeurs au cheval, dans les zones où il n'y voit guère (*voir p. 16*). Grâce à ces organes sensoriels (les lèvres et les vibrisses), le cheval est notamment capable de différencier l'avoine qu'on lui donne du médicament en poudre qu'on y avait soigneusement mélangé. Lorsque le cavalier vérifie la mangeoire de son protégé, il y retrouve fréquemment l'intégralité du médicament, sous la forme d'un petit tas bien rangé !

LE SAVAIS-TU ?

Une douce odeur !
L'odeur du crottin change en fonction de l'émotion que ressent l'animal. C'est pourquoi l'on dépose le crottin d'un cheval détendu sur le pont d'un van dans lequel on veut embarquer une monture. Rassurée par cette odeur "tranquille", elle y entre plus facilement.

LE FLEHMEN

Lorsque le cheval retrousse sa lèvre supérieure et semble sourire, on dit qu'il fait un flehmen. Cette grimace lui sert à mieux flairer certaines odeurs particulières appelées "phéromones". Ces molécules parfumées servent de messagers chimiques aux chevaux, qui les disséminent pour afficher leur humeur sexuelle.

***Ces deux mâles** ont probablement senti la présence d'une jument dans les parages.*

Surdoué !

Pas de doute, le cheval est un surdoué ! Cinquante-cinq millions d'années d'évolution ont fait de lui une machine à galoper vite et longtemps. Six mille ans d'élevage et de sélection n'ont eu de cesse de le perfectionner.

Ses aptitudes

Le cheval se caractérise d'abord par sa vélocité. Avec une vitesse de pointe de 70 km/h, il surclasse la plupart des mammifères. Seul le guépard, avec des pointes à 120 km/h, et les antilopes, qui atteignent les 95 km/h, sont plus rapides.
Il se distingue aussi par son endurance. Dans les compétitions, il parcourt régulièrement 160 km d'une traite, à 20 km/h de moyenne et avec un cavalier sur le dos. Ni le guépard, ni les antilopes, ni aucun autre animal n'en sont capables.
Enfin, l'équidé est très robuste et peut sans peine porter un homme de 80 kg ou tracter une lourde voiture.

Un sportif polyvalent

La taille du cheval est imposante ! Seuls les chameaux, la girafe ou l'éléphant le dépassent. Parmi les grands animaux, le cheval est aussi l'un de ceux qui possèdent les jambes les plus longues. En comparaison, les vaches ou les rhinocéros semblent bien courts sur pattes.
Le cheval est un sauteur honnête pour sa taille et son poids. Son dos plutôt raide ne lui permet pas de bondir comme un félin. Pourtant, grâce à ses puissants membres postérieurs, il franchit des obstacles de plus de 2 m de haut ou 8 m de long.
Enfin, le cheval est capable de vivre dans presque tous les milieux, du désert à la plaine en passant par la montagne ou la forêt.

Un animal unique

Naturellement, c'est le cheval que l'homme a choisi comme monture parmi tous les autres prétendants.
Les bovins sont peut-être plus robustes, mais moins rapides et moins endurants.
Les chameaux et les dromadaires sont résistants, mais ils sont lents et attachés à leur désert.
Les éléphants sont plus forts, mais ils n'ont qu'une seule allure, le pas.

LE SAVAIS-TU?

À la pêche!
Le camargue sait brouter sous l'eau. Il plonge son nez sous la surface presque jusqu'aux yeux pour aller "pêcher" les herbes qui se dissimulent au fond des marécages.

C'est une bonne illustration de l'adaptation d'une race au milieu. Un pur-sang arabe, en revanche, mourrait de faim dans un marais.

Quant aux girafes, elles ne semblent guère obéissantes… Seul quadrupède à réunir force, vitesse, endurance et docilité, le cheval constituait pour l'homme le meilleur choix.

***Façonné dans une île au climat très rude**, l'islandais est petit, râblé, poilu.*

L'influence du milieu

Dans les îles, les chevaux sont plus petits. Le meilleur exemple est celui des îles Shetland qui, par leur climat rude et leur herbe pauvre, ont donné naissance au tout petit poney du même nom.
De même, dans les zones marécageuses, les chevaux ont de larges sabots en forme d'assiette qui s'enfoncent peu. C'est le cas des chevaux camargues qui vivent dans le delta du Rhône.
Le climat exerce aussi une influence. Dans les déserts, les chevaux sont fins avec un poil court, tandis qu'en montagne ils ont un pelage fourni et un physique trapu.

L'influence de l'homme

L'homme est également responsable de la différenciation des morphologies.
Avant son intervention, les chevaux ne dépassaient pas 1,40 m, soit la stature de grands poneys. Ils ont atteint les dimensions qu'on leur connaît aujourd'hui à cause de la sélection effectuée par les éleveurs. Cette volonté d'obtenir des montures plus hautes ne date que du XVe siècle. Elle se poursuit de nos jours, où des races tels l'arabe, l'ibérique et le lipizzan sont de taille de plus en plus élevée.
Certaines races, comme celles de trait, sont une création humaine. Ces mastodontes ne sont nullement des produits de la nature. Ils ont été "fabriqués" : l'homme a commencé par sélectionner des chevaux forts pour la traction, puis les a fait croître. Mais c'est seulement avec l'apparition du moteur à explosion et la reconversion des chevaux de trait en chevaux de boucherie qu'ils sont devenus des chevaux "sumos". À l'autre extrémité de l'échelle de taille des équidés, le minuscule falabella, avec ses 65 cm de haut environ, est lui aussi un pur produit de la manipulation génétique des scientifiques.

Entier ou pas ?

Étalon ou hongre ? Telle est la question, car selon qu'il est entier ou opéré, l'équidé ne possède pas les mêmes aptitudes. Voici la raison de cette opération qui peut a priori sembler barbare…

Étalon ou hongre ?

Dans les clubs hippiques, la plupart des chevaux sont des mâles castrés, les hongres. L'ablation des testicules se pratique chez les poulains généralement vers l'âge de 2 ans. Seuls quelques rares spécimens échappent à cette intervention. On les appelle des entiers, pour faire référence à l'intégrité de leur appareil génital. Parmi les entiers, les étalons sont ceux qui ont été sélectionnés comme reproducteurs : ils ont donc l'autorisation de faire la monte, c'est-à-dire d'effectuer des saillies. Entiers et étalons sont plus musclés que les hongres.

Leur encolure est notamment beaucoup plus développée. Ils sont aussi bien plus fanfarons et affichent davantage de prestance.

Les chevaux "pifs"

Parfois, il arrive que certains chevaux soient mal castrés. C'est le cas des chevaux monorchides ou cryptorchides (on dit aussi "pifs") : au moins un de leurs testicules est resté dissimulé dans le ventre. Il s'agit d'une malformation congénitale (qui se produit à la naissance) et héréditaire (qui se transmet par les gènes) empêchant la descente normale des testicules dans les bourses. Ces chevaux se comportent alors comme des entiers, bien qu'on les croie hongres. Ils doivent être opérés et tout reste de testicule enlevé.

L'étalon mustang bai *(à gauche) veille sur son harem dans les collines du Montana (États-Unis).*

L'étalon sauvage

Dans la nature, l'étalon est le chef de famille. Il règne sur un petit harem de deux à cinq poulinières suivies de leurs poulains. Il a la charge de la protection du groupe.
Il sert de guetteur pour repérer l'approche des prédateurs.
Il joue encore les chiens de berger et ramène les juments ou les poulains qui tentent de s'éloigner du cercle familial.
Pourtant, on ne peut pas vraiment le considérer comme le chef de famille car c'est presque toujours la jument la plus âgée qui guide le groupe. À cause de leur rôle social, les entiers sont moins concentrés sur leur travail que les autres. Ils sont aussi plus virulents et plus déterminés à imposer leurs propres volontés. Ils requièrent donc des cavaliers particulièrement aguerris et autoritaires.

Quel caractère !

Les mâles non castrés sont également plus agressifs et susceptibles que les hongres. La proximité d'une jument les déconcentre rapidement. Les étalons sont encore plus dangereux car leur expérience de la reproduction rend la cohabitation avec des femelles très difficile. En contrepartie, les entiers sont plus volontaires, plus courageux et parfois plus motivés que les hongres. Ils font d'excellentes montures pour qui sait se faire respecter et juguler leur tempérament. Depuis quelques années, les sports équestres comptent davantage d'étalons *performers,* qui sont des compétiteurs entiers.
Le premier d'entre eux, et le plus célèbre, fut Quito de Baussy, qui ramena la médaille d'or aux championnats du monde de Stockholm (1990), sous la selle d'Éric Navet.

Éric Navet *sur Quito de Baussy*

Les hongres

Les hongres sont les chevaux les plus fiables et les plus bonhommes. Leur comportement se situe à mi-chemin entre celui des entiers et celui des juments… sans les sautes d'humeur des deux : les femelles ont un comportement lunatique en période de chaleurs.
Le caractère égal des hongres rend leurs performances plus régulières. Rochet M (champion d'Europe en 1999, avec Alexandra Ledermann), Thor des Chaînes (vice-champion du monde à Rome en 1998, avec Thierry Pomel), Jappeloup de Luze (champion olympique à Séoul en 1988, avec Pierre Durand) et tant d'autres appartiennent à ce "troisième sexe".
Leur comportement est le même que celui des autres chevaux, les motivations sexuelles exceptées. Ils aiment, par exemple, les contacts avec leurs congénères et sont capables de développer des amitiés, mais aussi des inimitiés, avec certains d'entre eux.

L'OPÉRATION

La castration des chevaux doit être effectuée avant leur puberté, afin qu'ils n'aient pas le temps de développer le mental d'un entier.
De nos jours, l'opération est effectuée sous anesthésie (générale ou, plus souvent, locale) par un vétérinaire expérimenté.
La meilleure période est l'automne ou l'hiver, afin d'éviter les mouches et le risque de surinfection.

Le hongre *est idéal en club.*

Jument ou poulinière ?

Noble tâche que celle de poulinière. Mais pas à la portée de n'importe quelle jument; elle devra, en effet, pouvoir transmettre à sa progéniture un physique sans défaut et un caractère en or. Une perle rare, assurément!

Humeur variable

Les juments sont souvent douces et attachantes. Elles sont plus dociles que les entiers, mais parfois plus têtues que les hongres. Leur bonne volonté au travail est, en fait, tributaire de leur cycle ovarien. Ainsi, lorsqu'elles sont en chaleur, elles peuvent soudain refuser d'avancer et, poussées par leur instinct de reproduction, se coller obstinément aux autres chevaux. Difficile, dans ces conditions, de briller sur un terrain de concours ! On trouve donc beaucoup moins de juments en compétition de haut niveau que de hongres et même d'étalons. Citons quelques exceptions célèbres comme l'allemande Ratina Z (championne olympique à Barcelone, en 1992) ou Baladine du Mesnil, la jument française de Xavier Caumont. D'un point de vue morphologique, les juments sont très proches des hongres castrés avant la puberté. Faute d'hormones mâles, elles ne développent pas une aussi grosse encolure ni autant de muscles que les entiers.

Un poulain, oui mais...

... pas avec n'importe quelle jument. Une poulinière digne de ce nom doit avoir des qualités physiques et mentales propres à générer une descendance de valeur. En effet, une jument aux mauvais aplombs ou mal conformée (*voir p. 56*)

***La championne Ratina Z** est une des rares juments de compétition.*

risque fort de transmettre ses défauts à ses poulains. Il serait absurde, par exemple, de mettre à la reproduction une jument dont la carrière s'est arrêtée prématurément à cause d'un trouble articulaire ou tendineux lié à sa morphologie.
Mais bien d'autres difficultés sont inhérentes au poulinage. L'élevage d'un poulain requiert des compétences variées et des infrastructures adaptées. Le poulain doit pouvoir grandir dans un pâturage de qualité, en compagnie d'autres chevaux. Il doit également bénéficier d'une surveillance quotidienne et de soins vétérinaires réguliers, mais aussi apprendre à respecter les humains. Une fois adulte, il faut encore le débourrer (lui enseigner les bases du dressage), ce qui n'est pas à la portée du premier cavalier venu…

Faire pouliner une jument n'est donc pas affaire d'amateur. Car si un bon poulain n'a aucun mal à trouver acquéreur, trop nombreux sont les chevaux de qualité médiocre qui se retrouvent à l'abattoir avant l'heure, faute d'avoir pu satisfaire un cavalier.

La poulinière

Lorsqu'on se lance dans l'élevage, la sélection des poulinières revêt encore plus d'importance que celle de l'étalon. Il faut d'abord la choisir soi-même, alors que les étalons sont sélectionnés par les haras nationaux ou privés. Il faut également tenir compte du fait que la jument apporte plus que ses gènes à son petit. Elle fournit le cytoplasme* de l'œuf. Elle porte le poulain pendant onze mois, puis l'éduque au pré, jusqu'au sevrage. Son influence est bien supérieure à celle du mâle.

LE SAVAIS-TU ?

Des idées reçues
Chez les chevaux, seuls les mâles possèdent des canines : les "crochets". Mais il existe quelques rares exceptions qu'on appelle des "juments bréhaignes". Ces juments dotées de canines inspirent toutes sortes de rumeurs : on les dit, à tort, stériles et irascibles.

***Le poulain** suit fidèlement sa mère, même lorsqu'elle est montée.*

Reproduction à tous crins

La graine de champion est rare... et chère. Les éleveurs n'ont donc de cesse de mettre en œuvre des moyens de plus en plus sophistiqués pour optimiser chaque saillie de leurs meilleurs étalons. L'œuvre de la nature est désormais très assistée dans le monde équin.

La saillie en liberté

C'est la technique la plus efficace : plus de 80 % des poulinières ainsi saillies auront un poulain. Il suffit de lâcher dans un pré l'étalon avec les juments, et de les laisser se débrouiller entre eux. L'inconvénient, c'est qu'un même étalon ne peut pas, physiquement, s'occuper de plus de vingt juments pendant toute leur période de chaleur puisqu'il saillira chacune à plusieurs reprises. On peut toutefois présenter deux troupeaux de juments différentes à un même reproducteur – un au début et un à la fin du printemps – afin de doubler ses performances. En procédant de cette façon, l'étalon peut engendrer jusqu'à trente ou trente-cinq poulains par an. Efficace, la monte en liberté n'est pourtant guère pratiquée en France puisqu'elle ne représente que 4 % des saillies. C'est qu'elle n'est pas sans inconvénients : risque de blessure pour l'étalon (suite à la ruade d'une jument non consentante), propagation des maladies sexuellement transmissibles, problème de constitution des troupeaux (les affinités ne sont pas évidentes entre chevaux qui ne se connaissent pas). La saillie en liberté est donc utilisée essentiellement pour les poneys de faible valeur (8 %), mais aussi pour les chevaux de trait (27 %). Ces derniers sont en effet peu nombreux et très dispersés sur le territoire français. Il est donc plus simple et plus économique de réunir plusieurs juments pour un étalon que de transporter celui-ci d'une jument à l'autre. La saillie en liberté n'est, en revanche, pas utilisée avec les meilleurs sires*, car elle leur ferait prendre trop de risques et limiterait leur production.

La réaction de la jument *et du souffleur est sans équivoque. Le sire va pouvoir être amené pour la saillie.*

La saillie en main

Dans cette méthode, l'éleveur organise la rencontre entre la poulinière et l'étalon dans un haras. Auparavant, il faut s'assurer que la poulinière à saillir est bien en chaleur. On a recours à un souffleur ou boute-en-train, c'est-à-dire un étalon chargé de cette vérification. Son rôle est de faire sa cour à la promise, en frottant doucement son nez sur sa croupe. Afin d'éviter que le souffleur ne prenne un coup de pied, au cas où la belle se rebelle, celle-ci est isolée derrière un panneau protecteur.

Cette opération s'appelle : "passer la jument à la barre". Si la poulinière semble réceptive, le malheureux souffleur doit céder la place au véritable étalon reproducteur.
La jument est livrée entravée aux ardeurs du mâle, les deux protagonistes étant tenus en main. Mais, la jument ne choisissant ni le moment ni son partenaire avec cette méthode, les résultats sont moins bons que dans le cas de la monte en liberté : seules 65 à 70 % des poulinières entrent en gestation. Avec cette technique, un très bon étalon peut saillir plus de trente juments par an, puisqu'elles lui sont présentées une par une et juste au moment où elles peuvent être fécondées. Les meilleurs pur-sang, qui font également la monte dans l'autre hémisphère (où les saisons sont inversées), parviennent même à servir près de cent juments dans l'année.
Autrefois majoritaire, ce mode de reproduction est en net recul, fortement concurrencé par l'insémination artificielle. Il représente néanmoins 54 % des saillies réalisées en France.

L'insémination artificielle

Le sperme de l'étalon est recueilli en lui faisant saillir une jument-mannequin.

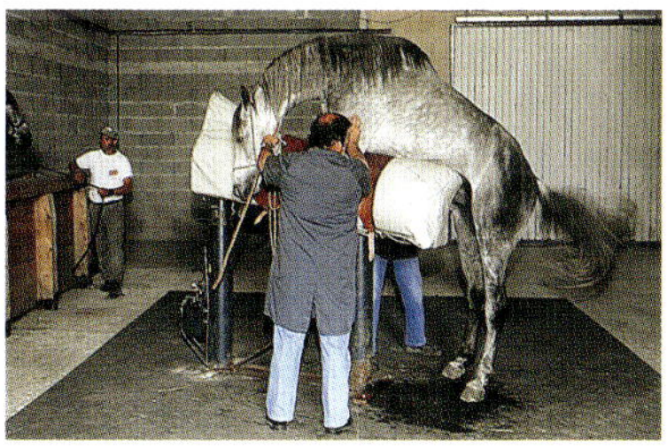

Sa semence est ensuite divisée en plusieurs lots qui seront injectés à la seringue dans le vagin des poulinières. L'avantage est que les deux reproducteurs ne se rencontrent pas, ce qui diminue le risque de propagation des maladies sexuellement transmissibles. Cela augmente aussi considérablement le nombre de juments qu'un même étalon peut féconder. Le plus souvent, l'"insémination artificielle en sperme frais" a lieu au haras, dans l'heure qui suit le prélèvement. Si la jument ne peut pas se déplacer ou vit trop loin, il est possible de congeler le prélèvement afin de l'expédier par la poste. Ce mode de reproduction est en plein développement : il est passé, en France, de 24 % des saillies en 1990 à 42 % en 1998.

LE SAVAIS-TU ?

Super papa
L'étalon reproducteur ayant à ce jour le plus de descendants (aujourd'hui innombrables !) est Godolphin Arabian, l'un des trois fondateurs, au début du XVIIIe siècle, de la race du pur-sang anglais.

UN DÉCALAGE ADMINISTRATIF

Dans la nature, les juments sont en chaleur d'avril à octobre. Mais, pour les haras, la saison de monte est bien plus précoce : de février à juillet. Ce décalage est né de la volonté de faire naître les poulains très tôt dans l'année, de manière à ce que leur âge réel se rapproche le plus possible de leur âge légal. Pour l'administration, tous les chevaux ont, en effet, leur anniversaire au 1er janvier de l'année. Cette décision arbitraire a permis de créer des épreuves par classe d'âge, auxquelles tous les chevaux nés entre le 1er janvier et le 31 décembre d'une même année ont le droit de participer.

Le transfert d'embryon

Cette technique ultramoderne ne concerne que les juments de grande valeur. Le fœtus est transféré de l'utérus de la mère génétique à celui d'une jument porteuse, en général de race lourde. Ainsi c'est la poulinière de trait qui porte le futur poulain, tandis que sa véritable mère peut continuer sa carrière sportive. On estime à environ cinq cents le nombre de poulains nés sur notre territoire, grâce à cette technique, depuis 1986.

J - 340... environ !

La jument sauvage assume très bien seule la gestation et la mise bas de ses poulains. La poulinière domestique ne nécessite donc pas de soins particuliers. Elle devra juste travailler moins, tout en mangeant plus. Mais, dix mois après la fécondation, sa surveillance devra être accentuée.

La gestation

Pendant la gestation, mieux vaut ménager la jument et lui éviter notamment tout transport inutile. Ce qui ne veut pas dire que la poulinière doit rester enfermée dans son box. Elle a absolument besoin de détente. Il est donc indispensable de continuer à la monter tranquillement, mais toujours quotidiennement, ou de la mettre au pré.
C'est vers le sixième-septième mois que la croissance du fœtus s'accélère. Au neuvième mois, le poulain pèse la moitié de son poids de naissance. À partir du dixième mois, il faut absolument éviter tout stress à la jument et intensifier sa surveillance.

Le terme

La jument porte son poulain pendant environ onze mois. Mais le cheval fait figure d'exception dans le monde animal, puisque sa gestation dure entre 320 et 360 jours, soit une extraordinaire variabilité ! Il n'est donc pas possible, comme chez l'homme, de prédire la date du poulinage à partir de celle de la conception. Les éleveurs sont contraints de surveiller les poulinières proches de leur terme. Lorsque les signes avant-coureurs de la naissance apparaissent, ils rentrent les juments dans de grands box dévolus au poulinage.
Là, ils pourront les observer, parfois à l'aide de caméras vidéo, mais plus souvent en passant quelques nuits blanches.

***Le box de poulinage** mesure environ 4 x 4 m.*

Comment savoir si le poulinage est imminent ?

Environ quatre semaines avant la mise bas, les mamelles se remplissent d'un lait clair et transparent. Lorsque la jument se rapproche du terme, les sécrétions s'épaississent. Elles deviennent d'abord grises et collantes, puis blanches et visqueuses. Ce n'est alors plus qu'une question d'heures…
D'autres analyses permettent également de prévoir l'approche du poulinage. Il est possible par exemple de doser chaque jour la composition du lait, grâce à des bandelettes colorées à utiliser soi-même. Le vétérinaire peut aussi effectuer des dosages d'hormones (prostagènes et œstrogènes) dans le sang.

***Au pré**, les autres juments assistent parfois à la mise bas.*

LE SAVAIS-TU ?

Famille nombreuse
Une bonne poulinière peut porter jusqu'à vingt poulains au cours de sa vie. En effet, les juments de trait et les ponettes sont aptes à pouliner dès l'âge de 2 ans, les autres races à partir de 3 ans. Dans le meilleur des cas (mais c'est rare), elles auront alors un poulain chaque année, et ce jusqu'à l'âge avancé de 20, 25 ans. Aujourd'hui, elles peuvent avoir une descendance encore plus nombreuse, grâce au transfert d'embryon (*voir p. 27*).

Le poulinage

Il a presque toujours lieu de nuit (le plus souvent entre 23 h et 1 h du matin). Dans un premier temps, la jument entame le travail. Les contractions de l'utérus ne sont pas toujours visibles, mais la jument s'agite et transpire. Sa vulve s'allonge. Elle se couche et se relève plusieurs fois. Cette phase initiale dure quelques heures et est réversible ; la poulinière peut décider de reporter le poulinage si elle se sent dérangée.
Il faut donc rester aussi discret que possible.
Puis, généralement couchée sur le côté, la jument perd les eaux et le poulain apparaît.
Le placenta se déchire et le liquide amniotique s'écoule par la vulve. Le poulain sort alors très rapidement. Cette seconde phase dure quinze minutes en moyenne.
La dernière étape est celle de l'expulsion du placenta. Le plus souvent, l'intervention de l'homme n'est pas nécessaire (elle peut même être nuisible). L'éleveur se contente de surveiller que tout se passe bien.

LES APPAREILS DE DÉTECTION DU POULINAGE

Afin d'éviter aux éleveurs de veiller de nombreuses nuits ou pour leur permettre de contrôler plusieurs poulinières à la fois, il existe de multiples systèmes d'alarme.
Aucun n'est totalement fiable, malheureusement.
Certains appareils détectent l'apparition de la sueur sur le thorax des poulinières, mais les fausses alertes sont fréquentes. Il existe aussi divers surfaix (sangles) qui signalent quand la jument se couche sur le côté. Les uns fonctionnent avec des câbles, les autres grâce à un système radio. Sur les plus modernes, la sonnerie ne retentit que lorsque la poulinière reste allongée plus de trois minutes.
Un autre système sonne lorsque la queue de la jument reste relevée pendant plus de cent cinquante secondes.
Ce dispositif présente bien des inconvénients : il nécessite un harnais qui peut gêner la jument et déclenche parfois des sonneries intempestives.

Le poulain

Comparés aux nourrissons, les poulains sont de véritables surdoués! En quelques heures, ils se lèvent seuls, tètent d'eux-mêmes et sont bientôt capables de galoper derrière leur mère...

La naissance

Les sabots antérieurs du poulain apparaissent en premier.
Puis vient sa tête. À peine trois minutes après son apparition, le petit respire déjà alors qu'il n'est même pas encore totalement expulsé. La poulinière reste couchée sur le côté pendant environ une demi-heure après la mise bas. Puis elle se lève et lèche vigoureusement le nouveau-né dans le but de le nettoyer et de le réchauffer. Au cours de cette première demi-heure de vie, le réflexe de succion se met en place chez le foal*. Il consiste pour le poulain à téter lorsqu'une mamelle (ou un doigt) se trouve au contact de ses lèvres.

Premiers pas

Rapidement, le poulain tente de se lever. Au début, il reste chancelant et tombe à plusieurs reprises. Il lui faut en moyenne trois quarts d'heure à une heure avant de tenir debout.
Les poulains poneys, plus petits,

sont plus précoces que les poulains chevaux. Lorsqu'il arrivera à se maintenir sur ses quatre pieds, il faudra au nouveau-né encore une dizaine de minutes pour faire ses premiers pas.
Trois ou quatre heures plus tard, la coordination motrice de ses membres sera quasi parfaite. Au petit matin, le poulain est donc déjà capable de suivre sa mère, même au galop.

La tétée

Dès qu'il s'est stabilisé sur ses jambes, le poulain recherche la mamelle maternelle, ce qui nécessite une exploration.

Tandis qu'il tâtonne, sa mère le pousse du naseau dans la bonne direction. Le poulain prend sa première goulée de lait environ une à deux heures après sa naissance. Ce premier lait qui sort des mamelles se nomme le colostrum. Jaunâtre, épais et gluant, il présente la particularité de contenir tous les anticorps que fabrique la poulinière pour se défendre contre les microbes. Il est donc essentiel que le poulain boive ce colostrum afin de bénéficier, lui aussi, de l'immunité maternelle avant de construire la sienne. Il utilisera ainsi les défenses de sa mère pendant deux mois, le temps nécessaire à ses globules blancs pour devenir efficaces.
Cette première tétée déclenche l'expulsion du méconium. Ce premier crottin correspond à toutes les substances accumulées dans les intestins pendant la gestation.

Les poulains orphelins

Les éleveurs doivent parfois s'occuper de poulains sans maman. Cela arrive lorsque la poulinière est morte lors du poulinage ou lorsqu'elle rejette et agresse le nouveau-né. La cause de ce rejet est généralement une perturbation du processus d'imprégnation au cours des deux premières heures de vie du poulain.
Deux solutions peuvent résoudre ce problème. La première consiste à faire adopter le petit. Plusieurs établissements proposent des juments de remplacement aux poulains orphelins. Il s'agit évidemment de sauver des foals de grande valeur, au détriment des poulains des mères de substitution qui sont, eux, nourris au lait artificiel. L'adoption doit intervenir le plus tôt possible, idéalement dès la naissance.
La seconde solution consiste à nourrir l'orphelin au biberon. Il faut commencer par faire boire au nouveau-né du colostrum (le premier lait), afin de lui fournir les anticorps qui le protégeront des infections. Il existe ainsi des banques de colostrum pour les éleveurs qui ne peuvent pas en prélever sur d'autres poulinières. Ensuite, il faut allaiter le poulain à la main pendant douze semaines, avec un lait qui soit le plus proche possible du lait de jument.

L'imprégnation

Au cours des premières heures de vie, la poulinière et son poulain s'imprègnent l'un l'autre (*voir p. 218*). Au bout d'une demi-heure, la mère a déjà appris à identifier son petit à l'odeur. En le léchant, elle dépose ses propres phéromones (messagers chimiques volatiles) sur son corps, établit le lien avec lui, le reconnaît et s'y attache.
Le poulain met un peu plus de temps à identifier sa mère. Alors qu'il est à peine âgé de 40 minutes, il oriente déjà ses oreilles vers les sources sonores. Il utilise également ses yeux pour explorer sa mère et son environnement.
Deux heures après le poulinage, le poulain pousse ses premiers hennissements. Sa mère y répond : le dialogue s'établit.
Le foal se trompe tout de même souvent de poulinière au cours de sa première semaine de vie. Sa mère doit alors l'appeler et se rapprocher de lui.
Au-delà de la première semaine, la mère et le petit se connaissent parfaitement. Ils se repèrent d'abord par l'odorat, mais aussi par les sons et la vue.

La croissance

Dès sa naissance, le poulain bat des records de croissance. À 1 an, sa démarche est encore un peu désordonnée, mais à 2 ans il ressemble à un adulte. Et, à 3 ans environ, selon sa race, il est déjà mature.

Le développement

L'essentiel du développement du poulain a lieu très tôt. Il ne perd pas de poids lors de ses premières semaines de vie, contrairement aux rejetons de nombreuses espèces (dont l'homme). Il grossit au contraire de 2 à 3 kg par jour ! À 1 mois, son poids de naissance a doublé… À 3 mois, il a triplé. Au-delà, le poulain prend proportionnellement de moins en moins de poids, même s'il mange de plus en plus. Vers 6 ou 7 mois, le foal*, qui a été sevré artificiellement, a atteint quasiment la moitié de son poids d'adulte. Il est notamment plus précoce que le veau qui n'est alors qu'à 30 % de sa masse. Vers 18 mois, le yearling* pèse de 70 à 80 % de son poids définitif. Le poulain continue à grandir lentement jusqu'à atteindre sa taille adulte entre 3 et 5 ans, selon les races et les individus. Ainsi, les pur-sang anglais sont précoces, les ibériques plutôt tardifs. Il n'y a pas de différence de taille entre les poulains et les pouliches. Ils seront d'autant plus grands que leurs parents le sont, mais c'est là encore l'influence de la mère qui est prépondérante.

Vers la socialisation

Jusqu'à la cinquième semaine, le poulain est très dépendant de sa mère. Au cours des deux premiers jours de sa vie, il tète relativement peu et de manière irrégulière. Il se rattrape rapidement : à 1 semaine, il tète toutes les vingt ou trente minutes (soit 40 à 70 fois par jour) ! Les poulains tètent plus souvent que les autres animaux à cause de la petite taille et de la faible contenance des mamelles de la jument. Généralement, ils réclament leur pitance en hennissant. Entre le troisième et le cinquième jour, le poulain commence aussi à mâchouiller de l'herbe. Vers la quatrième semaine, le lait de sa mère ne suffisant plus à satisfaire ses besoins, il broute de plus en plus. Souvent, les éleveurs lui donnent aussi des compléments alimentaires destinés à favoriser sa croissance. Dès 2 à 3 mois, le poulain passe autant de temps que les adultes à brouter. En fin de lactation (vers 6 mois), il ne tète plus que 20 fois par jour et s'éloigne de plus en plus de sa mère pour jouer avec les poulains de son âge, mais aussi avec les yearlings ou les adultes… Il apprend à distinguer les plantes toxiques de celles qui sont comestibles, bref, il peaufine son éducation.

LE SAVAIS-TU ?

Un lait exceptionnel
La composition du lait de jument est étonnament proche de celle du lait de la femme. Ainsi, leur teneur en protides est quasi identique. Le lait de jument est riche en vitamines C (dix fois plus que le lait de vache !), B et E, et en lactose. Pauvre en caséine (donc très digeste) et en matières grasses (avec une majorité d'acides gras insaturés, bons pour la santé), il contient moins de 500 kcal/l. Ce lait est consommé depuis des siècles en Asie ; c'est d'ailleurs la boisson nationale mongole. En Europe, sa production se développe. Il se consomme liquide ou en yaourt, et est même utilisé pour fabriquer des produits de beauté : savon, crème de jour, shampooing, bain moussant...

Le sevrage

Dans la nature, le sevrage est très progressif. Le foal continue à téter sa mère jusqu'à la naissance du poulain suivant, au printemps. Il n'est donc sevré définitivement qu'à l'âge de 1 an. Toutefois, il n'est nullement séparé de sa mère et reste auprès d'elle jusqu'à 2 ans. Certaines poulinières l'autorisent même parfois à téter encore de temps en temps. L'attachement est donc particulièrement fort entre la jument et son petit. À l'état sauvage, il dure souvent toute la vie entre femelles. Mais les poulains mâles sont chassés de la famille par l'étalon, au moment de la puberté (vers 2 ans et demi). En captivité, le sevrage intervient lorsque le poulain a entre 4 et 6 mois, souvent en fonction de son poids. Il consiste tout simplement à séparer le petit de sa mère et à le parquer dans un box, puis au pré, avec d'autres yearlings.

Cette séparation peut être progressive ou radicale. Dans le premier cas, le poulain reste seul dans un box la nuit et retrouve sa mère au pré la journée. Avec la deuxième solution, la séparation est définitive. Le foal est installé si possible hors de la vue et de l'ouïe de la jument et surveillé pendant quelque temps pour éviter les incidents. Une telle pratique est traumatisante et entraîne parfois chez le poulain des tics de comportement. Les éthologues* sont unanimes à condamner une pratique aussi brutale, et ils rappellent que le sevrage forcé n'est nullement indispensable. Ils recommandent à ceux qui souhaitent le pratiquer de veiller à ne pas couper brutalement le poulain de sa mère et surtout à ne pas l'isoler.

La hiérarchie

Dans la nature, les chevaux vivent en familles polygames, avec leurs poulains. Mais, dans nos pâturages, faute de pouvoir reproduire cette structure naturelle, ils établissent d'autres rapports hiérarchiques. Alors, qui domine qui ?

La famille

Lorsqu'on évoque les chevaux sauvages, on les imagine toujours rassemblés en immenses troupeaux, sous la houlette d'un étalon. Erreur ! Les sociétés équines ne fonctionnent pas ainsi. Chez les chevaux en liberté, la structure sociale de base est la famille ou plutôt le harem. Chaque groupe comporte en effet un étalon, accompagné, selon sa puissance, d'une à cinq juments, suivies de leurs poulains de moins de 3 ans. Les plus grandes cellules familiales se composent donc, en général, d'une douzaine d'individus ; les plus petites se réduisent à trois ou quatre bêtes. Ces familles se rassemblent parfois autour des points d'eau, donnant l'illusion de constituer d'importants troupeaux. Il ne s'agit en fait que des regroupements de petites escouades.

Une société matriarcale

Au sein de ces harems, ce n'est pas l'étalon qui commande. Généralement, la plus vieille des juments mène le groupe. Le mâle, quant à lui, est chargé d'assurer la cohésion de la famille et de la protéger contre les intrus (chevaux étrangers, prédateurs). L'étalon se tient donc souvent un peu à l'écart des autres chevaux. Lors des déplacements, il ferme la marche. Si une jument ou un poulain fait mine de s'éloigner, il le ramène de force au sein du harem. Il utilise la technique du guidage, qui consiste à jouer les chiens de berger, la tête au ras du sol, en marchant derrière l'individu qu'il dirige.

Les exclus

Les poulains restent au sein de la famille jusque vers 2 ou 3 ans : à la puberté, ils sont chassés de la cellule familiale par

Dominant ou dominé ?

Lorsqu'on lâche des chevaux au pré, ils commencent par se tester les uns les autres. Si les oreilles couchées du dominant ne suffisent pas à faire fuir le dominé, celui-ci s'expose à une ruade (plutôt utilisée par les juments), voire à une morsure (préférée par les mâles). Mais, rapidement, la hiérarchie s'établit puis est unanimement acceptée. Les coups de pied et les morsures deviennent alors inutiles. Un regard, des oreilles couchées, un balancement de tête ou la menace d'un postérieur suffisent à rappeler à un subalterne qu'il ne doit pas envahir l'espace personnel d'un dominant sans y avoir été autorisé. Lors de la distribution des repas collectifs au pré, les dominants mangent ainsi toujours les premiers.

leur père. Ils forment alors des groupes de jeunes célibataires, en attendant d'être assez forts pour conquérir leur première jument. Quant aux pouliches, elles sont souvent enlevées à leur famille par un étalon étranger lorsqu'elles atteignent 3 ans. Parfois, elles décident de leur propre chef de suivre un mâle. Lorsqu'ils sont trop vieux et trop faibles pour défendre leurs compagnes, les étalons se font ravir leurs juments par des mâles plus vigoureux. Ils rejoignent alors parfois les groupes de célibataires ou restent solitaires.

Les chevaux au pré

Les chevaux domestiques n'ont pas l'occasion de reproduire la structure familiale qui leur est naturelle. Le plus souvent, les juments et les hongres sont lâchés ensemble. Ils établissent alors des rapports hiérarchiques de type dominant/dominé, indépendamment de leur sexe. Les mâles non castrés n'ont que rarement droit à la liberté, ou alors dans la solitude. Seuls ceux qui ont la chance d'être affectés à la monte en liberté (*voir p. 26*) se voient propulsés à la tête d'un harem d'une vingtaine de juments. Les poulains sont, en général, séparés des adultes dès l'âge de 6 mois. Ils sont ensuite parqués par tranche d'âge. Ils perdent ainsi l'occasion d'apprendre le respect et les usages sociaux au contact de leurs aînés. Idéalement, il serait souhaitable que les poulains ne soient pas séparés des adultes avant l'âge de 2 ans. De même, il leur serait profitable au cours de leur croissance de fréquenter des étalons. Les complications liées à ce mode d'élevage en troupeau mixte seraient largement compensées par l'obtention de poulains plus faciles à dresser car respectueux du dominant (l'homme), et aptes à obéir sans stresser.

LE SAVAIS-TU ?

Le "grooming"
Au sein d'un groupe hiérarchisé, les chevaux établissent de solides amitiés. Ils aiment passer du temps les uns auprès des autres. En été, on voit souvent les chevaux regroupés par paire, placés tête-bêche, en train de se débarrasser mutuellement des mouches à coups de queue. Toute l'année, les mêmes duos se mordillent réciproquement l'encolure et le garrot. On appelle ce toilettage mutuel le "grooming".

***Les chevaux se mesurent** les uns aux autres afin de déterminer le dominant du groupe.*

Communiquer

Votre cheval frotte son nez dans votre cou avant de vous donner un petit coup de tête… Si, pour vous, c'est un signe d'affection, vous n'entendez rien à son langage! Il vient de faire preuve, en fait, d'une légère agressivité. Apprenez vite à le comprendre, afin que votre relation reste sereine!

Mimiques

Les chevaux sont beaucoup moins grimaciers que les êtres humains. Il nous est donc difficile de détecter et de reconnaître les contractions de leurs muscles faciaux et les expressions qu'elles composent. Heureusement, pour faciliter notre compréhension, les chevaux utilisent leurs oreilles comme des sémaphores, ces postes côtiers qui servent à envoyer des messages aux navires. Grâce aux dizaines de muscles qui les mobilisent, les pavillons auriculaires servent autant à détecter les sons qu'à émettre des messages visuels. Un cheval en colère a les oreilles couchées sur la nuque et tournées vers l'arrière, alors qu'un animal confiant ou attentif dresse les oreilles et les dirige vers l'avant. Un cheval dont les pavillons sont très mobiles et pivotent dans tous les sens est inquiet. Ces multiples positions constituent donc un véritable langage que les cavaliers ne tardent jamais à connaître…

QU'EXPRIME-T-IL?

Ce cheval exprime diverses émotions.
Saurais-tu les identifier?

LE SAVAIS-TU?

Gamme sonore

Les chevaux émettent sept principaux types de sons :

- le hennissement, véritable cri, qui peut être entendu jusqu'à 1 km;
- le renâclement, qui ressemble à un ronflement;
- l'ébrouement, une sorte d'éternuement;
- le couinement, cri aigu et bref;
- l'appel de contact, sourd et modulé;
- le soupir, très discret;
- le grondement, d'intensité moyenne, émis par l'étalon en présence d'une jument en chaleur.

***Objet non identifié** en vue ; le corps tout entier se crispe.*

__Bouche ouverte__, ce cheval appelle ses congénères en hennissant.

***Oreilles couchées**, encolure tendue et basse : une belle posture d'intimidation*

Postures

Afin que leurs messages soient perçus de loin, les chevaux utilisent tout leur corps pour "mimer" ce qu'ils veulent signifier. Il suffit bien souvent d'apercevoir leur silhouette pour reconnaître une attitude caractéristique. Ainsi, lorsqu'il se fait agressif, le cheval couche ses oreilles, montre les dents, tend l'encolure, fouaille de la queue et menace de donner des coups de pied.
Au contraire, pour signifier sa soumission et sa faiblesse, le poulain effectue de grands mouvements de mastication à l'intention des dominants qu'il croise.
En jouant sur la gamme des postures de sa queue, de son encolure ou de ses oreilles, le cheval dispose d'un langage corporel aux nuances multiples.

Hennissements

S'il communique essentiellement par mimiques et postures, le cheval n'est pas muet pour autant. Il pousse différentes sortes de hennissements en fonction des circonstances. Son répertoire vocal reste cependant assez peu étendu, car son statut d'animal-proie dans la nature fait qu'il a tout intérêt à rester discret. Les messages sonores des mâles concerneront plutôt la nourriture, le sexe ou le danger. Les femelles emploieront en plus des sons spécifiques destinés à leurs poulains. Dans les écuries, les chevaux apprennent vite à "réclamer" leur nourriture ! Ce langage est toutefois difficile à comprendre car chaque son doit être interprété en fonction du message gestuel qui l'accompagne, de la situation, du moment, et même du sexe et de l'âge du cheval qui l'émet.

Du sommeil à toute heure

Les chevaux sont de gros mangeurs et de petits dormeurs. Ils ne se reposent vraiment que par intermittence, aussi bien de jour que de nuit. Une habitude héritée de leur vie sauvage passée, où le cheval endormi était une proie facile…

Emploi du temps

Les équidés ne prennent pas leurs repas à heures fixes. Lorsqu'ils vivent en liberté, ils broutent jusqu'à quinze ou seize heures par jour. C'est là leur activité principale, presque une spécialité ! Leur seconde occupation est le repos. Pourtant, ils dorment beaucoup moins que nous : à peine cinq à six heures (sur vingt-quatre). Il n'y a guère que les poulains qui aient besoin d'un peu plus de sommeil, mais cela varie d'un individu à l'autre. De plus, les chevaux se déplacent (principalement pour élargir leur choix alimentaire), ils jouent, se reproduisent, etc. L'ensemble de ces activités annexes ne représente que 10 % de leur temps.

LE SAVAIS-TU ?

Dormir debout
Les équidés sont capables de somnoler debout, car un système de blocage articulaire leur permet de rester en appui sur leurs quatre membres sans dépenser trop d'énergie. Ils reposent alternativement chaque jambe en la gardant repliée, le bout du sabot en léger appui sur le sol.

Cheval en liberté

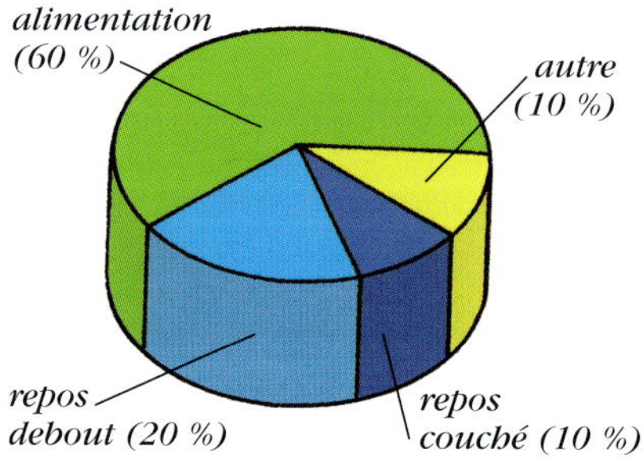

Cheval au box

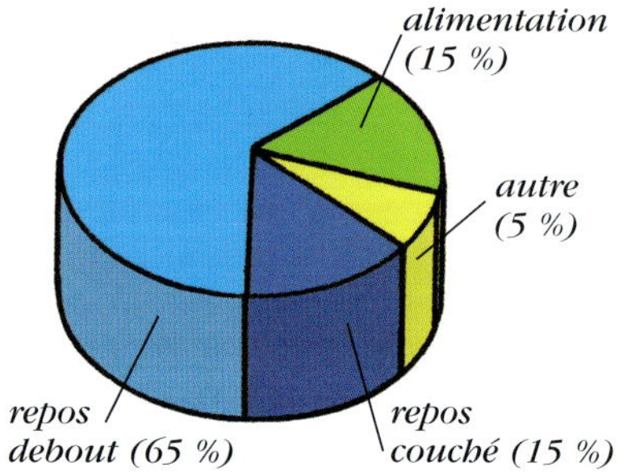

Paupières closes, muscles au repos, oreilles immobiles, *ce cheval s'abandonne à une douce somnolence, tout en restant debout sur ses quatre membres.*

Cheval couché

Il est tout à fait normal de voir un cheval étendu dans son box. Par ennui, les montures domestiques s'allongent en effet un peu plus souvent que les chevaux en liberté, parfois trois ou quatre heures sur vingt-quatre.
Il ne faut s'inquiéter que si les équidés s'agitent, se couchent et se relèvent plusieurs fois de suite ou regardent leur ventre avec inquiétude. Ce sont là les signes d'une possible colique, et il faut appeler le vétérinaire immédiatement.
En revanche, s'ils dorment paisiblement, mieux vaut les laisser tranquilles.

Types de sommeil

Les équidés se contentent de brefs et multiples petits sommes, de jour comme de nuit.
Il en existe trois variétés : la simple somnolence, souvent effectuée debout ; le sommeil lent ou brut, où le cheval est couché sur le ventre ; et le sommeil paradoxal, celui du rêve, qui ne peut être pris que totalement allongé sur le côté.
Sur une période de vingt-quatre heures, les chevaux ne se couchent que deux heures et demie en moyenne. Ils somnolent debout deux à trois heures. Lorsqu'ils sont couchés, ils passent deux fois plus de temps en décubitus ventral (membres repliés) qu'en décubitus latéral (totalement étendus, membres étirés). Ils ne restent pratiquement jamais plus de vingt minutes dans cette position de totale relaxation, qui est la seule à permettre les rêves. En général, ils se risquent à ce type de repos très profond par courtes périodes de cinq minutes chacune, répétées jusqu'à neuf fois par jour.
Les temps de sommeil lent ou brut, sur le ventre, sont un peu plus longs (vingt minutes).
Ce type de somnolence est moins profond : le moindre bruit suffit à réveiller l'animal.

***Couché sur le flanc**, membres repliés, tête levée ou menton au sol, telle est la posture la plus courante du cheval au repos.*

***Totalement relâché** : c'est la position caractéristique du cheval en plein sommeil paradoxal.*

SOS solitude

On sous-estime trop souvent la souffrance provoquée chez les équidés par l'éloignement de leurs congénères. Pour y remédier, l'homme doit leur offrir un mode de vie aussi proche que possible de celui qui leur est naturel.

Animal sociable

À l'état sauvage, il est très rare qu'un cheval reste seul : il vit en famille ou au sein d'une harde de célibataires (*voir p. 12-13*). Hélas, les traditions qui prévalent dans le milieu de l'élevage ne respectent guère ce besoin élémentaire. Les poulains sont souvent sevrés de manière très brutale, vers 6 mois, et subissent leur premier stress de séparation. Heureusement, ils retrouvent alors d'autres poulains. Entre 2 et 4 ans vient l'époque du débourrage*, qui provoque chez le cheval un second traumatisme : quittant le pré et ses congénères, il se retrouve seul, enfermé entre quatre murs. Bien souvent, il n'aura plus alors de contact véritable qu'avec les membres d'une autre espèce : l'homme.

Traumatismes de l'élevage

Une fois à l'écurie, le cheval voit son emploi du temps naturel totalement chamboulé. Il ne peut plus passer 60 % de sa journée à se nourrir,

Le hennissement *est un moyen de réclamer ses compagnons.*

Enfermement et isolement *sont les deux fléaux que risque de subir le cheval domestique.*

puisque ses repas lui arrivent sous forme de granulés ingérés rapidement. S'il a de la chance, on lui donnera du foin qu'il mettra deux à trois heures à mâcher et il bénéficiera d'une litière de paille à mâchouiller entre-temps. S'il est mal tombé, sa litière sera faite de copeaux, de papier ou de lin, et le foin sera incorporé à l'aliment complet qu'on lui distribue. Du jour au lendemain, la durée de ses repas passe de quinze heures à moins d'une heure ! Cela lui laisse le loisir… de s'ennuyer. Pour peu que son box soit trop petit, il ne pourra pas non plus s'étendre de tout son long et dormir convenablement. Il ne devra son salut mental qu'aux spectacles qui s'offrent à lui par la porte de son box, à ses relations avec ses voisins et aux sorties que lui autorise son cavalier. Mais si ces distractions s'avèrent insuffisantes, la monture risque fort de développer un voire plusieurs troubles du comportement. Troubles qui peuvent devenir, à long terme, néfastes pour sa santé.

Séparations temporaires

Au cours de sa vie, le cheval domestique connait souvent d'autres séparations temporaires. Durant les vacances de leur cavalier, certains équidés sont mis au pré : c'est excellent pour leur moral, car ils retrouvent un mode de vie plus naturel. Les poulinières redécouvrent également les pâturages et le compagnonnage en cours de gestation. Dans tous ces cas, le retour au box de la monture ou son déménagement constituent un bouleversement préjudiciable. La vigueur des hennissements émis lors de ces séparations en témoigne ! Il faut donc s'efforcer de limiter le plus possible ces ruptures.

Les principaux troubles du comportement au box

• **Le tic à l'appui ou tic aérophagique :** le cheval prend appui avec les dents du haut sur sa porte ou sa mangeoire, puis déglutit de l'air, en contractant les muscles de la tête et de l'encolure. Certains arrivent même à déglutir dans le vide. Ce tic use les points d'appui choisis (dents ou porte !) mais, surtout, il peut provoquer des coliques mortelles. Certains tiqueurs se voient affublés de collier anti-tic mais cette habitude reste difficile voire impossible à faire disparaître.

• **Le tic de l'ours :** il consiste en un balancement régulier et ininterrompu d'un antérieur sur l'autre, souvent associé à un encensement (mouvements répétés de la tête, de bas en haut). Cela peut durer des heures, et risque alors de fatiguer les membres, trop sollicités.

• **Le tic du félin ou tic ambulatoire :** l'équidé tourne en rond dans son box, "comme un lion en cage". Ce tic est généralement sans incidence sur la santé du cheval atteint.

• **Le tic du grattage :** avec ses antérieurs, l'animal gratte sans arrêt le sol de l'écurie. Ce tic n'est pas dangereux mais peut finir par coûter cher : les fers s'usent très vite ou peuvent même être arrachés.

Il est judicieux de faire voyager ensemble en van les chevaux liés par une solide amitié.

Ses "bêtes noires"

Lorsque l'on a servi de proie aux fauves pendant des millions d'années, on est de nature méfiante. Peut-être cela suffit-il à expliquer pourquoi les chevaux réagissent si brusquement à tout ce qui les inquiète ou les surprend.

Peurs communes

Les chevaux détestent les gestes brusques et les bruits stridents ou inhabituels (pétard, moteur de tracteur, freins de camion, etc.). Ils n'aiment pas non plus les odeurs fortes (comme celle des fauves). Ils peuvent par exemple refuser de passer à proximité d'une porcherie, sans parler de la cage aux lions du cirque.
En promenade, ils ont la faculté de remarquer n'importe quel changement dans leur environnement. Un arbre tombé depuis la veille ou un sac en plastique récemment apparu au bord du chemin suffisent parfois à les figer… De même, ils répugnent à poser les pieds dans une flaque d'eau suspecte, à marcher sur un pont qui résonne bruyamment ou qui paraît peu solide.
Mais ce qu'ils ont par-dessus tout en horreur, c'est d'être surpris ! Le meilleur moyen de recevoir un coup de pied consiste à arriver brusquement derrière une monture sans la prévenir. C'est ainsi que procèdent les prédateurs pour approcher leurs proies…

Craintes personnelles

Les chevaux ont une mémoire d'éléphant ! Toute mauvaise expérience est donc définitivement mémorisée et influence à jamais leur comportement. Telle jument, mordue dans sa jeunesse par un chien, ne supportera plus les canidés. Tel hongre, victime d'un

LE SAVAIS-TU ?

Colin-maillard
L'une des ruses efficaces pour faire avancer un cheval paralysé par la peur consiste à lui bander les yeux et à le conduire en main, en le rassurant de la voix.

***Les chiens** étaient jadis pour les chevaux des prédateurs…*

palefrenier brutal, se montrera agressif ou craintif à la simple vue d'une fourche.
Cette incroyable capacité de mémorisation explique les deux règles de base du dressage des chevaux : il faut toujours s'arranger pour que le cheval associe des souvenirs positifs à l'exercice qu'on lui demande.

À l'inverse, les comportements qu'on souhaite lui interdire doivent provoquer chez lui une impression désagréable.

Précautions

Si, sous l'effet de la peur, un équidé refuse d'avancer, il faut faire preuve de tact. On ne doit surtout pas le cravacher, ce qui le paniquerait davantage. Inutile donc de le brusquer ! Mieux vaut, au contraire, le rassurer par des caresses et une voix réconfortante. On peut aussi demander à un autre cavalier de passer devant soi pour ouvrir la voie. Si l'on est seul, on met pied à terre et on passe devant l'animal pour lui montrer qu'il n'y a pas de risque. Une fois ce danger (réel ou imaginaire) surmonté, on désensibilise le cheval en l'exposant plusieurs fois à ce nouveau stimulus*.

Les odeurs fortes *(comme celle de ce troupeau de chèvres) ne sont guère appréciées des équidés.*

*... **aujourd'hui**, ce sont plutôt des compagnons de jeu.*

***Pour persuader une monture récalcitrante**, une seule solution : lui montrer l'objet de sa frayeur en la réconfortant par des caresses.*

Le troisième âge

C'est seulement depuis quelques décennies que l'on connaît les vieux chevaux et que l'on peut juger de leurs aptitudes ou de leur tempérament. Auparavant, ils étaient "réformés", c'est-à-dire abattus avant d'avoir eu le temps de prendre de l'âge.

Avec le temps...

Chez les équidés, le troisième âge commence autour d'une vingtaine d'années. À quoi ressemble un vieux cheval? Sa tête grisonne, notamment autour des yeux et sur les saillies osseuses. Ses salières* se creusent. Au niveau du maxillaire inférieur, les ganaches* se font plus minces. Son aspect général est osseux : il est amaigri et les pointes de ses hanches sont saillantes. Le dos est souvent creux. La palpation de l'os de la queue révèle des vertèbres bien distinctes au toucher.
Si on ouvre la bouche d'un vieux cheval, on constate tout de suite que ses incisives forment un angle devenu très aigu. L'observation des tables dentaires révèle des dents triangulaires et "nivelées" depuis longtemps, c'est-à-dire sans émail central.

Des soins spécifiques

Les équidés de plus de 20 ans ont parfois du mal à mastiquer efficacement leur nourriture. Ces difficultés occasionnelles sont dues à l'apparition de surdents* et à de mauvaises occlusions dentaires (les mâchoires inférieure et supérieure ne sont plus en contact) : l'intervention du vétérinaire ou du dentiste équin est alors bien souvent une nécessité.
Pendant leur retraite, même lorsqu'ils sont au pré, ces "seniors" ont toujours besoin d'avoir les sabots taillés par le maréchal-ferrant huit à dix fois par an. Ceci pour éviter que, la corne ayant démesurément poussé, elle ne rende encore plus difficile la locomotion de ces vieillards.
En fin de vie, les chevaux perclus de rhumatismes ont parfois du mal à se lever après une longue station couchée. Il faut alors les aider à se remettre sur pied, faute de quoi leurs jours sont comptés.

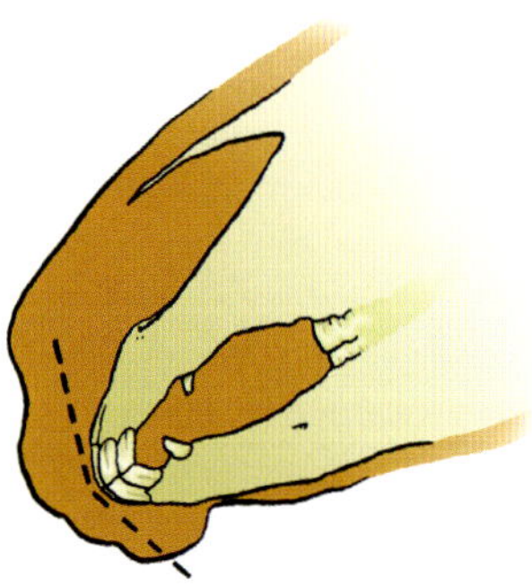

Dentition d'un jeune cheval (5 ans)

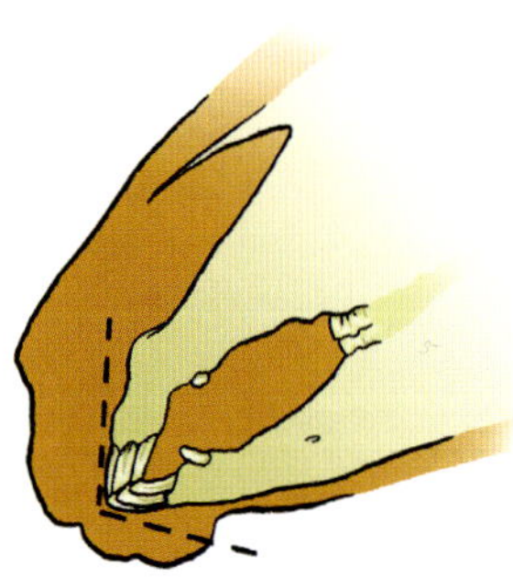

Dentition d'un vieux cheval (20 ans)

***Une maison de retraite** pour équidés*

Que deviennent-ils ?

Dans la nature, les chevaux ne faisaient guère de vieux os. Les prédateurs se chargeaient de manger ceux qui montraient le moindre signe de faiblesse. Les boiteux, les souffreteux, les emphysémateux (atteints d'une maladie pulmonaire), les juments épuisées par les gestations successives et les étalons vieillissants, évincés de leur harem par de jeunes mâles plus vaillants, faisaient le délice des fauves. Aujourd'hui, ils sont envoyés à l'abattoir vers l'âge de 20 ans. Quelques-uns, plus chanceux, sont mis au pré ou conservés comme mascottes dans les centres équestres. Depuis une trentaine d'années, il existe des maisons de retraite pour chevaux, comme Pech-Petit, dans le Lot. Ces centres spécialisés dans la gériatrie équine prennent en charge quelques montures plus choyées que les autres. L'un d'eux est ainsi dédié aux anciens chevaux de la garde républicaine. Face à la pression de l'opinion publique, les Haras nationaux s'efforcent aussi de s'occuper de leurs vieux étalons devenus impropres à la reproduction. Dans les clubs, en revanche, on se contente encore souvent de raconter aux enfants que les vieux chevaux sont partis au pré, à l'autre bout de la France, alors qu'ils sont vendus à la boucherie.

Le grand âge

Chez les équidés comme chez les humains, il existe une inégalité face au vieillissement. Les grands sportifs, qui ont sauté trop de barres ou travaillé sur de mauvais terrains, ont souvent vieilli prématurément. En compétition, il est rare de voir des chevaux de plus de 18 ans. Sans compter tous les accidents qui abrègent la vie de ces champions… La race compte aussi. Ainsi, les poneys vivent plus vieux que les races de trait. À condition d'avoir bénéficié de conditions de vie acceptables et d'être bien soignés une fois au pré, les chevaux peuvent atteindre facilement l'âge de 30 ans et même parfois de 40, pour les plus résistants. Certains vivent presque aussi longtemps après leur mise au vert qu'avant. Décider de mettre un cheval à la retraite coûte donc cher. Il faut compter au moins 92 euros par mois, plus les frais de maréchal-ferrant, de dentiste et de vétérinaire.

À la recherche des chevaux

Où a-t-on le plus de chances, de nos jours, de rencontrer des chevaux ? Dans les clubs hippiques ! Les vrais chevaux sauvages ont disparu et les équidés qui vivent en liberté sont le plus souvent inapprochables. Quant à nos campagnes, voilà bien longtemps qu'elles ne résonnent plus du doux cliquetis des sabots...

Chevaux sauvages

Il n'existe plus de véritables équidés sauvages dans la nature. Les derniers étaient les prejwalskis de Mongolie et les tarpans d'Europe centrale. Les premiers (cousins des chevaux) n'ont survécu que grâce au zoo et font actuellement l'objet d'une tentative de réintroduction dans leur pays. Les seconds ont disparu à la fin du XIXe siècle. Quant aux mustangs des États-Unis, symboles de l'Ouest américain, ou aux brumbies d'Australie, ce sont en fait des montures domestiques retournées à l'état sauvage. On les appelle des chevaux "marrons", en référence aux esclaves noirs en fuite, que l'on désignait par le terme hispano-américain *cimarron*.
Il existe à travers le monde de nombreuses mais petites populations de ces chevaux qui ont retrouvé leur liberté et vivent exactement comme leurs ancêtres.
En France, on trouve une seule population d'équidés, mâles et femelles mélangés, auprès de laquelle l'homme n'intervient pas, à La Tour-du-Valat, en Camargue. On rencontre souvent en revanche de grands groupes de juments lâchées avec un seul étalon, dans le cadre de la reproduction en liberté. Il s'agit d'une pratique courante en Camargue ainsi que dans les Pyrénées (pour les pottocks et les merens).

Ville ou campagne ?

Aujourd'hui, la plupart des quatre mille établissements équestres que compte notre pays se situent à proximité des villes. Il suffit donc de se rendre dans les écoles d'équitation ou dans les poney-clubs pour rencontrer des équidés. À la campagne, on trouve plutôt des élevages destinés aux courses,

Les brumbies *sont les descendants de tous les chevaux égarés ou abandonnés par les colons sur le continent australien.*

Les hippodromes

Les hippodromes constituent également un endroit pittoresque où admirer des équidés. Il y a, en France, des courses tous les jours. On entend surtout parler des grands hippodromes de la région parisienne, comme Longchamp, Auteuil ou Vincennes, mais ceux qui se trouvent en province (Deauville, Cagnes-sur-Mer ou Vichy) sont également importants.
Il existe enfin des courses de pays organisées au détour d'un champ ou sur une plage. On trouve leur programme dans les quotidiens régionaux.

à la selle ou à la boucherie. Il est hélas de plus en plus rare que les chevaux soient mis à contribution pour les travaux des champs ou de débardage (transport du bois).
Depuis quelques années, ils font néanmoins une timide réapparition dans les villes pour promener les touristes, ou tirer le matériel d'entretien des parcs et des voiries.

***Utiles au débardage**, les équidés abîment peu le sol avec leurs sabots.*

***Des chevaux cantonniers** sont utilisés par la ville de Rambouillet.*

LE SAVAIS-TU ?

Chevaux d'appartement ?
Des éleveurs un peu fous ont eu l'idée de sélectionner des races miniatures, parfois appelées *toy horses* ("chevaux-jouets"). Certains mesurent moins de 50 cm au garrot. Des marchands peu scrupuleux prétendent qu'ils peuvent vivre en appartement. C'est absolument faux !

***En dépit de leur taille minuscule**, ces chevaux ne sont pas des jouets.*

Signes particuliers

Tous les équidés partagent la même anatomie et le même squelette. Pourtant, chaque cheval est unique : il se distingue par la couleur de sa robe et par ses "particularités", petites spécificités de son pelage ou de sa conformation. Des indices qu'il faut savoir repérer rapidement… Sinon, impossible de reconnaître la monture attribuée par le moniteur parmi la dizaine de chevaux qui attendent au paddock !

Savez-vous “parler cheval” ?

Afin d’honorer “sa plus noble conquête”, l’homme a décidé de parler de lui en des termes qui rappellent plus l’anatomie humaine qu’animalière. Un vocabulaire à maîtriser au plus vite, d’autant qu’il constitue les rudiments de l’hippologie.

Portrait

L’anatomie du cheval est divisée en trois grandes parties, que l’on appelle des “régions” : l’avant-main*, le corps et l’arrière-main* (devant, sous et derrière le cavalier). Le cheval possède une tête, des oreilles, une bouche, un bout du nez, des épaules, des bras, des avant-bras, un ventre, des flancs, des hanches, des cuisses, etc. Mais les parties qui caractérisent son anatomie de coureur portent des noms particuliers : son cou, par exemple, est appelé “encolure”.

Particularités

L’équidé se distingue avant tout par ses membres : ses sabots ne sont pas des pieds mais des ongles (il n’a qu’un doigt par membre). Le boulet antérieur correspond chez l’homme à la jonction entre les doigts et la paume de la main. Ce que l’on appelle paradoxalement le genou du cheval est… un poignet ! Le jarret correspond donc à un talon humain. Quant aux châtaignes, elles seraient les vestiges d’un ancien doigt. Remarquons aussi l’utilisation de cinq termes similaires pour les membres (qu’ils soient antérieurs ou postérieurs) : sabot, couronne, paturon, boulet, canon.

Enfin si l’auge, la ganache*, le chanfrein* ou la salière sont faciles à mémoriser, les grands classiques des épreuves d’hippologie demeurent l’apophyse zygomatique, l’ars* et la gouttière jugulaire !

LES ERREURS DU NÉOPHYTE

On ne dit pas…	**on dit :**
pattes	membres ou jambes
museau	bout du nez
gueule	bouche
narines	naseaux
cou	encolure

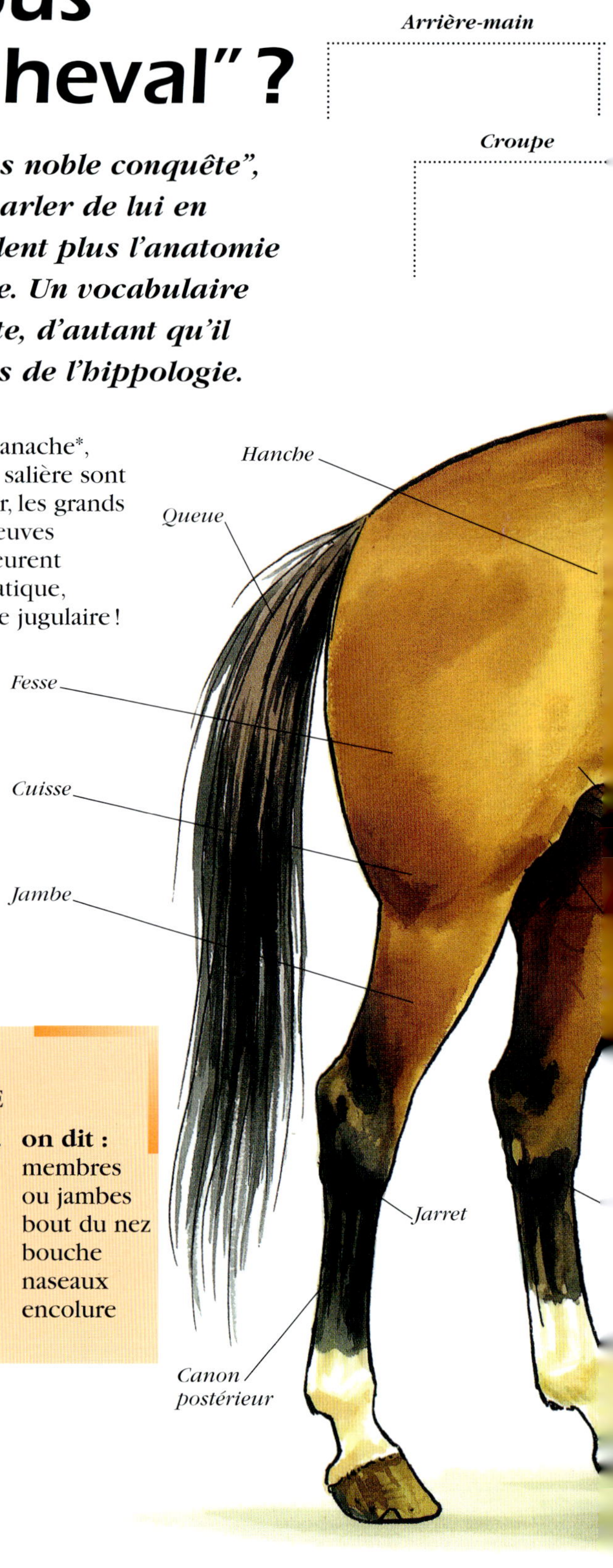

Corps
Avant-main
Dos
Encolure
Nuque
Oreilles
Front
Salière
Chanfrein
Crinière
Apophyse zygomatique
Garrot
Auge
Gorge
Joue
Ganache
Gouttière jugulaire
Naseau
Bout du nez
Épaule
Poitrail
Pointe de l'épaule
Ars
Bras
Coude
Avant-bras
Ventre
Flanc
Côtes
Grasset
Fourreau
Passage de sangle
Rotule
Genou
Châtaignes
Canon antérieur
Boulet
Ergot
Paturon
Couronne
Talon
Sabot

Taillé pour la course

Il y a très longtemps, tous les mammifères avaient le même squelette. Petit à petit et selon les espèces, les os se sont transformés, certains ont même disparu. Le cheval, qui devait fuir pour échapper à ses prédateurs, possède aujourd'hui un squelette parfaitement adapté à la course.

Plus de vertèbres pour plus de vitesse

Ce sont surtout la colonne vertébrale et les membres qui ont changé au cours de l'évolution, comme s'ils avaient été étirés pour rendre le cheval plus rapide. L'ensemble du squelette s'est ainsi "profilé" pour mieux pénétrer dans l'air ; il s'est allongé de la tête à la queue et affiné dans la largeur. La colonne vertébrale est très longue car les vertèbres sont à la fois plus nombreuses et plus allongées que chez les autres mammifères. L'encolure est constituée par sept vertèbres cervicales qui favorisent son rôle de balancier. En montant et en descendant au rythme des foulées, elle entraîne le cheval dans son mouvement en avant. Le dos compte, lui, dix-huit vertèbres thoraciques alors que la vache, par exemple, n'en a que quatorze. Cela lui permet d'être souple et de jouer le rôle d'amortisseur. Le dos transmet en douceur à tout le corps les forces en présence lors de la propulsion du cheval. La région du rein contient seulement six vertèbres lombaires (une de moins chez certains chevaux). La force de propulsion de l'arrière-main* est ainsi transmise plus directement, et donc avec toute sa puissance, à l'ensemble du corps. Cinq vertèbres soudées forment le sacrum, qui permet de fixer solidement le bassin et les membres postérieurs à la colonne vertébrale. Enfin, la queue comprend de quinze à dix-huit minuscules vertèbres.

Un modèle d'efficacité

Une petite astuce de la nature pour courir encore plus vite : toutes ces vertèbres sont dirigées dans le sens contraire de leur mouvement principal. En effet, en allant de la tête vers la queue, ces os sont d'abord penchés vers l'arrière puis se redressent progressivement pour finalement s'incliner vers l'avant. Cette particularité morphologique facilite la propulsion de l'arrière-main vers l'avant. Tandis que l'inclinaison des vertèbres de l'avant-main* implique une position efficace pour la pénétration dans l'air.

Des jambes d'athlète

Les os des membres sont très allongés, ce qui autorise l'équidé à faire de grandes foulées. Quant aux articulations, elles ne bougent que dans le sens du mouvement vers l'avant et presque pas sur les côtés. À l'extrémité de chaque membre, il ne reste plus qu'un seul doigt, les trois autres ayant disparu au cours de l'évolution. Cette spécificité rend les membres beaucoup plus légers et donne un point d'appui encore plus solide pour la locomotion. En effet, la force de propulsion est directement transmise sur le sol, elle est donc plus efficace que lorsqu'elle est répartie sur plusieurs doigts. Comparé à l'homme, le cheval possède un os en moins : la clavicule, reliant l'épaule au sternum. Elle est inutile pour l'équidé car son rôle est d'écarter les membres de la cage thoracique. Sa présence ferait donc perdre l'efficacité de transmission des forces de propulsion. Elle a disparu pour simplifier le mouvement en avant. Les particularités de son squelette font donc du cheval une véritable "formule 1" de la nature !

LE SAVAIS-TU ?

Records de vitesse
Les chevaux les plus rapides du monde sont les pur-sang anglais.
Le record de vitesse au galop est détenu par Big Racket qui, en 1945, parcourut 409 m en 21 s. Soit une vitesse d'environ 70 km/h !
Chez les trotteurs, c'est Minou du Donjon qui, à Stockholm, en 1985, couvrit 1 km en 1 min 11 s 50. Il trottait donc à près de 50 km/h !

Le squelette du cheval

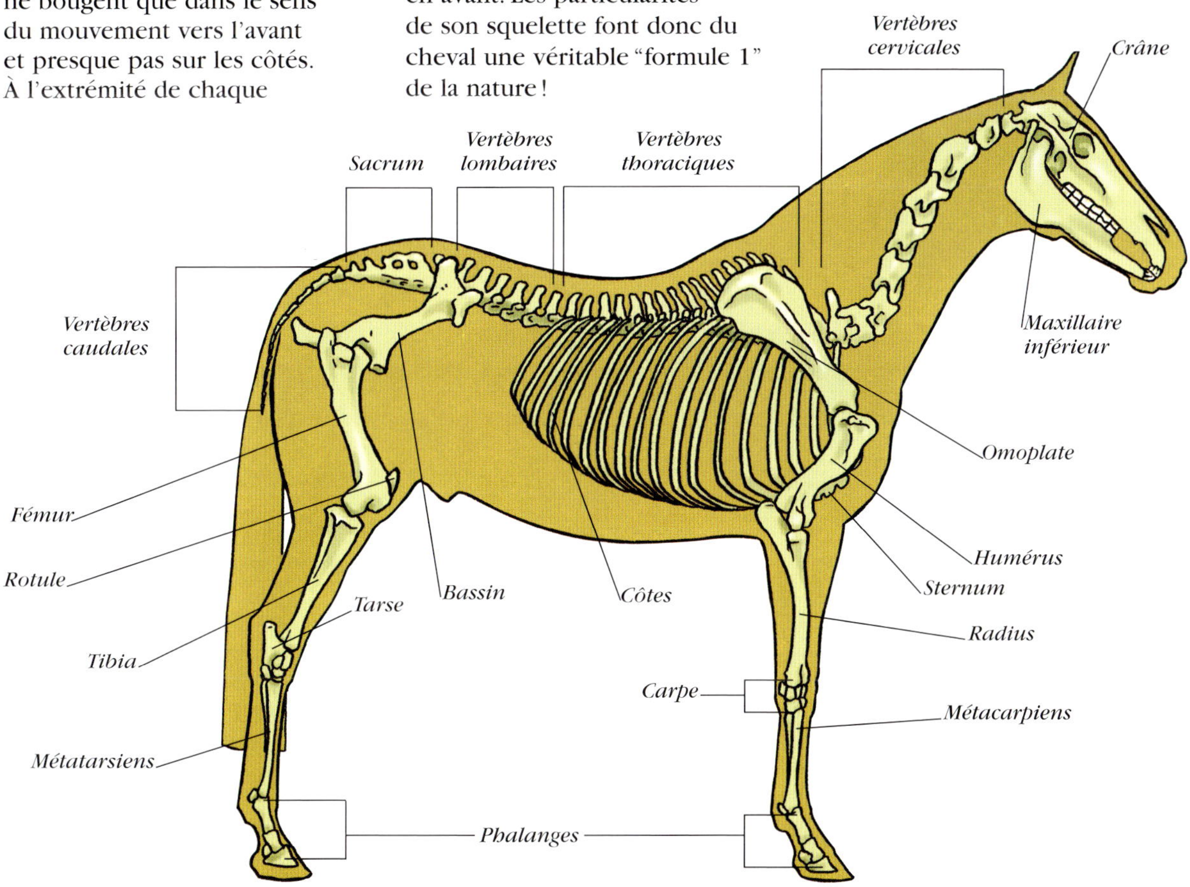

La conformation

La notion de beauté semble toujours subjective. Mais lorsqu'il s'agit de définir un équidé, elle est au contraire très précise. Car en hippologie, beau signifie en fait "bon". Le plus beau cheval est donc celui qui est le mieux adapté, physiquement, à l'activité à laquelle il est destiné.

Pour bien choisir sa monture, il faut être capable de juger de sa conformation. Elle repose à la fois sur le format de l'équidé (taille/poids) et sur les proportions des différentes parties du corps.
La conformation indique le travail auquel le cheval est le plus adapté. Un cheval de trait est évidemment mieux bâti pour tirer une charrue que pour sauter des haies !

Quel format ?

Il existe trois formats chez le cheval. Les longilignes* sont des animaux élancés, dotés de longues jambes. Ils courent vite et sautent haut : ce sont de grands sportifs ! Le pur-sang anglais en est un parfait exemple. Au contraire, les brévilignes*, petits et trapus, peuvent tirer de lourdes charges. C'est le cas du shetland… comme du postier breton. Entre les deux se trouvent les médiolignes*. À la fois rapides et robustes, ils font de très bons chevaux d'extérieur. Le selle français fait partie de cette catégorie.

Relatif ou absolu

Il ne suffit pas qu'un cheval ait le format adapté à la discipline à laquelle on le destine pour être un beau cheval. Encore faut-il qu'il soit bien proportionné et présente de nombreuses qualités. Certaines sont dites absolues, d'autres relatives. Les qualités absolues sont recherchées pour tous les chevaux : une belle tête, des membres solides, de bons aplombs, etc. Les qualités relatives, en revanche, sont

LE SAVAIS-TU ?

Un peu de mathématiques
Voici une formule qui permet de calculer le poids approximatif d'un cheval : (P = poids en kg et C = tour de poitrine – circonférence – en m) :
P = 80 x C x C x C
Un petit exemple : si un cheval a un tour de poitrine de 1,80 m, il pèse environ 466 kg
(P = 80 x 1,80 x 1,80 x 1,80).

Cheval ou poney

La différence entre un cheval et un poney a été fixée de façon arbitraire par les fédérations équestres, pour la compétition : au-dessus de 1,47 m l'animal est un cheval, alors qu'au-dessous c'est un poney. Parmi les poneys, il existe quatre catégories de taille (de A à D), du plus petit au plus grand. Cette classification n'est pas sans poser quelques problèmes. En effet, certains chevaux devraient être classés dans la catégorie poney (la plupart des camargues par exemple), alors que des poneys atteignent la taille cheval (welsh, français de selle…). En dehors du monde de la compétition, c'est donc plus par rapport à la race de l'équidé que l'on définit son appartenance à l'une ou l'autre catégorie.

Ce cheval de trait *se caractérise par sa robustesse, qui le rend apte aux tâches les plus harassantes.*

susceptibles de varier selon la race et l'utilisation du cheval. Ainsi, une croupe horizontale, favorisant la vitesse, est considérée comme un critère de beauté chez le cheval de course, mais pas chez le cheval de trait, qui doit avoir une croupe inclinée favorisant la puissance.

Le trotteur français *est un longiligne, au garrot saillant et au poitrail profond.*

Ses mensurations

On connaît la taille d'un cheval en utilisant une toise, qui est une sorte de grand pied à coulisse. La taille se mesure au garrot. Elle peut aller de 80 cm (pour un tout petit poney) jusqu'à 2 m, mais, en moyenne, un cheval de selle mesure 1,60 m. En revanche, il n'existe pas, ou presque, de balance pour chevaux. Un cheval moyen pèse entre 400 et 500 kg ; mieux vaut ne pas se faire marcher sur les pieds !

Quelques repères

Les Arabes, grands connaisseurs d'équidés, ont inventé des règles pour évaluer les bonnes proportions des chevaux. Selon eux, il doit y avoir :
- quatre parties larges : le front, le poitrail, la croupe et les membres ;
- quatre parties longues : l'encolure, les rayons supérieurs des membres (au-dessus du genou et du jarret), le ventre et les hanches ;
- quatre parties courtes : le rein, les paturons, les oreilles et la queue.

Un exemple de mauvaise conformation *: grosse tête, épaule droite, mauvaise ligne du dessus.*

Des régions harmonieuses

La silhouette du cheval est traditionnellement séparée en trois "régions", qui ont chacune leur rôle : l'avant-main* équilibre et dirige, le corps transmet et l'arrière-main* propulse. Impossible pourtant de les dissocier pour l'harmonie générale !

L'HARMONIE

Elle est indispensable entre les trois régions. Ainsi, un cheval peut être :

- "fait en montant" : trop haut devant ;
- "fait en descendant" : trop haut derrière ;
- "décousu" : les attaches des régions entre elles sont mauvaises.

Il peut aussi "avoir de l'air sous le ventre" (membres trop longs et ventre creux).

L'arrière-main
Elle propulse l'équidé, elle est son moteur, sa réserve de puissance.

Le corps
La ligne du dessus (garrot, dos, rein) est une sorte de courroie assurant la transmission de l'impulsion produite par l'arrière-main. Elle doit être bien tendue et parallèle au sol.

L'avant-main
Facilitant l'équilibre et l'avancée, elle sert à la fois de "gouvernail" et de "balancier", et fait tout le panache de la monture.

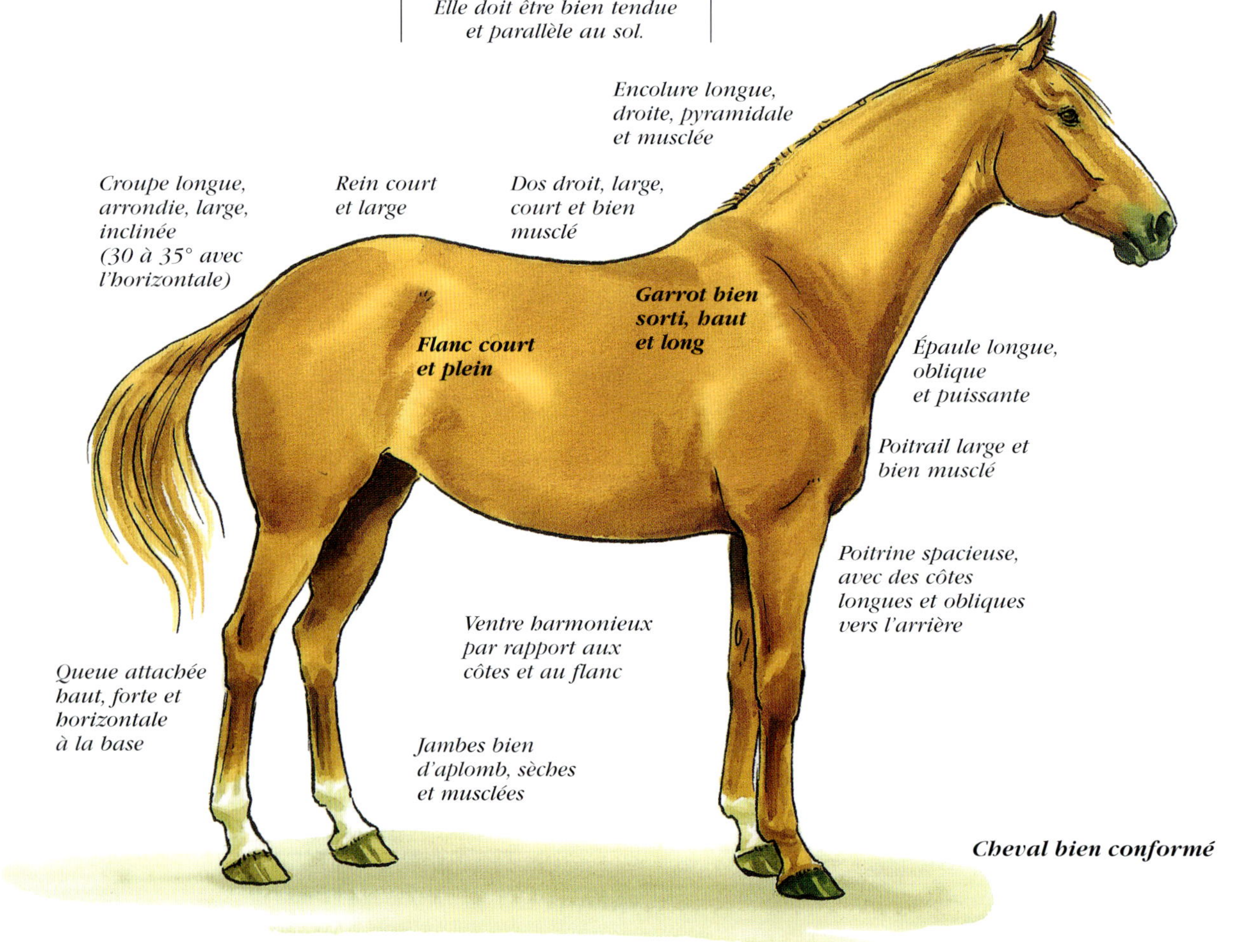

Cheval bien conformé

Chirurgie plastique

Chez les saddlebreds américains employés dans des shows, on sectionne les muscles abaisseurs de la queue pour obtenir un port haut, dont l'esthétique et l'éthique restent à l'appréciation de chacun.

De même, on amputait autrefois la queue des chevaux de trait de plusieurs vertèbres pour éviter une gêne au travail. En France, cette pratique, appelée caudectomie, est formellement interdite par la loi depuis 1996.

LE SAVAIS-TU ?

La bosse du saut
Entre le dos et le rein, certaines montures ont une "bosse du saut", due à l'attache de muscles très puissants de la croupe ; ces chevaux sont souvent de bons sauteurs.

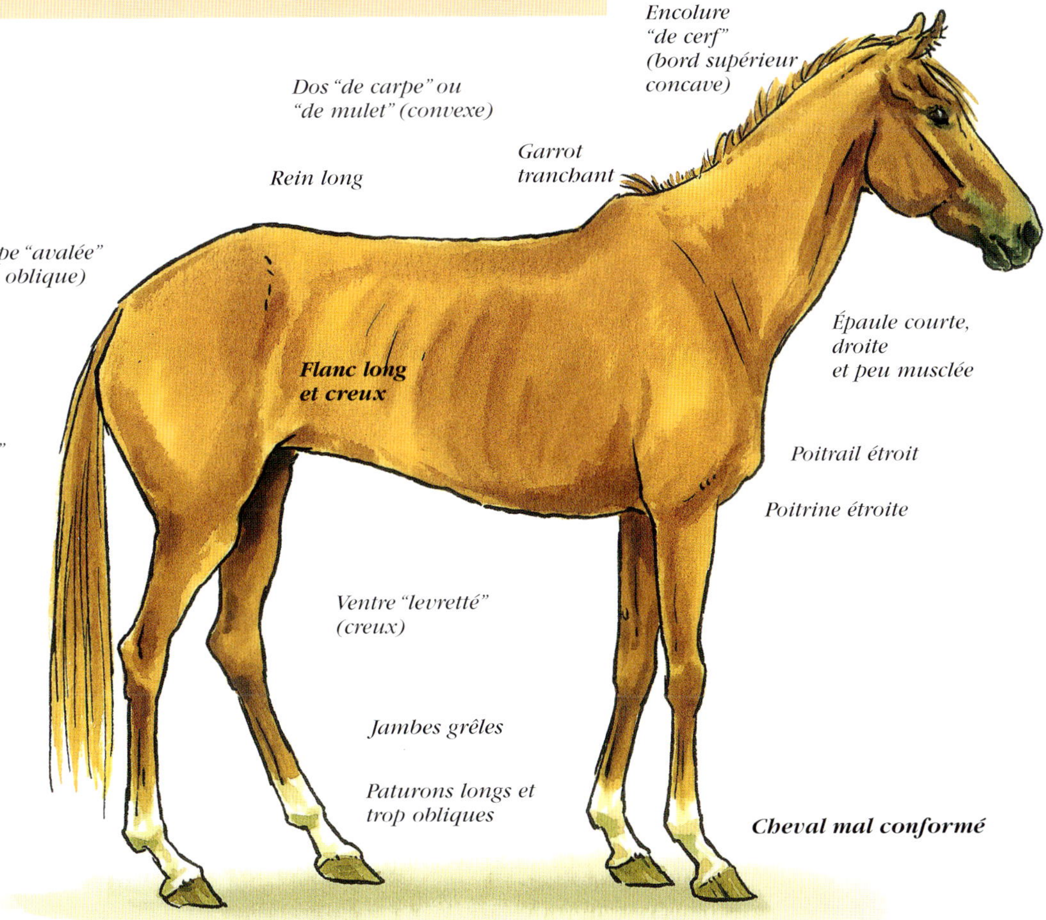

Cheval mal conformé

Le poids idéal

Dans le monde équestre, il n'y a pas que les jockeys qui doivent surveiller leur régime! Les chevaux ont, eux aussi, un poids idéal, qui leur permet de rester au mieux de leur forme.

***Cet étalon** dégage une forte impression de puissance mais il serait souhaitable qu'il perde quelques kilos!*

Tout est relatif

Mon cheval est-il trop gros, trop maigre ou à son poids de forme? Il n'est pas toujours facile de répondre à cette question. On ne dispose quasiment d'aucune balance pour suivre les évolutions de poids de son protégé… et, à l'œil, ce n'est pas très aisé. De plus, il existe des chevaux trapus et fortement charpentés, comme les races de trait (*voir p. 138*), qui paraissent toujours gros, et d'autres plus longilignes*, tels les akhal-téké (*voir p. 113*), vraiment très minces. Tous les chevaux de course, dont on voit les côtes, ne sont pas pour autant sous-alimentés, loin de là! De même, les chevaux de dressage et de saut d'obstacles sont toujours un peu plus gras que ceux d'endurance ou de concours complet, sans que cela nuise à leur santé. Pour juger réellement de l'état d'un cheval, il faut donc tenir compte de sa race et de son utilisation. Mais au sein d'une même race, on observe parfois de grandes disparités : certains individus sont beaucoup trop gros et d'autres trop maigres. Ces différences sont dues à l'hérédité, au mode de vie et au type d'alimentation. Désormais tributaires de l'être humain pour se nourrir, les équidés peuvent en effet se retrouver dans un pré trop pauvre pour subvenir à leurs besoins ou être suralimentés par un cavalier croyant bien faire…

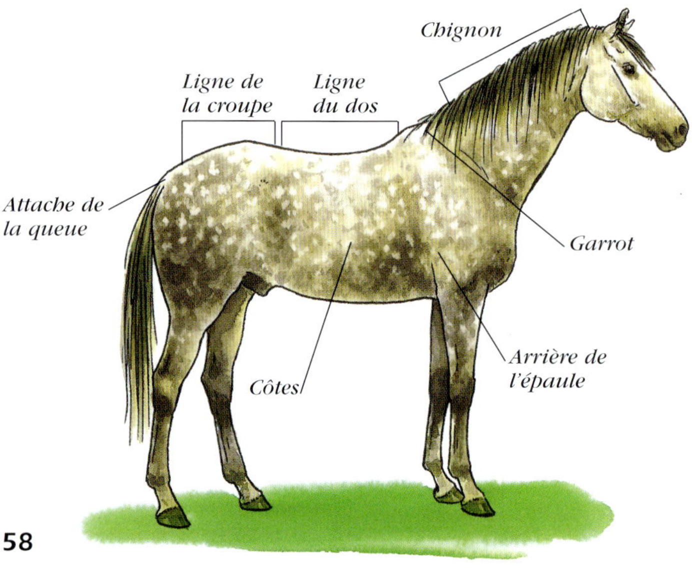

Les sept zones à observer

Pour juger objectivement de l'état de sa monture, la solution consiste à analyser rationnellement les zones où se déposent les graisses. On en compte sept : le chignon, le garrot, l'arrière de l'épaule, les côtes, l'attache de la queue, la ligne du dos et la croupe. Ces zones peuvent être palpées, à la recherche de dépôts graisseux excessifs.

Cheval trop maigre

En caricaturant un peu, un animal au poil terne, au dessus de l'encolure creuse et en lame de couteau (chignon inexistant), au garrot saillant avec l'arrière de l'épaule en creux, dont le dos, avec ses vertèbres très apparentes, évoque un tréteau, est peut-être sous-alimenté. On notera également ses côtes apparentes, avec des creux intercostaux très prononcés, sa croupe maigre aux contours concaves et ses vertèbres caudales faisant saillie.

Cheval au poids idéal

La monture au juste poids possède un chignon bien dessiné, avec un garrot qui ressort légèrement, l'arrière de l'épaule plat présentant un léger dépôt adipeux, des côtes à peine palpables. Les vertèbres de son dos sont légèrement enrobées, non perceptibles au toucher, sa croupe est un peu arrondie, avec des contours convexes. Un léger dépôt de graisse efface le relief de ses vertèbres caudales. De plus, son poil est généralement brillant. Ce cheval est dans l'état optimum pour donner le meilleur de lui-même sous la selle et vivre le plus longtemps possible.

Cheval trop gras

Une surcharge pondérale trop importante est toujours néfaste à la santé d'un équidé. Certaines races frugales (mais gourmandes !), telle la majorité des poneys, engraissent très rapidement lorsqu'elles se retrouvent sur de trop vertes prairies. Les chevaux ont alors un chignon très épais que l'on peut empoigner, le garrot noyé dans le gras, l'arrière de l'épaule bombé, les côtes impalpables, enfouies sous la graisse, la ligne du dos creuse, noyée dans la masse, et la croupe rebondie comme une pomme.

Quels aplombs !

Une personne qui a de l'aplomb est quelqu'un que rien ne fait fléchir ni ne déconcerte. Pour un cheval, les aplombs n'ont aucun rapport avec cette disposition psychologique : ils désignent la direction de ses membres par rapport au sol.

Évaluation

Pour juger des aplombs d'un équidé, on commence par le mettre sur un sol plat, avant de se reculer de 10 à 15 m. On se place ensuite de profil pour l'observer. À partir de l'épaule, on imagine une ligne verticale : elle doit toucher le sol juste devant le sabot. De la même façon, sur les membres postérieurs, cette ligne fictive partant de la pointe de la fesse doit longer le canon par-derrière. Il faut aussi considérer la façon dont s'attachent le boulet et le paturon. L'angle qu'ils forment doit être d'environ 70°. Ils sont bien attachés si les aplombs sont respectés.
Après cette première évaluation, on se place devant le cheval en se représentant une ligne verticale partant de la pointe de l'épaule. Elle doit couper le membre en deux parties égales. On procède de même en se mettant derrière l'animal (au moins à 10 m) et en démarrant la ligne de la pointe de la fesse. On vérifie aussi que le membre ne tourne pas sur lui-même.

Défectuosités

Cette évaluation permet de détecter les anomalies les plus fréquentes. De profil, le cheval peut être "campé" ou au contraire "sous lui". Si l'attache entre le boulet et le paturon se fait verticalement, on dit que le cheval est "court-jointé". Sinon, il est "long-jointé".
De face, si les pieds du cheval sont tournés vers l'extérieur, on dit qu'il est "panard" alors que, s'ils sont dirigés vers l'intérieur, il est "cagneux". Certains de ces défauts peuvent

Cheval avec de bons aplombs

Cheval campé

Cheval sous lui

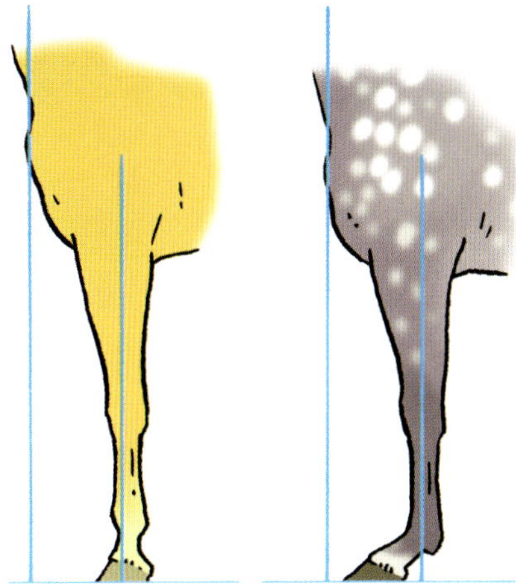

Membre court-jointé *(à gauche) et long-jointé (à droite)*

être corrigés, mais uniquement pendant la croissance. Le poulain subit alors une opération, porte un plâtre, une attelle ou une ferrure orthopédique.
Les mauvais aplombs favorisent l'apparition de tares sur les membres : ce sont des déformations irréversibles. Ainsi, un animal long-jointé est prédisposé aux molettes* tendineuses (touchant le liquide qui baigne les tendons), tandis qu'un autre court-jointé présentera plutôt des molettes articulaires.
On rencontre des tares molles (molettes) et dures (suros*) selon les tissus malades. Elles ne sont pas forcément douloureuses ni handicapantes mais, si c'est le cas, les soins peuvent aller d'une simple baisse du rythme de travail de l'animal à une opération chirurgicale.

LE SAVAIS-TU ?

À toute allure
Les allures (pas, trot, galop) dépendent aussi des aplombs. Ainsi, un cheval droit et court-jointé aura des allures "piquées", comme une machine à coudre ! Il sera inconfortable à monter, un véritable "tape-cul" ! Au contraire, un cheval plutôt long-jointé aura des allures souples et agréables.

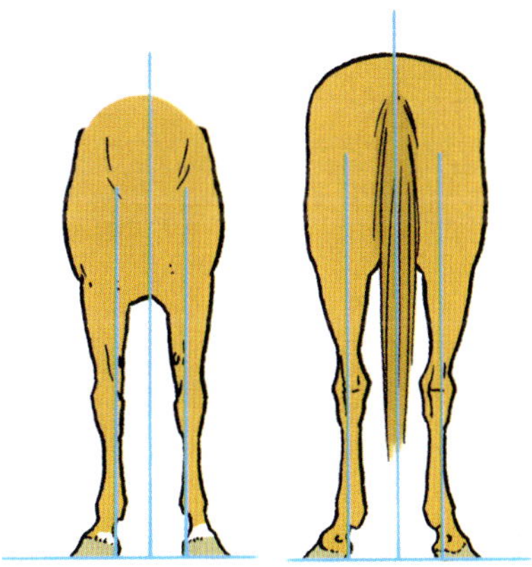

Cheval panard

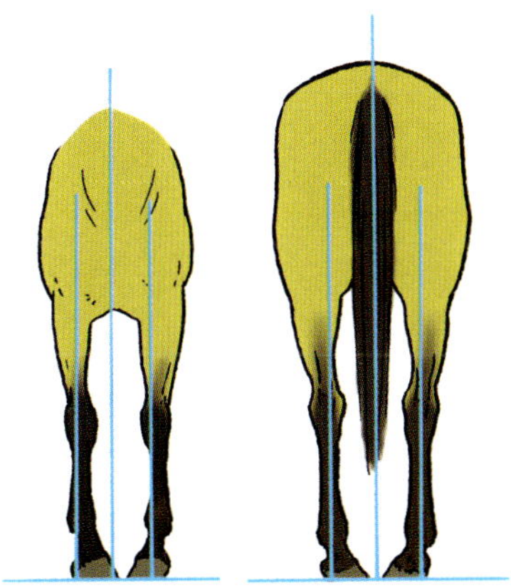

Cheval cagneux

Molettes *sous un boulet antérieur*

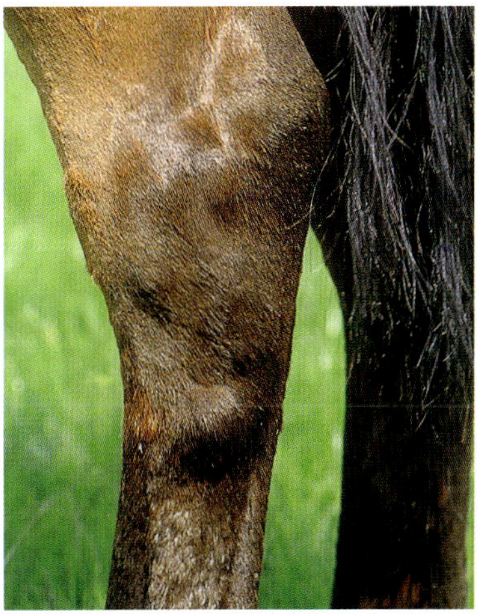

Suros *situé sous le jarret gauche*

Du bon pied

Sais-tu que le cheval ne marche que sur un doigt ? C'est tout ce qui lui reste des quatre doigts que possédaient ses ancêtres. Les pieds doivent être l'objet d'attentions constantes si l'on veut garder une monture performante.

Description

La structure interne du pied est enveloppée dans de la corne dure, le sabot. La partie que l'on voit est appelée paroi ou muraille. On la divise en quatre régions, en allant de l'avant vers l'arrière du pied : la pince, la mamelle, le quartier et le talon. Au-dessus se trouve une bande un peu renflée : le bourrelet périoplique. Il sécrète un vernis qui protège la corne de la sécheresse comme de l'humidité. Lorsqu'on soulève le pied, pour le curer par exemple, apparaît la face plantaire (*voir p. 168*). Elle comprend la sole, qui est constituée de corne moins dure que celle de la paroi, ainsi que la fourchette, les glomes et les lacunes.

Structure externe du pied

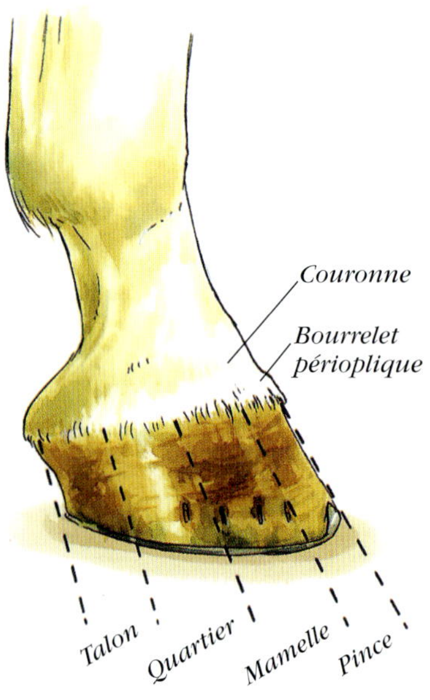

Structure interne du pied

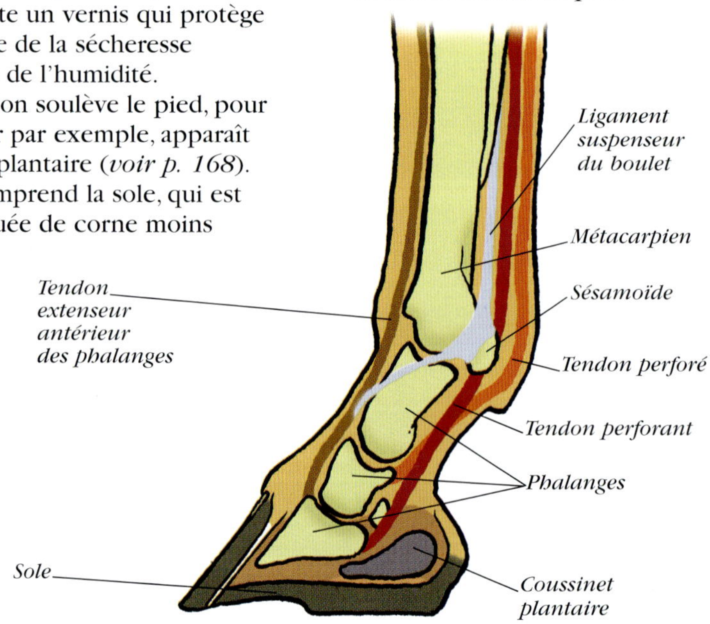

Un peu de vigilance

Chez le cheval, certaines maladies du pied sont décelables à l'œil nu. Il faut apprendre à les reconnaître pour faire appel au maréchal-ferrant. Les plus courantes sont : les blessures de la couronne, les fissures de la paroi (seimes*), les blessures ou hématomes de la sole (bleimes*), les saletés ou pus dans les lacunes, la séparation de la paroi et de la sole (fourmilière*).

Seime haute

Seime basse

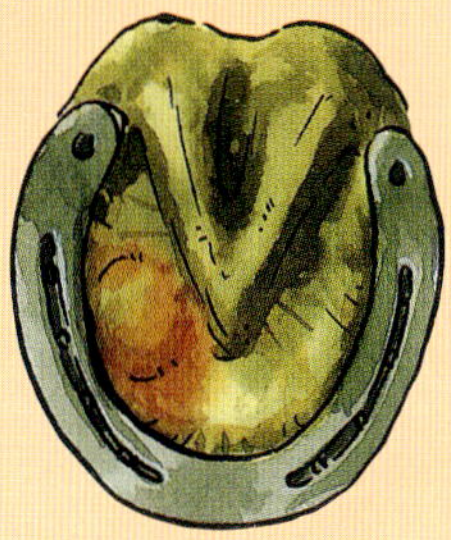

Bleime

Fonctionnement

Un pied de cheval est extrêmement résistant. Il peut supporter un poids de plus d'une tonne ! Cette qualité exceptionnelle est due à quatre mécanismes différents. Le premier est l'imbrication des minuscules lamelles du podophylle (tissu attaché sur l'os du pied) dans celles du kéraphylle (tissu interne du sabot). L'os du pied et le sabot sont ainsi très solidement attachés l'un à l'autre.
Le second concerne l'élasticité des tendons et des ligaments qui entourent le pied. C'est pourquoi on dit que le cheval a un pied "à ressort".
Le troisième réside dans la capacité du sabot à se déformer (en s'écartant) sous l'effet du poids et à reprendre ensuite sa forme normale.
Enfin, il existe un très grand nombre de vaisseaux sanguins dans cette partie de l'anatomie équine. Quand la monture appuie dessus, ces vaisseaux, situés tout autour du pied, comme une résille, sont écrasés progressivement et absorbent les chocs, à la manière d'un coussin hydraulique.
En revanche, dès que le poids est moins important, les vaisseaux se relâchent et le sang est pompé.

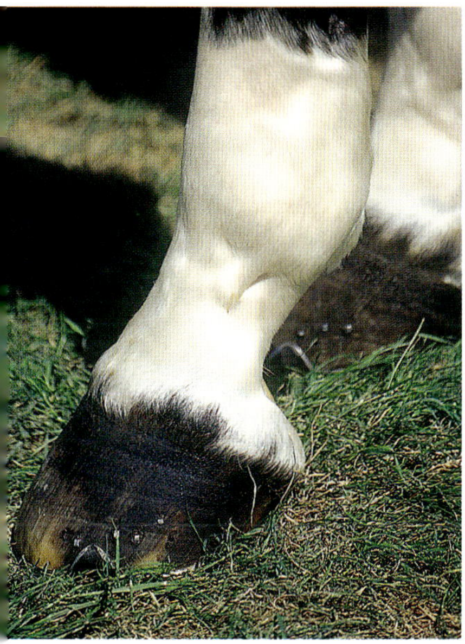

L'application d'un onguent *(graisse spéciale) sur le sabot est nécessaire pour le protéger.*

Des pieds sains

Pour être aussi efficace, le pied doit avoir de bonnes proportions et être en bon état. On veillera à ce que la corne du sabot soit dure mais pas cassante, sèche mais sans fissures. Quand on regarde le cheval de profil, il faut que la ligne du talon soit parallèle à celle de la pince. Les défauts les plus fréquents sont les pieds plats ou trop longs, les pieds encastelés (c'est-à-dire trop petits), panards (tournés vers l'extérieur) ou, au contraire, cagneux (dirigés vers l'intérieur). Ces défauts peuvent être corrigés en faisant parer les pieds de l'équidé par un maréchal-ferrant. Dans certains cas, on a aussi recours à une ferrure orthopédique. Même chez un cheval sans problèmes, le parage* doit être répété toutes les 6 semaines environ si le cheval est ferré, et toutes les 8 à 10 semaines s'il ne l'est pas, car la corne pousse en permanence, de 8 à 10 mm par mois (*voir p. 168 et 174*).

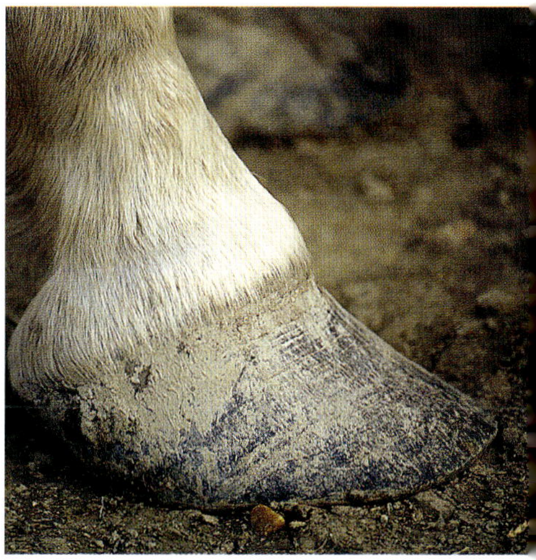

Ce pied trop long *devra être rectifié par le parage.*

La tête

Avoir une bonne tête, c'est avoir l'air sympathique et c'est cette partie de leur anatomie qui caractérise les différentes races de chevaux. Peut-être est-ce cela, avoir la tête de l'emploi ?

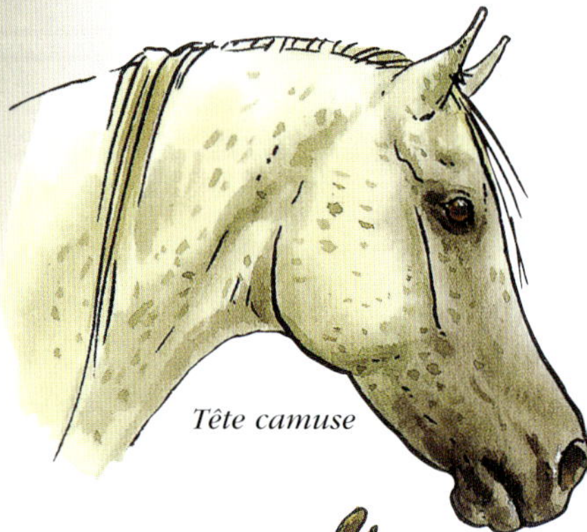

Tête camuse

Tête busquée

Le bon profil

La tête se compose schématiquement de quatre faces qui forment un parallélépipède rectangle. Sur la face du dessus, on trouve la nuque, le toupet*, le front, le chanfrein*, le bout du nez, les naseaux et la bouche. Celle-ci comprend elle-même les lèvres, les dents, les barres, la langue et le palais. Un cheval adulte possède quarante dents alors qu'une jument n'en a que trente-six et un poulain vingt-six. La face du dessous comprend le menton, les ganaches*, l'auge (entre les deux ganaches) et la gorge. Enfin, sur les deux côtés se situent le plat de la joue, la poche de la joue, la parotide, la tempe, l'oreille, l'apophyse zygomatique (une saillie osseuse), l'œil et la salière*.

LE SAVAIS-TU ?

Jumbo !
Si ses oreilles sont tombantes sur les côtés, on dit que le cheval est "oreillard".

La troisième paupière

L'œil du cheval n'est pas protégé uniquement par ses deux paupières, inférieure et supérieure. Il en possède une troisième, que l'on peut apercevoir au coin interne de l'œil. Si les deux premières servent à préserver la cornée des agressions extérieures, la troisième s'apparenterait plutôt à des lunettes noires : elle retient l'éclat des rayons solaires. Ces paupières possèdent toutes des muscles très puissants, qui permettent au cheval de fermer son œil très rapidement, lorsqu'il est gêné par une branche par exemple.

Le quarter horse *possède souvent des ganaches un peu lourdes.*

Critères de beauté

Pour être belle, une tête de cheval doit avoir une forme anguleuse, être bien proportionnée (trois fois plus longue que large) et attachée à l'encolure à angle droit. Chaque race possède une forme de tête particulière, illustrant la diversité des morphologies : ainsi les pur-sang arabes sont camus (ils possèdent un nez en trompette), les trotteurs, eux, sont au contraire souvent busqués, et les pur-sang anglais ont des têtes courtes (proportionnellement au reste du corps).

Attention, fragile !

La tête du cheval est très osseuse et la peau y est très fine. Elle est donc sensible aux frottements provoqués par le harnachement. Ce dernier peut occasionner des blessures généralement bénignes mais qu'il faut déceler rapidement. Pour protéger l'animal, si l'on n'a pas le temps d'attendre que ses éraflures cicatrisent, on peut agrémenter son filet d'une peau de mouton adaptée.

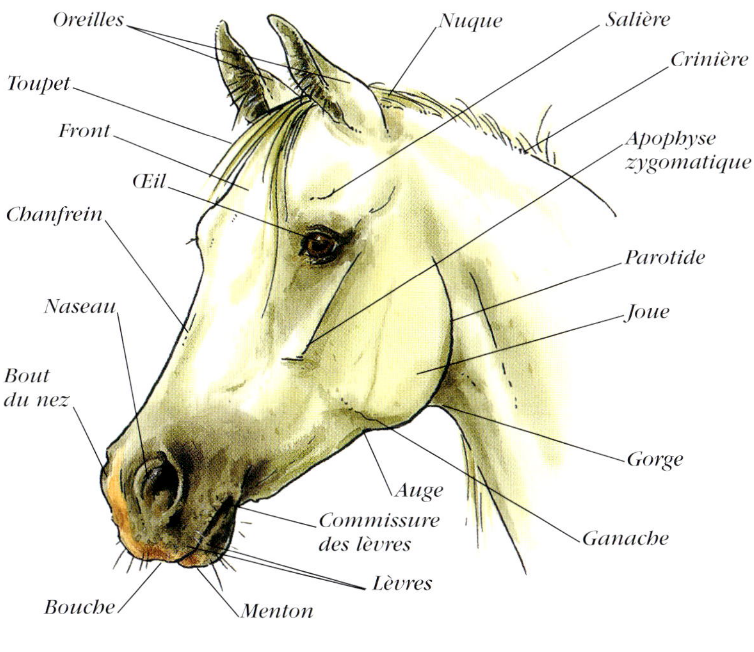

Un panache utile !

Autant le poil est court, doux et soyeux, autant le crin est long, rêche et rude. Le premier recouvre tout le corps du cheval, le second constitue sa crinière et sa queue. Véritable chevelure du cheval, le crin est aussi une arme redoutable !

Un chasse-mouches

Les crins des chevaux sont longs, solides et cinglants. Ils servent à éloigner les mouches, les moustiques, les taons et tous les insectes qui les parasitent.
Durant l'été, les chevaux au pré sont souvent installés tête-bêche, occupés à chasser les mouches de l'autre à coups de queue.

Parfois, ils secouent la tête pour activer leur crinière…
Aussi, lorsqu'on brosse son cheval, faut-il prendre garde qu'un insecte ne vienne l'agacer, sous peine de recevoir un coup de tête ou de queue.

Aujourd'hui encore, certains chevaux ont une crinière rasée, très courte, ou une queue amputée.
Ces pratiques traditionnelles, fortement contestées par les vétérinaires, exposent les chevaux aux tourments occasionnés par les insectes. Le cheval est fait pour être à tous crins, c'est-à-dire avec sa crinière et sa queue à l'état naturel.

La pousse du crin

En moyenne, les crins poussent d'environ 1 cm par mois. Ils sont d'autant plus vigoureux qu'on les a rasés ou coupés. Des vitamines (B8 ou "biotine" et B6) peuvent contribuer à les fortifier.
La vitalité des crins reflète la santé d'un cheval. S'ils sont ternes et cassants, le cheval est sans doute malade.
Certains chevaux, comme l'appaloosa, n'ont génétiquement que peu de crins. D'autres les ont frisottés, comme certains ibériques et surtout le bashkir curly d'Amérique.

LE SAVAIS-TU ?

Des utilisations diverses
Le crin de cheval a longtemps été mis à profit dans différentes industries. Ainsi les robes à crinoline doivent leur nom à leur jupon renforcé de crins. Plus tard, des cercles en fanons de baleine ont remplacé le crin pour assurer la rigidité des jupons, mais l'appellation "à crinoline" est restée.
On fixait aussi parfois une mèche de crin aux archets des violons. Autrefois, le crin servait également à rembourrer la matelassure des selles, les matelas, les oreillers… Enfin, longes, licols et brides en crins de cheval font partie de l'artisanat camarguais et indien.

Un peu de vocabulaire

La crinière peut être double ou simple et retomber à gauche ou à droite. On présente toujours un cheval hors crinière, c'est-à-dire du côté gauche si la crinière tombe à droite et inversement, afin que l'on voit bien son encolure. Lorsqu'il est irrité par les piqûres des insectes ou éperonné par son cavalier, le cheval manifeste son exaspération en agitant violemment la queue. On dit alors qu'il fouaille de la queue. Ce comportement est peu apprécié en dressage car il révèle le plus souvent un usage immodéré des éperons. Ce qui, chez l'homme, est nommé la frange s'appelle le toupet pour un cheval.

Ce toupet retombe sur le front des équidés domestiques, depuis le sommet de leur crâne. En revanche, chez les équidés sauvages (zèbres, prjewalski, onagres, etc.), il ne tombe jamais sur les yeux et garde la forme d'une houppe, en général assez courte.

Les crins exubérants *de cet ibérique ont été soigneusement tressés (ci-dessous).*

Queue de rat *et crinière rare font partie des caractéristiques de la race appaloosa.*

Un long panache

Les races qui présentent les plus longues crinières sont le pure race espagnol, le lusitanien ou le frison. Un long panache exige de nombreux soins. Il est nécessaire de tresser de grosses nattes d'écurie pour protéger les crins des multiples agressions qui limitent leur pousse et pour maintenir l'ensemble de la crinière du même côté de l'encolure. Faute de ces tresses, le cheval grignote l'avant de sa crinière avec ses granulés ou finit par marcher dessus lorsqu'il broute. Il faut aussi prévoir un bon produit démêlant, et du temps pour défaire, puis refaire, les tresses. Patience est le maître mot pour être fier du panache de sa monture !

Quelle garde-robe !

Chaque cheval est unique. La palette de couleurs de ses poils et de ses crins, c'est-à-dire sa robe, permet généralement de le reconnaître entre mille. D'autant plus qu'elle est toujours agrémentée de petits détails (épis, balzanes, raies de mulet...) qui facilitent grandement son identification.

Alezan, noir et bai *: voici les trois principales familles de robes.*

Grâce au travail des généticiens, on en sait aujourd'hui un peu plus sur la transmission héréditaire de la robe chez le cheval. Cela a permis d'adapter un vocabulaire dépassé et de changer, à l'initiative des Haras nationaux, la classification des robes. La nouvelle nomenclature est plus complexe que l'ancienne, mais plus conforme à la réalité. Il faut donc se préparer à oublier le vieux classement (qu'on retenait grâce aux initiales des noms de robes) : BANC BIS GAL R P. Établie par les militaires, cette classification reposait sur la différence de couleur entre poils et crins, et sur le nombre de couleurs de poils trouvées dans la robe. Elle est encore enseignée dans les clubs, en dépit de la réforme mise en place en janvier 1999.

Ancienne classification

On distinguait, dans l'ancienne classification, les robes simples et les robes composées.

Les robes simples étaient au nombre de quatre (BANC).
Blanc : poils et crins d'un blanc pur, comme celui des balzanes (robe très rare).
Alezan : poils et crins marron fauve.
Noir : poils et crins noirs.
Café au lait : poils et crins marron clair.

Les robes composées étaient classées en quatre grands types (BIS, GAL, R, P).
• La robe ne comporte qu'une couleur de poils, les crins et le bas des jambes sont noirs (BIS).
Bai : poils marron-rouge.
Isabelle : poils jaunes.
Souris : poils gris cendré.

Dans la plupart des races comme ici les dartmoors, *plusieurs types de robes sont acceptés par les éleveurs.*

Cheval bai

- La robe mêle deux couleurs de poils (GAL).

Gris : poils et crins noirs ou bruns, mélangés avec des poils blancs.
Aubère : poils et crins marron-rouge, mélangés avec des poils blancs.
Louvet : poils marron ou jaunes, mélangés avec des poils noirs ou dont l'extrémité est noire (on dit "fumée"). Les crins et le bas des jambes sont noirs.

- La robe contient trois couleurs de poils mélangées (R).

Rouan : poils et crins noirs, marron et blancs.

- La robe présente des plaques blanches, les crins ont les mêmes couleurs que les poils (P).

Pie : pie noir, pie bai, etc.

Nouvelle classification

Pour déterminer précisément la robe d'un cheval dans la nouvelle classification, quatre étapes s'imposent.
La première consiste à imaginer la robe qu'aurait l'équidé s'il ne présentait aucun poil blanc. C'est ce qu'on appelle sa "robe de base". Les principales sont : noir, alezan, bai, isabelle, souris, crème, palomino, etc.

En second lieu, on relève les adjonctions (raies de mulet, couleur des yeux, de l'ensemble de la peau, des sabots, etc.) et les marques naturelles (balzanes, épis, ladres, etc.).
La troisième étape détermine si le cheval présente ou non un semis de poils blancs ou noirs mélangés dans sa robe de base. Cela concerne les gris et les rouannés, également appelés "granités".
La quatrième étape repose sur l'observation des panachures, ces taches blanches des chevaux pie ou tachetés.

Les robes de base

Pour les déterminer, on imagine le cheval sans balzanes, ni marques en tête, ni poils blancs disséminés dans la robe, ni taches blanches, etc.
On distingue alors quatre grandes familles.

- Noir : poils et crins noirs.
- Bai : crins noirs et bas des jambes noirs. Cette famille rassemble les bais, les isabelles et les souris.
- Alezan : cette catégorie se distingue par l'absence de crins noirs. Ce sont les alezans, les alezan brûlé, les palominos et les café au lait.
- "Autre" : appellation qui réunit ceux dont on ne peut pas déterminer avec certitude la robe de base. Ce groupe rassemble les vrais blancs, les crème, les gris devenus blancs et les chocolat (dont on ne sait pas bien si leurs crins sont marron très foncé ou noirs). Chez les gris devenus blancs et chez certains appaloosas léopard, eux aussi presque entièrement blancs, il n'est pas possible de retrouver la robe de base.

***Une robe souris**, avec les crins et le bas des jambes noirs caractéristiques de la famille du bai.*

Deux pigments seulement

Deux pigments ou colorants (les mélanines) suffisent à composer la grande palette des robes de base que l'on rencontre chez les chevaux. Le premier va du noir au brun, le second du marron-rouge au jaune. Les chevaux qui ne possèdent que le premier pigment sont noirs. Ceux qui n'ont que le second sont alezans. Les chevaux qui disposent des deux pigments à la fois sont bais. Si le pigment marron fait un peu défaut, ils sont dits bai foncé.

LE SAVAIS-TU?

Bizarre, bizarre...
Un étalon et une jument, alezans tous les deux, ne peuvent avoir qu'un poulain alezan. En revanche, un poulain alezan peut apparaître chez deux parents noirs ou bais.

DÉCLINAISONS GÉNÉTIQUES DES DIFFÉRENTES ROBES

Gènes / Familles	Alezan	Noir
Un seul gène palomino	Palomino	Noir
Deux gènes palominos	Crème ou cremello	Perlino
Gène sauvage	Alezan clair (avec raie de mulet)	Souris (avec raie de mulet)
Gène champagne (très rare)	Gold champagne (ressemble à un palomino avec des yeux ambre et une peau tachetée)	Champagne (ressemble à un isabelle)
Gène crins lavés	Alezan crins lavés	Noir
Gène silver dapple	Alezan	Silver dapple (ressemble à un alezan brûlé et pommelé aux crins lavés)
Gène pangaré		Noir pangaré
Gène blanc	Blanc	Blanc
Gène sauvage + un gène palomino	Café au lait ou palomino très clair de poils (avec raie de mulet)	Souris

*Un **bai** aux crins argentés*

Gènes de "dilution"

Parfois, des gènes viennent modifier la répartition des pigments dans les poils ou dans les crins des chevaux en "délavant" leur couleur primitive.

Certains n'agissent que sur les crins (on parle alors de "crins lavés"), d'autres plutôt sur le poil, et les derniers enfin agissent à la fois sur les poils et sur les crins. La présence ou l'absence de ces gènes de dilution et la manière dont ils se combinent les uns avec les autres façonnent toutes les nuances de robes connues. Le tableau ci-dessus résume les effets des différents gènes sur les trois robes, alezan, noir et bai. Il faut au moins retenir les robes diluées suivantes, qui sont les plus fréquentes : isabelle (poils jaunes, crins et jambes noirs), souris (poils gris uniformes, crins noirs), palomino (poils jaunes, crins écrus) et crème (poils et crins blanc cassé, peau rose).

	Bai
	Isabelle
	Perlino
	Isabelle (avec raie de mulet)
	Champagne ambre (ressemble à un isabelle aux crins bruns)
	Bai
	Bai aux crins lavés (souvent argentés)
	Blanc
	Isabelle clair (avec raie de mulet)

***Ce poney** présente une robe souris.*

***Chez les alezans**, les gènes de dilution donnent des chevaux crème.*

***Ci-dessus** un palomino, ci-dessous un isabelle*

DES POILS "FUMÉS"

Certains chevaux possèdent un gène qui vient noircir l'extrémité de leurs poils et de leurs crins. On dit alors qu'ils sont "fumés" ou "brûlés". Les deux robes de ce type les plus connues sont l'alezan brûlé et le louvet (qui est en fait un isabelle ou un bai fumé).

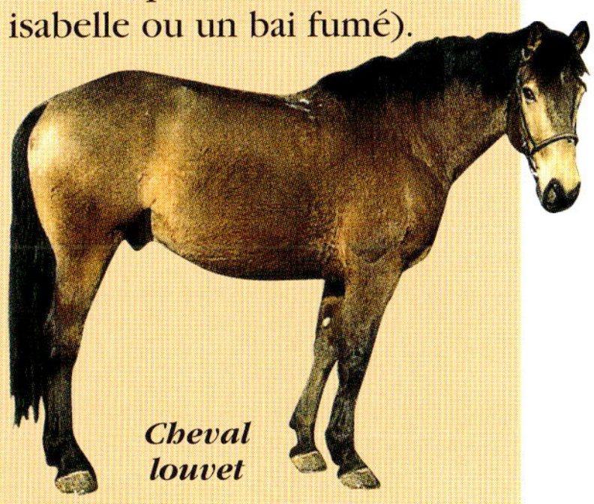

Cheval louvet

Hissez les couleurs !

Identifier la robe d'un équidé est un travail de détective : il faut noter tous les détails, les marques naturelles et les adjonctions, regarder sous le poil, dans les yeux, et traquer les zones plus foncées ou plus claires. Bref, mener une véritable enquête !

Ce cheval présente des ladres autour des yeux et sur les lèvres.

Couleur de la peau

Lorsque l'on décrit la robe d'un cheval, on ne parle généralement que de ses poils et de ses crins. Et l'on oublie trop souvent la couleur de la peau, sous les poils, qui livre pourtant de précieuses informations. Elle peut être noire, grise ou rose, uniforme ou tachetée (grise avec des parties roses, par exemple). Comment différencier notamment un gris devenu complètement blanc d'un vrai blanc ou d'un crème ? C'est très simple : le premier a la peau gris foncé tandis que les deux autres ont la peau rose.

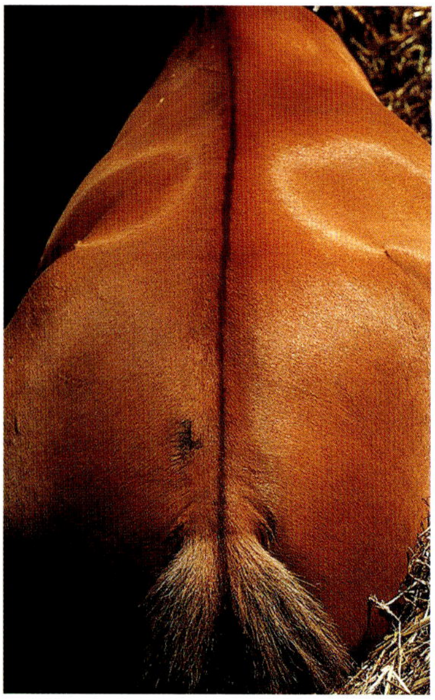

Raie de mulet

Les rares chevaux porteurs du gène champagne (ils ressemblent à des palominos ou à des isabelles) sont également caractérisés par une peau rose tachetée, tandis que les vrais palominos et les isabelles ont la peau uniformément grise.

Couleur des yeux

La couleur de l'iris d'un cheval est également précieuse pour qui veut comprendre la génétique des robes. Un vrai blanc a par exemple les yeux marron foncé tandis qu'un crème les a plutôt bleus ou noisette. De même, entre deux chevaux pie, celui qui a l'œil bleu sera plutôt un overo qu'un tobiano (*voir p. 76-77*). Comment distinguer en dépit de leur ressemblance un gold champagne d'un palomino ordinaire ? Le premier aura les yeux couleur ambre, tandis que le second les aura marron foncé. On doit également observer le tour de l'œil du cheval. Certains ont la sclérotique blanche, c'est-à-dire qu'on leur voit le blanc de l'œil. C'est souvent le cas des appaloosas.

Raie de mulet et zébrures

Le terme "raie de mulet" désigne une bande sombre qui court sur l'épine dorsale de l'animal.

Les zébrures sont des rayures horizontales et foncées, au niveau des genoux et des jarrets. La bande cruciale s'apparente à une marque sombre sur les épaules de l'animal. La croix de Saint-André est la combinaison d'une raie de mulet et d'une bande cruciale. Toutes ces particularités constituent un patron de robe caractéristique d'un des gènes de dilution : le gène sauvage (*voir p. 70*).

Cap de maure, nez de renard et ventre de biche

Lorsque les équidés ont le bas de la tête plus foncé que le haut et que le reste du corps, on dit qu'ils sont cap de maure. C'est fréquemment le cas des chevaux souris ou rouannés (*voir p. 74*). Certains, au contraire, ont le bout du nez beaucoup plus clair que le reste de la tête.

On dit qu'ils ont un nez de renard. Ces animaux ont souvent aussi le dessous du ventre plus clair. Parfois, ces taches se limitent à l'attache des membres (au niveau du passage de sangle, du grasset*, de l'intérieur des cuisses). On parle alors de ventre de biche. Ce patron de robe est dû au gène pangaré. Ainsi, on parlera d'un noir pangaré pour décrire un cheval noir au bout de nez et aux ars* marron.

Crins lavés

Certains chevaux possèdent une crinière blonde, d'autres des crins poivre et sel. La question à se poser face à un cheval aux crins lavés (c'est-à-dire aux crins plus clairs que le reste des poils) est la suivante : a-t-il des poils ou des crins noirs disséminés ? S'il en a (souvent sur les jambes), on a affaire à un bai ou à un noir crins lavés (par le gène Silver Dapple). S'il n'en a pas, il fait partie de la famille des alezans. Mais dans cette famille, comment reconnaître alors un alezan aux crins lavés d'un palomino ? Les premiers ont le poil plutôt marron et les crins moins uniformément décolorés, tandis que les seconds ont le poil jaune mordoré et les crins complètement ivoire.

***Des crins très clairs** associés à des poils jaunes mordorés sont caractéristiques de la robe palomino.*

Pommelures

Les cercles concentriques sur la robe des chevaux sont également un indice pour les identifier. Chez un cheval aux crins lavés, ils évoquent le gène Silver Dapple (*dapple* signifie "pommelé" en anglais). Chez un animal gris fer, ils suggèrent que le cheval va continuer à grisonner et tendre vers le blanc. Ce n'est donc pas un noir rouanné.
Les pommelures sont également fréquentes chez les palominos, les alezan brûlé, les bai foncé.

Ladres et charbonnures

Les zones de ladres sont des endroits où la peau est dépigmentée. Elles apparaissent fréquemment sur les lèvres, autour des yeux, sur les parties génitales, sous la queue. Le ladre marbré (où le mélange des zones pigmentées et dépigmentées forme un dessin semblable à du marbre) se trouve souvent chez les appaloosas.
Les charbonnures sont des zones de poils bruns perdues dans une robe plus claire. Elles sont fréquentes chez les palominos.

LE SAVAIS-TU ?

Des chevaux albinos ?
Chez les chevaux, il n'y a pas de véritables albinos aux yeux rouges. Il existe bien des chevaux blancs, mais ceux-ci ont les yeux marron foncé… Rien à voir donc avec le phénomène de l'albinisme !

***Les palominos** peuvent être pommelés.*

Un rouan

Le monde des gris

La robe grise peut être pleine de surprises : il n'est pas rare, en effet, qu'elle évolue au fil du temps. Il est ainsi bien difficile, parfois, de reconnaître un cheval gris d'une année sur l'autre !

Certains chevaux ont le corps et les crins parsemés de poils blancs. Rappelons que, pour les classer, il faut commencer par imaginer quelle serait leur robe sans tout ce semis.
La seconde question à se poser est la suivante : ce mélange de poils blancs est-il évolutif ou non ? Autrement dit, a-t-on affaire à un animal qui grisonne au fil des ans et qui tend vers le blanc, ou au contraire à un cheval dont la proportion de blanc reste constante dans le temps ?

Deux souris *rouanné pour ce bel attelage*

Les rouannés

Certains chevaux (de trait notamment) naissent avec un semis de poils blancs disséminés dans leur robe de base.
Ce mélange est stable : les poils blancs ne se multiplient pas avec les années et, en général, la tête de l'animal en compte assez peu. Ce phénomène est celui du rouannage. Pour décrire ces chevaux, on ajoute le qualificatif de "rouanné" ou de "mélangé" à celui de leur robe de base.
La nouvelle classification autorise toutefois l'emploi de certains noms de l'ancien classement.

ROBES DE BASE	GÈNE ROUANNÉ (APPELLATION)
Alezan	Alezan rouanné, alezan mélangé ou aubère
Noir	Noir rouanné, noir mélangé ou gris fer
Bai	Bai rouanné, bai mélangé ou rouan
Isabelle	Isabelle rouanné ou isabelle mélangé
Souris	Souris rouanné ou souris mélangé
Palomino	Palomino rouanné ou palomino mélangé

***Attention**, malgré leur nom, les gris fer ne sont pas des gris, mais des rouannés.*

LE SAVAIS-TU?

Un sur un million
Autrefois, les cavaliers confirmés ne parlaient jamais de chevaux blancs, mais toujours de chevaux gris, car, même dans une robe faite de millions de poils blancs, on trouve toujours un poil noir.

***Un aubère** ou alezan rouanné*

Les gris

Certains chevaux comme les camargues, les lipizzans, les ibériques ou les arabes naissent noirs, bais, alezans (ou de n'importe quelle robe de base diluée), mais se mettent à grisonner en vieillissant. Dès l'âge d'1 an, des poils blancs apparaissent sur la tête de l'animal. Et, chaque année, leur proportion augmente. Par exemple, vers 3 ans, un cheval à la robe de base alezane ressemblera à un alezan rouanné (ou aubère) mais, quelques années plus tard, il sera presque entièrement blanc. Lorsqu'il n'est plus possible de retrouver la robe de base d'un cheval ayant trop grisonné, on parle d'un "gris" tout court. Ce phénomène de grisonnement est dû à une accumulation de pigments dans les cellules qui les fabriquent, les "mélanocytes". Les pigments restent sous la peau au lieu de migrer dans les poils. Les gris ont donc toujours la peau noire ou gris foncé. Mais cette particularité est aussi à l'origine de fréquentes tumeurs de la peau : les mélanomes, qui deviennent parfois cancéreux. Les gris vivent donc, en moyenne, deux ans de moins que les autres. Le grisonnement présente parfois d'autres particularités comme les pommelures, qui sont des rosaces de poils plus foncés ou plus clairs formant un motif sur la robe de l'animal.

Leur apparition serait liée à des phénomènes vasculaires. De même, les truitures sont des petites mèches de poils marron-rouge qui persistent dans la robe des gris et les mouchetures, des semis de poils noirs.

***Sous la crinière**, on aperçoit ici des truitures.*

***Ces poulains nés foncés,** âgés d'environ 2 ans, sont en train de grisonner.*

Drôles de patchworks

Certains chevaux ont l'air d'avoir joué avec un pot de peinture blanche! Comme cet overo, ci-contre, dont la robe présente une surprenante mosaïque de couleurs. Malgré leur grande diversité, ces pie ou tachetés sont eux aussi classés par famille...

Les panachures

Certains chevaux sont parsemés de larges plaques de poils blancs. En général, leur peau est rose sous ces zones dépigmentées. On rassemble ces parties blanches sous le nom de panachures, que l'on classe en asymétriques pour les pie et en symétriques pour les tachetés. Comme d'habitude, on décrit ces chevaux en mentionnant leur robe de base (la robe qu'ils auraient s'ils n'étaient pas pie), suivie de divers qualificatifs se rapportant à ces taches blanches.

Les pie

Les pie sont des chevaux dont la robe de base est maculée de larges zones de blanc, au dessin asymétrique. Ce phénomène est dû à un défaut de migration des cellules pigmentaires (les mélanocytes) dans certaines régions du corps. Il existe quatre gènes différents capables de provoquer ce phénomène. Chacun dessine un patron de robe bien particulier. Certains pie n'ont que très peu de blanc tandis que d'autres sont, au contraire, fortement panachés.
Le patron de robe tobiano est, de très loin, le plus fréquent. Presque tous les pie sont des tobianos. Les taches blanches plutôt verticales couvrent le dos de l'animal. La crinière et la queue sont fréquemment panachées de blanc. Les tobianos ont presque toujours quatre grandes balzanes*. En revanche, ils ont généralement des marques en tête ordinaires, sans yeux bleus.
Infiniment plus rares que les tobianos, les overos sont tachetés de blanc sur les flancs. Le dessin des taches, plutôt horizontal, franchit rarement la ligne dorsale. Leur tête est, en général, fortement marquée de blanc. Ils ont souvent les yeux bleus. Leurs crins sont parfois panachés de blanc.
Les overos n'ont que très rarement quatre balzanes.
Le patron pie sabino est rare. On le rencontre chez les criollos, les shires ou les clydesdales. Les zones blanches sont irrégulières et déchiquetées comme de la dentelle.
Les sabinos ont toujours quatre balzanes haut chaussées. Le blanc s'étale surtout sous le ventre et la gorge, et remonte parfois sur les flancs et la tête, jusque sur le bout du nez.

***Ce tobiano**, contrairement à ses semblables, n'a pas de marques en tête.*

***Ce poulain** issu d'une jument unie est un bel exemple d'overo.*

Cheval sabino

UN CAS RARE : LES TOVEROS

Chez les pie, les toveros cumulent le gène des overos et celui des tobianos.
Ces chevaux sont presque entièrement blancs, avec juste le haut du crâne coloré.
Les Indiens d'Amérique les vénéraient et les appelaient *medecine hat* (chapeau du guérisseur).

Les balzans sont rarissimes. Les Anglais appellent ce patron *splashed white* (éclaboussé de blanc) : le blanc s'étend sur les quatre membres, sous le ventre et au niveau de la gorge. Il est beaucoup plus homogène que celui des sabinos. Ses contours sont nets et non déchiquetés.

Les tachetés

Longtemps assimilées à la seule race appaloosa, les robes tachetées sont maintenant décrites indépendamment de cette race. On rencontre en effet des chevaux tachetés dans d'autres races comme le knabstrup, le noriker, le karabair, l'altaï, etc. La terminologie des robes tachetées est néanmoins fortement marquée par la culture américaine.

Cheval capé

Les capés (*blanket* en anglais) sont des chevaux qui semblent avoir une cape blanche sur le dos et sur la croupe : une large tache blanche leur couvre l'arrière-main*. Cette cape est plus ou moins étendue, et ses contours plus ou moins réguliers. La peau est généralement rose.
Les capés tachetés sont eux aussi habillés d'une cape, mais celle-ci peut être à son tour parsemée de taches plus foncées que le fond de robe. C'est ce que les Américains nomment *spotted blanket*.

Cheval capé tacheté

Chez certains chevaux, la cape est tellement étendue qu'ils paraissent entièrement blancs. Il est alors très difficile de reconnaître leur robe de base. S'ils sont tavelés de taches sombres, on appelle ces chevaux des léopards.

On décrit enfin également, notamment chez les appaloosas, une forme particulière de rouannage (non évolutif) qui laisse des zones colorées au niveau des saillies osseuses.
La nouvelle classification qualifie ces chevaux de marmorés, un mot plus français que le *varnish roan* des Américains.

LE SAVAIS-TU ?

Attention, soleil !
On pense souvent que les chevaux aux yeux clairs ne supportent pas le soleil. C'est en fait la peau rose autour des yeux qui est la plus sensible aux rayonnements, et la couleur de l'iris n'a rien à voir là-dedans…
Ainsi, les pie et les capés, qui ont la peau rose, prennent souvent des coups de soleil.

À vos marques !

Nos montures n'ont pas d'empreintes digitales, mais elles présentent toutes des particularités bien spécifiques. Grâce à ces dernières, il est possible d'identifier son cheval de manière très précise, sans risquer de le confondre avec ce petit frère qui lui ressemble tant…

Sur la tête

Les chevaux arborent souvent des marques blanches sur la tête. Ces taches se situent sur trois zones : le front, le chanfrein*, le bout du nez.

Les marques en tête sont des taches blanches situées sur le front de l'animal, au-dessus de la ligne inférieure de ses yeux. Le nom donné à la marque dépend de sa forme : pelote, étoile, carré, croissant, point d'interrogation, cœur, etc. Lorsque la tache est très grande, on parle de marque "fortement en tête", ou "très fortement en tête".

Une marque *"fortement en tête"*

Les listes sont les bandes blanches situées sur le chanfrein, entre le bas des yeux et le haut des naseaux. Elles peuvent être fines, normales, larges, très larges, déviées, interrompues.

Les *snips* sont des taches de poils blancs sur le bout du nez des chevaux. Il n'existe pas encore de vocable équivalent en français. Par défaut, on parle généralement de "grisonné" sur le nez.

Une marque *"très fortement en tête"*

Les ladres* désignent une zone de peau dépigmentée et sans poils. On trouve fréquemment du ladre sur les lèvres (d'où la confusion avec les *snips*), autour des yeux, sur les régions génitales, autour de l'anus. Quand le ladre et le *snip* recouvrent les naseaux et les lèvres jusqu'à leurs commissures, on dit que le cheval "boit dans son blanc". Attention : toutes les combinaisons sont possibles ! Un même cheval peut, bien sûr, arborer une pelote et un *snip* ou

Ce ladre sur le bout du nez *constitue un signe de reconnaissance.*

Sur le bout du nez de ce poulain, *un* snip *et un ladre*

une marque en tête qui se prolonge par une liste…

Sur les membres

Les balzanes* sont les “chaussettes” blanches que portent parfois les chevaux. Selon leur importance, on parle de “trace de balzane” (tour incomplet), de “principe de balzane” (au niveau de la couronne), de “petite balzane” (au niveau du boulet), de “grande balzane” (au-dessus du boulet), de “balzane chaussée” (atteignant le genou ou le jarret), de “balzane haut chaussée” (au-dessus du genou ou du jarret).
Les balzanes peuvent aussi être tachées, herminées, mélangées, bordées, etc.
Il existe de nombreux dictons à leur propos, auxquels il ne faut pas trop se fier, leur valeur étant anecdotique : “Balzane un : cheval de rien ; balzane deux : cheval de gueux ; balzane trois : cheval de roi ; balzane quatre : cheval à abattre.”

Sur le corps

Les épis sont des touffes ou des lignes de poils dont l'implantation est différente des poils qui les entourent. Leur relevé sert à établir le signalement précis du cheval, notamment pour les gris, les blancs ou les léopards, chez lesquels on ne voit plus les marques blanches, ou pour les chevaux zain* (sans aucun poil blanc). Le “coup de lance” est une dépression musculaire souvent congénitale, située sur l'encolure en avant de l'épaule. Une légende amusante à son propos rapporte qu'un cheval turc, blessé d'un coup de lance en 312, durant une bataille, aurait ensuite transmis ce petit creux à tous ses descendants…

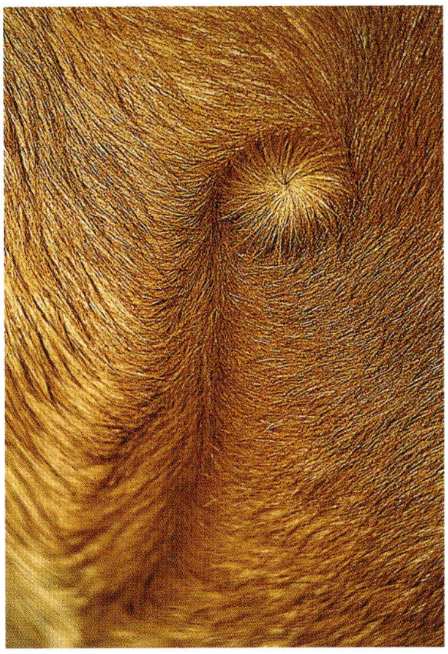

***Un épi** concentrique (en haut) et un épi penné dans le prolongement*

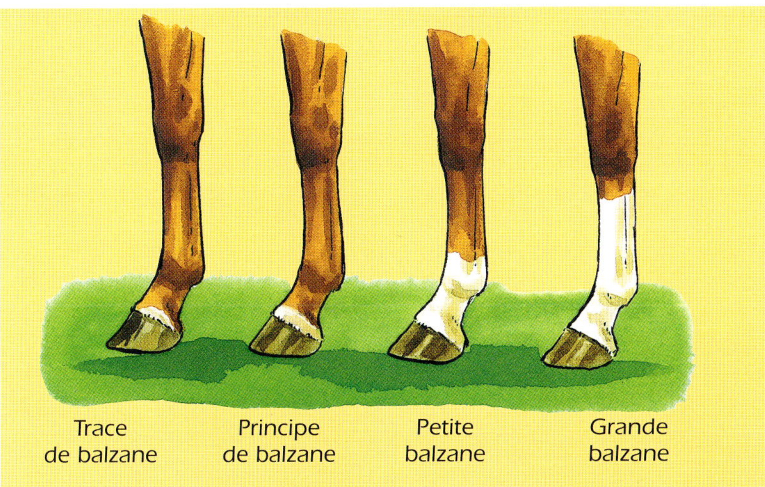

LE SAVAIS-TU ?

Chevaux maquillés
Sous les taches de poils blancs, la peau est souvent rose (dépigmentée) mais pas toujours. L'examen cutané permet donc parfois de retrouver une balzane maquillée ou teinte. Ce procédé est en effet parfois utilisé par un maquignon malhonnête, qui tente ainsi de faire passer un cheval pour un autre, aux meilleures origines. Il peut également modifier le tatouage.

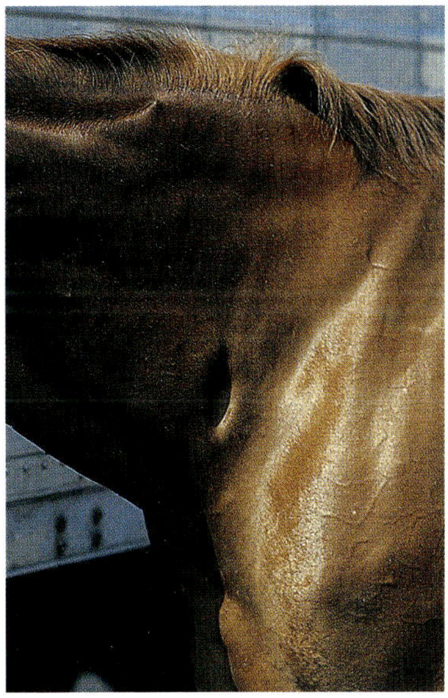

***Ce coup de lance** sert de signe distinctif.*

Les marques

Afin de compléter le signalement d'un cheval, il faut également noter toute marque acquise, susceptible de faciliter sa reconnaissance. On relèvera ainsi les cicatrices, les oreilles fendues, les marques laissées par des feux sur les tendons (pour les soigner) et, bien sûr, les marques au fer rouge ou à l'azote et les tatouages.

À chacun son passeport

Reconnaître un cheval par le seul biais de ses marques naturelles n'est pas toujours évident. Aussi, pour pouvoir lutter plus aisément contre les abus de confiance et les voleurs, l'homme a décidé d'"imprimer" sa propre marque sur sa monture.

Établir un signalement

Depuis le 30 octobre 1997, tout cheval ou poney qui change de propriétaire ou se déplace sur le territoire français doit être identifié. Ce sont les fonctionnaires des Haras nationaux ou les vétérinaires habilités qui établissent ce signalement. Ils ont recours au dessin pour effectuer une sorte de portrait-robot du cheval et de ses particularités (marques blanches, épis, cicatrices, marques au fer rouge, tatouages, etc.). Depuis 1999, ils prennent aussi des photos numériques des chevaux aux robes les plus complexes afin de les rentrer sur ordinateur. Lorsque le cheval est issu d'une saillie enregistrée, le poulain est d'abord identifié sous la mère, avant la fin de son année de naissance, puis une seconde fois, après 18 mois. Si le cheval est d'origine inconnue ou importé de l'étranger, son signalement n'est établi qu'une fois.

Symbole ou numéro ?

L'homme appose souvent ses propres marques sur la peau des chevaux. Il s'agit soit d'un symbole, soit d'un numéro d'immatriculation.
Le symbole permet juste de reconnaître la race ou l'élevage dont provient l'animal.

***Numéro** tatoué à l'azote*

Le numéro autorise, quant à lui, une véritable identification puisqu'on peut l'utiliser pour retrouver dans une base de données le nom du cheval qui le porte et les coordonnées de son propriétaire.

Marquage au fer et à l'azote

Les Haras nationaux prônent le marquage au fer rouge des chevaux de race selle français et anglo-arabe. Ils se voient donc gratifiés d'un symbole en forme d'hexagone (représentant la France) sur la cuisse, avec les lettres SF ou AA à l'intérieur. D'autres élevages choisissent un logo typique de leur race : les hanovriens portent

***La marque au fer** est indélébile.*

un H stylisé, les holsteins une feuille d'érable. Les éleveurs de camargues y ont aussi recours pour apposer une marque qui indique à la fois de quel élevage provient l'animal et qui il est. Enfin, le fer rouge peut tout à fait être employé pour appliquer un numéro d'immatriculation, comme ceux que portent certains chevaux arabes sous la crinière.
Le marquage par le froid n'est guère pratiqué en France. En Grande-Bretagne, il sert à inscrire un numéro d'immatriculation sur le garrot. Le poil repousse blanc là où on a appliqué l'azote liquide. Le numéro est donc très lisible sur les robes foncées, mais invisible chez les gris et les blancs. Une solution consiste alors à appliquer l'azote plus longtemps, afin de laisser une cicatrice plus profonde sur laquelle le poil ne repousse pas.

EMPREINTES "DIGITALES"

Dans les courses, afin d'identifier les chevaux gris, les zain* et ceux qui n'ont pas d'épis caractéristiques, on effectue des photos de leurs châtaignes. Le dessin particulier de ces excroissances cornées est propre à chaque cheval et équivaut donc à nos empreintes digitales.

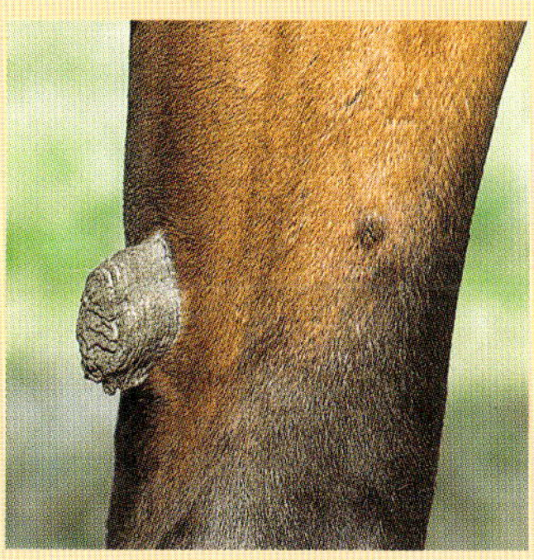

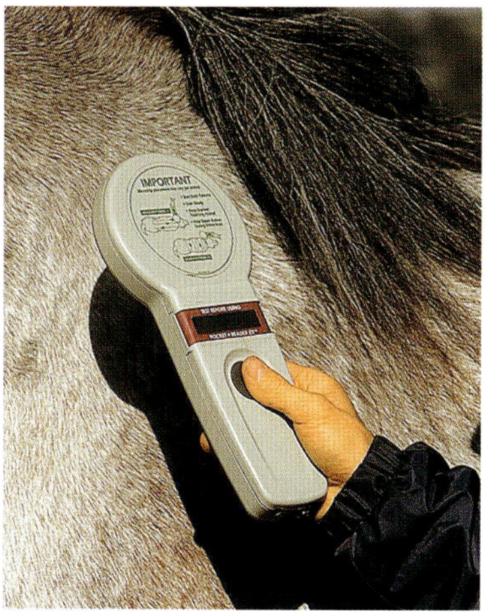

Lecture d'une puce électronique *au transpondeur*

Puce électronique

Ce procédé est le plus moderne et le plus complet dans le cadre de l'identification. On introduit une puce électronique sous la peau de l'encolure. Cette puce est une petite capsule qui contient des informations sur le cheval qui la porte. Sa pose est relativement indolore, puisqu'elle s'apparente à une grosse piqûre, et elle ne cause aucun préjudice esthétique.
Sa lecture se fait grâce à un décodeur spécial, le "transpondeur". Depuis 1996, il existe une norme internationale et un lecteur unique qui permet de lire toutes les puces. Ce système est utilisé actuellement pour les ânes, les chevaux de trait et les trotteurs. Il permet de reconnaître des individus très semblables les uns aux autres. L'inconvénient, c'est que la présence d'une puce ne se remarque pas. Elle ne dissuade donc pas les voleurs ! Seules la généralisation de ce système et la multiplication des lecteurs (auprès des gendarmes, des agents des abattoirs...) lui permettront d'avoir un réel pouvoir contre le vol.

Marquage des sabots

Il consiste à graver un numéro dans la corne, sur la paroi externe des sabots antérieurs. Ce système est fréquemment employé par les armées.
Il en est ainsi des chevaux de la garde républicaine. Cette méthode présente l'avantage d'être indolore. En revanche, il faut régulièrement regraver ces marques, au fur et à mesure de la pousse des sabots (tous les six mois environ).

Tatouage

Certaines races, comme les frisons, sont traditionnellement tatouées sur la langue.
Le tatouage sur la lèvre inférieure est la méthode d'identification prônée par le GREV (Groupement de recherche des équidés volés) qui gère le fichier répertoriant tous les chevaux tatoués en France. Le numéro a cependant un peu tendance à s'estomper avec le temps, et il peut être falsifié. Mais ce procédé reste à ce jour le plus efficace dans la lutte contre le vol.

Tatouage *des lèvres*

En avant toute !

Avant de monter à cheval, il est indispensable de comprendre comment cet animal se déplace. Il faut savoir que son mode de locomotion est composé de trois allures naturelles : le pas, le trot et le galop.

Le pas

Le pas est la "marche à pied" du cheval, son allure favorite quand rien ne le presse, par exemple lorsqu'il est au pré. Si l'on écoute attentivement un cheval au pas – c'est plus facile sur une route –, on entend quatre sons bien distincts. Ce "1-2-3-4" correspond au bruit des pieds se posant sur le sol. Pour comprendre l'ordre de cet enchaînement, il faut regarder les quatre membres, en commençant de préférence par l'arrière-main*, car le "moteur" du cheval se situe là. Si un premier postérieur (le gauche, par exemple) se soulève et se pose, le pied avant du même côté (antérieur gauche) suit, puis le pied arrière droit et enfin le pied avant droit. L'ordre des posers* est donc : PG-AG-PD-AD. Si le cheval commence par le pied arrière droit, on aura inversement : PD-AD-PG-AG.

Drôles de bipèdes !

On emploie parfois le mot "bipède" pour décrire la locomotion du cheval. Contrairement à l'acception courante, ce terme désigne l'association de deux pieds : soit du même côté, ce sont les "bipèdes latéraux" (AD-PD ; AG-PG), soit des deux côtés opposés, ce sont les "bipèdes diagonaux" (AD-PG ; AG-PD).

Plus ou moins vite…

À quelle vitesse se déplace un poney ou un cheval au pas ? Cela dépend de sa taille et de ses prédispositions naturelles. Un shetland de 1 m au garrot fera de plus petits pas qu'un connemara de 1,45 m. De la même façon, un cheval ou un poney taillé pour la compétition couvrira davantage de terrain qu'un poney de trait, car il "poussera" plus que le second : il se propulsera (on dit "s'engagera") en avançant ses postérieurs plus loin. Il ira donc plus vite.

***P** = postérieur*
***A** = antérieur*
***D** = droit*
***G** = gauche*

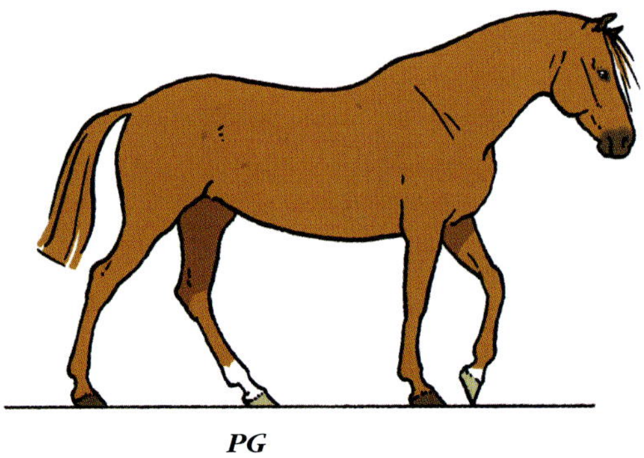

PG

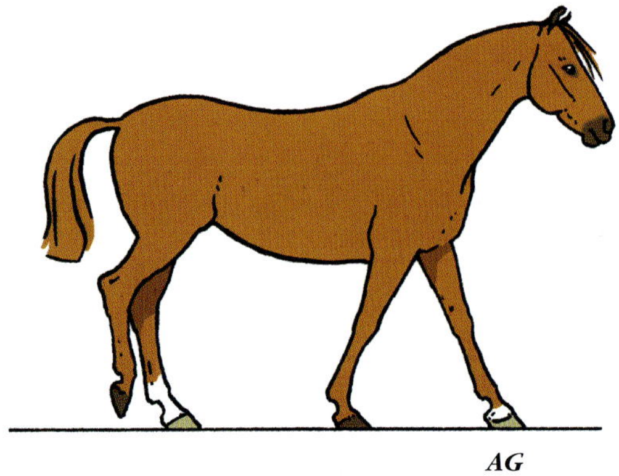

AG

LE SAVAIS-TU ?

7, le chiffre magique !
On prétend que pour connaître la vitesse moyenne d'un cheval au pas, au trot ou au galop, il suffit de se souvenir du chiffre 7.
Au pas,
le cheval parcourt 7 km/h ;
au trot,
7 + 7 = 14 km/h ;
et au galop,
7 + 7 + 7 = 21 km/h.
Mais n'oublie pas qu'il ne s'agit là que de vitesses moyennes.

Un double balancement

Pour entamer sa première foulée de pas, le cheval soulève d'abord un pied (arrière gauche, par exemple) en mettant du poids sur son côté opposé (droit dans ce cas). Cela l'oblige à se balancer une première fois latéralement. Mais il doit aussi pousser d'arrière en avant en utilisant les muscles de son arrière-main, de son dos et de son encolure.
Ce deuxième effort le fait basculer vers l'avant.
Ce double mouvement de balancier - d'un côté à l'autre et d'avant en arrière - est l'une des premières sensations du cavalier débutant, qui doit apprendre à l'accompagner (*voir p. 192*).

La meilleure façon de marcher

Pour vérifier qu'un cheval marche correctement au pas, on peut examiner les traces que ses pieds laissent sur le sol.
Le mieux est de le faire marcher sur du sable.

Le postérieur laisse une empreinte légèrement plus petite et resserrée que l'antérieur. Selon que la trace laissée par les postérieurs est située derrière, sur, ou en avant des antérieurs, le cheval s'engage* plus ou moins bien et donc se déplace avec plus ou moins de facilité.

Dans le premier cas, on dit qu'il se "déjuge".

Dans le deuxième, on dit qu'il se "juge".

Dans le troisième, on dit qu'il se "méjuge". C'est le signe d'une bonne impulsion.

En rouge : trace de l'antérieur
En bleu : trace du postérieur

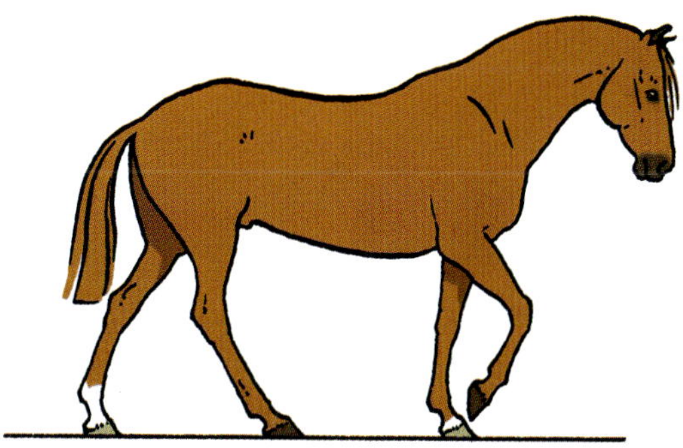

PD

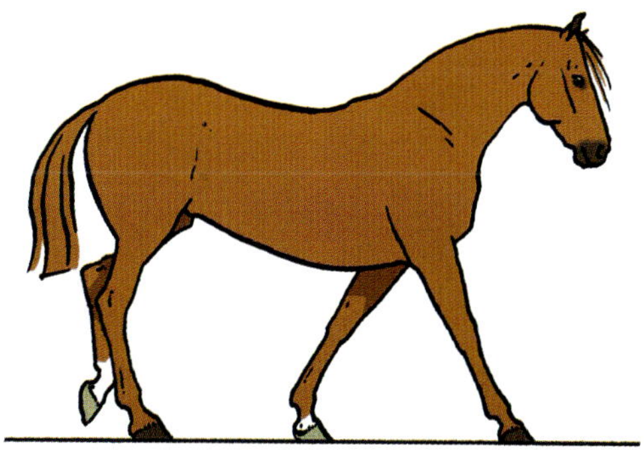

AD

Poser* imminent du diagonal droit *au premier plan, poser du diagonal gauche à l'arrière-plan*

Le trot

Au trot, le cheval saute d'un bipède diagonal (AD-PG, par exemple) sur l'autre (AG-PD). On dit que c'est une allure "sautée" à deux temps. En l'écoutant trotter sur une route, on entend "tic-tac-tic-tac", chaque antérieur s'avançant en même temps que le postérieur opposé.

Pour aller loin en ménageant sa monture

Entre le pas (peu fatigant, mais lent) et le galop (rapide, mais éprouvant), le trot est l'allure privilégiée sur de longues distances. C'est pourquoi on l'utilise beaucoup en attelage, ou pour mettre un cheval en condition.

Quand le cheval vole

Selon sa taille et sa race, un poney trotte en moyenne, sans fatiguer, entre 10 et 12 km/h et un cheval, entre 14 et 16 km/h.
Mais ce n'est pas si simple ! En effet, entre le "trot de travail" (trot ralenti, travaillé, où le cheval marque un peu ses foulées), le "trot moyen" (trot courant, utilisé pour détendre le cheval ou en promenade), le "trot allongé" ou "en extension" (où le cheval étend avec énergie ses antérieurs tout en poussant très fort avec ses postérieurs), le "passage", où il semble danser, et le *flying trot* du cheval de course, les vitesses varient autant que les attitudes.
Créés par l'homme à la fin du XIXe siècle, les trotteurs constituent une race à part entière. Très rapides, ils vont au moins deux fois plus vite en course que les chevaux normaux. Certains semblent voler : leurs sabots ne font plus qu'effleurer le sol ! On a baptisé leur allure le *flying trot* (trot volant, en anglais).

P *= postérieur*
A *= antérieur*
D *= droit*
G *= gauche*

Temps de suspension

Drôles de traces

Si l'on observe les traces laissées au sol (dans le sable ou la sciure) par le cheval, on remarque que les empreintes antérieures et postérieures sont réparties de façon oblique, de chaque côté d'une ligne droite imaginaire. Plus elles sont symétriques de part et d'autre de cette ligne, plus on dit que le cheval trotte "droit" et de façon régulière. Une exception : en course, le cheval va si vite qu'il place toujours ses postérieurs à l'extérieur de ses antérieurs pour éviter de se blesser.

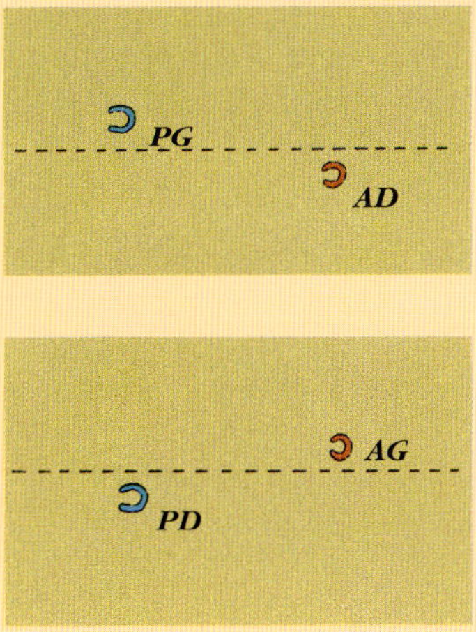

Empreintes d'un trot normal

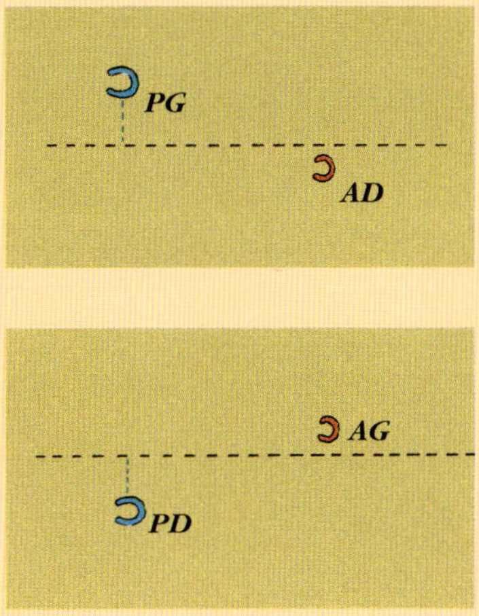

Empreintes d'un trot en course

Cependant, la vitesse n'est pas le seul critère de qualité du trot. L'équilibre, l'énergie, la souplesse, qui se traduisent notamment par un temps de suspension plus long entre deux posers, sont au moins aussi importants. Enfin, tous les chevaux ne trottent pas avec la même élégance : plus un cheval reste longtemps en l'air entre deux posers, plus on qualifie son trot d'"aérien".

Marcher à l'amble

Au lieu de se déplacer par bipèdes diagonaux, certains chevaux avancent par bipèdes latéraux. On dit qu'ils "marchent à l'amble". Cette allure confortable, très prisée par les cavalières jusqu'à la Renaissance, donne au cavalier la sensation d'un balancement doux, légèrement glissé. Naturelle à certaines races, cette allure est considérée comme un défaut quand elle résulte de la fatigue ou d'un dressage trop contraint. Aux États-Unis, il existe des courses d'ambleurs où les concurrents sont souvent un peu plus petits que les trotteurs et un peu moins rapides. On les nomme en anglais *pacers*.

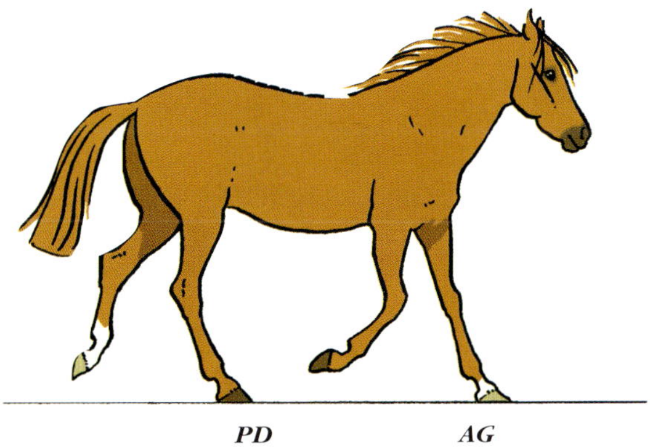

Un trot aérien*, queue en panache, pour ce fier arabe*

Un trot moyen *avec une action plutôt verticale pour ce frison*

Le galop

Le galop, quand on ne l'a jamais pratiqué, peut faire peur parce qu'on s'imagine toujours que le cheval ou le poney va s'emballer. Pourtant, c'est une allure très confortable dès qu'on sait comment elle fonctionne et comment la contrôler.

Une trajectoire ondulante

Au galop, le corps du cheval suit une trajectoire ondulante. Son avant-main* commence par descendre sous la poussée de l'arrière-main*, puis elle remonte, reste quelques secondes en suspension et redescend de nouveau. Ces trois moments correspondent aux trois temps caractéristiques de cette allure :
(1) engagement et poser* d'un des deux postérieurs (droit, par exemple) : c'est le moment où le cavalier sent l'arrière-main pousser le corps vers l'avant ;
(2) bascule sur le bipède diagonal opposé (AD-PG) : cela correspond à la sensation de descente de l'avant-main, avec avancée de l'encolure ;
(3) poser de l'antérieur opposé (gauche dans notre exemple) qui, en repoussant le sol, rétablit l'équilibre du cheval et lui permet de rester en l'air pendant quelques dixièmes de seconde (ou plus, selon la vitesse)... avant d'entamer une nouvelle descente.
C'est le moment où toute l'avant-main remonte vers le cavalier, encolure comprise, et où le corps "plane" l'espace d'un instant.
C'est pourquoi les mains du cavalier doivent épouser ce mouvement ondulatoire pour suivre correctement la bouche du cheval.

Gauche-droite, gauche-droite

Dans l'exemple que nous avons pris, l'ordre des posers est PD-PG + AD-AG.

P = postérieur
A = antérieur
D = droit
G = gauche

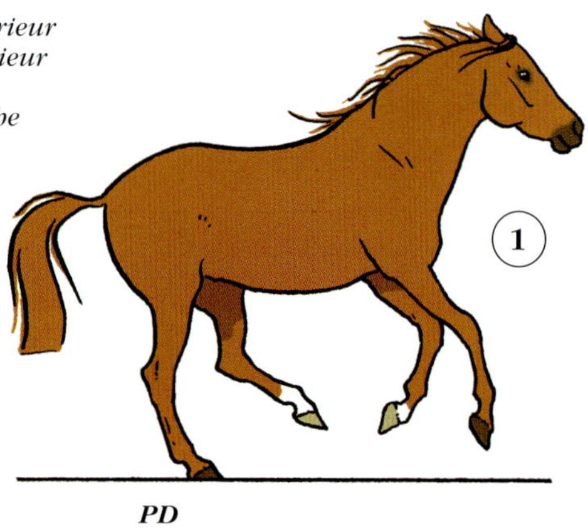

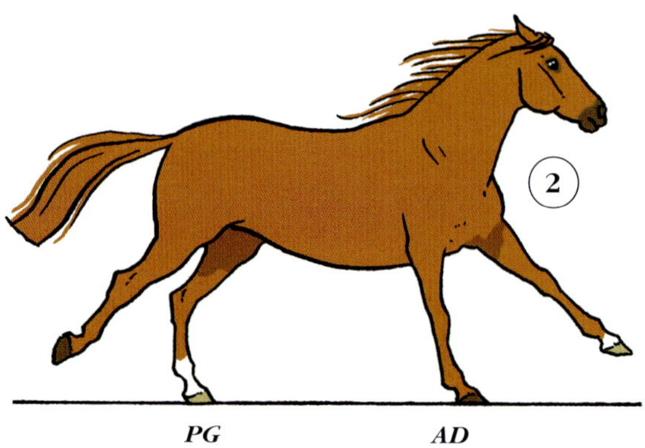

Pour ce mustang *: premier temps du galop à gauche*

Pour ce pur-sang arabe *: fin du deuxième temps et début du troisième temps du galop à gauche*

Bien sûr, si le cheval commence par engager le postérieur gauche, l'ordre des posers sera inversé et deviendra : PG-PD + AG-AD.
En regardant un cheval ou un poney galoper, on remarque qu'un postérieur se soulève très légèrement avant de s'engager (c'est le postérieur qui déclenche le mouvement) et qu'un antérieur s'avance nettement.
Dans notre exemple, on dit que le cheval galope "à gauche" parce que son antérieur gauche s'avance nettement. Si c'est l'antérieur droit, on dit qu'il galope "à droite".
Une fois en selle, cette avancée est facilement vérifiable en regardant les épaules du cheval.

LE SAVAIS-TU ?

Un exploit rare
Un cheval peut-il galoper en arrière ? Oui ! Mais c'est un exercice très difficile : la monture doit être aux ordres et totalement consentante. Aujourd'hui, le Français Bartabas, de la troupe de théâtre équestre Zingaro, est l'un des rares à y parvenir. C'est l'Anglais James Fillis qui, au XIXe siècle, a le premier réussi cet exploit.

ÇA DÉCOIFFE… MAIS PAS TOUJOURS !

Au naturel, une foulée de cheval qui galope tranquillement, sans se presser, mesure environ 3,8 m à 4 m (contre 2,4 m au trot), soit une vitesse de 21 à 25 km/h. Mais les chevaux de course de plat vont fréquemment jusqu'à 60 km/h, les records tournant autour de 70 km/h pour les cracks.
En revanche, un cheval parfaitement dressé peut adopter un galop tellement lent qu'il ne dépassera pas la vitesse d'un cheval au pas !

AG

Temps de suspension

Les allures supplémentaires

Un cheval qui billarde, éparvine ou traquenarde a un défaut. En revanche, s'il sait prendre le* tölt, *le* llano *ou le* slow gait, *il devient une monture appréciée des cavaliers.

Les allures défectueuses

Le cheval a trois allures naturelles : le pas, le trot et le galop (*voir p. 82*). Mais il arrive parfois qu'il utilise des allures défectueuses. Elles résultent toujours d'un problème : une gêne physique (du fait d'une mauvaise conformation, par exemple), un accident ou encore… la paresse ! Si le cheval y a recours trop souvent, elles engendreront tôt ou tard des faiblesses supplémentaires : problèmes musculaires, articulaires, osseux.
Si par exemple il billarde, il aura tendance à se faire des atteintes (blessures) aux membres.
De même, s'il prend l'aubin, galope désuni ou à quatre temps, il devient incapable de fournir un effort sans se faire mal au dos.

Les allûres exceptionnelles

Certaines races possèdent au naturel une ou deux allures supplémentaires qui ne sont pas considérées comme des défauts. C'est notamment le cas :
• de l'islandais, qui sait "ambler" (*voir p. 85*) et quasiment toujours "tölter". Le *tölt* est un pas très rapide à quatre temps, dans lequel le cheval relève nettement ses antérieurs. L'ordre des posers* est celui du pas, avec toujours un pied au sol. Cette allure rapide et confortable permet de parcourir de longues distances à une vitesse équivalente à celle du trot ;
• du *paso* péruvien, qui marche au *llano* (amble rompu à quatre temps) et au *termino*,

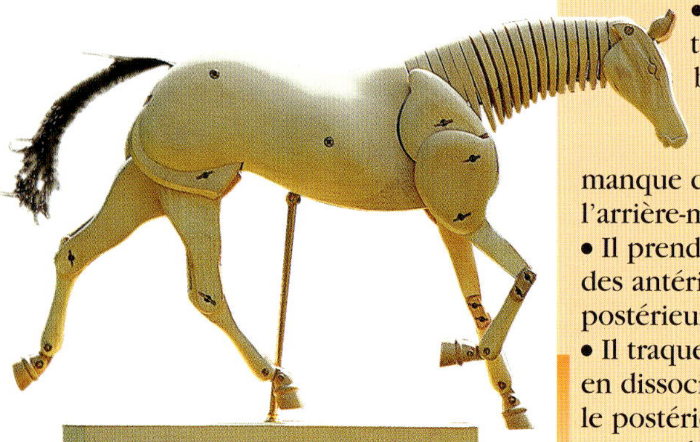

***L'aubin**, une allure désunie et défectueuse*

Ton cheval a un défaut si…

• Il galope désuni : il a pris le galop à gauche des antérieurs et à droite des postérieurs (ou l'inverse).
• Il galope à quatre temps : il dissocie son bipède diagonal lors du second temps ; c'est le signe d'un manque de poussée de l'arrière-main*.
• Il prend l'aubin : il trotte des antérieurs et galope des postérieurs (ou l'inverse).
• Il traquenarde : il trotte en dissociant ses battues, le postérieur étant légèrement en retard sur l'antérieur.
• Il éparvine ou harpe : il plie son ou ses jarrets d'un coup brusque vers le haut au moment de se déplacer.
• Il billarde : pour éviter de se toucher les pieds à chaque pas (parce qu'il est cagneux en général), il dégage ses sabots vers l'extérieur par un mouvement de rotation.
• Il forge : il touche son antérieur avec la pince du fer (*voir p. 62*) de son postérieur (au trot et au pas), ce qui produit un bruit de fer cogné.
• Il tricote ou se croise : il croise ses pieds l'un devant l'autre.

mouvement balancé des épaules vers l'extérieur ;

• de son cousin américain, le *paso fino*, qui marche à l'allure du même nom (sorte de pas à quatre temps rapide et à petites foulées), utilisée pour les parades. À la vitesse supérieure, le *paso fino* devient *paso largo*, puis *paso corto* ;

• du *tennessee walker* (ou *tennessee walking horse*), cheval des planteurs du sud des États-Unis, qui sait marcher au *flat-foot-walk*, sorte de pas long et souple à quatre temps où il semble ne pas toucher le sol ;

• du *missouri fox trotter*, qui sait marcher comme le *tennessee walker* et peut aussi adopter le *fox-trot* (pas des antérieurs et trot des postérieurs), allure souple et fluide à quatre temps, et le *rocking-horse-canter*, galop chaloupé très confortable ;

***Deux chevaux au* paso fino**, *un pas rapide et enlevé*

• de l'*american saddlebred* enfin, race plus artificielle, qui peut marcher au *slow gait* également nommé *stepping-pace*, amble rompu à quatre temps où les membres relevés frappent le sol énergiquement chacun leur tour. Cette allure, créée et entretenue plus ou moins artificiellement, est très fatigante pour les chevaux. Toutes ces allures exceptionnelles ont un trait commun : elles offrent un grand confort de monte au cavalier.

***Ce* tennessee walking horse** *a les membres antérieurs alourdis par des prothèses pour l'obliger à accentuer son allure.*

***Le* llano**, *allure caractéristique du* paso *péruvien*

À TES CRAYONS !

Qui n'a jamais rêvé de dessiner son compagnon préféré ? La tâche te semble ardue, pourtant, si tu suis une à une ces étapes, nul doute que tu deviendras un artiste en herbe !

Il te faut :
- une feuille de papier à dessin à grain fin ;
- un crayon HB ;
- une gomme.

1 - Commence par dessiner les volumes de la tête, de la joue et du museau. N'oublie pas d'ajouter l'œil et les oreilles, pour que la tête de ton cheval soit vraiment ressemblante ! Ensuite, utilise la tête comme repère pour tes mesures : en suivant les indications ci-contre, détermine la hauteur totale de l'équidé et la longueur de son encolure. Te voici maintenant certain qu'il a les bonnes proportions.

2 - Trace légèrement (sans appuyer) deux perpendiculaires, comme sur le dessin. Sers-toi ensuite de ces lignes pour dessiner le volume du poitrail. Commence à esquisser la courbe du dos.

3 - Sur la même ligne horizontale que celle du poitrail, dessine maintenant le volume de la croupe. Complète par la courbe du ventre.

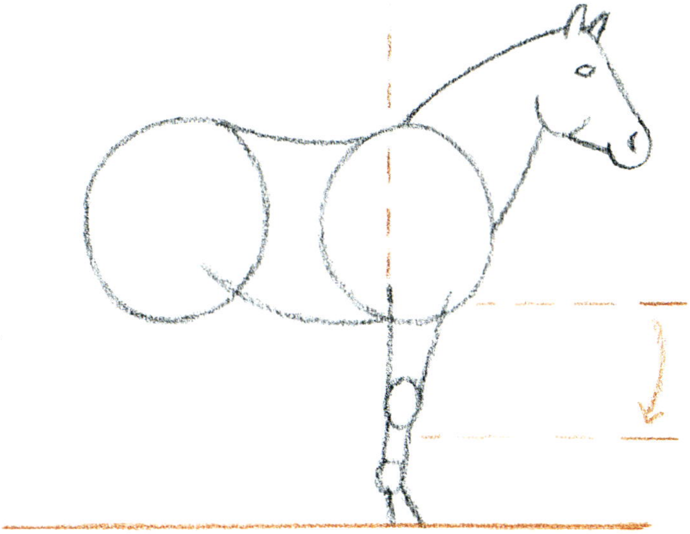

4 - Consacre-toi alors à la ligne arrière de l'antérieur, qui doit être perpendiculaire au sol. N'oublie pas les articulations et le sabot, en avant du boulet.

5 - Complète par la ligne oblique du postérieur, qui part de la courbe du ventre. Dessine le volume du jarret, le canon et le sabot. Termine par le second antérieur au second plan.

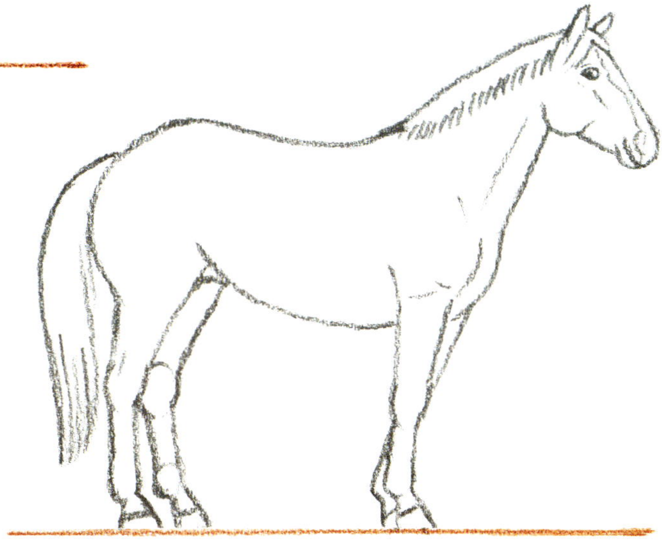

6 - Dessine enfin le second postérieur, comme sur le modèle. Il ne te reste plus qu'à effacer les lignes qui t'ont aidé, et à dessiner plus précisément la crinière, la queue et l'expression de la tête. Voilà, ton cheval est fini !

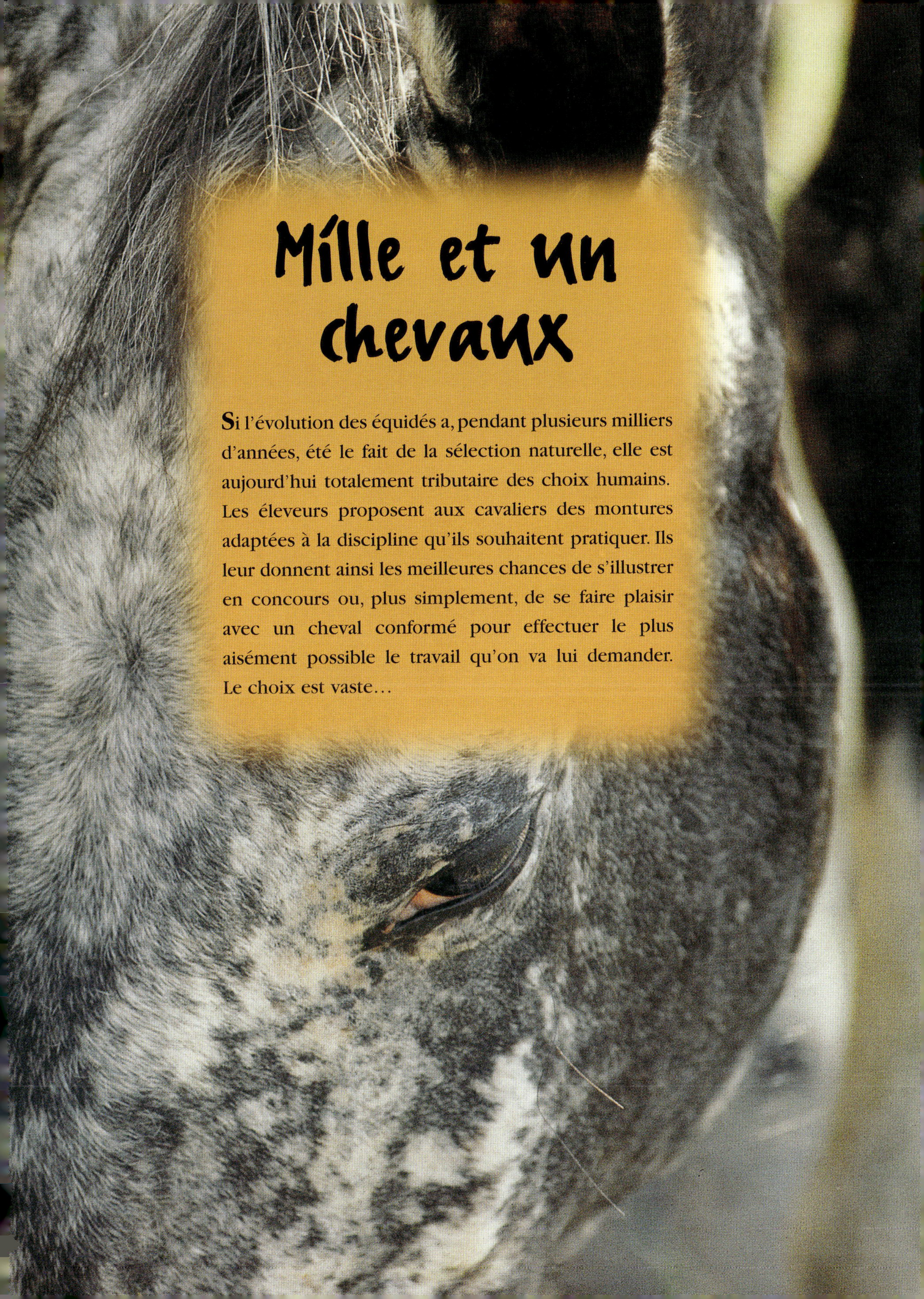

Mille et un chevaux

Si l'évolution des équidés a, pendant plusieurs milliers d'années, été le fait de la sélection naturelle, elle est aujourd'hui totalement tributaire des choix humains. Les éleveurs proposent aux cavaliers des montures adaptées à la discipline qu'ils souhaitent pratiquer. Ils leur donnent ainsi les meilleures chances de s'illustrer en concours ou, plus simplement, de se faire plaisir avec un cheval conformé pour effectuer le plus aisément possible le travail qu'on va lui demander. Le choix est vaste…

Le poney de club

Il est généralement la première monture du cavalier en herbe. C'est sur ses solides épaules que repose l'éveil d'une passion pour l'équitation qui durera parfois toute une vie. Cette mission ne peut être réservée qu'à des poneys francs, courageux et au caractère en or…

À chacun sa monture

Le poney-club est exclusivement fréquenté par des enfants (filles et garçons) de 4 à 12 ans environ. Évidemment, ces cavaliers ont tous des tailles différentes. Voilà pourquoi les poneys de club ont des gabarits très variés. Petits ou grands, ils trouvent toujours des partenaires à leur hauteur !

Des travailleurs à disposition

C'est durant les week-ends, les mercredis et les périodes de vacances que les poneys de club ont le plus de travail. Lors de la traditionnelle fête du club, ils acceptent sans broncher les idées farfelues de leurs petits cavaliers (jeux, déguisements) ! Certains participent aux fêtes

Portrait-robot

- Petit poney solide et énergique.
- Taille idéale : 1 m à 1,30 m au garrot.
- Membres sains, dos musclé.
- Caractère docile et indulgent.

Le modèle du poney de club se situe entre le poney rustique et le cheval de selle.
Il peut être trapu ou élancé, tant que l'épaule est oblique, le dos fort et le garrot bien sorti. Ses membres doivent avoir des canons courts, des paturons pas trop longs, des jointures moyennes.
Ce doit être surtout un animal conciliant, doté d'énergie, d'impulsion*, tout en étant capable de s'économiser, et un compagnon sociable à l'écurie.

des villages et des écoles, où ils font la joie des enfants au cours de baptêmes de poney. Les jours d'école, ils peuvent se reposer. Leur rythme de travail est donc très inégal, mais ils doivent être assez résistants pour l'assumer pendant dix ou quinze ans.

Un physique particulier

Un bon poney de club ne doit jamais trop peiner ni faire peiner son cavalier. Il faut donc qu'il soit suffisamment en chair, sans être gras, car la graisse le ferait sérieusement suer durant les efforts : ce serait mauvais pour lui et plutôt désagréable pour le cavalier qui le monterait à cru. Ce petit cheval doit être porteur, pour ne pas fatiguer sous le poids de ceux qui le montent. Son dos est donc court, son rein solide et sa croupe assez massive. Pour être confortable, il lui faut des membres et des aplombs solides. Et puis des sabots de bonne corne, car ils sont rarement ferrés.

Une "bonne pâte"

Le poney de club doit accepter tous les cavaliers, s'adapter à des capacités équestres et à des tempéraments très diversifiés… En somme, il doit avoir bon caractère ! Bien éduqué, ce poney est aussi calme et docile. Il se laisse facilement attraper au pré. Il donne ses pieds sans renâcler. Jamais il ne bouge au montoir. Et, une fois monté, rien ne l'arrête ni ne le trouble : il est imperturbable.

LE SAVAIS-TU ?

Avec ou sans papiers ?
Un poney peut faire une excellente monture de club, sans avoir d'origine connue ni de papiers. Cela ne l'empêche pas de participer à des compétitions amicales. Mais, pour être admis en compétition officielle de saut d'obstacles, il faut que le poney ait des papiers !

Le shetland

Les îles Shetland, au nord de la Grande-Bretagne, sont le berceau du poney du même nom. Sur ces terres balayées par des vents glacés, à la végétation pauvre, le shetland survit en mangeant parfois… des algues ! Ces rudes conditions de vie lui ont donné sa petite taille et sa frugalité. Aussi, si on le laisse pâturer sur une riche prairie, il risque de souffrir de fourbure*.

La force des shetlands est légendaire. On raconte que, vers 1820, un de ces petits chevaux a porté une journée durant un homme du même poids que lui sur 65 km ! Ce qui constitue un véritable exploit, quand on sait que l'étape moyenne d'un randonneur est de 30 km seulement.

Petit et trapu, *le shetland est pour les enfants une monture robuste et fiable.*

- **Taille** : 1 m environ au garrot.
- **Robe** : elle peut être de n'importe quelle couleur.

On le reconnaît aussi à ses longs crins broussailleux et à son air malin.

Le dartmoor

Le dartmoor est originaire du sud-ouest du Royaume-Uni. De tout temps, des troupeaux de poneys ont erré dans les landes de ce pays. Nul ne sait quelle est vraiment leur origine. Une seule certitude : cette race a reçu de nombreux apports de sang étranger. Au cours de la Seconde Guerre mondiale, les militaires ont fait du territoire des dartmoors un terrain d'entraînement. Ils ont tellement envahi le pays qu'ils ont bien failli les faire disparaître. Aujourd'hui, ces poneys sont cependant toujours élevés dans leur région d'origine, soit en liberté, soit dans des haras spécialisés. Ils sont très appréciés en Europe.

LE SAVAIS-TU ?

Petits mais costauds !
Au milieu du XIXe siècle, des mines de charbon ont été ouvertes en Europe. Dans leurs galeries souterraines, des wagonnets étaient tirés par de petits poneys de toutes races. Pourquoi n'a-t-on pas choisi de grands chevaux ? D'abord, parce qu'il y avait peu d'espace au fond des mines. Ensuite, parce que les poneys étaient de petite taille mais souvent très forts. Enfin, parce qu'ils étaient frugaux, donc économiques.

- **Taille** : 1,25 m environ au garrot.
- **Robe** : elle peut être de n'importe quelle couleur sauf pie. Elle est généralement noire, baie ou baie-brune.

On le reconnaît à son élégance, sa petite tête distinguée, ses oreilles courtes et très mobiles, ses jambes fines et ses canons courts.

Le dartmoor *est nettement plus fin et élancé que le shetland.*

Le new-forest

Ses ancêtres vivaient dans la région du *New Forest*, au sud-ouest de Londres (Grande-Bretagne). Cette partie du pays ayant toujours été très peuplée, les allées et venues de chevaux y étaient fréquentes. Cela explique la quantité de croisements auxquels la race a été soumise au cours du temps. Le stud-book* du new-forest n'a été ouvert qu'en 1960.

Une grande tête *pour une courte encolure est l'un des signes qui caractérisent le new-forest.*

Le new-forest *est un poney de taille moyenne, très polyvalent.*

- **Taille** : 1,22 m à 1,47 m au garrot.
- **Robe** : toutes sont acceptées sauf la pie et la café au lait.

On le reconnaît à son apparence calme, amicale et docile.

Le poney de la famille

Il arrive qu'un membre d'une famille soit... un cheval ! Souvent, l'animal a été acheté pour l'un, amateur de randonnée, ou l'autre, fan de compétition... Mais, comme il s'agit d'un grand poney, il a fini par donner du plaisir à tous !

Un animal sur mesure

Le cheval de toute la famille est le plus souvent un poney de grande taille parce que sa morphologie et son caractère permettent à tous de le monter. Il n'est ni trop grand pour les enfants, ni trop petit pour les adultes. Assez puissant, il réjouit les plus jeunes et son calme convient aussi aux plus âgés. C'est la monture polyvalente par excellence. De plus, il est rustique, donc d'un entretien facile et peu coûteux.

Le poney à tout faire

Les jeunes peuvent le monter en compétition dans des épreuves diverses : saut d'obstacles, trec

Portrait-robot

- Double poney de type rustique.
- Taille idéale : entre 1,30 m et 1,48 m au garrot.
- Dos large et musclé.
- Tempérament calme.

Le format du poney familial est trapu, compact, avec une musculature épaisse et des membres plutôt courts : ni longiligne comme un petit cheval de course, ni bréviligne comme un grand poney de trait, il est typiquement médioligne. Porteur avant tout, il lui faut avoir une excellente ligne du dessus (garrot sorti, dos large et droit, rein court et bien soudé). Il doit être confortable au trot sans être trop long-jointé* (car ses membres fatigueraient vite). On peut vouloir qu'il ait un peu plus de sang, c'est-à-dire qu'il soit plus vif, et choisir un modèle plus véloce ou un caractère moins placide. Il est important de préférer une race rustique (apte à supporter des conditions de vie difficiles). Ce type de monture n'excellera pas dans un domaine spécifique, mais sera "bonne en tout".

ou endurance. Les plus âgés le montent au cours de longues balades. Il est également adapté à l'attelage, pour des promenades en sulky* ou en voiture. Mais attention ! Un poney n'est pas un percheron : il ne peut tirer une roulotte dans laquelle a embarqué toute la famille !

Un partage délicat

Partager un poney avec tous les membres de la famille est souvent frustrant. Pourtant, cette situation présente des avantages : on n'est pas seul à entretenir le poney, il y a toujours quelqu'un pour le surveiller et le soigner.

À l'âge adulte, la crinière du fjord est foncée en son milieu.

Le fjord

Il est originaire de Norvège, le pays des Vikings. Il porte une crinière taillée en brosse, noire au centre et argentée sur les côtés : il a tout d'un militaire ! Autrefois, les Vikings faisaient travailler leurs poneys montés ou bâtés. Ils les élevaient également pour organiser des combats d'étalons. Cette race est l'une des seules au monde à avoir peu évolué depuis ces temps lointains. Travailleur opiniâtre, le fjord est un poney aussi docile que gentil.

La crinière et la robe *du poulain fjord n'ont pas encore leurs teintes définitives.*

- **Taille** : 1,30 m à 1,42 m au garrot.
- **Robe** : isabelle à la crinière bicolore, avec une raie de mulet* et des zébrures sur les membres.

On le reconnaît aussi à ses sabots, petits, ronds et durs, et à ses cuisses volumineuses.

Le landais

Il a l'air d'un cheval miniature. Il vivait autrefois en liberté dans l'immense forêt des Landes. Chaque année, les habitants de la région organisaient des battues afin de capturer les sujets dont ils avaient besoin pour travailler. Mais, durant la Seconde Guerre mondiale, des troupeaux entiers ont été abattus à la mitraillette par des soldats affamés…
La race a été reconstituée grâce aux poneys domestiqués retrouvés dans les fermes.
À la chasse au canard, le poney permet au chasseur à pied de se cacher et d'appuyer son fusil sur son dos.

- **Taille** : 1,20 m à 1,35 m au garrot.
- **Robe** : généralement alezane, baie, bai-brun ou noire.

On le reconnaît à ses membres graciles et à son port de queue relevé. Sa tête ressemble à celle d'un cheval arabe, avec de petites oreilles pointues.

Le highland

Originaire des montagnes d'Écosse, ce poney peut être attelé, sellé ou bâté. Ce qui le caractérise, c'est sa volonté et surtout sa puissance.
Les Écossais chassent le cerf à l'approche sur des highlands. Ils tirent sans mettre pied à terre et sans que leur monture ne bouge une oreille !

LE SAVAIS-TU ?

Un costaud de cirque
On raconte l'exploit d'un highland qui travaillait dans un cirque. Son numéro consistait à porter en même temps sept cavaliers adultes, soit près de 400 kg. Au petit galop !

- **Taille** : 1,20 m à 1,42 m au garrot.
- **Robe** : souvent grise, mais aussi de n'importe quelle couleur sauf pie ou tachetée.

On le reconnaît à ses longs crins et à sa robe aux couleurs vraiment étranges (louvet avec une raie de mulet*, crins argentés ou tout noirs).

Le haflinger

Originaire des montagnes du Tyrol, il est l'une des fiertés des Autrichiens. Son emblème est un edelweiss - petite fleur alpine, symbole national de l'Autriche -, marqué d'un H au centre. On l'appelle *avelignese* en Italie. Tous les sujets de la race ont pour ancêtre un étalon arabe, El Bedavi. Ils vivent en liberté dans les alpages jusqu'à l'âge de 4 ans. Alors seulement, l'homme vient les chercher pour les dresser.

- **Taille** : 1,40 m au garrot.
- **Robe** : alezan clair avec des crins lavés.

On le reconnaît à sa robe caractéristique aux crins plutôt fournis. Il a de petites oreilles mais de grands naseaux. Sa poitrine est large, sa croupe puissante et ses allures dégagées.

***Les haflingers** sont les poneys préférés des meneurs d'attelage car ils sont très faciles à apparier, du fait de leur robe unique.*

Le poney de concours

Pouvoir montrer un jour ce dont on est capable sur un terrain de concours, avec son poney préféré, quelle récompense ! Mais, pour cela, il faut être fin cavalier, bien connaître les chevaux, disposer de la monture qui convient et... ne jamais oublier que l'important, c'est de participer !

Portrait-robot

- Double poney avec du sang, des allures, des points de force.
- Taille idéale : 1,35 m à 1,48 m au garrot.
- Puissants leviers au niveau de l'arrière-main*, ligne du dessus sans défauts, membres sains et parfaitement d'aplomb.
- Mental volontaire, sens de l'initiative.

Pour un poney de concours, c'est le modèle d'un cheval de sport en réduction qu'il faut rechercher. Il toisera le plus près possible de 1,48 m non ferré : le type même du modèle longiligne, avec de bons points de force. Attention toutefois aux sauteurs trop "près du sang" (ayant un fort pourcentage de sang arabe, par exemple), qui sont très vifs mais peuvent s'avérer ingérables pour un adolescent. La qualité du saut dépend de celle du dressage.

Une monture de compétition

Les domaines où il est possible de se confronter à d'autres cavaliers sont variés : compétitions de pony-games, d'attelage ou encore de saut d'obstacles. Sous le terme "poneys de concours" sont regroupées les montures participant aux trois disciplines olympiques : complet, dressage et saut d'obstacles. Il s'agit de poneys soumis, équilibrés, avec un bon coup de saut. Dans un poneys-club, seules quelques montures d'"élite" sont destinées à la compétition.

Un véritable athlète

Pour parvenir à de hautes performances dans quelque domaine que ce soit, un poney doit être bien bâti, sans mauvais aplombs qui perturberaient son équilibre, donc ses mouvements. Il ne doit pas avoir une arrière-main malingre, car cela impliquerait un manque d'énergie. Une poitrine étroite et peu développée, qui ne lui permettrait pas de respirer profondément et rapidement, est également bannie. En résumé, il est forcément bien fait !

Les atouts du spécialiste

En plus d'une constitution harmonieuse, le poney de concours est doté des atouts indispensables dans sa discipline. S'il est destiné au saut d'obstacles, il lui faut une arrière-main très puissante et un solide jugement des distances. S'il concourt en cross, sa constitution doit être adaptée aux efforts d'endurance (poitrine profonde). Pour le dressage, on recherche des allures étendues et un physique d'athlète.

Des poneys et des cavaliers

Pour utiliser une image simple, on peut dire que le poney représente les jambes tandis que le cavalier est la tête. C'est à ce dernier de connaître et de deviner les possibilités de sa monture pour en tirer parti judicieusement. C'est aussi à lui de réguler les efforts de sa monture. Les coupes et les médailles ne se gagnent que si le couple est en harmonie !

Le poney français de selle

On l'élève n'importe où en France, mais plus particulièrement dans la région des Landes. C'est une race qui a été créée dans les dernières années du XXe siècle, pour pourvoir à la remonte* des poneys-clubs de plus en plus nombreux et fréquentés. Les éleveurs ont cherché à développer un poney proche du cheval de selle français. Ils ont pris pour base le poney landais, qu'ils ont croisé avec d'autres races. Des arabes, des welshs, quelques connemaras et des new-forests ont ainsi participé à l'élaboration de la race. Le résultat est un poney élégant, capable de s'adapter aux activités habituelles des poneys-clubs. On trouve des modèles convenant aux petits mais aussi aux plus grands.

- **Taille** : 1,27 m à 1,47 m au garrot.
- **Robe** : elle peut être de n'importe quelle couleur.

On le reconnaît à son air distingué, à sa silhouette longiligne et à son bon caractère : il peut être monté par tous les cavaliers.

Le welsh

Les poneys welshs sont originaires du pays de Galles, en Grande-Bretagne. Leur élevage échappa heureusement à la rage destructrice de Henri VIII, qui avait ordonné en 1535 l'extermination dans son royaume de tous les chevaux toisant moins de 1,40 m, sous prétexte qu'ils étaient inaptes au service des armes !
Il en existe quatre types, différents par la taille, mais avec des têtes très semblables. On les compare souvent à des arabes en miniature.
Le welsh de montagne (type A) est le descendant des poneys préhistoriques et mesure moins de 1,22 m au garrot. Cependant, sa race a souvent été modifiée par des apports de sang extérieur.
Le welsh type B est très proche, mais il toise jusqu'à 1,37 m. Dans son pays d'origine, il fut longtemps l'unique moyen de locomotion des fermiers montagnards. Résultat de croisements entre des welshs de montagne et des petits cobs, ce poney de selle doué pour l'obstacle convient parfaitement aux enfants qui font leurs premières armes en *jumping*.
Le welsh type C est encore identique, mais ne mesure jamais plus de 1,37 m au garrot. Il est néanmoins plus trapu et puissant que le welsh type B. Il peut être monté mais il est surtout attelé.
Le welsh type D est toujours semblable au welsh de montagne ! Mais sa taille dépasse souvent 1,50 m.

***Idéal pour les enfants**, le welsh type B provient d'un croisement entre le welsh de montagne et le cob.*

- **Taille** : 1,22 m à 1,50 m au garrot.
- **Robe** : elle peut être de toutes les couleurs, sauf pie.

On le reconnaît à sa tête fine semblable à celle de l'arabe.

LE SAVAIS-TU ?

Tous des "Merlin" !
Au XIXe siècle, un petit étalon pur-sang nommé "Merlin" fut lâché parmi les troupeaux de welshs de montagne. Son influence a été telle que, depuis ce temps, au pays de Galles, tout poney welsh est un "Merlin" !

Le welsh type A *(welsh de montagne) est le plus petit de la race.*

Surtout utilisé en attelage*, le welsh type C est reconnaissable à sa silhouette trapue.*

Le welsh type D *toise au minimum 1,38 m au garrot.*

Le cheval de loisir

C'est un poney ou un cheval de trait, avec ou sans papiers. Il ne brillera jamais sur un terrain de concours, mais son cavalier le monte en toute confiance. Sa principale qualité : rester calme quelles que soient les circonstances.

Rien ne l'arrête !

Le cheval de loisir est par définition celui qui ne pose jamais de problème. Attaché ou non, il donne volontiers ses pieds. Monter dans un van ou en descendre est pour lui aussi naturel qu'entrer dans un box et en sortir. Il ne contourne pas les flaques et il traverse les ruisseaux… On peut dire qu'il n'a peur de rien, ni des engins à moteur, ni des bruits soudains, ni des difficultés du terrain.

Portrait-robot

- Cheval longiligne de taille moyenne, avec une musculature suffisante.
- Taille idéale : 1,50 m à 1,60 m au garrot.
- Excellente constitution requise : le cheval doit être porteur, ses membres sains et nets, avec de bons pieds.
- Cheval équilibré, curieux et non peureux.

Le cheval de loisir sera probablement destiné à l'extérieur : il doit pouvoir franchir sans hésiter une flaque ou un fossé. C'est pourquoi il lui faut être avant tout sociable et coopératif.

Ses origines

Ce sont les Américains qui nous ont montré comment obtenir des chevaux de loisir. En premier lieu, il faut faire se reproduire uniquement des chevaux affables. Car un étalon ou une jument caractériels transmettent leurs défauts à leurs rejetons. Ensuite, on doit éduquer les poulains aussitôt après leur naissance : c'est le meilleur moment pour leur apprendre la discipline. On peut donc aisément leur faire comprendre qu'ils n'ont rien à craindre de l'homme. Il suffit pour cela de les caresser fréquemment sur tout le corps. Le débourrage* n'est alors plus qu'une formalité. Car pourquoi l'homme serait-il soudain agressif avec eux alors qu'il a toujours été caressant ?

Les épreuves du cheval de loisir

Elles sont organisées par les Haras nationaux. Le but est de sélectionner et de "labelliser" des montures calmes, dociles, agréables et sécurisantes. Des chevaux de plaisir !

Une épreuve comporte :

- une série de dix à douze tests de comportement (le cheval doit sans broncher passer entre des fils de linge flottant au vent, traverser un gué, marcher sur une bâche au sol, sur une planche qui plie dans l'eau, etc.) ;
- un contrôle de docilité au galop, avec passage du galop à l'arrêt ;
- une présentation montée aux trois allures ;
- une présentation en main (cheval dessellé), pour permettre de juger du modèle.

À la fin de l'épreuve, les chevaux sont classés en cinq catégories :

- ceux ayant obtenu plus de 85 % des points reçoivent le prestigieux label Élite loisir ;
- ceux ayant obtenu 75 à 84 % des points reçoivent le label Sélection loisir ;
- 65 à 74 % des points donnent droit au label Qualifié loisir ;
- les chevaux ayant été mal préparés sont ajournés et pourront repasser l'épreuve ;
- les animaux présentant de graves défauts de comportement ou de conformation sont éliminés.

Le cheval de selle

C'est une appellation spécifiquement française : est cheval de selle le poulain qui a pour père un étalon ayant passé avec succès les épreuves du cheval de loisir. Il ne s'agit donc pas d'une vraie race. Mais son acheteur sait qu'il aura toutes les dispositions et qualités d'un véritable cheval de loisir, calme et docile. Il n'existe pas de stud-book* du cheval de selle, mais un simple registre.

- **Taille** : indifférente.
- **Robe** : toutes sont acceptées.

On le reconnaît uniquement à ses papiers. Car le cheval de selle ressemble à tout autre cheval porté dans les registres, puisqu'il peut être de n'importe quelle race.

L'appaloosa

Cette race américaine est avant tout tachetée. Elle a été développée au XVIIIe siècle par les Nez-Percés. Ce sont les seuls Indiens à avoir élevé des chevaux. Grands connaisseurs, ils sélectionnaient des animaux tachetés parce qu'aucun n'était semblable à un autre. Cela leur était fort utile pour reconnaître de loin les cavaliers, à la chasse comme à la guerre. Le nom de la race vient de la rivière Palouse, qui coule dans les États de Washington et de l'Idaho, le long de laquelle les chevaux étaient élevés. Aujourd'hui, sont inscrits au stud-book* de l'Appaloosa Horse-Club quelque 500 000 sujets. Les appaloosas sont utilisés tant pour le travail que pour les loisirs. Ils conviennent sous la selle du cow-boy, du randonneur, du cavalier d'endurance ou encore pour le saut d'obstacles.

- **Taille** : 1,43 m à 1,60 m au garrot.
- **Robe** : tachetée.

On le reconnaît à son crin rare (il n'a presque pas de crinière ni de queue), à son tour de l'œil blanc et à son bout du nez fréquemment marbré.

Le pinto

- **Taille** : indifférente.
- **Robe** : blanche tachetée ou bien de couleur tachetée de blanc.

On le distingue presque uniquement à sa robe et à ses papiers, car tous les chevaux pie ne sont pas des pintos reconnus comme tels.

Le nom de ce cheval américain vient de l'espagnol *pintado*, qui signifie "peint". D'ailleurs, il est vraiment "peint" en deux couleurs. Si sa robe est blanche et ornementée de larges taches d'une autre couleur simple, il est dit "tobiano". Si au contraire sa robe est d'une couleur marquée de taches blanches, l'animal est "overo". Aux États-Unis, deux associations recensent et enregistrent les pintos (appelés "pie" en Europe). Mais, pour l'une comme pour l'autre, les chevaux ne doivent pas répondre à des critères physiques précis. Le cheval pie est avant tout pie ! Au XIXe siècle, les Indiens sioux et crows le recherchaient pour sa robustesse.

Le palomino

C'est un cheval à la robe dorée et aux crins blancs. De tout temps, il est né selon les caprices de la nature, au sein d'une race ou d'une autre. Mais il a toujours été très populaire et donc recherché. Depuis quelques décennies, une association américaine tente de créer une race palomino. Les critères à respecter sont les suivants : une robe jaune doré, exempte de taches (seules les petites marques blanches sur la tête et les membres sont tolérées), des crins lavés jamais mêlés à plus de 15 % de poils foncés, des yeux très sombres, des sabots de préférence noirs. Mais les éleveurs ne font pas toujours naître les chevaux tels qu'ils les souhaitent !

• **Taille** : indifférente.

• **Robe** : elle est dorée.

On le reconnaît à sa couleur évidemment et, comme le pinto, à ses papiers. Car il peut toujours naître des palominos au sein de n'importe quelle race.

***Toujours dorée**, tirant sur le brun ou sur le jaune, la robe exceptionnelle du palomino en fait un cheval très convoité.*

La monture de randonnée

Quel rythme est mieux adapté à la découverte d'une région que le pas d'un cheval ? Grâce à ce compagnon, il est possible d'emprunter tous les chemins et de profiter paisiblement des paysages. Mais, pour que le voyage soit réussi, la monture doit posséder certaines qualités précieuses…

La monture de randonnée doit d'abord être rustique et supporter les changements de terrain et d'alimentation. Comme il faut qu'elle porte lourd et longtemps, elle possède un garrot prononcé et est bien en chair (mais pas grasse). En outre, c'est entre 10 et 15 ans qu'elle donne le meilleur d'elle-même : à cet âge, son squelette est entièrement fait et les longues heures de travail ne risquent donc pas de le déformer. Enfin, intrépidité et placidité sont ses deux qualités maîtresses : le cheval doit marcher toujours gaillardement, quelles que soient les intempéries, et ignorer aussi bien les vrombissements des camions que le tumulte d'une fête foraine.

Portrait-robot

- Double poney rustique ou cheval costaud de taille petite à moyenne.
- Taille idéale : 1,40 m à 1,60 m au garrot.

C'est un animal médioligne avec une large ligne du dessus bien musclée, un garrot sorti, un bon passage de sangles et des allures énergiques.
Il doit aussi être d'un calme inébranlable allié à une franchise et un sens de l'initiative développés.

Le merens

Officiellement c'est un poney, puisqu'il ne mesure guère plus de 1,35 m au garrot. Mais on l'appelle "petit cheval de Merens". Il est originaire de la haute vallée de l'Ariège, dans les Pyrénées. Il est élevé en semi-liberté dans ce pays montagneux, et acquiert une sûreté de pied incomparable. Massif, puissant, il a été utilisé depuis des temps très anciens comme animal de bât. On n'hésitait pas à le charger de 150 kg et plus. Et il allait ainsi, souvent tout le jour, sur des sentiers enneigés. Autant dire que les randonneurs qui le choisissent aujourd'hui disposent avec lui d'une monture infatigable.

- **Taille** : 1,35 m à 1,40 m au garrot.
- **Robe** : elle est noire. Le merens est zain.

On le reconnaît aussi à sa tête un peu lourde et à sa corpulence étonnante pour sa taille.

L'islandais

Les hommes sont arrivés en Islande il y a plus de mille ans. Ils ont amené avec eux des petits chevaux originaires de Norvège et d'Écosse. Sur cette île au climat extrême et à la végétation pauvre, ces animaux ont acquis au fil du temps une étonnante rusticité*. Mais ce n'est pas la seule des qualités qui fait rechercher les islandais par les randonneurs. Car ils marchent aussi à une allure proche de l'amble, le *tölt*. Et sur un islandais qui "tölte", on avance très vite et sans jamais être secoué !

- **Taille** : 1,30 m à 1,40 m au garrot.
- **Robe** : elle est le plus souvent grise ou souris.

On le reconnaît à sa grande tête, terminant une encolure massive, à sa queue et sa crinière abondantes.
Et puis aussi à son sens infaillible de l'orientation.

***Lâché loin de son écurie**, l'islandais la retrouve toujours très vite.*

***Très frugal**, le barbe se contente d'une nourriture pauvre.*

- **Taille** : 1,40 m à 1,50 m au garrot.
- **Robe** : elle est grise, alezan brûlé, alezane ou noire.

On le reconnaît à sa tête longue et raffinée, à sa croupe avalée et à sa queue portée bas, sans oublier ses jambes longues et fortes.

Le barbe

Ce cheval d'Afrique du Nord a été utilisé pour améliorer de nombreuses races. Amené en Espagne par les Maures au IXe siècle, il a été longtemps croisé avec les chevaux de ce pays. Le résultat a été l'andalou, une race pleine de qualités et toujours fort prisée. Au XVIIe siècle, le roi Charles II d'Angleterre, passionné de courses, a importé de nombreux barbes, qu'il a croisés avec des juments anglaises, pour produire des chevaux rapides. Aussi le barbe a-t-il été pour une bonne part à la base de la fondation des pur-sang.

Le cheval d'endurance

Un marathonien n'a rien à voir avec un coureur de 100 m. De la même manière, le cheval d'endurance est totalement différent du pur-sang de course. Calme et éveillé, il parvient à réaliser de longues chevauchées... pour le plaisir de son cavalier!

Les courses d'endurance se disputent sur des distances allant de 30 ou 40 km à 160 ou 200 km. Ce sont donc des parcours de longue haleine qui peuvent durer vingt-quatre heures... Les montures doivent être robustes et adultes (âgées d'au moins 5 ou 6 ans). Pour ce qui est du sexe, il est maintenant prouvé que le hongre donne les meilleurs résultats en épreuve. Le cheval d'endurance possède en outre une poitrine profonde et une bonne aptitude à la récupération cardiaque. Calme mais combatif, il sait résister à son instinct grégaire et ne pas calquer son allure sur les concurrents qu'il rencontre.

PORTRAIT-ROBOT

- Cheval longiligne.
- Taille idéale : 1,50 m à 1,65 m au garrot.

Il possède une musculature sèche, une poitrine profonde et étroite, des allures amples et rasantes qu'il sait adapter en fonction du terrain, un pied sûr. Il est en outre rustique et frugal. Indépendant, il sait s'économiser.

Le pur-sang arabe

On ne connaît pas exactement les origines de ce cheval d'exception. Mais il semble qu'il ait vécu très longtemps dans le désert de la péninsule arabique. Il est le premier dont l'élevage a été pensé : les Bédouins veillaient à la pureté de la race avec un véritable fanatisme. Il fut introduit en Europe lors des invasions arabes. On l'élève maintenant un peu partout dans le monde.

***Sa rude existence dans le désert** a fait du pur-sang arabe un cheval frugal et endurant.*

- **Taille** : 1,50 m environ au garrot.
- **Robe** : elle est grise, baie, alezane et parfois noire.

On le reconnaît aussi à son élégance, car il en a plus qu'aucun autre cheval. Sa tête petite, fine, aux larges naseaux, est également caractéristique, ainsi que sa queue, qu'il dresse généralement sitôt qu'il est en mouvement.

Le shagya

Cette branche de la race arabe est apparue en Hongrie, au haras de Babolna. Shagya est le nom d'un étalon importé de Syrie en 1830. Il avait une robe isabelle, rare chez les siens. Très grand – il mesurait 1,58 m au garrot –, il fut rapidement repéré pour ses capacités de porteur et pour son endurance. Bien évidemment, on voulut disposer d'autres chevaux ayant ses qualités. Par chance, Shagya transmit les siennes à sa progéniture. La race était née, qui a immédiatement porté le nom de son fondateur.

Aujourd'hui, on élève le shagya en République tchèque, en Autriche, en Roumanie, en Pologne et en Allemagne.

- **Taille** : 1,54 m à 1,60 m (parfois plus) au garrot.
- **Robe** : elle est le plus souvent grise ou baie.

On le reconnaît aussi parce qu'il possède les mêmes caractéristiques que l'arabe, à quelques détails près : ses membres sont plus forts, son encolure est légèrement plus courte et surtout il est plus grand.

L'akhal-téké

Ce cheval est élevé dans les oasis des déserts du Turkménistan depuis des temps immémoriaux. Nul ne sait d'où il vient, ni qui sont ses ancêtres. Il est monté avec succès dans presque toutes les disciplines. Mais il est avant tout un cheval d'endurance extraordinaire.

- **Taille** : 1,50 m environ au garrot.
- **Robe** : elle est alezane, baie ou louvette, avec souvent des reflets métalliques.

On le reconnaît aussi à sa tête très fine et allongée et à son encolure portée presque verticalement. Son corps est long, étroit et mince.

Le cheval d'obstacles

Sauter des obstacles n'a rien de naturel pour un cheval. Lorsqu'il est libre et qu'il en rencontre un, il préfère généralement le contourner... Pourtant, une fois dressée, une monture peut prendre plaisir à passer des barres.

Portrait-robot

- Cheval de selle grand et puissant, avec du sang (influx nerveux).
- Taille : 1,60 m au garrot et plus.
- Musculature développée, dos large, jarrets parfaits, tendons secs.
- Caractère volontaire, concentré et assuré.

C'est généralement un cheval de taille imposante, avec des points de force dans l'arrière-main* lui permettant d'avoir un bras de levier puissant pour s'enlever au-dessus des obstacles. Il doit absolument posséder une bonne vue.

Pour le plaisir

Le bon cheval d'obstacles est celui qui éprouve du plaisir à sauter. On sait vite si bondir au-dessus des barres lui plaît ou non. S'il aime ça, il en fait rapidement une sorte de jeu. Il n'est pas toujours facile alors de le contrôler sur la carrière, car il va facilement sur les obstacles qu'il choisit, pas nécessairement sur ceux que le cavalier souhaite passer !

LE SAVAIS-TU ?

Saut en hauteur
Le record du saut d'obstacles en hauteur date de 1949. Cette année-là, Alberto Larraguibel, capitaine chilien, a fait sauter à son cheval, Huaso, un obstacle de 2,47 m.

Indispensable vélocité

Les parcours d'obstacles sont le plus souvent chronométrés. En conséquence, le cheval d'obstacles est rapide, même s'il n'a rien d'un animal de course. Il ne peut être qu'un cheval de sang.

Un bel athlète

Logiquement, plus on est grand, plus on saute haut. Sans être un géant, le cheval d'obstacles est de taille respectable. Comme tout athlète, il ne peut qu'être bien bâti. Il a en particulier des membres sains et d'excellents aplombs. Panard* ou cagneux, il ferait un piètre sauteur. Il a surtout besoin d'un solide propulseur, d'une puissante arrière-main. C'est de la force de ses cuisses et de ses fessiers que dépend la valeur de ses sauts.

Quels sauts !

Certains chevaux font des "sauts de biche" : ils s'élèvent en repliant leurs postérieurs sur le côté.
D'autres s'élancent des quatre pieds, pour retomber de la même manière : ils font un "saut de mouton".
Si les chevaux marquent un temps d'arrêt devant l'obstacle avant de s'enlever, ils sautent "à l'irlandaise".
Enfin, on dit d'un cheval adroit qu'il saute "rond" ou "comme un chat".

***Belle réception** d'un cheval qui a sauté rond au-dessus de l'obstacle*

Le selle français

En 1958, on a donné ce nom à tous les demi-sang français. Les demi-sang étaient les produits de croisements entre des étalons pur-sang ou arabes et des juments régionales. C'est dire que, de la Vendée au Pays basque, du Nord à la Provence, ils étaient fort différents. L'appellation "selle français" s'étend à tous les chevaux dont les ascendants sont connus sur deux ou trois générations. Elle ne désigne pas vraiment une race mais se veut un label de qualité. Les selles français sont les chevaux les plus utilisés en France pour l'équitation sportive. On les trouve sur les terrains d'obstacles et sur les carrières de dressage.

- **Taille** : 1,55 m à 1,75 m au garrot.
- **Robe** : toutes les robes unies communes.

On ne peut savoir en l'examinant s'il est ou non selle français. Seuls ses papiers l'indiquent.

Le trakehner

Cette race aurait été élevée au XIVe siècle pour la remonte* des chevaliers Teutoniques, dans ce qui est aujourd'hui la Pologne. En 1732, le roi Frédéric-Guillaume Ier fonda un haras, dans une région qui venait d'être drainée et asséchée. Jusqu'à la Seconde Guerre mondiale, cet établissement fut la principale source d'approvisionnement en chevaux pour les pays du Nord, d'abord pour l'armée et ensuite pour le sport.

LE SAVAIS-TU?

"Cheval de classe"
Aux jeux Olympiques de 1936, à Berlin, la totalité des médailles en équitation fut remportés par les équipes allemandes. Or celles-ci étaient constituées uniquement de trakehners. Depuis ce temps, le trakehner a la réputation d'être un "cheval de classe", car il obtient toujours des succès en compétition.

- **Taille** : 1,63 m à 1,68 m au garrot.
- **Robe** : elle peut être de n'importe quelle couleur franche.

On le reconnaît aussi à sa tête raffinée, assez semblable à celle du pur-sang, à son corps le plus souvent court et à sa queue, attachée et portée haut.
Enfin, il a l'esprit vif et il est aussi gentil que loyal.

Le hunter irlandais

"Hunter" est plus une appellation qu'une race. Partout où l'on chasse à courre, on rencontre des hunters ("chasseurs" en anglais). Cependant, ceux qui naissent en Irlande sont particulièrement recherchés. Ils sont issus de croisements entre des juments locales et des pur-sang. Quel que soit le service qu'ils ont à rendre, ils travaillent avec courage et hardiesse. Débrouillards, ils sautent les obstacles en étant à peine sollicités et constituent d'excellents chevaux de sport.

- **Taille** : 1,52 m à 1,83 m au garrot.
- **Robe** : elle peut être de toutes les couleurs franches.

On le reconnaît aussi à ses aptitudes physiques, toujours visibles : il possède un garrot marqué, sur lequel aucune selle ne peut glisser. Sa poitrine est ample, son arrière-main* très musclée et ses jarrets sont puissants.

Le hanovrien

Il a fallu plus de deux siècles pour forger ce grand cheval tel qu'il est. En 1735, le roi George II d'Angleterre a donné pour but au haras de Celle, dans la province allemande de Hanovre, de produire des chevaux "pour le profit de ses sujets", car ceux du pays étaient de piètre qualité. On les croisa donc avec d'autres races, afin de les améliorer. Au fil du temps, on parvint à faire naître de magnifiques chevaux. Aujourd'hui, le hanovrien est élevé dans de nombreux pays.

- **Taille** : 1,55 m à 1,70 m au garrot.
- **Robe** : elle peut être de n'importe quelle couleur franche.

On le reconnaît aussi à sa forte encolure, greffée sur des épaules bien inclinées. Et on ne peut manquer d'être étonné par la largeur de ses reins.

***Grand et robuste**, le hanovrien est apprécié en dressage comme en concours hippique.*

Le cheval de dressage

Le dressage est la discipline que l'on appelle parfois équitation académique. Il est à la base de toutes les activités équestres. En effet, seule une monture bien dressée peut exceller quel que soit l'exercice effectué. Amené au sommet de son art, le cheval de dressage devient un véritable danseur...

Les qualités réglementaires

Selon le règlement de la Fédération équestre internationale, le cheval de dressage doit faire preuve de qualités complémentaires, telles que :

- la franchise et la régularité des allures ;
- l'harmonie, la légèreté et l'aisance des mouvements ;
- le soutien de l'avant-main* et l'engagement des postérieurs ;
- la capacité à respecter lignes droites et courbes.

Un travail d'artiste

Au cours d'une reprise*, le cheval de dressage doit se déplacer avec élégance et grâce, tout en répondant à d'infimes sollicitations de son cavalier (dont on devine à peine qu'il le conduit). Son travail a tout

Portrait-robot

- Cheval longiligne de taille moyenne, apte au développement musculaire.
- Taille idéale : 1,55 m à 1,70 m au garrot.
- Dos et reins courts, fessiers longs.
- Tempérament équilibré et sensible.

Le format du cheval de dressage est une excellente base d'athlète. Il peut être "fait en montant" (arrière-main* plus basse que l'avant-main), ce qui lui facilite l'équilibre.

L'encolure doit être musclée à la base, l'attache de la tête déliée, les allures symétriques et énergiques. Il doit posséder suffisamment d'influx nerveux, tout en étant concentré et réceptif.

de celui d'un danseur ! C'est pourquoi il lui faut un caractère adapté et des jambes irréprochables.

Le tempérament

Le calme est sa première qualité. Il est évident qu'on ne peut évoluer sur une carrière avec une monture agitée. L'animal doit aussi être toujours attentif. Dans l'idéal, il anticipe quasiment les pensées de son cavalier !

Les jambes

Seule une monture possédant de bons aplombs pourra atteindre le niveau d'équilibre exigé. Afin d'être bien jugée, il est préférable qu'elle ait aussi des allures brillantes. Et, pour faire bonne impression, mieux vaut qu'elle soit d'une constitution harmonieuse. Le cheval de dressage est donc un bel athlète plein de souplesse, qui peut même être un brin cabotin pour mettre ses atouts en valeur !

***Que de crins**... mais gare au démêlage !*

Le pure race espagnol

Ce cheval a une longue histoire. Il a vécu à l'état totalement sauvage en Andalousie, province espagnole, jusqu'à la venue des Romains, en 200 av. J.-C.
Vers l'an 400, les Vandales arrivèrent dans ce pays avec des chevaux germaniques. Ils effectuèrent bien sûr des croisements avec les animaux déjà présents.

Puis, en 711, les Maures envahirent l'Espagne. Ils amenèrent avec eux des chevaux barbes, et de nouveaux mélanges donnèrent naissance au pure race espagnol (que l'on appelait il y a peu l'andalou). Curieusement, les meilleurs éleveurs de cette nouvelle race furent... des moines ! Le pure race espagnol a longtemps été le favori des cavaliers de dressage.

- **Taille** : 1,60 m environ au garrot.
- **Robe** : le plus souvent grise, elle peut également être baie ou noire.

On le reconnaît aussi à ses crins longs, luxuriants et soyeux, souvent ondulés, et à ses allures relevées et pleines de panache.

***Le pure race espagnol**, avec un travail régulier, peut aisément devenir une monture de haute école.*

Le lusitanien

Son pays est le Portugal. Pourquoi alors ne l'appelle-t-on pas le "portugais" ? Parce que son nom lui a été donné au Moyen Âge, époque où ce pays était appelé "Lusitania".
Il a presque les mêmes origines que le pure race espagnol. Tous deux ont d'ailleurs bien des caractéristiques communes : un équilibre physique et mental naturel et un calme olympien. Les stud-books* de ces deux races ne sont devenus distincts qu'au XVIIIe siècle.

- **Taille** : 1,50 m à 1,60 m au garrot.
- **Robe** : elle est généralement grise. Mais elle peut être de n'importe quelle couleur franche.

On le reconnaît à sa puissante encolure et à son épaule un peu droite, ainsi qu'à ses sabots, toujours petits et solides.

***Robuste et courageux**, le lusitanien fait aussi une excellente monture de travail.*

Le lipizzan

- **Taille** : 1,50 m au garrot.
- **Robe** : elle est grise, presque blanche.

On le reconnaît aussi à ses membres puissants, presque épais, mais à canons courts et bien proportionnés.

C'est le cheval de la célèbre École espagnole de Vienne, en Autriche, dont les élèves forment un corps de cavaliers d'élite depuis 1726. Ils ne montent que des étalons lipizzans. Ces équidés doivent leur nom au haras de Lipizza, ou Lipica, en Slovénie.
On les élève aussi à Piber et à Kladbury, en Autriche.
Au XVIe siècle, l'École de Vienne avait choisi des andalous et mis en œuvre les moyens nécessaires à leur reproduction. Mais, au fil du temps et des circonstances, fut introduit dans la race du sang kladruber (tchèque) et napolitain (italien). C'est cependant à l'andalou (aujourd'hui appelé pure race espagnol) que le lipizzan doit presque toutes ses caractéristiques.
Il est également très apprécié à l'attelage.

***Doux et docile**, le lipizzan se caractérise par l'uniformité de sa robe.*

Le holstein

Cette race allemande a très souvent été modifiée par croisements, le but des éleveurs ayant été de répondre à des besoins changeants.
Pendant longtemps, le holstein a été apprécié comme monture d'attelage et de selle lourde. Pour l'affiner après l'abandon de l'armure, on l'a croisé avec des andalous. Un peu plus tard, on a importé des pur-sang, puis des étalons yorkshires.
Après la Seconde Guerre mondiale, de nouveaux mélanges ont été effectués. Le holstein est ainsi devenu apte à pratiquer la plupart des disciplines équestres. Il excelle en dressage comme en concours hippique.

- **Taille** : 1,65 m à 1,75 m au garrot.
- **Robe** : elle peut être de n'importe quelle couleur franche.

On le reconnaît aussi à sa tête de pur-sang, et, paradoxalement, à son corps apparemment ordinaire, alors qu'il est doué de multiples qualités.

***Fruit de multiples croisements**, le holstein est l'une des montures les plus polyvalentes.*

Le cheval de travail

Certaines montures, fiables, puissantes et infatigables, sont particulièrement aptes au labeur. Elles deviennent alors les alliées de l'homme pour le meilleur et pour le pire.

Incontournable !

Dans plusieurs pays, ce sont toujours des cavaliers qui gardent les troupeaux. En Mongolie, c'est en selle qu'on pousse les moutons, les chameaux et les yacks. Au Mexique, les *vaqueros*, hissés sur leur monture, surveillent et rassemblent les vaches. En Argentine, les *gauchos* effectuent le même travail sur leurs *criollos*.

Quant au cow-boy, il passe lui aussi de rudes journées à cheval derrière le bétail. Disposant pourtant de confortables véhicules tout-terrain, pourquoi demeure-t-il fidèle à sa monture ? Tout simplement parce qu'il n'a pas le choix : à cause des irrégularités innombrables du sol de l'Ouest américain, l'équidé demeure le moyen idéal pour accompagner et surveiller les troupeaux.

Chacun sa pratique

Les coutumes de tous ces cavaliers diffèrent sensiblement. Le *vaquero* et le cow-boy attrapent les veaux au lasso. Le Mongol, lui, capture ses ovins avec un nœud coulant au bout d'une perche. Le matériel n'est pas non plus le même : la selle du gardian de Camargue possède un gros arçon de bois, celle du *gaucho* argentin est constituée de légers boudins de roseau.

Les chevaux aussi sont différents… Le quarter horse américain est puissant ; en revanche, la monture du gardien de troupeau mongol est de taille fort modeste. Et pourtant, tous exécutent le même travail. Les équidés doivent donc faire preuve approximativement des mêmes qualités.

***Chien et cheval** : un tandem particulièrement efficace pour encadrer le bétail.*

Tout un métier

Le travail en selle consiste à déplacer les troupeaux. Il faut donc contraindre les bêtes à avancer dans le bon sens. Pour y parvenir, le cavalier a besoin d'un animal attentif, ayant surtout le "sens du bétail". Un veau s'écarte du troupeau ? La monture se lance presque d'elle-même pour le lui faire réintégrer. Un troupeau de moutons quitte le bon chemin ? C'est encore à l'équidé d'agir. Mais calmement cette fois ! Par une action trop brutale, il risquerait de faire démarrer les ovins au galop. Le cheval doit aussi être adroit et agile, capable par exemple de pivoter en un éclair sur ses postérieurs… Comment trouver des animaux ayant ces aptitudes ? Chez certaines races, ces qualités sont innées. Tel est le cas des camargues ou des quarter horses. Mais pour qu'ils fassent du bon travail, il faut leur apprendre le métier. La meilleure méthode pour y parvenir est celle du "maître d'école" : faire travailler le jeune cheval à côté d'un animal chevronné.

Portrait-robot

- Cheval rustique, musclé, plutôt près de terre et compact.
- Taille idéale : 1,40 m à 1,60 m au garrot.
- Attache de reins très puissante, membres forts et solides.
- Tempérament volontaire.

Il s'agit souvent d'un cheval local de taille moyenne ou petite, élevé avec le bétail depuis la naissance. Sa conformation et son influx nerveux doivent permettre les démarrages rapides et les demi-tours. Il est également capable de pointes de vitesse.

Le quarter horse

Créée au XVIIᵉ siècle, c'est la plus ancienne race américaine. Elle est le produit de croisements entre les chevaux amenés par les conquistadors et ceux importés par les premiers colons anglais. Les éleveurs de l'époque cherchaient à faire naître des chevaux de course performants… Les compétitions se disputaient alors sur des distances ne dépassant pas 400 m. Pourquoi étaient-elles si courtes ? Simplement parce que les hippodromes n'existaient pas encore en Amérique. Aussi organisait-on des courses dans la rue principale des villages, qui excédait rarement un quart de mile. Les chevaux de course sont donc devenus les "chevaux du quart de mile", les *quarter horses* en anglais.

Ils furent d'abord élevés dans l'Est des États-Unis. Mais assez rapidement ils intéressèrent les cow-boys de l'Ouest, parce qu'ils avaient toutes les qualités requises pour travailler le bétail : démarrages fulgurants, transition aisée du galop à l'arrêt. Sans compter un extraordinaire "sens du bétail".

En trois cents ans, le quarter horse a séduit bien des cavaliers. Aujourd'hui, le stud-book* de la race est le plus important du monde. Quelque trois millions de sujets y sont enregistrés, qui vivent dans plus de quarante pays.

- **Taille** : 1,50 m à 1,60 m au garrot.
- **Robe** : elle peut être de n'importe quelle couleur franche.

On le reconnaît à son arrière-main* très musclée et puissante, ainsi qu'à sa tête élégante, mais courte et large.

Le camargue

Ce petit cheval est élevé autour du delta marécageux du Rhône. Dans ce pays souvent balayé par le mistral, l'existence est très rude. L'herbe grasse est rare et cet équidé doit fréquemment se contenter de brouter roseaux et salicornes. Parce qu'il lutte sans cesse pour survivre, le camargue est d'une étonnante rusticité. Dans les marais, le poulain grandit en contact permanent avec les vaches et les taureaux noirs. Tout jeune, il se familiarise donc avec ces ruminants. Lorsqu'il atteint l'âge de 3 ou 4 ans, il devient pour les gardians une monture sans prix, car il connaît parfaitement les bovins, que ces cavaliers sont chargés de garder. Sous leur selle, un camargue au travail a encore plus d'atouts qu'un chien de berger.

- **Taille** : 1,40 m environ au garrot.
- **Robe** : elle est grise ou blanche (alors que le poulain camargue naît toujours noir, bai ou alezan).

On le reconnaît à sa tête un peu grossière, qui semble taillée à coups de hache.

Le "croisé"

Issu de croisements entre le pur-sang anglais et le pur race espagnol (naguère appelé "andalou"), c'est le cheval de prédilection des cavaliers ibériques pratiquant la *doma vaquera*, épreuve de dressage issue du travail du bétail. Il démarre comme une bombe et il est très maniable, ce qui fait de lui un cheval de travail sophistiqué.

- **Taille** : 1,50 m à 1,60 m au garrot.
- **Robe** : elle peut être de n'importe quelle couleur franche.

On le reconnaît aussi à son apparence de pur-sang très musclé.

Le galopeur de course

Découvrir le cheval mythique, celui qui laissera loin derrière tous ses adversaires… Un rêve qui fait vibrer les foules depuis des siècles!

Les courses hippiques ont toujours été des spectacles divertissants. Autrefois, elles avaient aussi un aspect utilitaire, car elles permettaient de sélectionner des montures rapides et endurantes, indispensables aux chasseurs, voyageurs, courriers et militaires. Au XVIIe siècle, le roi d'Angleterre dota ces compétitions de prix somptueux pour encourager les éleveurs à produire de bons chevaux. Un peu plus tard, il ouvrit le premier hippodrome à New-Market. Cette initiative fut très vite imitée un peu partout en Europe.

Les paris

Les hippodromes connurent un succès immédiat. Rapidement, les champs de courses n'attirèrent pas que des amoureux de l'équitation. On commença à y faire des paris. C'est ainsi que Le jeu et l'appât du gain firent perdre à l'équidé son rôle de vedette. Pour beaucoup, il ne représentait qu'un simple numéro… gagnant ou perdant !

La vitesse

Disputées généralement sur 6000 m, puis sur 3000 m seulement, ces épreuves devinrent moins des occasions de sélectionner les montures les plus résistantes que des compétitions de vitesse pure sur de courtes distances. Le galopeur de course a donc évolué en "machine" à courir peu, mais très vite.

LE SAVAIS-TU ?

De clocher à clocher
Les courses hippiques étaient connues et fort appréciées en Angleterre bien avant la création des hippodromes. Dès le Moyen Âge, les seigneurs anglais disputaient des courses "de clocher à clocher" à travers la campagne : le départ était donné de l'église d'un village, les cavaliers devant gagner dans les meilleurs délais celle du hameau suivant. La tradition perdure puisqu'en Irlande et au Royaume-Uni ces épreuves ont toujours lieu chaque année.

Portrait-robot

- Cheval de sang longiligne.
- Taille idéale : 1,60 m à 1,70 m au garrot.
- Épaule longue et oblique, poitrine haute et profonde, avant-bras longs et canons courts, puissante arrière-main*, naseaux larges et bien ouverts.
- Mental de gagnant !

C'est le roi de la vitesse pure. Sa conformation se rapproche de celle d'un lévrier. La longueur et la bonne direction de l'épaule sont indispensables à la vitesse.

L'appareil respiratoire et le cœur doivent être sans défaut. Le système nerveux de ces animaux sophistiqués est souvent hypersensible.

Le pur-sang anglais

Communément appelé “cheval de course”, il a été créé au début du XVIIIe siècle en Angleterre. On cherchait alors à produire des montures rapides. Pour y parvenir, on importait des étalons arabes et barbes car, croisés avec des juments locales, ils engendraient d’excellents coureurs. Trois de ces étalons furent les fondateurs de la race : Byerley Turk (arrivé en 1689), Darley Arabian (en 1700) et Godolphin Arabian (en 1734). Aujourd’hui encore, tous les pur-sang sont leurs descendants. En 1750, on a considéré que la race était fixée et on en a ouvert le stud-book*. Très vite, le pur-sang a été élevé dans de nombreux pays car il est le seul capable de galoper à… 58 km/h ! On pourrait croire qu’en changeant d’environnement sa constitution et ses aptitudes se sont modifiées, mais il n’en est rien. En Argentine ou aux États-Unis, en Allemagne ou en Australie, on le retrouve parfaitement identique. Cela tient à ce que des reproducteurs sont sans cesse achetés et transportés d’un continent à l’autre.

LE SAVAIS-TU ?

Sacré itinéraire

Godolphin Arabian fut offert à Louis XV par le bey de Tunis. Sans doute ne plut-il pas au roi car il fut vendu à un laitier parisien qui le mit aux brancards de sa carriole ! Un maquignon anglais l’y découvrit, le racheta et le revendit un bon prix à lord Godolphin, en Angleterre.

- **Taille** : 1,60 m environ au garrot.
- **Robe** : elle peut être noire, baie, grise, alezane ou alezan brûlé.

On le reconnaît à sa tête raffinée, à son corps longiligne, à son garrot saillant et à ses antérieurs aux articulations larges et plates.

L'anglo-arabe

Depuis cent cinquante ans, il est produit principalement en France et en Angleterre, en croisant des pur-sang et des arabes. Seuls les géniteurs anglo-arabes, arabes ou pur-sang sont admis à la monte, à la condition qu'ils aient au moins 25 % de sang arabe. En France, les principaux centres d'élevage sont les haras de Pau, de Pompadour et de Tarbes. Les anglo-arabes de selle ont jusqu'à 75 % d'ascendance arabe ; ceux de course au contraire tiennent en majorité du pur-sang anglais. Chaque année, une trentaine de réunions ont lieu, au cours desquelles sont organisées des courses pour juger, notamment, de la valeur des croisements.

L'anglo-arabe est le type parfait de la monture polyvalente. Robuste et résistant, il excelle dans toutes les disciplines. Aux jeux Olympiques, il a déjà fait gagner des médailles à bien des cavaliers.

Excellent en chasse à courre *et vedette de nombreux concours, l'anglo-arabe est aussi un galopeur hors pair.*

- **Taille** : 1,63 m à 1,70 m au garrot.
- **Robe** : elle est le plus souvent baie ou alezane. Toutes les couleurs franches sont admises.

On le reconnaît à sa tête, ressemblant fort à celle du pur-sang, et à ses membres plutôt graciles pour sa corpulence.

Le trotteur de course

Les trotteurs ont dû tirer des attelages lourds, encombrants ou dangereux, avant que ne soit adoptée une voiture plus légère : le sulky*. Désormais libéré de tout poids superflu, le cheval file sur les hippodromes. Au trot!

Curieux débuts

Lors de l'inauguration de l'hippodrome de Cherbourg, en 1836, Ephrem Hoûel, inspecteur général des haras, tint à ce que s'y déroulât une course attelée. Et pas au galop, mais au trot. Du jamais vu ! Les spectateurs purent admirer des chevaux de souche normande trottant aux brancards de charrettes légères. Ephrem Hoûel avait gagné son pari : trouver un débouché pour les éleveurs de montures normandes.

Délicates recherches

Très vite, des courses de trot attelé furent organisées ici et là. Peu à peu, on chercha à fabriquer des charrettes très légères pour aider les trotteurs à améliorer leurs performances. Avant d'en arriver au sulky tel que nous le connaissons, quantité de modèles ont été essayés. Comme ce véhicule en métal, créé en 1890, doté de hautes roues dont les rayons, en cas d'accident, pouvaient hacher un membre du driver ou du cheval !

LE SAVAIS-TU ?

Galop interdit
Pour vaincre, un trotteur doit uniquement... trotter ! S'il tombe dans le galop, il est disqualifié : on dit "distancé". Son driver est alors tenu de l'amener vers l'extérieur de la piste.

Ailleurs

La mode des courses de trot se propagea dans plusieurs pays. En Russie comme en France, ces épreuves eurent un succès immédiat. De même, dès qu'elles apparurent aux États-Unis, elles suscitèrent un véritable engouement… au point qu'on y créa une race de trotteurs : les standardbreds. Certains furent exportés en Australie et en Nouvelle-Zélande, où les courses attelées sont presque devenues depuis un passe-temps national !

***Les drivers de trot** ne sont pas soumis à des critères de taille et de poids aussi stricts que les jockeys de galop.*

Sur les hippodromes

En France, certains hippodromes organisent en alternance des courses de trot et de galop. Ceux de Vincennes, Enghien et Cagnes-sur-Mer sont spécialisés dans les épreuves de trot, dont 90 % sont attelées. Les autres sont courues au trot monté, pratiqué seulement en France. Les rendez-vous les plus importants, dont le principal est le prix de Cornulier, se déroulent à Vincennes. Sans oublier le célèbre prix d'Amérique, ouvert à tous les trotteurs français et étrangers.

Portrait-robot

• Cheval longiligne solide.
• Taille idéale : 1,60 m au garrot.
• Épaule longue et plutôt droite, membres puissants et musclés, allures rasantes.
• Cheval courageux et concentré.

Les capacités du trotteur, cheval "spécialisé" par le dressage dans le trot à grande vitesse, ne sont pas forcément apparentes. C'est toujours une monture robuste, rustique, endurante, beaucoup moins élégante qu'un galopeur. La qualité des aplombs et la bonne direction des jarrets se révèlent indispensables, de même que le parfait fonctionnement du système respiratoire et circulatoire.

Le trotteur français

Le trotteur français est un produit de Normandie, région où l'élevage des équidés est un savoir-faire traditionnel depuis le Moyen Âge. Après les guerres napoléoniennes, qui avaient vidé la France de ses chevaux, et l'abdication de l'empereur, les Normands cherchèrent à remonter la cavalerie. Il leur restait bien peu de reproducteurs de souche anglo-normande. Ils durent donc en importer. Ils firent venir d'Angleterre quelques pur-sang et surtout des trotteurs norfolks. Plus tard, des croisements avec des chevaux américains améliorèrent la vitesse de la race. Aujourd'hui, le trotteur français est principalement élevé aux haras du Pin et de Saint-Lô.

***Souvent plus grand** que les autres trotteurs, le français peut aussi participer à des courses montées.*

- **Taille** : 1,70 m environ au garrot.
- **Robe** : elle peut être noire, baie, alezan brûlé, alezane, grise ou aubère.

On le reconnaît aussi à ses puissantes épaules, à son garrot bien marqué mais plat sur le dessus, à sa robuste arrière-main*.

Le standardbred

Trotteur américain par excellence, il connaît un grand succès outre-Atlantique où il vaut aussi cher qu'un galopeur. La race a été créée par hasard à la fin du XIXe siècle : l'étalon nommé Messenger couvrit de nombreuses juments de toutes races. Celles qui amblaient naturellement donnèrent des produits remarquables : ceux-ci conjuguaient une allure particulièrement confortable – l'amble – à des capacités de vitesse jusqu'alors inconnues. En 1879, le stud-book* de la race fut ouvert : il comprenait des trotteurs et des ambleurs. Ne pouvaient y être inscrits que les sujets capables de parcourir un mile (1 609 m) en moins de 3 mn. Aujourd'hui, les performances inférieures à 2 mn sont courantes.

- **Taille** : 1,60 m en moyenne au garrot.
- **Robe** : elle est généralement noire, baie ou alezane, mais peut être de toutes les couleurs franches.

On le reconnaît aussi à sa croupe, généralement plus élevée que le garrot, et à ses avant-bras volumineux et musclés.

Le trotteur orlov

Vers 1780, le comte russe Orlov chercha à créer une race performante de trotteurs. Pour y parvenir, il croisa un étalon arabe avec des juments danoises, flamandes et du Mecklembourg. Il finit par obtenir un étalon gris, Bars I, qui allait devenir le fondateur de cette race. Ce cheval couvrit des juments arabes, danoises et hollandaises. Grâce à de nombreuses saillies consanguines, le type souhaité fut finalement fixé. Au début du XXe siècle, l'orlov fut croisé avec des trotteurs américains afin d'augmenter ses performances. Le résultat fut la naissance d'une nouvelle race, le trotteur russe.

La rapidité de l'orlov *est-elle due à la diversité de ses origines ?*

- **Taille** : 1,70 m environ au garrot.
- **Robe** : elle est ordinairement grise ou noire.

On le reconnaît aussi à son encolure en “cou de cygne” et à sa silhouette allongée.

Le cheval d'attelage

Pendant des siècles, le trafic de voitures attelées, chargées de marchandises ou de voyageurs, est resté très limité. Les routes véritablement carrossables étaient fort rares, et surtout très mauvaises ! Ce n'est qu'au XVIIe siècle qu'un réseau valable a réellement commencé à se développer. Ce qui a changé la vie de bien des gens…

Le sol

Les attelages ont longtemps circulé en fonction de l'état du terrain. Les roues étroites, en bois ou cerclées de fer, roulaient très bien sur des sols caillouteux. Mais, dans des terrains mous, elles s'enfonçaient. Les chevaux avançaient alors plus lentement, et en se fatiguant. Pour contrer cet inconvénient, les Anglais ont imaginé des roues à large bandage, qui s'embourbaient moins, et les Argentins ont construit des chariots aux roues de 2 m de diamètre qui passaient aisément dans les ornières profondes.

Le coche

Son nom vient de Koszi, village hongrois où il fut imaginé au début du XVe siècle. C'était une voiture dont les roues avant étaient plus petites que celles de l'arrière, ce qui permettait de braquer aisément. Sa caisse fut ultérieurement posée sur une suspension en courroies de cuir. Le coche était donc une voiture maniable et confortable (*voir p. 290*). Il eut un succès grandissant, au fur et à mesure que le réseau routier se développait. Il était tiré généralement par quatre chevaux. On pourrait penser que ces animaux ne fatiguaient pas trop à tracter une telle voiture. Mais tout dépendait des allures qu'on leur demandait et sur quelles distances…

Malles-poste et diligences

Vers 1750, les lettres et les colis à transporter se multiplièrent. Les courriers à cheval ont alors été remplacés par des malles-poste. Au départ, ces voitures furent un peu choisies au hasard. Mais, comme elles effectuaient des trajets réguliers, elles ne tardèrent pas à être empruntées également par des passagers. Aussi furent-elles adaptées à cette utilisation : la diligence était née. On lui attelait quatre ou six chevaux, changés régulièrement dans les relais qui jalonnaient la route. La distance entre ceux-ci étant relativement faible, le cocher n'hésitait pas à pousser les bêtes. Voilà pourquoi la vie des chevaux d'attelage était limitée : trop sollicités, tous mouraient bien avant 20 ans.

L'attelage aujourd'hui

De nos jours, le cheval est attelé pour randonner ou faire de la compétition. Les voitures et les harnais sont quasiment les mêmes qu'autrefois. Aussi le type du cheval d'attelage est-il également identique. On le nomme parfois "carrossier" : de bonne taille, il est puissant et endurant. Il lui faut encore une autre qualité : être sensible à la voix. Car un meneur n'a presque aucun moyen de pression sur une bête attelée. Et c'est souvent plus avec des paroles qu'avec les guides qu'il la mène.

LE SAVAIS-TU ?

Bottes de 7 lieues

Certains attelages à quatre ou six chevaux étaient jadis menés par un postillon. Monté sur le cheval de tête, l'homme portait de grosses bottes, pour protéger ses jambes. Elles étaient appelées "bottes de 7 lieues". Mais elles n'avaient rien à voir avec celles du chat botté ! Leur nom venait du fait que les relais étaient espacés de 7 lieues (un peu plus de 31 km).

PORTRAIT-ROBOT

- Cheval médioligne* alliant sang et puissance.
- Taille idéale : 1,40 m à 1,70 m au garrot.
- Poitrail large, musculature développée, allures brillantes et régulières.
- Mental imperturbable.

Le cheval d'attelage est souvent compact et musclé. Il allie rusticité*, endurance et puissance. De tout temps, il a associé l'élégance du modèle et des allures.

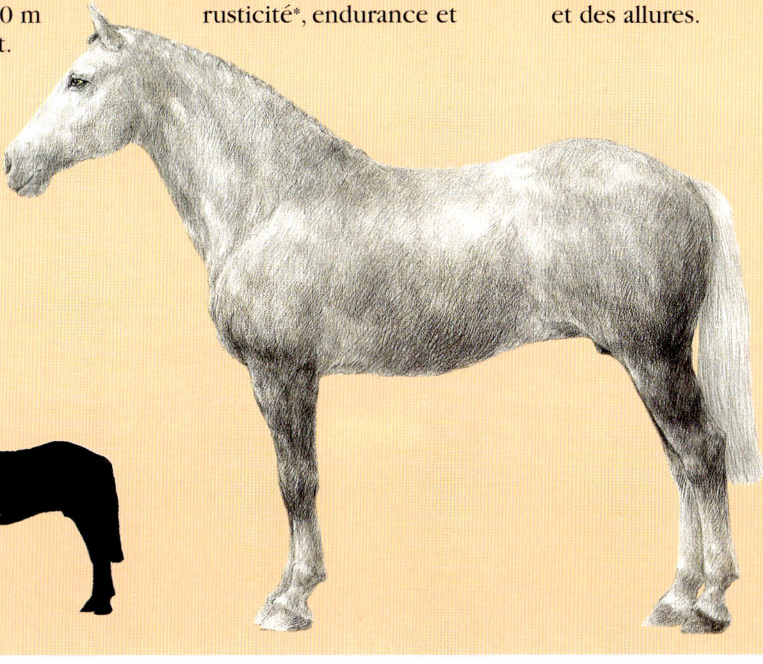

Le cob

Il est traditionnel en Grande-Bretagne. En France, il s'appelle cob normand. Il naît très souvent sans aucune sélection. Au départ, il est le rejeton d'une jument de trait et d'un cheval de sang. Le cob est naturellement destiné à l'attelage, mais il peut aussi être monté. Toujours calme, docile, confortable et endurant, il est idéal pour les randonneurs d'un certain âge. Apte à porter lourd, il est peu fait pour les pointes de vitesse.

- **Taille** : 1,50 m environ au garrot.
- **Robe** : elle peut être de n'importe quelle couleur.

On le reconnaît aussi à son corps harmonieux, mais massif, et solidement appuyé sur des membres courts et puissants.

Imperturbable et énergique*, le cob peut tirer les plus lourdes charges.*

L'oldenbourg

Cette race fut créée au XVIIe siècle en Allemagne. À l'origine, un solide mais modeste cheval vivait dans la province de Frise-Orientale. Le comte Oldenbourg décida d'en faire un bon carrossier. Pour y parvenir, il le croisa avec des napolitains et des andalous. Plus tard, on procéda à un apport de demi-sang anglais. Le résultat fut un grand et puissant cheval, au caractère égal, qui est demeuré approximativement le même jusqu'à nos jours. Il est apte à la selle, mais c'est un excellent cheval d'attelage.

L'oldenbourg *n'est pas seulement une monture de trait : il s'adapte également très bien aux sports hippiques.*

- **Taille** : 1,70 m à 1,80 m au garrot.
- **Robe** : elle est le plus souvent baie, bai-brun ou noire.

On le reconnaît aussi à sa petite tête, mais surtout à sa croupe toujours large. Et comment ne pas remarquer son calme étonnant ?

Le frison

Ce cheval hollandais est une espèce de phénomène. Il est d'abord noir et seulement noir. Solide et résistant, il est aussi frugal. Il est également à l'aise sous la selle comme à l'attelage. Ajoutons qu'il a été choisi pour améliorer ou forger une quantité de races : le wurtenberg, le fells, le dales, ou encore le shire. La valeur de ce cheval était déjà connue des Romains (qui le trouvaient d'ailleurs très laid). La race fut affinée durant l'occupation espagnole de la Hollande (XVIe et XVIIe siècles), par des mélanges avec l'andalou. Dans les années 1850, lorsque les courses de trot devinrent à la mode, de nombreux éleveurs le croisèrent avec une race ou une autre, en espérant faire naître de fameux chevaux de course. Il en résulta qu'en 1913 il ne restait que trois étalons de race pure… Des amoureux du frison parvinrent néanmoins à le faire subsister.

- **Taille** : 1,50 m environ au garrot.
- **Robe** : elle est toujours noire.

On le reconnaît aussi à ses fanons* et à sa tête fine, surplombant une encolure imposante.

***Ses allures relevées**, ses crins luxuriants et sa robe uniforme font du frison un cheval de cirque très apprécié.*

Le hackney

C'est sans doute un des chevaux d'attelage les plus impressionnants du monde. Ses allures sont brillantes et fort efficaces. Souple et léger, il trotte en levant haut les antérieurs et en les projetant en avant. Les courts arrêts en l'air qu'il marque à chaque fois donnent l'impression qu'il flotte. Ce qui ne l'empêche pas d'être très rapide. La race est apparue en Angleterre, au XVIIIe siècle. Elle a été élaborée au moyen de croisements entre les diverses races de trotteurs du pays.

- **Taille** : 1,40 m à 1,60 m au garrot.
- **Robe** : elle est noire, baie, alezan brûlé, alezane et parfois aubère.

On le reconnaît aussi à sa tête aux grands yeux et aux petites oreilles et bien sûr à ses allures inimitables.

LE SAVAIS-TU ?

Champion !

En 1832, le hackney Nonpareil mit 9 h 56 pour couvrir au trot 160 km. Un véritable record de rapidité et d'endurance…

Le cheval de trait

C'est le Monsieur Muscle du milieu équin! Cheval de travail, grand et massif, il doit son nom aux traits, longues lanières de cuir le reliant à la voiture ou à l'engin qu'il est chargé de tirer.

Bœuf ou cheval ?

Depuis l'Antiquité, le cheval a toujours été réservé en priorité aux guerriers. Aussi les paysans faisaient-ils tracter charrettes et charrues par des bœufs. Moins rapides que les équidés, ils manifestaient néanmoins davantage de résistance et de frugalité. Et, lorsqu'ils n'étaient plus aussi performants, on pouvait les engraisser à peu de frais pour les manger. Mais, dès le XVIIe siècle et jusqu'au XIXe siècle, les machines agricoles (moissonneuses, semoirs, etc.) se sont développées et le cheval a commencé à remplacer le bœuf, car ses allures rapides étaient mieux adaptées à ces engins mécaniques.

PORTRAIT-ROBOT

- Cheval bréviligne lourd, avec une bonne capacité de contraction musculaire.
- Taille idéale : 1,50 m à 1,80 m (et davantage) au garrot.
- Format trapu aux lignes courtes, musculature très épaisse.
- Cheval travailleur.

Le cheval de trait est grand et puissant. Sa taille et surtout sa silhouette imposantes lui permettent de tirer toutes les charges. Son poids peut atteindre la tonne. Certains sont apathiques, d'autres près du sang. Tous font preuve d'un courage hors du commun.

LE SAVAIS-TU ?

Cheval bancal
Les chevaux qui halaient les péniches, jusqu'au milieu du siècle dernier, n'avaient pas leur charge derrière eux, mais sur le côté. Aussi devaient-ils sans cesse forcer sur la même cuisse. Et, très vite, un de leurs postérieurs devenait beaucoup plus puissant que l'autre.

La fin d'une ère

Dans les années 1940, les tracteurs sont devenus d'un usage courant. L'ère des chevaux de trait était révolue. On a cependant poursuivi leur élevage, mais pour la boucherie… La production s'est donc orientée vers des animaux de plus en plus lourds, et ce parfois jusqu'à l'excès. Mais c'est malgré tout cette utilisation qui a sauvé les races de trait de l'extinction…

De nouveaux services

Aujourd'hui, nombreux sont les éleveurs qui cherchent à faire naître des chevaux capables de travailler. Certaines tâches sont en effet à nouveau octroyées aux “lourds”. Ici et là, on recommence à faire appel à eux pour débarder (transporter du bois), parce qu'ils abîment moins le sol de la forêt que les roues des énormes tracteurs. Un peu partout, ils sont mis aux brancards des roulottes, de plus en plus souvent louées aux vacanciers. Dans certaines villes, ils aident les jardiniers qui entretiennent les espaces publics (ramassage des déchets et des feuilles mortes). Enfin, les centres équestres aiment en posséder un, pour le faire travailler un peu (hersage de la carrière, initiation à l'attelage…), mais surtout parce qu'il est aussi pittoresque que sympathique !

LE SAVAIS-TU ?

Cheval de traîneau
Les Japonais importent des percherons pour en faire des chevaux de course ! Mais ces compétitions sont particulières : les chevaux sont attelés à des traîneaux qui glissent sur du gazon. Et les spectateurs peuvent engager des paris.

Le percheron

Originaire de la région du Perche, à l'ouest du Bassin parisien, il est le cheval de trait le plus populaire du monde. En effet, il ajoute à la puissance l'intelligence, la docilité, la maniabilité et l'élégance. Sans doute parce qu'il possède justement un bon pourcentage de sang arabe. Car la race est issue de chevaux normands et orientaux, unis il y a quelques siècles, au retour des croisades.

- **Taille** : 1,70 m environ au garrot.
- **Robe** : elle est grise ou noire.

On le reconnaît aussi à ses membres courts et puissants, à son encolure longue et arquée, mais surtout à sa tête rappelant celle de l'arabe.

Le breton

Il en existe deux types : le postier et le trait. Le postier breton est ramassé, très vigoureux et actif. Le trait breton est plus lourd, mais aussi plus fort. Cette race était la préférée des artilleurs de Napoléon, qui lui faisaient tirer les canons. Aujourd'hui, elle est importée dans de nombreux pays pour travailler ou pour améliorer des races locales.

• **Taille** : 1,55 m à 1,62 m au garrot.

• **Robe** : elle est généralement alezane, mais il arrive qu'elle soit baie ou aubère.

On le reconnaît aussi à son format carré, à ses membres courts, épais, et porteurs de fanons*.

Le comtois

• **Taille** : 1,60 m au garrot.

• **Robe** : elle est le plus souvent baie ou alezane.

On le reconnaît aussi à sa tête assez grande, à son fort garrot et à ses crins très fournis, sans toutefois qu'il porte de fanons.

Il est originaire de Franche-Comté, et plus particulièrement des départements du Doubs et du Jura. Ce pays étant accidenté et boisé, la race y a acquis des allures rapides et énergiques, peu habituelles chez des chevaux aussi lourds. Comme toutes les montures de montagne, le comtois a le pied très sûr. En outre, il fait toujours preuve d'un excellent tempérament. Toutes ces qualités ont fait de lui un animal recherché depuis le Moyen Âge, et il a participé à bien des guerres. Celles menées par Napoléon ont fortement diminué le cheptel, si bien qu'avant 1850 une véritable pénurie d'équidés régnait en Franche-Comté. Pour y remédier, on a importé en quantité des reproducteurs de Bretagne et du Perche, ce qui a quelque peu modifié le modèle local. Mais l'influence de l'environnement a petit à petit redonné à la race ses qualités originelles, dont la rusticité*. En 1919, le stud-book* du comtois a été ouvert.

Le shire

C'est le plus grand cheval du monde ! Il toise toujours au-delà de 1,75 m, et frôle parfois 2 m ! Issue du centre de l'Angleterre, cette race demeure aujourd'hui encore mystérieuse quant à ses origines. Mais, dès 1878, ses critères de détermination étaient fixés : la Société du shire était fondée. Il est souvent chaussé de grandes balzanes*. Il a beaucoup été utilisé par les livreurs de bière londoniens comme attelage publicitaire.

- **Taille** : 1,75 m à 2 m au garrot.
- **Robe** : la plus prisée est la noire, mais elle peut également être baie, bai-brun ou grise.

On le reconnaît aussi à sa croupe avalée et à sa puissante arrière-main*. Sans oublier les fanons qui lui couvrent complètement les pieds.

***Record du monde** pour les shires qui atteignent presque 2 m !*

***Les sabots d'un shire** ont approximativement la taille d'une assiette !*

Lequel choisir ?

Qui n'a jamais rêvé de posséder son propre cheval et de pouvoir partir avec lui en balade ? Plus qu'un animal, il est souvent un allié, un complice, un compagnon de jeu. Attention cependant : avant de s'engager pour des années, mieux vaut être certain de pouvoir lui offrir l'existence qu'il mérite.

Gare au coup de foudre !

La plus grosse erreur lorsqu'on choisit une monture est de se laisser aller à un coup de cœur. Car ce n'est pas parce qu'il plaît qu'un équidé répond à ce qu'on attend de lui. On ne peut pas, par exemple, maîtriser un étalon magnifique mais très nerveux, si l'on débute. De la même façon, un cheval de randonnée n'est, par exemple, pas forcément apte aux concours de dressage.

Âge et pedigree

S'il est destiné à travailler, le cheval doit être adulte ; sa croissance est alors achevée et son squelette, formé et solide. Il a donc au minimum 6 ans. S'il s'agit de faire avec lui de la compétition, il faut qu'il ait des "papiers". Seuls les chevaux inscrits dans le stud-book* de leur race sont admis dans les épreuves officielles.

Mâle ou femelle ?

Vaut-il mieux porter son choix sur une jument, un étalon ou un hongre ? Cela dépend du sujet. Car tous les entiers ne sont pas intenables et toutes les femelles ne sont pas douces et obéissantes. Le hongre est généralement le plus facile. S'il a été castré très tard, il a souvent gardé la vigueur de l'entier, mais sans son exubérance.

Un essai indispensable

Avant d'acheter un cheval, il est préférable de s'assurer de sa

LE SAVAIS-TU ?

Combien coûte un cheval ?
Il n'a pas de prix ! Et c'est doublement vrai. Car, quand on aime un animal, on ne compte pas, et aussi parce qu'on en trouve à tous les tarifs. Certaines montures de course valent des millions. D'autres équidés, recueillis par des organismes de protection, sont donnés gratuitement contre l'assurance de bons soins.

Pour évaluer l'aptitude *du cheval à l'obstacle, on le fait sauter en liberté.*

L'essai d'une monture *par un cavalier confirmé se révèle fort utile avant de se décider.*

bonne éducation. Se laisse-t-il attraper facilement au pré ? Suit-il calmement lorsqu'il est tenu en main ? Donne-t-il ses pieds sans renâcler ? Monte-t-il dans un van sans se faire prier ? Voilà les questions auxquelles il est indispensable de pouvoir répondre par l'affirmative. La tradition veut qu'un cheval ne soit essayé qu'une fois. Aussi faut-il prendre son temps pour ce premier contact avec lui. Aucun vendeur ne verra d'inconvénient à ce qu'on monte l'animal, même une demi-heure.

LES VICES RÉDHIBITOIRES

Si l'un de ces sept vices apparaît dans les dix jours (trente jours pour l'anémie et la fluxion) à compter de la livraison du cheval à son acheteur, la vente peut être annulée. C'est la loi en France depuis plus de cent ans.
On peut mémoriser ces tares grâce au mot… BIFTEAC !

- Boiterie intermittente ancienne.
- Immobilité (le cheval s'engourdit et peut finir par mourir).
- Fluxion périodique des yeux.
- Tic aérophagique (le cheval avale de l'air).
- Emphysème* pulmonaire.
- Anémie infectieuse.
- Cornage chronique (obstruction des voies respiratoires).

La visite vétérinaire

Le vétérinaire examine l'équidé à l'arrêt et en mouvement. S'il découvre un point suspect, il ordonne des radios ou des analyses. Une fois ces recherches terminées, l'animal sans défaut est dit apte. Si le vétérinaire a décelé une petite anomalie, il fait part de ses réserves à l'acheteur. Et ce n'est que si le cheval a un sérieux problème qu'il le déclare inapte. Si l'on est sûr de procéder à l'achat, il est bon de profiter de cet examen pour mettre les vaccins à jour.

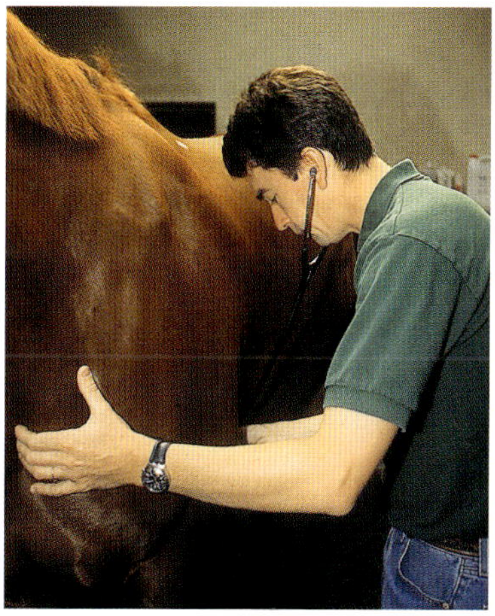

PLEIN ZOOM

Le cheval est photogénique et sa grande taille le rend facile à photographier pour le chasseur d'images. N'hésite donc pas à sortir fréquemment ton appareil photo dès qu'un bel équidé évolue dans les parages. Voici les quelques règles de base pour réaliser de beaux clichés…

Le choix de l'appareil

Quel que soit l'appareil photo que tu possèdes, tu peux faire de belles photos. Même un jetable, permet de photographier des chevaux au pré. L'idéal est bien sûr de disposer d'un reflex moderne, pourvu d'un mode de mise au point automatique ou semi-automatique efficace. C'est avec de tels boîtiers que sont réalisées toutes les images de ce livre.

1 - Il est toujours préférable de prendre les chevaux de profil plutôt que de face, car alors, il apparaîtra avec une grosse tête et un tout petit corps.

2 - Pour photographier des chevaux en mouvement, choisis une pellicule sensible et une vitesse d'obturation rapide : au moins 1/500e. Si tu utilises un compact avec lequel tu ne peux faire aucun réglage, concentre-toi davantage sur les chevaux à l'arrêt ou se déplaçant au pas.

3 - Le photographe amateur se laisse souvent hypnotiser par la beauté de son modèle équestre : il ne voit pas que le cheval se détache parfois sur un fond disgracieux : fils électriques, tas de fumier, mur en béton, etc. Pour réussir une belle image, il faut soigner ses arrière-plans ! Cette photo est gâchée par la présence de la fosse à fumier et de fils électriques, au second plan. L'obstacle qui semble sortir de la croupe de l'animal n'est pas non plus très heureux…

4 - Attention aussi à ne pas cadrer trop large. En effet, il arrive que l'artiste en herbe ne voit que son cheval, lequel n'occupe pourtant qu'une toute petite surface du cadre. Pense donc à te rapprocher, de manière à ce que le quadrupède remplisse bien la fenêtre de l'appareil. Ici, par exemple, il est possible d'éviter les fils électriques à l'arrière-plan et la chaise à gauche. Il suffit de zoomer un peu ou de se rapprocher pour obtenir une image beaucoup plus forte.
On peut aussi enlever la poubelle située derrière la cuisse de l'animal. En se déplaçant de seulement quelques mètres, le photographe a pu installer le même cheval en face d'un arbre assez touffu. Ce fond beaucoup plus discret met bien mieux l'animal en valeur !

Le portrait du même cheval réalisé en face du même petit bosquet est réussi car il est effectué avec un petit téléobjectif (80 mm). Ce type de matériel tasse agréablement les perspectives et facilite la sélection d'un arrière-plan intéressant.

5 - Et la lumière ? Il faut que tu aies le soleil derrière toi ou qu'il arrive latéralement pour éclairer le cheval de manière rasante.
Il suffit souvent de faire tourner un petit peu le sujet dans la lumière pour un effet plus harmonieux…
Veille aussi à éviter les ombres trop présentes.

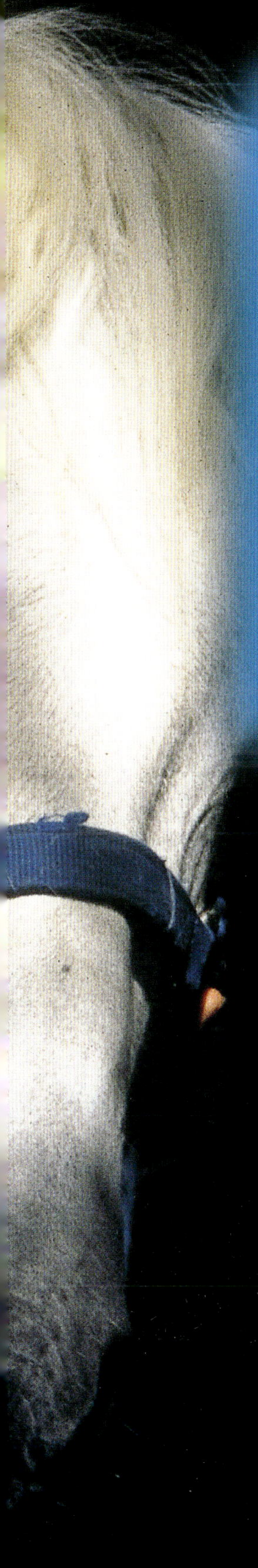

Aux petits soins

Un cavalier digne de ce nom ne se contente pas de faire travailler son cheval, il sait aussi s'en occuper lorsqu'il a mis pied à terre. Pour donner le meilleur d'elle-même, une monture a en effet besoin d'être dans une parfaite forme physique et psychique. L'homme, qui a élevé les chevaux pour son propre bien-être, se doit donc d'assumer ses responsabilités face à cet animal à la fois si fort et si fragile…

Le pré

Seul le pré permet aux chevaux et aux poneys de retrouver les conditions de la vie sauvage. Cependant, les équidés ayant perdu l'habitude de se débrouiller, il faut aménager ce lieu de pâturage afin d'éviter tout risque d'accident.

Ni trop grand ni trop petit

Au pré, le cheval doit pouvoir galoper librement sans buter sur un obstacle après deux foulées. Mais, s'il dispose de trop d'espace, il gaspillera l'herbe, laissant une grande partie de la surface en "refus" (qu'il ne broute pas), ou pis, il mangera jusqu'à tomber malade.
Pour sa sécurité et la bonne utilisation des ressources alimentaires, il est donc préférable de diviser un grand pré en plusieurs parcelles de 0,5 à 1 hectare chacune, selon le nombre de chevaux, l'état du pré et les rotations possibles. Attention également à l'état du sol : à cause des sabots, il ne doit être ni trop caillouteux ni trop humide, d'autant que l'herbe n'est pas des plus nourrissantes sur ces terrains.
Si le pré est vallonné, sans pente trop forte, il constituera un espace de jeu agréable. Cependant, il faut éviter absolument les trous, gros (fosse, carrière) ou petits (terriers), dans lesquels le cheval pourrait se blesser, en se tordant les boulets (*voir p. 51*) par exemple.

Avec ou sans toit

Dans nos pays tempérés, un cheval peut résister au froid ou à une grosse pluie sans abri particulier : il présente sa croupe au vent et attend la fin des intempéries. En revanche, il supporte mal un vent froid accompagné d'une pluie persistante : il cherche alors à se protéger près d'un rideau d'arbres, d'une haie haute ou sous un auvent. Avec un simple appentis non fermé, même une vieille monture de club ayant vécu toute sa vie au box peut passer l'hiver dehors, si elle est acclimatée progressivement !
En été, les chevaux peuvent aussi souffrir de la chaleur. Là encore, l'ombre des

feuillages constitue une excellente protection.
Et, en toute saison, l'eau est indispensable au cheval : abondante lorsqu'il fait chaud, sans glace lorsqu'il gèle. L'abreuvoir est donc à vérifier chaque jour.

Des clôtures nécessaires

Les chevaux sont en général respectueux des clôtures... solides ! Mis dans un pré qu'il ne connaît pas, le cheval va inspecter son domaine. Mais, tôt ou tard, surtout s'il est seul, il cherchera à en sortir pour rejoindre ses congénères restés à l'écurie. Les haies font d'excellentes enceintes, procurant abri et occasions de grignotage (le propriétaire ayant pris soin de choisir des espèces non toxiques pour les chevaux...), mais elles doivent être renforcées de deux ou trois rangées de fil. Les lices (barrières) en ciment, rares et chères, sont souvent réservées aux chevaux, car la barre inférieure n'est pas assez basse pour retenir un poney qui se roule. Afin de résoudre ce problème, de nombreux élevages et clubs s'équipent de lices en bois, munies de trois rangées de barres horizontales.

Le respect de la fée électricité

Le choc ressenti par le poney qui touche pour la première fois une clôture électrifiée ne le blesse pas.
En revanche, la décharge est suffisamment forte et imprévue pour qu'il s'en souvienne toute sa vie.
Ce qui n'empêche pas certains de vérifier à l'occasion si la batterie fonctionne toujours ! Ils le font soit en écoutant le "tac-tac" du rupteur, soit en approchant le bout du nez du ruban électrifié : en effet, il semble qu'un champ magnétique entoure les brins métalliques conducteurs, et que les chevaux arrivent à le percevoir sans contact.
Et si quelques poneys respectent un fil même tombé à terre, la plupart d'entre eux sont plus téméraires et s'empressent de franchir la clôture lorsque le courant est coupé !

Les clôtures en fil de fer barbelé, indispensables pour les vaches mais très dangereuses pour les chevaux, sont heureusement de moins en moins utilisées.
Dans un pré où se succèdent bovins et équidés, le moindre mal est de tendre du fil lisse pour les rangs inférieurs (là où les chevaux peuvent s'emmêler les pieds), et de garder le barbelé pour le supérieur (celui que les vaches risquent de casser en s'appuyant dessus).
Enfin, comme barrage temporaire ou pour séparer un champ trop grand en deux parcelles, le ruban électrifié est idéal.
Dans tous les cas, prévoir une porte assez grande pour laisser passer un véhicule (tracteur, faucheuse, van), pouvant s'ouvrir et se fermer avec une seule main (dans l'autre, on tient la longe...). Elle devra également être munie d'une clenche non manœuvrable par les chevaux, voire pourvue d'une serrure ou d'un cadenas si elle donne sur une voie accessible à tous.

***Les clôtures** doivent tenir compte des différentes tailles des chevaux et des poneys.*

L'herbe

Chevaux et poneys sont des animaux herbivores… Durant des milliers d'années, l'homme les a nourris d'herbe à la belle saison, et de foin à la mauvaise. Et si aujourd'hui les chevaux de club consomment surtout du grain et des granulés, c'est plus par économie de temps et d'espace que par choix alimentaire : la véritable nourriture du cheval, c'est l'herbe!

Un pré bien garni

Il existe des dizaines de sortes d'herbes, qui peuvent constituer autant de types de prairies différents.
La prairie "naturelle" est un herbage où les diverses espèces sont mélangées, et où le cheval peut manger sans risque de déséquilibre alimentaire. Il y trouve du trèfle et des graminées (de hautes herbes portant des graines, comme la folle avoine), des feuilles et de jeunes pousses, et même certaines fleurs.
Il compose son menu au gré de sa gourmandise.
Ainsi, lorsque le printemps arrive, le cheval mis au pré va délicatement couper les petites pointes d'herbe et s'en régaler…
Mais, outre la diarrhée que les plantes fraîches provoquent les premiers jours chez tous les chevaux, cette partie la plus riche de l'herbe peut entraîner chez l'équidé une maladie beaucoup plus grave, la fourbure* (*voir p. 162*).
Il est donc essentiel que sa gourmandise soit limitée par la taille réduite du pré dans lequel il est mis en début de saison. La faim lui fera manger toute la feuille au lieu de la pointe seule, et sa ration ne sera ainsi pas trop riche. Si le club hippique est installé à la campagne, il se trouve parfois à proximité de beaux champs couverts de luzerne. Cette plante fait partie des "fourragères" (destinées à donner du fourrage), mais chevaux et poneys ne sont pas mis à pâturer dessus : consommer une seule plante en excès peut entraîner des désordres digestifs importants. Cette prairie cultivée ou "artificielle" est fauchée, et la luzerne devient l'un des composants de la ration journalière, mais sous une autre forme qu'en herbe sur pied.

***Les boutons d'or**, délaissés par les chevaux, seront si possible désherbés.*

Un pré bien entretenu

Le cheval choisit toujours sa nourriture ; il va laisser ce qu'il aime moins, ou pas du tout : ce sont les "refus". Mais s'il reste longtemps dans le même pré, il finira par les brouter.

***Dans un très grand pré**, il arrive que les chevaux se réservent un coin d'herbe haute qui leur sert de cour de récréation.*

On constate aussi, souvent au même endroit, l'existence d'une zone où les crottins se sont accumulés. D'autres places sont envahies de plantes que le cheval ne mange jamais sur pied : renoncules (ou "boutons d'or"), orties, chardons, etc.
Ou bien, çà et là, des plaques de mousse empêchent l'herbe de pousser. Tout cela dégrade la qualité du pré, et il faut le nettoyer avant qu'il ne contienne plus rien de comestible pour les chevaux.
Supprimer les "refus" est assez simple… Les vaches mangeant ce que les chevaux délaissent (et réciproquement), il suffit de proposer à l'éleveur de bovins voisin d'y mettre ses vaches à paître lorsque les chevaux changent de pré.
Pour les crottins, il faut herser l'ensemble du champ, c'est-à-dire passer un instrument à pointes appelé "herse" qui va les désagréger : la pluie les transformera en engrais naturel. Cette action permet également d'arracher les plaques de mousse. Enfin, il est conseillé de passer le rouleau, pour réenraciner l'herbe et tasser les taupinières. Orties et chardons sont soit arrachés (avec des gants !) s'ils ne sont pas très nombreux, soit désherbés ; dans ce cas, il faut attendre quinze jours avant de remettre les chevaux au pré.

Le vert et le foin

Le fourrage est consommé par les chevaux sous différentes formes : soit brouté directement dans le champ, soit coupé et donné aussitôt à l'écurie (c'est le vert), soit coupé, séché et mis en bottes qui seront distribuées tout au long de l'hiver (c'est le foin).
Brouter l'herbe permet au cheval de faire de l'exercice en plein air, et de prendre le soleil (synthèse de la vitamine D).
Le vert est la solution idéale pour fournir du fourrage frais à une monture devant rester au box (convalescence, grossesse, etc.).
Le foin est un complément très important de la ration hivernale, parfois même la pitance unique, durant la mauvaise saison, des chevaux n'ayant pas de travail à fournir. Mais, pour être bon, il doit être récolté soigneusement (lorsque les graminées ne sont pas trop mûres et sont le plus nourrissantes), bien séché (retourné souvent sans prendre la pluie une fois coupé), avant d'être mis en ballots et conservé dans un endroit sec et aéré afin d'éviter la poussière.

***Surpâturage, mauvaises herbes** : un pré mal géré devient vite trop pauvre pour nourrir ses occupants.*

Les plantes toxiques

Une plante toxique, ce n'est pas seulement une fleur ou une feuille contenant un poison violent; c'est aussi la graine ou l'herbe appétissante que le cheval va manger en quantité exagérée, et qui va provoquer des troubles et des malaises graves, parfois mortels.

__Le trèfle__ consommé en trop grande quantité peut devenir dangereux.

Des plantes nuisibles

Les plantes contenant des substances dangereuses sont connues, mais pas forcément évitables pour le cheval : par exemple, bien qu'aucun éleveur n'en plante chez lui, les haies de thuyas sont très fréquentes, parfois même limitrophes d'un club hippique. Autres rencontres nocives en promenade ou en randonnée : les fusains, les troènes, les buis, les lauriers-roses. Tous ces arbustes ne sont pas vraiment mortels, à la différence de l'if, mais il serait très risqué de laisser les montures en grignoter plus de quelques brindilles. Attention aussi aux haltes en forêt, à l'ombre des robiniers (faux acacias) ou des chênes. L'écorce des premiers entraîne des troubles nerveux, les glands des seconds des problèmes digestifs. Pourtant, la farine de gland, mélangée à celle de châtaigne, fut utilisée comme complément alimentaire pour les chevaux de trait durant les deux guerres mondiales ! En fait, la dose ingérée et les conditions (estomac vide, état physique de l'animal, saison) influent énormément sur le type et l'importance des symptômes.

__Avec le faux acacia__ (robinier), le décès survient à partir de 150 g d'écorce avalés.

__Les glands de chêne__ ne deviennent mortels qu'après une ingestion de plusieurs kilos.

LE SAVAIS-TU?

Mortelle avoine

L'un des poisons qui provoque le plus d'accidents est… l'avoine ! En effet, cet aliment de base engendre coliques, fourbures* ou "coups de sang" parfois mortels s'il est consommé en trop grande quantité. Tel est le danger qui menace le poney s'échappant la nuit pour se gaver dans la réserve à grains, ou le cheval de compétition mis quelques jours au repos et dont la ration n'a pas été diminuée.

Attention, danger !

Certaines plantes sont extrêmement toxiques pour les chevaux. Quand la substance dangereuse se trouve dans les racines (tubercules de ciguë, racines d'aconit, bulbes de colchique), le risque est minime car chevaux et poneys fouillent rarement la terre à la recherche de nourriture. Mais lorsque le poison n'est pas enfoui (digitales en montagne, prêles en zones humides, lierre terrestre en sous-bois, ivraies en plaine), le cheval peut être tenté d'en ingérer, et ce même si ces plantes ne sont guère appétissantes. C'est le cas notamment lorsque tout a été brouté dans un pré clos et que seuls ces feuillages restent verts, ou lorsqu'ils ont été fauchés avec les bonnes herbes pour faire du foin. Cette dernière situation est la plus critique : les symptômes (coliques, apathie ou troubles nerveux) n'apparaissent en effet que progressivement, au fur et à mesure de l'ingestion du fourrage et de l'accumulation des toxines dans l'organisme, et peuvent passer inaperçus jusqu'au déclenchement d'une crise très grave.

***140 g de feuilles** de ces belles digitales colorées suffisent à tuer un cheval.*

Ce type d'empoisonnement est à rapprocher de celui provoqué par des grains (blé, avoine) moisis ou qui ont été traités trop tardivement aux herbicides.

***L'if est fatal** à une dose minime : 0,5 à 2 g par kilo de poids vif du cheval et c'est la mort assurée.*

Une altération de l'instinct

Pourquoi les chevaux broutent-ils ces plantes dangereuses ? Dans le foin, elles passent certes inaperçues mais, dans un pré, elles sont identifiables à la vue comme à l'odorat ou au goût. Dans la nature, un troupeau se déplacerait avant qu'il ne reste plus qu'elles à consommer, ou encore il alternerait les zones de pâturage, évitant de brouter exclusivement une seule sorte d'herbe qui peut alors devenir toxique (comme le trèfle provoquant dans ces conditions des maladies de peau, alors qu'il est bon à petites doses). Mais la modification du mode de vie de nos montures, qui ne peuvent plus choisir leurs pâturages ou ne sont même jamais mises au pré, a très certainement émoussé leur instinct de survie. À nous de compenser ce bouleversement par nos soins attentifs, pour leur éviter tout accident.

La maladie du “cheval de corbillard”

C'est ainsi que l'on appelait autrefois l'empoisonnement des chevaux par l'if, car cette plante était surtout réservée aux cimetières. L'if est en effet extrêmement toxique pour les chevaux et les poneys : feuillages, branches, fruits, tout est poison et même une dose minime est mortelle. Il faut donc faire preuve d'une extrême vigilance.

***Les jeunes pousses de prêle** sont plus toxiques que les pousses adultes.*

Que de contraintes !

Un cheval à l'état sauvage ne se laisse pas facilement attraper ni attacher. C'est pourquoi ces deux étapes font partie de la domestication. L'apprentissage de la contrainte est malheureusement une nécessité…

Attraper le cheval au pré

Quand un cheval est au pré, il vaut mieux s'armer de patience et de bonne humeur pour l'attraper, car tous ne sont pas obéissants. On l'appelle tout d'abord de loin, en lui tendant éventuellement une friandise, en lui parlant et en attendant qu'il s'approche. Au pré, son instinct de fuite n'est pas bridé. Il faut donc le laisser décider qu'il n'y a pas de danger. Plus les gestes sont mesurés, plus il se sent en confiance. Le licol est posé sur l'épaule de façon à être visible, pour ne pas surprendre l'animal au dernier moment, mais sans être brandi trop ostensiblement, car cela risque de décourager trop vite les bonnes volontés ! Quand le cheval est tout près, une caresse de félicitation s'impose d'abord, puis on enchaîne le mouvement en lui passant la longe sur l'encolure. Alors seulement on présente le licol devant son nez et on le lui enfile prestement, avant qu'il ne décide de retourner au fond du pré. S'il ne se laisse pas amadouer, deux solutions : le poursuivre et l'attraper une fois qu'il a assez joué, ou agir comme tout bon dresseur en renonçant sur le moment, et en recommençant une heure après, le lendemain et tous les jours, jusqu'à ce qu'il vienne à la voix.

Tenir le cheval en longe

Quand le cavalier marche en tenant le cheval ou le poney par la longe, il doit toujours agir de la même façon et exiger l'obéissance, pour des raisons de sécurité. La monture avance volontiers en file indienne avec ses congénères mais elle n'est pas autorisée à le faire avec son cavalier, sous peine de lui marcher sur les talons. Il faut donc se placer sur la gauche de l'animal, en maintenant son épaule à la hauteur de la sienne. De la main droite, on tient la longe avec souplesse, qu'on passe devant soi et dont l'extrémité repose dans la main gauche. Le guidage est ainsi plus facile et le cavalier peut retenir le cheval si celui-ci essaie de le doubler.
Autre cas possible : le cheval traîne derrière ou s'arrête net. Inutile alors de se retourner pour le regarder ou de tirer sur la longe : il faut l'encourager de la voix à avancer, en restant à sa hauteur. Au besoin, on peut

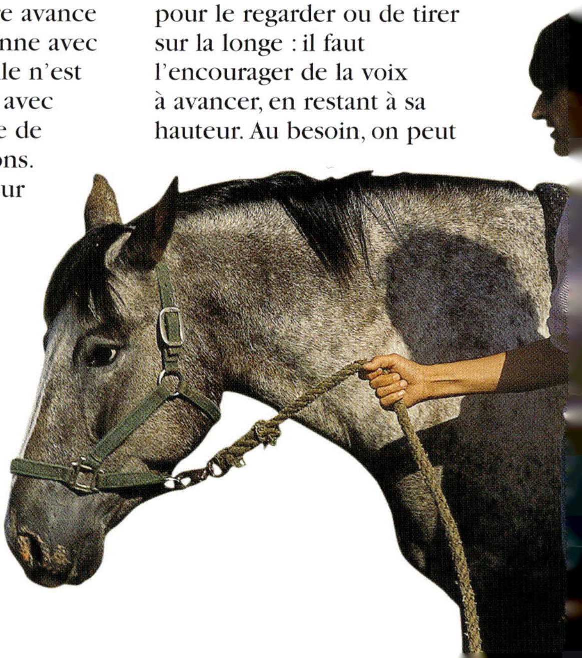

le stimuler d'un petit coup de longe sur le flanc, de la main gauche, derrière soi. Dans tous les cas, il faut réagir le plus rapidement possible, dès que le cheval cherche à quitter sa place et avant que la longe ne se tende. Car certains ont vite fait de comprendre, dans ce cas, qu'ils sont bien plus forts que l'humain qui les guide et qu'en tirant énergiquement ils peuvent retrouver leur liberté ! Mieux vaut ne pas leur laisser l'occasion de s'en rendre compte…

***Sous l'effet de la panique**, le cheval tire au renard.*

Attacher un cheval

Là aussi, certaines règles de prudence et de bon sens s'imposent. Le cheval n'est pas fait pour être attaché. Si quelque chose lui fait peur, sa première réaction est de se sauver. En général, il reprend très vite son calme. Mais il va parfois s'affoler en comprenant qu'il lui est impossible de fuir. Ainsi, les poulains et les chevaux nerveux ou têtus tirent souvent au renard*. Paniqués, ils ne se souviennent plus de ce qui les a fait sursauter, mais continuent d'exercer une forte traction par instinct de fuite. Soit la longe casse, soit l'animal se fait très mal et peut même blesser quelqu'un dans son agitation. Pour éviter ce type d'accident, il faut toujours employer un système d'attache qui puisse se défaire rapidement en cas d'urgence, sans effort et d'une seule main. Sur une longe ordinaire, on préférera un nœud de sécurité aux nœuds qui bloquent. Sur une chaîne ou une longe à billot coulissant, mieux vaut fixer un mousqueton de sécurité. En outre, un cheval attaché ne restera pas sans surveillance (sauf s'il vit en stalle). Enfin, il ne faut jamais attacher un cheval à un objet susceptible d'être arraché (poteau de clôture, porte d'écurie, portail de champ). On a vu en effet des chevaux affolés emporter des poids énormes et les traîner au bout de leur longe, blessant au passage bêtes et gens.

La prise de longe

Quand un cheval se prend les pieds dans sa longe, dans ses rênes qui pendent à terre ou dans le fil de fer de sa clôture, il lui est difficile de se dégager seul. Un animal calme et expérimenté a la sagesse d'attendre que l'on vienne le délivrer. Mais une monture impatiente s'agite, se cisaille la peau à force de tirer et risque de faire une mauvaise chute : c'est la "prise de longe". Pour l'éviter, il faut attacher le cheval suffisamment court et à un anneau assez haut, en lui laissant une longueur de longe à peu près égale à celle de sa tête. L'anneau est scellé au minimum à la hauteur du garrot. En pratique, le cheval ne doit pas pouvoir mettre le nez au sol.

Le "maître d'école"

Si le cheval reste sage à l'attache, c'est qu'il a été éduqué. Plus cet enseignement est précoce et plus il est facile. Si le poulain refuse de rester calme, on le fixe à l'autre bout de la longe de sa mère, en la faisant coulisser dans l'anneau scellé au mur. De même, un cheval adulte qui reste nerveux peut être rassuré si on l'attache près d'un poney placide et plein d'expérience, le "maître d'école".

À l'écurie

Le cavalier, soucieux de son confort et de celui de sa monture, a inventé différents moyens de garder celle-ci dans un lieu clos et facilement accessible. Et même si rien ne vaut un bon pré, les chevaux s'habituent plutôt bien à leurs "appartements" : box, stalle et stabulation libre.

LE SAVAIS-TU ?

Des chevaux fugueurs
Le battant inférieur du box est toujours fermé par deux verrous, dont un hors de portée du cheval : en effet, celui-ci sait parfois très bien ouvrir un loquet avec ses lèvres pour s'enfuir !

Le box

Les écuries d'aujourd'hui sont presque toutes constituées de box, logements individuels où les chevaux sont enfermés sans être attachés. Ils ont ainsi la possibilité de se tourner et se coucher comme bon leur semble, et de regarder ce qui se passe autour d'eux. Le box traditionnel mesure environ 3 x 5,50 m : c'est assez grand pour qu'un cheval se roule, mais trop petit pour qu'il s'énerve à tourner en rond. L'aération est importante : si le box ouvre sur l'extérieur, il possède une porte à deux battants mobiles superposés, fermée par trois verrous, et son plafond est assez haut (2,80 m) afin d'éviter les courants d'air. Construits à l'intérieur d'un bâtiment fermé, les box sont souvent découverts, avec des séparations constituées d'un soubassement de ciment ou de bois, surmonté de grilles.

Il est nécessaire d'y conserver une température équilibrée, pas inférieure à 10 °C l'hiver, ni supérieure à 18 °C l'été. Le sol doit concilier deux impératifs : être facile à nettoyer et non glissant. Quel que soit le revêtement, il est conçu pour résister aux chocs et aux grattements de sabots, et il respecte une pente permettant un écoulement naturel. Enfin, il faut équiper le box d'un éclairage et d'un anneau d'attache en cas de besoin, sans oublier le filet à foin retenu à un crochet, l'abreuvoir, et le seau de nourriture posé à terre et coincé par exemple dans un pneu pour ne pas être renversé.

***La stalle** limite considérablement la mobilité des montures.*

La stalle

Dans une écurie, la stalle est une place séparée des autres par des cloisons latérales fixes ou mobiles (alors appelées "bat-flanc"). Le cheval y est attaché tête au mur, croupe tournée vers une allée centrale. La plupart des haras nationaux sont ainsi équipés. Les chevaux résidant en stalle sont bien sûr choisis parmi les plus calmes. Ils sont censés en effet supporter de rester attachés en dehors de leurs heures de travail. Mais, si leur liberté de mouvement est très limitée, ils ne s'ennuient pas forcément, puisque leurs voisins sont tout proches et placés dans le même sens qu'eux.
En revanche, ceux qui ont un caractère ombrageux sont isolés par une paroi pleine au niveau de la tête ou, pour qu'ils se voient sans se mordre, par une grille. Chaque cheval a devant lui sa mangeoire et un râtelier de foin, et sur le côté son abreuvoir.
Son licol est attaché sous la mangeoire par une longe ou une chaîne coulissante, dite "à billot". Cela laisse une certaine marge de mouvement à l'encolure (environ 1,50 m d'amplitude) mais évite la prise* de longe.
La litière de paille, souillée au niveau des postérieurs puisque le cheval ne peut pas se tourner, est changée chaque jour.
Compte tenu de sa position, le cheval en stalle est forcément abordé par l'arrière… ce qui n'est pas recommandé, en général ! Il est donc très important de le prévenir, en lui parlant puis en lui tapotant la croupe.

Des grignotages inattendus

Un cheval qui s'ennuie a tendance à mordiller tout ce qu'il trouve. La meilleure solution : le sortir souvent pour qu'il se détende, lui procurer de la compagnie dans son box (poule ou chèvre), ou ménager une ouverture grillagée donnant chez le cheval voisin. Deuxième solution (qui n'exclut pas la première !) : encastrer tous les fils et tuyaux, recouvrir l'épaisseur de la porte d'une plaque de métal, ou empêcher l'appui sur certaines surfaces avec un ruban électrifié.

La stabulation libre

C'est un grand box collectif où cohabitent librement plusieurs poneys ou chevaux (de cinq à une vingtaine selon la taille).
En effet, pour des animaux qui ne travaillent pas souvent, rester attachés toute la journée ou demeurer dans un box fermé est difficile à vivre. La stabulation libre est souvent utilisée dans les poney-clubs. C'est le lieu idéal pour la socialisation ; encore faut-il que le comportement des occupants s'y prête !
La stabulation libre est parfois ouverte sur un paddock, petit enclos où les chevaux s'ébattent à leur guise.

Longe à billot

***Idéale pour la socialisation**, la stabulation libre offre une certaine indépendance aux chevaux et aux poneys.*

Douce litière

Pour éviter que le cheval ne soit crotté, boiteux et triste, une litière douce et fraîche est indispensable. Souple sous le pied, elle le réconforte aussi par son odeur agréable... Un vrai nid douillet amplement mérité !

Quel matériau ?

La litière est la couche recouvrant le sol de l'écurie, qu'il s'agisse de stalles ou de box. Elle remplit deux fonctions : absorber les déjections et constituer un tapis confortable.
En général, elle est faite de paille, provenant si possible de tiges de blé. Elle est appréciée des chevaux pour sa souplesse, sa légèreté, son odeur agréable, et même son goût. Parfois un peu trop : certains la mangent entièrement et en attrapent des coliques !
Une fois souillée, elle produit un excellent engrais de jardin, équilibré, qui trouve souvent preneur à la campagne, ce qui permet de faire disparaître régulièrement le tas de fumier, vite envahissant.
On choisit d'autres litières lorsque l'équidé ne supporte pas la paille (déclenchant une mauvaise toux) ou en cas de régime strict. Elles peuvent être constituées de tourbe : c'est une terre légère et sèche, marron foncé, très saine mais salissante.
On emploie aussi la sciure de bois, plus poussiéreuse, ou les copeaux de caoutchouc,

LE SAVAIS-TU ?

Travaux d'Hercule
Un des travaux d'Hercule consista à nettoyer les écuries d'Augias (roi de la mythologie grecque), repoussantes de saleté. Pour se tirer d'embarras, le héros romain eut l'idée de détourner un fleuve... l'ancêtre du Karcher était né !

À la différence de la paille, *la sciure ne peut pas être consommée par le cheval.*

hélas peu absorbants. Mais, dans ces deux cas, il faut veiller à ce que ces matériaux ne contiennent aucun débris susceptible de blesser l'animal (échardes, déchets, etc.).
Pour tapisser un van, un lieu de soin ou d'attente, on utilise des tapis de caoutchouc plutôt souples, mais qui doivent être nettoyés plusieurs fois par jour.

Une hygiène indispensable

Quelle que soit la litière, l'important est de la maintenir propre. C'est une question de confort, mais surtout d'hygiène. Sans cela, l'humidité permanente et l'acidité de l'urine abîmeraient les sabots, tandis que le crottin ferait courir le risque d'une infection. L'entretien complet de la litière est un travail de force. Il faut retirer chaque jour le tas crotté, à l'aide d'une fourche, et le porter sur le tas de fumier dans une brouette ou avec un tracteur, s'il y a beaucoup de box à faire.
Il est ensuite indispensable de "repailler" le box, en disposant une paille bien fraîche que l'on décompresse en la secouant à la main, uniformément sur toute la surface du sol. En effet, celle qui reste en "galettes" n'est d'aucune utilité : elle n'absorbe rien. Sans compter que l'équidé se tord les pieds dessus. On doit veiller à ce que la nouvelle litière remonte un peu le long des murs, là où le cheval risquerait de se blesser en se relevant.
Une fois par semaine, il faut faire le box à fond : retirer toute la paille, frotter au balai-brosse le crottin incrusté, rincer le sol à grande eau et, si nécessaire, verser un peu de désinfectant (eau de Javel, Crésyl, etc.). Les abords du box sont entretenus au balai : dans les écuries, c'est l'apanage de l'apprenti cavalier qui découvre ainsi de nouvelles facettes du comportement et du caractère de ses occupants !

ATTENTION AUX FICELLES

Traditionnellement, la paille est conservée sous deux formes :
- En grosses balles rondes d'environ 500 kg.
Celles-ci ne peuvent être manœuvrées qu'avec un tracteur. Les ficelles qui les lient sont ôtées dès la première utilisation et ne risquent donc pas de se retrouver dans la litière.
- En petits ballots de 12 à 15 kg. Plus faciles à manipuler, ceux-ci sont liés lors de la moisson par deux ficelles. Il faut absolument récupérer ces liens afin qu'ils ne traînent pas dans la litière. Faute de quoi le cheval peut se prendre les pieds dedans et se blesser.

***Vider les box** de la paille souillée est une tâche quotidienne.*

La ration

Rares sont les montures qui, de nos jours, peuvent encore se nourrir exclusivement d'herbe fraîche. Plus elles ont d'efforts à fournir, plus leur ration alimentaire est enrichie. Mais établir un régime équilibré pour chaque cheval de l'écurie n'est pas aussi simple que ça en a l'air!

En dépit de leur apparence *peu appétissante, ces granulés constituent une ration équilibrée.*

À chacun sa ration

La ration idéale et universelle n'existe pas. Chaque entraîneur a ses propres recettes qu'il modifie en permanence pour les adapter aux besoins spécifiques de ses champions. L'équilibre alimentaire évolue en effet en fonction de la race, de l'âge, du tempérament, des efforts fournis, de la température extérieure, de la qualité de l'environnement (calme ou stressant) et de la nourriture elle-même. La ration dépend aussi du type de logement : le cheval en box ne passe pas sa journée à manger comme celui qui est au pré. L'énergie dont il a besoin pour travailler va lui être apportée en trois repas, sous forme plus concentrée que l'herbe ou le foin. On utilise pour cela des grains purs (avoine, orge, maïs) ou des granulés composés de grains et de luzerne.

Unités fourragères

Comme tous les aliments ne sont pas aussi riches les uns que les autres, leurs valeurs énergétiques ont été calculées et se mesurent en "unités fourragères" (UF). Par définition, 1 UF est la quantité d'énergie utile pour le cheval dans 1 kg d'orge, soit 2 700 calories. Comme 1 kg de foin contient en moyenne 0,4 UF, 2,5 kg de foin apportent au cheval autant que 1 kg d'orge.
À titre de comparaison, l'avoine et le maïs sont à 0,8 UF, le blé à 1,1 UF. Il est donc possible de calculer une ration théorique, en sachant qu'un cheval de club a besoin d'environ 4 UF par jour.
Les qualités énergétiques ne suffisent pas, il faut également que l'apport soit équilibré en protéines et en matières grasses. Enfin, la très grande longueur de l'intestin grêle du poney ou du cheval nécessite un remplissage important, donc un gros volume d'aliments, pour que la digestion soit efficace. Les éleveurs établissent donc des mélanges en proportions calculées d'avoine et de luzerne, par exemple, plus du foin pour compléter (en "lest" et

Paille, foin et avoine *: l'alimentation traditionnelle du cheval*

en énergie) le repas du soir. Ces évaluations ont nécessité la création d'une autre unité de calcul des rations, tenant compte des équilibres en protéines et lipides, l'unité fourragère "corrigée" ou UFC. C'est elle qui est généralement inscrite sur les sacs d'aliments composés proposant des grains, du fourrage et des compléments minéraux sous forme de granulés reconstitués.

COMPLÉMENTS ET ALIMENTS SPÉCIAUX

Très souvent, les aliments manquent de sels minéraux ; c'est pourquoi on dispose près de l'abreuvoir un bloc de sel à lécher. En outre, pour les montures qui ont été suralimentées (dans la perspective d'importants efforts physiques), et dont le système digestif est fatigué, le soigneur peut préparer des "mashes", un mélange de grains et de fourrage haché, ayant macéré deux à trois heures dans de l'eau bouillante, et qui remplace le repas. Les ingrédients les plus utilisés sont l'avoine, le son, les graines de lin, la farine d'orge, le sucre ou la mélasse, le foin et la paille hachés.

***Aliment complet** composé de grains et de fourrage et enrichi en sels minéraux*

LE SAVAIS-TU ?

Un sacré gourmand

Les carottes sont une gourmandise appréciée des chevaux... elles sont parfois distribuées par kilos en complément de la ration, l'hiver, car elles sont pleines de vitamines. Les betteraves fourragères sont aussi bonnes, mais, souvent énormes : elles doivent donc être coupées en morceaux. Dans certains pays, enfin, on récompense les chevaux par des tiges de canne à sucre, ou encore des melons et des pastèques trop mûrs.

Une organisation indispensable

Une fois le menu établi, il reste encore à le servir. Que ce soit en deux ou trois repas, celui du matin (avant le travail) doit être le plus énergétique et celui du soir le plus riche en fourrage (plus long à manger).

Il est également indispensable que le cheval ait toujours largement à boire, la meilleure solution étant l'abreuvoir automatique.

Mais comment peser à chaque fois 1,5 kg d'orge ou 2 kg d'avoine, plus 12 kg de foin ? Pour le foin, dont les petites bottes pèsent 12 à 15 kg, la précision n'est heureusement pas trop importante, car il ne risque pas de rendre le cheval malade. Mais mesurer des grains ou des granulés est une opération autrement complexe. On convertit donc leur poids en volume, afin de les distribuer par litre (le contenu d'une grosse boîte de conserve) : 1 kg d'avoine équivaut à 2 litres, 1 kg d'orge à 1,6 litre... Ainsi, lorsque le responsable de l'écurie a décidé de la ration nécessaire à l'un de ses pensionnaires, il note le nombre de mesures sur une ardoise. Autre point important : poneys et chevaux sont des animaux plein d'habitudes et ont besoin d'être nourris à heures fixes (dans la nature, ils boivent toujours au même moment !).

Enfin, après le repas, le mieux est de laisser au moins une heure de repos au cheval.

***Attention à ne pas confondre** la ration d'avoine (à gauche) avec celle d'orge (à droite) : elles n'ont pas la même valeur énergétique.*

Trois accidents à éviter

Attention… les coliques, l'empommage et la fourbure sont des désordres fréquents, qui se révèlent parfois très graves, voire mortels. Il est important d'en connaître les causes ainsi que les symptômes pour pouvoir agir à temps.

Les coliques

Les coliques sont des douleurs intestinales extrêmement fortes. Elles sont provoquées soit par une torsion de l'intestin entraînant un blocage du transit, soit par des contractions brusques (spasmes) dues à différentes causes nerveuses ou physiologiques. Le cheval atteint de coliques souffre et sue abondamment. S'il est monté, il s'arrête et refuse d'obéir ; s'il est au box, il se roule d'un côté puis de l'autre, au risque de se blesser en heurtant les murs. Seule une intervention très rapide du vétérinaire pour lui injecter un calmant le soulagera. Ensuite, le traitement et les espoirs de guérison diffèrent selon les origines de la colique. Il est impossible de prévoir et d'empêcher une torsion intestinale spontanée, heureusement très rare, le plus souvent due à des problèmes de morphologie interne. En règle générale, il faut éviter de faire travailler le cheval juste après un gros repas, ne pas lui donner à boire immédiatement après l'effort, et vérifier que l'eau ne soit pas trop fraîche. Enfin, sa ration sera surveillée. Une torsion (ou une hernie) nécessite une opération chirurgicale délicate. Un empoisonnement par une plante toxique peut être traité avec succès, par administration de substances médicamenteuses, s'il est diagnostiqué rapidement, tout comme une indigestion d'avoine ou de pommes.

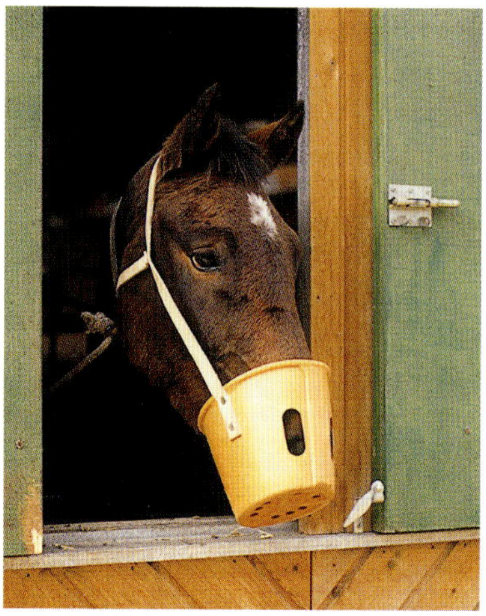

Quant aux coliques déclenchées par l'ingestion d'eau trop froide, elles s'atténuent facilement suite à une injection. Dans tous les cas, en attendant le vétérinaire, l'animal doit être mis à la diète avec une bavette (comme ci-contre, pour l'empêcher de manger la paille), dans un grand box garni d'une épaisse litière afin qu'il ne se fasse pas mal en se roulant sur le sol.

LE SAVAIS-TU ?

Médecine douce
Certains chevaux de course sont sujets à des coliques de stress, peu dangereuses mais handicapantes pour leurs performances. L'un des soins les plus efficaces est… l'acupuncture !

***En cas de fourbure**, l'un des remèdes les plus simples en attendant le vétérinaire consiste à attacher le cheval dans l'eau.*

"Couper l'eau"

Il fait très chaud et le cheval vient de travailler dur… Son cavalier l'amène près d'un abreuvoir, avec l'intention de ne le laisser boire que très peu. Mais le cheval plonge le bout du nez dans l'eau et il est impossible de l'en écarter. On recommande alors de lui "couper l'eau", c'est-à-dire de glisser deux doigts à la commissure des lèvres pour faire entrer de l'air dans sa bouche et empêcher la remontée de l'eau.

L'empommage

Les pommes – que le cheval peut trouver par exemple sur le sol en automne – sont la cause d'un autre accident sérieux : l'empommage. En effet, la constitution de l'équidé l'empêche de vomir. S'il avale de travers, déglutit une bouchée trop grosse ou se coince un morceau d'aliment dans la gorge, il aura beaucoup de mal à s'en débarrasser seul, à moins de tousser pour expulser le corps étranger de la trachée. Si tel n'est pas le cas, le vétérinaire pratiquera un tubage* pour pousser le corps étranger jusque dans l'estomac. Sinon, le cheval risque une inflammation des tissus voisins et un étouffement. C'est pourquoi on ne doit pas lui donner une pomme entière, surtout s'il est goulu.
À éviter aussi : les bagarres entre chevaux au pré autour des granulés. En cas de "fausse route", ceux-ci vont constituer un bouchon qui peut être mortel par l'obstruction elle-même ou, indirectement, par le stress qu'elle provoque.

La fourbure

La fourbure est une maladie des pieds due à une mauvaise hygiène de vie : nourriture trop riche et dépense physique insuffisante. Elle affecte plutôt les chevaux et poneys rustiques, souvent trop nourris en Europe, et moins stressés que les chevaux "près du sang" (pur-sang ou demi-sang). C'est une congestion des tissus internes du pied, fatale si elle n'est pas soignée immédiatement : l'animal risque de mourir d'infection générale, ou sera euthanasié après la perte de son sabot.
Les premiers signes sont une boiterie causée par une forte douleur au poser* du pied, un appui déplacé de la sole vers le talon, puis l'immobilité en position "campée" caractéristique. L'intervention combinée du vétérinaire et du maréchal-ferrant est indispensable. Le soin de l'infection et la mise à la diète seront complétés par un déferrage. On préconise aussi un amincissement de la corne de la sole sur une petite zone, pour faire apparaître la chair congestionnée et évacuer un abcès éventuel. Il faut ensuite surveiller la pousse du sabot durant plusieurs mois, car les tissus qui produisent la corne ont été abîmés…
La corne déformée est plus fragile et nécessite des soins attentifs afin de prévenir toute nouvelle infection.

UN RENDEZ-VOUS À NE PAS MANQUER

Le pansage est la toilette quotidienne du cheval, nécessaire à son hygiène d'athlète, nécessaire aussi pour réduire au minimum le risque de blessure due au harnachement. C'est pour lui un moment très important, qui lui permet un contact détendu avec toi.

Pourquoi panser tous les jours ?

Cela peut sembler exagéré. Mais si un cheval bien tenu est beau, il est avant tout sain et à son aise pour travailler : sur une robe propre, le cuir du harnachement, graissé et bien adapté, ne provoque pas de blessure. Sinon, la moindre brindille qui se glisse entre son harnachement et sa peau le fera souffrir (comme un caillou dans ta chaussure).
Le pansage est également l'occasion d'une inspection. Si le passage de l'étrille ou de la brosse dure réveille une douleur, le cheval te le montrera aussitôt.

Il te faut :
- une étrille,
- une brosse dure (bouchon),
- une éponge,
- une brosse douce.

Ton matériel tient dans un petit sac de toile. Il doit être réservé à ta monture ou appartenir au club, afin d'éviter la transmission de maladies d'une écurie à une autre.
Pense à le nettoyer. Ton étrille est vite pleine de poils et de poussière : il suffit de la taper par terre en la gardant à la main.
Débarrasse ton bouchon des crins et brins de paille qui l'encombrent. L'éponge (qui va de l'œil à l'anus !) mérite après chaque pansage un lavage au savon, éventuellement avec un peu de désinfectant, sans quoi tu risques d'infecter l'œil de ton cheval au pansage suivant.

Il te permet notamment de détecter les problèmes de peau de ta monture : écorchure, gonfle*, blessure, œufs d'insectes, ou même gale ou teigne* débutantes ne doivent pas échapper à ton œil attentif. Tu pourras alors demander conseil et agir avant que les choses ne s'aggravent.

Comment panser ?

- Utilise d'abord l'**étrille** pour "décrotter" le poil de ton cheval. Étrille en rond sur toutes les parties charnues : croupe, poitrail, encolure… puis finis dans le sens du poil en entraînant vers le sol la poussière ainsi extraite. Fais attention à ne pas passer l'étrille sur les zones osseuses afin de ne pas blesser ton cheval ou ton poney.

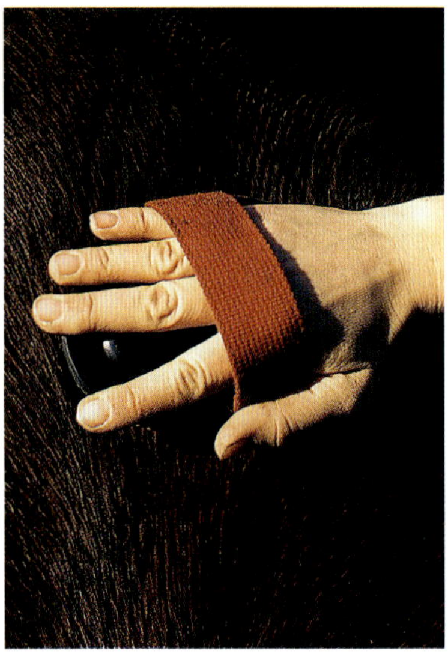

- Prends ensuite la brosse dure, appelée **bouchon**, pour nettoyer les parties osseuses. Commence par la tête et termine par les membres en les brossant de haut en bas. Enfin, brosse les crins et la robe en respectant le sens naturel du poil.

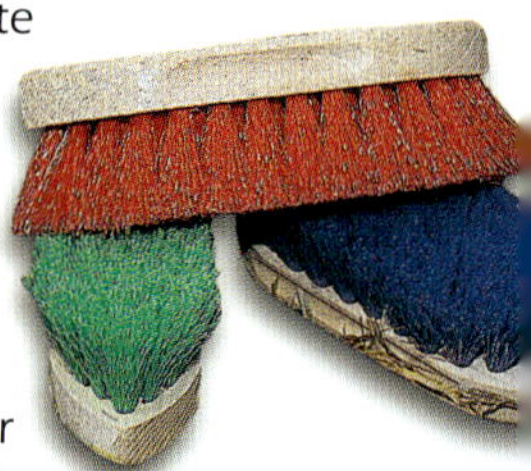

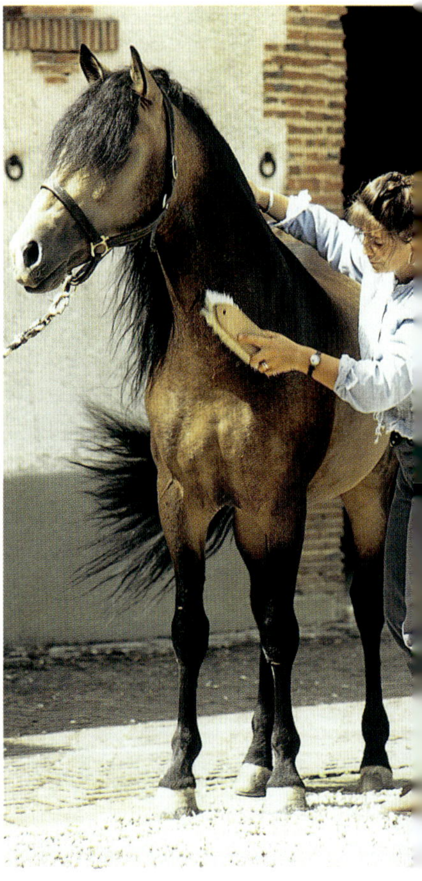

• L'**éponge**, humide, te permet de dépoussiérer le coin des yeux, l'ouverture des naseaux, les coins de la bouche. Profites-en pour inspecter les blessures d'embouchure qui sont parfois cachées dans un petit pli. Passe ensuite l'éponge sur l'ouverture du fourreau (ou sur les mamelles et la vulve si c'est une jument ou une ponette) et enfin sur le pourtour de l'anus.

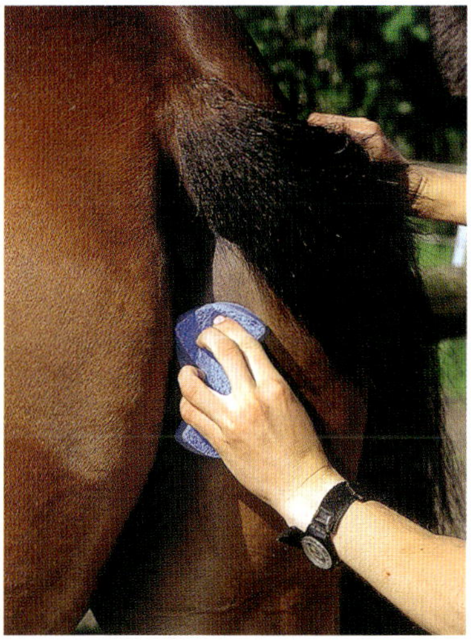

• La **brosse douce** termine le travail en lustrant un poil propre. Elle n'est efficace que si tu t'es donné du mal précédemment, et c'est alors la récompense de tes efforts. La brosse douce requiert un geste technique en trois étapes.

1 Passe-la d'abord une fois à rebrousse-poil.

2 Puis une fois dans le sens du poil.

3 Frotte-la sur une étrille en fer que tu tapes de temps en temps au sol. Répète ce geste sur le corps entier jusqu'à ce que ça brille !

"Panser intelligent"

Pour le cheval, le pansage est agréable. Certains chevaux sont câlins, d'autres aiment écouter le son de la voix, tous apprécient le massage de la brosse. Si le cheval et toi êtes de vieux amis, vous serez heureux de "bavarder" ensemble. Si ce n'est pas le cas, le pansage est une façon parfaite de faire sa connaissance avant de l'enfourcher. S'il est rebelle, ce soin est l'occasion de lui montrer que c'est toi qui commandes.

Le truc du palefrenier

Il y a une façon très simple de prévenir le cheval de l'endroit du corps où l'on va l'étriller. Avant que la main droite ne passe l'étrille, la main gauche la précède par une caresse appuyée. Effectuer ce geste à chaque fois que l'on commence à nettoyer dans une nouvelle zone évite de surprendre le cheval. Si la main qui caresse en éclaireur palpe une écorchure ou un relief osseux, on peut arrêter son geste et éviter ainsi de faire mal à sa monture.

À tous crins !

Les crins du cheval sont à la fois une protection et une parure : deux bonnes raisons pour ne pas les négliger. S'il veut prendre soin de sa monture, le cavalier doit donc devenir un coiffeur compétent !

L'entretien des crins

La crinière et la queue du cheval ou du poney réclament un minimum de soins. Elles sont démêlées à l'étrille à chaque pansage, puis brossées au bouchon. Le shampooing est bien utile après des activités salissantes ou pour les chevaux au panache clair. Il ne doit pas être trop fréquent ni trop agressif (il est tout à fait normal que les crins soient un peu gras). Il est réservé au temps chaud pour éviter que la monture ne s'enrhume.
On shampouine la crinière et on la rince au tuyau ; on trempe la queue dans un seau.
Après un long séjour au pré, le démêlage est laborieux. Il faut couper les nœuds les plus rebelles aux ciseaux, le plus près possible du bout des crins, puis égaliser par effilage au peigne.

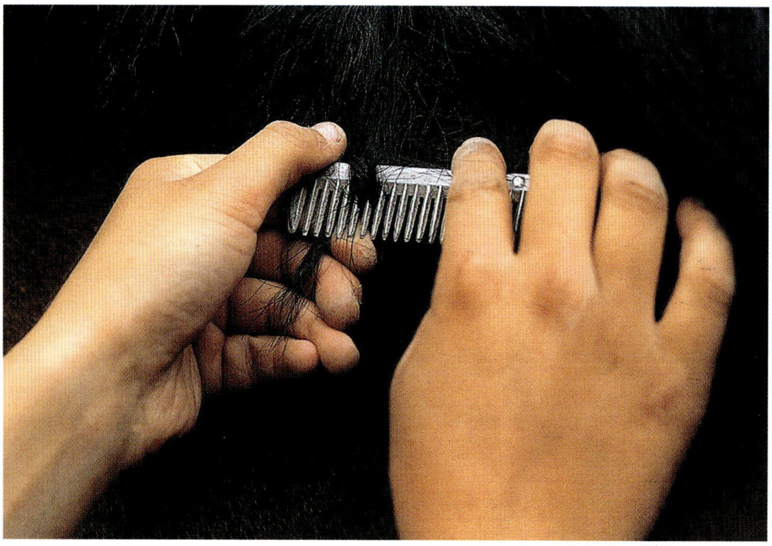

***La crinière** est effilée au peigne, mèche par mèche.*

Tailler : ni trop, ni trop peu

Les crins du cheval le protègent des assauts des mouches. Il ne faut donc pas l'en priver, surtout s'il vit dehors en permanence.
On taille la queue aux ciseaux, bien à l'horizontale, pendant qu'un aide soulève légèrement la racine. Ainsi les crins du dessus, un peu plus longs que les autres, cachent les imperfections de la coupe. L'extrémité de la queue doit être au-dessus du boulet pour ne pas gêner le cheval dans ses évolutions.
En revanche, il ne faut pas couper la crinière aux ciseaux (à part, exceptionnellement, les nœuds récalcitrants !).
On la place d'un côté de l'encolure, là où elle reste le plus naturellement en place.
On la démêle à l'étrille, puis on l'effile au peigne.
Certaines races, comme le poney fjord, ont traditionnellement la crinière raide. Chez les autres, on peut tondre les crins trop maigres ou sans souplesse qui manquent d'élégance.
Mais on laisse toujours au cheval son toupet*, chasse-mouches naturel et indispensable.

Les nattes

Pour un fini élégant, à l'occasion d'un concours ou d'une sortie publique, on natte la crinière du cheval. Elle doit être bien démêlée mais surtout pas shampouinée de frais, sous peine de glisser. Les crins ne doivent être ni trop abondants (il faut alors les effiler), ni trop courts (ils ne resteront pas en place). Trois possibilités : la natte éventuellement roulée en chignon, les nattages croisés qui forment des entrelacs sur l'encolure, ou la natte grossière qui, défaite au dernier moment, donne du gonflant.

Une queue tressée a également belle allure, mais les crins ne doivent pas être trop courts, comme c'est souvent le cas quand un cheval s'est gratté contre un arbre parce qu'il a des parasites ! Pour un résultat réussi, il faut natter les crins des côtés à ceux du milieu.

L'art du nattage

LE SAVAIS-TU ?

Association d'idées

Le cheval émotif devine qu'un concours est prévu dès qu'on le natte, et peut être stressé bien avant de monter dans le van… Il faut alors l'habituer à avoir la crinière tressée n'importe quand, pour détruire l'association d'idées : nattes = concours.

La tonte

Il est nécessaire, dans certaines circonstances, de raser les poils d'un cheval : c'est la tonte. Sa fréquence et son étendue dépendent de la race du cheval et de son mode de vie. Ainsi, on tond plus fréquemment les chevaux ou poneys de selle qui travaillent intensément, pour éviter que, couverts de sueur sous l'effet du labeur, ils ne prennent froid. D'autre part, certaines montures doivent être d'une présentation irréprochable (les chevaux de dressage par exemple), et l'entretien de leur robe est plus aisé si la tonte est régulière. À l'inverse, les chevaux et les poneys rustiques qui suent peu au travail sont rarement tondus. Sans pour autant être obligatoires, les principales "coupes" correspondent traditionnellement à des modes d'utilisation : tonte totale pour les chevaux de dressage ; tonte "trotteur", avec seulement la tête non rasée ; tonte de course, épargnant la tête, la croupe, le dos et le haut des flancs ; tonte "de chasse", la plus fréquente pour les chevaux de selle, laissant les poils sur la tête, sur les membres et à l'emplacement de la selle.
Pour compenser la tonte et tenir le cheval au chaud, on utilise deux couvertures : l'une chaude, en contact avec le cheval, et l'autre imperméable et lavable, par-dessus. Car la monture doit vivre avec sans être gênée, pouvoir se rouler ou sortir au pré. Il faut s'assurer de leur maintien, grâce à des sangles. Un véritable costume, chaud et confortable !

UN CHEVAL "SIGLÉ" !

Les as de la tondeuse s'amusent parfois à tracer sur la croupe de leur cheval un dessin original (un cœur, par exemple).
Tu peux réaliser la même chose en toute sécurité en utilisant un pochoir et une brosse douce.

- Choisis une feuille de papier assez rigide, dans laquelle tu découpes la forme de ton choix.
- Pose ce pochoir sur la croupe de ton poney (c'est là que ce sera le plus visible et le plus facile à exécuter).
- Il ne te reste plus qu'à brosser à rebrousse-poil la partie évidée, puis à ôter la feuille et… à (faire) admirer !

Du bon sabot

"Pas de pieds, pas de cheval!" Cet ancien dicton exprime bien l'importance des soins à apporter aux pieds de sa monture. En effet, la moindre petite blessure peut rendre un cheval inutilisable pendant plusieurs jours, voire plusieurs semaines. Les sabots seront donc curés, examinés et entretenus quotidiennement, et les boiteries décelées le plus rapidement possible. Une surveillance indispensable pour partir du bon pied!

Comment prendre les pieds ?

Lever les pieds d'un cheval demande autorité et expérience. La position de départ est la même pour les antérieurs et pour les postérieurs. Debout, le cavalier doit être tourné vers l'arrière et au contact du membre. Il le demande à la fois par la voix ("donne !") et par le geste, en tapotant doucement le canon. Mais il ne doit jamais forcer la monture. Tout au plus peut-il pincer ses tendons pour la décider à obéir, ou pousser un peu avec la hanche pour l'encourager à déplacer le poids de son corps sur l'autre latéral. Le sabot s'empoigne avec la main la plus proche de l'animal, l'autre servant à curer. Si le cheval a tendance à se laisser porter, le cavalier peut faire reposer le pied sur son genou fléchi. Il est également plus confortable de garder son corps toujours bien collé au cheval. Attention : une fois levé, un postérieur se trouve dans la position idéale pour un bon coup de pied ! Pour l'éviter, une astuce consiste à étendre le membre vers l'arrière afin de lui faire perdre une partie de sa force. Le curage terminé, on relâche le pied en douceur, pour éviter qu'il ne cogne par terre.

Un curage minutieux

On actionne le cure-pied en l'éloignant de soi, pour ne pas se blesser. De la pointe, on nettoie d'abord de chaque côté de la fourchette, puis en arc de cercle le long de la paroi du sabot. Curer les pieds est l'occasion d'une inspection : les lacunes (les creux de chaque côté et au milieu de la fourchette) peuvent être noires et malodorantes, les glomes enflés et douloureux, la sole anormalement sensible à la pression. Enfin, le curage permet d'examiner la qualité de la corne. Sur un pied trop sec,

LES ZONES À CURER... ET CELLES À ÉVITER

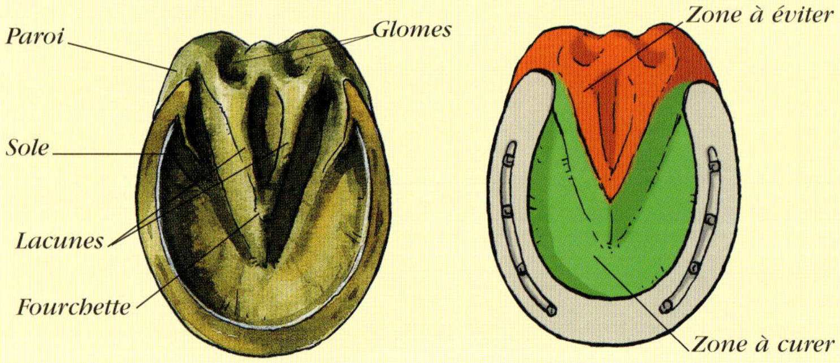

Face plantaire — Zones sensibles

on appliquera un onguent à base d'huile de foie de morue sous le sabot et accessoirement sur la paroi. Sur un pied qui souffre de l'humidité ou qui a tendance à sentir mauvais, on choisira plutôt un mélange à base de goudron de Norvège, que l'on utilisera ponctuellement.

Déceler une boiterie

Un cheval ou un poney boite lorsqu'il présente une irrégularité d'allure, soit dans son rythme, soit dans la manière de poser un membre. Il modifie sa foulée ou son appui sur le sol pour épargner le membre qui lui fait mal.
Dans le cas de souffrances très importantes, le cheval à l'arrêt ne s'appuie plus sur le pied concerné. La plupart du temps, la boiterie est moins apparente : c'est au trot qu'elle se voit le mieux.
Si c'est un membre antérieur qui est touché, au moment où il se pose, la tête du cheval se lève, pour alléger le choc ; puis tête et encolure se baissent en pesant sur l'autre antérieur. S'il s'agit d'un postérieur, le même phénomène se produit au niveau de la croupe, mais le mouvement est moins visible.
La confirmation de l'observation peut être apportée par l'oreille : le son que fait le poser* du membre malade est plus faible que celui du membre sain.

Ce vétérinaire procède à un examen de boiterie *: il teste la sensibilité des différentes zones du pied avec sa pince.*

Trouver les causes

Une boiterie est causée le plus souvent par une douleur, parfois par une déficience physique. Dans ce dernier cas, il peut s'agir d'une paralysie musculaire (temporaire ou définitive), voire d'un problème "mécanique" articulaire. Hormis l'ankylose fugace d'un cheval resté trop longtemps immobile, ces problèmes ont une évolution lente et sont difficiles à traiter. Si la monture n'est pas gênée dans son travail et ne souffre pas, elle peut continuer malgré son handicap.
En revanche, une boiterie de douleur est un signe à ne pas négliger : si la boiterie est plus évidente sur terrain mou, et/ou si elle est caractérisée par une modification du rythme, la cause est plutôt musculaire. Si elle est plus franche sur terrain dur, avec raccourcissement du temps d'appui du membre, la raison en est osseuse ou articulaire.
Ces distinctions très générales sont à affiner : recherche avec la main d'une chaleur anormale sur un membre, d'un gonflement, d'une déformation, d'une marque de choc.
Ne pas oublier surtout d'examiner très soigneusement le pied en se posant les bonnes questions : les glomes sont-ils blessés, la paroi est-elle plus chaude que celle des autres pieds, la fourchette est-elle en bon état, n'y a-t-il pas un caillou enfoncé dans les lacunes latérales, ou une sensibilité anormale de la sole aux chocs ? Toute lésion devra être désinfectée avant même l'arrivée du vétérinaire.
Quelle que soit la cause de la boiterie, il est important de s'en apercevoir au plus vite et, dans l'attente du diagnostic, d'arrêter le travail.

SOINS DE CIRCONSTANCE

Les chevaux ont parfois besoin d'attentions plus poussées que le simple pansage quotidien. Celles-ci ne nécessitent pas pour autant l'intervention du vétérinaire, et le cavalier doit pouvoir s'en charger. Il a tout à y gagner : une monture en pleine forme donne le meilleur d'elle-même.

À la douche !

Le cheval supporte assez bien la chaleur, à condition de bouger le moins possible. En liberté, les animaux ne recherchent l'ombre qu'en plein soleil de midi, ou lorsqu'ils sont assaillis par les mouches.
S'il fait très lourd, l'équidé doit, de préférence, être monté aux heures fraîches (tôt le matin ou en soirée). Sinon, il a tendance à suer pour éliminer le surcroît de chaleur interne et, en s'évaporant, la sueur refroidit la peau et le sang.
Mais ce mécanisme ne suffit pas toujours, et la monture risque un "coup de chaleur", une sorte d'insolation qui peut lui être fatale. Sans en arriver là, le sel contenu dans la sueur se dépose sur la peau lors de l'évaporation et provoque des inflammations ou des blessures de harnachement (notamment au passage de sangle). La douche est alors indispensable avant de rentrer la monture à l'écurie.
Il faut doucher le cheval "en pluie", sur l'encolure, le poitrail, le dos et la croupe. En revanche, mieux vaut épargner la tête (risques de congestion) et le ventre (risques de coliques), et préférer l'éponge. Ensuite, il faut "essorer" les crins, et faire tomber toute l'eau imprégnant la robe en passant le couteau de chaleur. En cas de refroidissement de l'air ou de vent violent, le cheval devra être protégé par une couverture en éponge.

***Le couteau de chaleur** permet de faire glisser toute l'eau de la robe.*

Hydrothérapie

Employée avec un jet à forte pression (celui du robinet), la douche a une autre vertu : elle permet de masser l'extrémité inférieure des membres. En effet, le travail intensif, la chaleur ou un effort trop long peuvent entraîner un engorgement au niveau des canons car les chairs sont gonflées et chaudes. Cette enflure est provoquée par la stagnation du sang au-dessus du boulet. La pression de l'eau, dirigée de bas en haut, ainsi que le choc thermique compriment les tissus engorgés et réactivent la circulation. On procède ainsi une à deux minutes sur les faces interne et externe de chaque membre en traitement préventif. Si le canon est chaud et enflé, on peut le masser doucement à la main, toujours de bas en haut, pour compléter la douche. Aucun séchage n'est nécessaire, sauf pour le pli du paturon, très sensible aux crevasses provoquées par l'humidité stagnante.

Soin des pieds

Il faut parfois désinfecter les pieds du cheval, avant des soins plus complexes (en cas d'abcès notamment), ou seulement parce que la corne commence à sentir un peu fort. Elle doit alors être débarrassée d'éventuels champignons avant d'être enduite d'un onguent. On commence par curer le dessous du sabot, puis on le frotte avec une brosse en chiendent trempée dans une solution d'eau de Javel ou un autre désinfectant. L'animal doit ensuite patauger dix bonnes minutes dans un pédiluve, sorte de cuvette creusée dans le sol, étanche et remplie d'eau mélangée à du désinfectant. Sinon, il faut utiliser un seau en faisant tremper un pied à la fois (prévoir un seau bas dont le niveau ne dépasse pas la couronne).

LES BANDES

Il existe deux types de bandes qui se posent de la même facon :

- Les bandes de travail protègent le canon des chocs et maintiennent les tendons qui passent sur sa face postérieure. On les utilise pour les chevaux sujets aux tendinites (inflammation des tendons) ou lorsque l'animal a fourni un effort très important. On les place sur le canon. Les guêtres (pièces de cuir ou de tissu fermées par des Velcro ou des boucles) assurent une protection mécanique presque aussi efficace, et sont surtout plus faciles à utiliser. Mais seule une bande peut garantir un vrai confort et un maintien optimal. Il est indispensable qu'elle soit bien mise : elle ne doit pas gêner les articulations.
- Les bandes de repos sont utilisées uniquement, comme leur nom l'indique, lorsque le cheval est au repos, après avoir fourni un gros effort (une compétition par exemple) ou s'il a un problème de membres engorgés. Elles peuvent englober le boulet mais ne doivent pas rester posées plus de douze heures ni être trop serrées. Une bande de repos doit toujours être appliquée par-dessus un carré de flanelle ou de coton pour éviter la compression trop forte du membre et l'arrêt de la circulation sanguine. Si le coton a été imprégné d'une solution médicamenteuse, il se rétractera en séchant, et la bande risque de se resserrer d'autant. Le bandage doit donc être refait toutes les quatre heures environ. Le seul cas où une bande est posée directement sur le membre, c'est lorsqu'elle est utilisée comme protection lors d'un transport court.

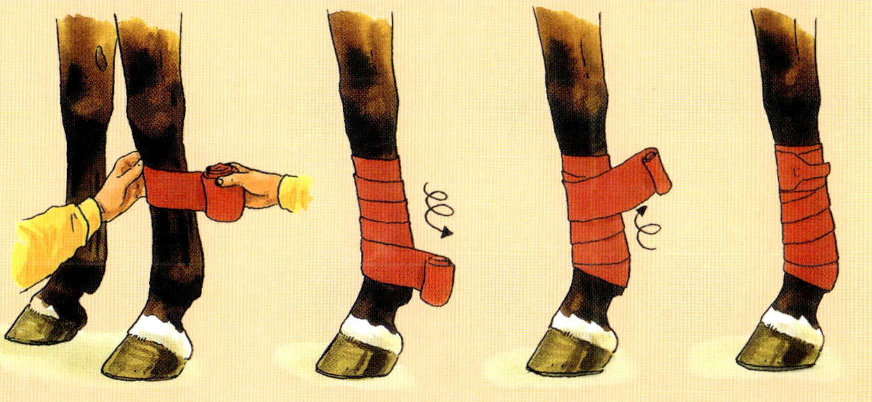

Pose des bandes de travail

À belles dents

Lorsqu'un cheval ouvre la bouche, on découvre ses grandes dents qui n'en finissent jamais de pousser. Elles peuvent être à l'origine de bien des soucis : ainsi, une monture qui grince des dents, ne s'appuie plus sur son mors ou refuse de manger, a sûrement besoin d'une petite visite de son dentiste…

Composition des mâchoires

Les mâchoires inférieure et supérieure possèdent le même nombre de dents, disposées de manière similaire, mais pas tout à fait en vis-à-vis, la mâchoire inférieure étant plus étroite. Chaque mâchoire présente, de l'avant vers l'arrière, réparties de chaque côté : six incisives (deux pinces, deux mitoyennes, deux coins), deux canines (les crochets) et, après un espace libre (les barres), douze molaires, soit quarante dents en tout. La jument n'a généralement pas de crochets.

Une véritable meule

Avec ses incisives, l'équidé coupe les brins d'herbe qu'il a triés grâce à sa lèvre supérieure. Puis, avec sa langue très volumineuse, il place cette bouchée entre les molaires qui vont l'écraser. Comme il n'est pas un ruminant, cette mastication est très importante pour la bonne digestion des aliments.
Après la chute des dents de lait, les dents définitives ont une croissance continue, qui compense l'abrasion provoquée par ce broyage continuel.

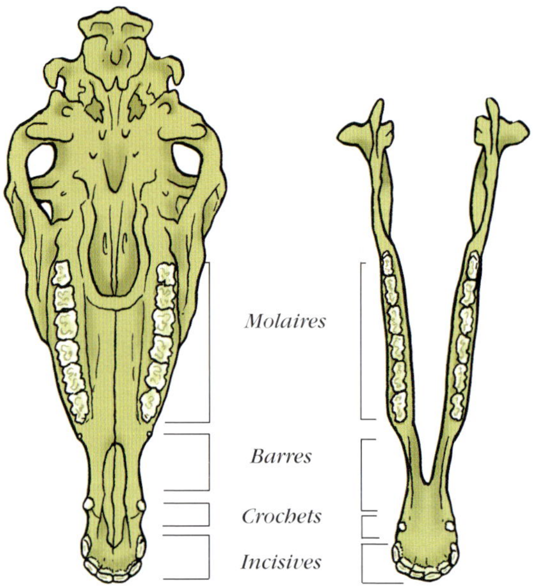

Mâchoire supérieure *Mâchoire inférieure*

L'âge des dents

À la naissance, le poulain est dépourvu de dents. Les incisives de lait commencent à apparaître à l'âge de 1 mois environ (d'abord les pinces, puis les mitoyennes). Les coins ne sortent qu'à 1 an, et ils se touchent vers 2 ans. C'est à ce moment également que les pinces de lait tombent pour être remplacées par les pinces définitives. Vers 3 ans, c'est au tour des mitoyennes.
Les crochets de lait ne poussent qu'à 4 ans, et les définitifs à 5 ans.

Dès qu'elles sont en contact entre elles, les dents s'usent, faisant apparaître les diverses couches de leurs matériaux constitutifs : émail, ivoire, cément. Ceux-ci, de couleurs différentes, dessinent sur la surface émoussée des figures aisément reconnaissables (*voir* dessin ci-contre). C'est ce qui permet, une fois toutes les dents sorties (on dit alors que la bouche est "faite"), de donner un âge assez précis au cheval, du moins jusqu'à 18 ans. Au-delà, les circonstances extérieures (accidents, interventions dentaires, ou même "maquillage" trompeur pour une vente délictueuse) rendent l'évaluation plus difficile.

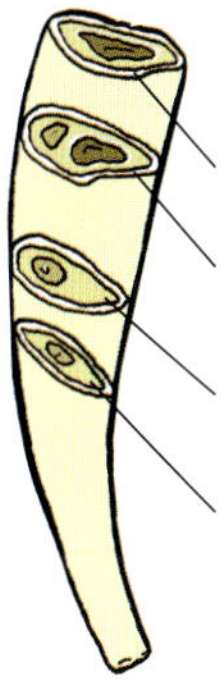

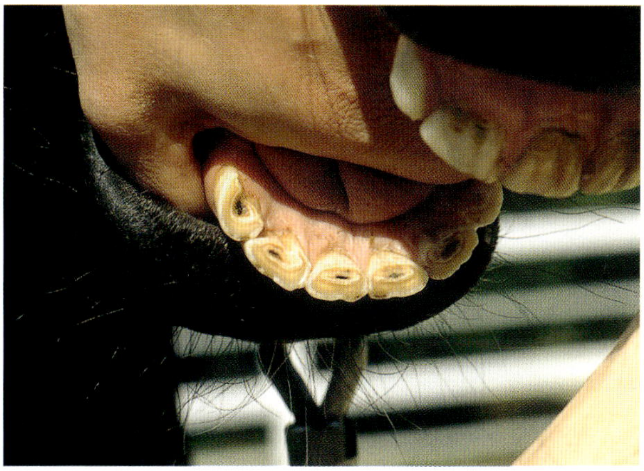

Les surdents

L'usure des dents est presque toujours inégale, les molaires n'étant en contact qu'une fois sur deux de chaque côté, lors du mouvement latéral de mastication. Le bord extérieur des molaires supérieures présente ainsi souvent des excroissances appelées surdents*, qui blessent l'intérieur de la joue. Ces anomalies peuvent aussi apparaître sur le côté intérieur des molaires inférieures et, dans ce cas, blesser la langue. La douleur est parfois si vive que le cheval refuse de manger. Le vétérinaire (ou le dentiste équin) doit alors intervenir pour limer ces surdents. Ce spécialiste s'intéresse donc surtout aux molaires, qui s'usent de la manière la plus dissymétrique ; mais ces dents ne sont guère faciles à atteindre, ni même à observer. Ce qui explique que, par ailleurs, on examine seulement les incisives pour déterminer l'âge du cheval.

Barres et dent de loup

Les barres sont les parties de la mâchoire dépourvues de dents, situées entre les crochets (ou les incisives pour les juments) et les molaires. C'est là que prend place le mors, qui permet de maîtriser et de "conduire" le cheval dans la plupart des traditions équestres. Toute blessure à cet endroit rend donc délicat l'emploi de la monture.

Il peut arriver qu'une fausse prémolaire (le plus souvent une molaire de lait qui n'est pas tombée avant la sortie de la définitive) occupe une des barres ; le cheval refuse alors son mors. Le dentiste équin doit extraire cette "dent de loup", et il faut attendre la cicatrisation totale avant de remettre le mors.

***Les molaires** sont les dents les plus difficiles à atteindre : aussi faut-il immobiliser les mâchoires avec un appareil spécifique appelé "pas d'âne".*

Maréchalerie générale

De nos jours, la plupart des chevaux portent des fers afin de leur éviter des blessures qui peuvent devenir très handicapantes. Le maréchal-ferrant joue donc un rôle primordial...

Une protection nécessaire

Le sabot, protection naturelle des pieds du cheval, est fait de corne. C'est une matière comparable à celle des ongles. Comme eux, les sabots poussent à une vitesse qui varie selon les races, les individus, l'activité, l'alimentation et la saison.
La moyenne est d'environ 1 cm par mois. Les sabots sont durs mais s'abîment naturellement quand le cheval marche.
S'il trotte et galope beaucoup, ses sabots s'usent plus vite qu'ils ne poussent ; en particulier s'il travaille sur des sols durs comme le macadam ou la terre sèche.
Or, si cette protection est trop usée, le cheval se blesse car la sole n'est plus protégée contre les épines et les cailloux pointus. Le fer est donc indispensable pour empêcher une usure trop rapide. Mais la corne continue de pousser sous le fer et le cheval se retrouve vite avec de mauvais aplombs. Le maréchal-ferrant doit alors retirer le fer usé, couper et râper la corne : c'est le parage*. Puis il pose un fer neuf : c'est le ferrage. Il profite de cette opération pour corriger d'éventuels défauts de pieds ou d'aplomb.

Des chevaux sans fer

De nombreux poneys et certains chevaux ne nécessitent pas de ferrage car leurs sabots sont très durs. Ils appartiennent souvent aux races les plus rustiques : poney shetland, cheval camargue, cheval barbe... Il faut néanmoins faire parer leurs pieds car l'usure naturelle, irrégulière, peut déformer le sabot.
De même, les poneys et chevaux retraités, et ceux qui travaillent peu ou sur terrain souple, sont seulement parés.

Fer antérieur
(1 poinçon)

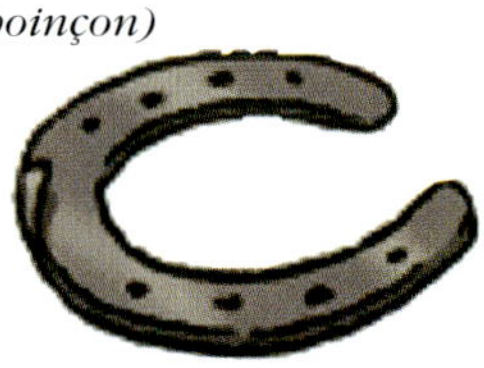

Fer postérieur
(2 poinçons)

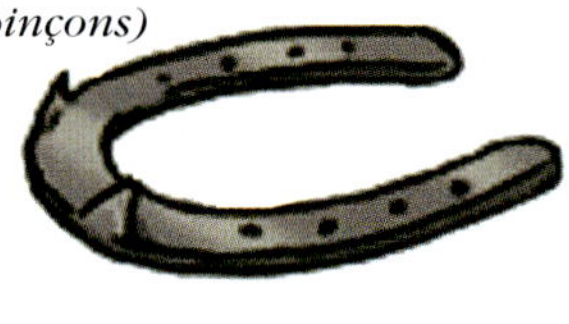

Clou

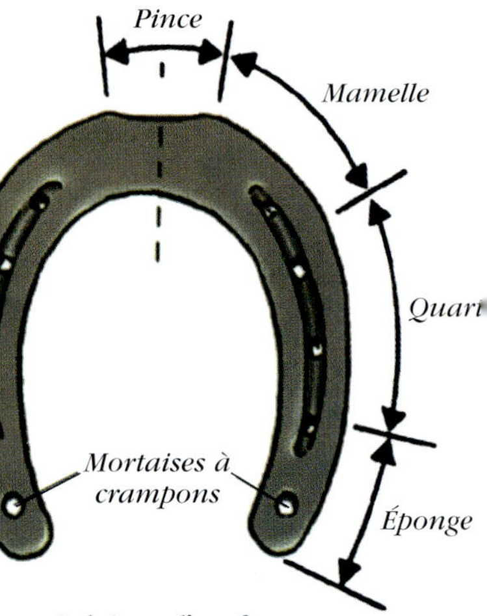

Schéma d'un fer

Quand le cheval doit-il être ferré ?

Le poulain qui suit sa mère va assister aux soins de maréchalerie : c'est l'occasion de le familiariser avec les bruits et les odeurs de cette activité nouvelle. Dès qu'il sait donner les pieds et qu'il supporte les tapotis du cure-pied sous ses sabots, le maréchal-ferrant peut le manipuler. Mais le ferrage n'est pas nécessaire avant l'âge de 2 ans. Ensuite, l'usure des fers et la pousse de la corne nécessitent une nouvelle ferrure toutes les cinq à six semaines, ou au moins un parage toutes les huit semaines pour les poneys non ferrés.
En lui curant régulièrement les pieds, le cavalier peut déterminer précisément quand son cheval a besoin de soins (corne qui se fend, qui dépasse des fers, clous qui se défont, fers très usés...).

DES CLOUS AUX PIEDS

Le fer est fixé au sabot grâce à des clous qui passent dans la paroi du sabot.
Par chance, cette zone est totalement insensible.

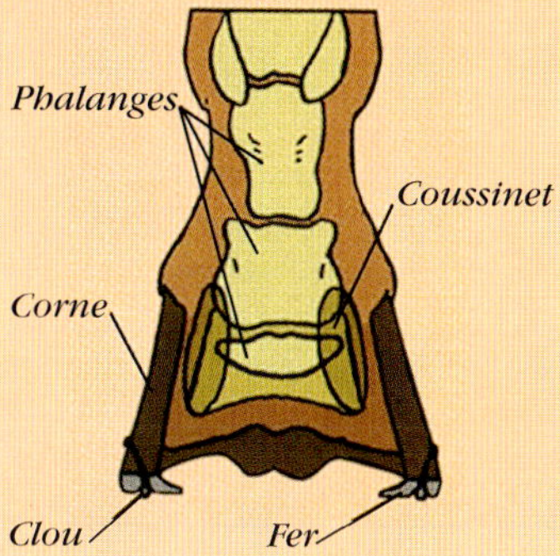

LE SAVAIS-TU ?

Des chevaux en sandales !
Le ferrage avec des clous est apparu il y a mille ans environ, chez les peuples celtes et gaulois, pour les chevaux... et les bœufs ! Auparavant, les Romains avaient essayé différents types d'"hipposandales", sortes de semelles enveloppantes protégeant le sabot et tenues par des lanières de cuir nouées autour du paturon.

Le travail du maréchal-ferrant

Le plus souvent, le maréchal-ferrant travaille en levant lui-même le pied du cheval : il ferre "à l'anglaise". Si le pied est tenu par un aide, on dit qu'il ferre "à la française".

***La mailloche** sert à taper sur la rénette ou le rogne-pied, et à donner sa forme au fer.*

***La rénette** est utilisée pour tailler le sabot.*

***La râpe** sert à égaliser la corne après le parage.*

Pour parer, il utilise une pince coupante, un rogne-pied et une mailloche (gros maillet), puis la rénette (outil tranchant) et enfin la râpe.
Une fois le sabot correctement taillé, il ajuste le fer au pied du cheval : il le porte sur la sole pour l'essayer à chaud, et le retravaille. Il opère parfois à froid, avec un fer travaillé à l'avance. En général, il emploie un fer de fabrication industrielle (toutes les pointures sont disponibles), mais, s'il le faut, il sait aussi le fabriquer à partir d'une barre de métal brut. Pour finir, il fixe le fer avec huit clous en général, plantés au marteau, puis coupés et rabattus grâce aux tricoises (tenailles) et à la mailloche.

En selle !

Qui n'a jamais rêvé de longues promenades en selle, à l'aube ou au crépuscule, seul ou avec des amis, en toute confiance et en toute liberté ?

Pour que le rêve devienne réalité, il faut d'abord se plier à un véritable parcours initiatique, sans brûler les étapes : apprendre à seller et brider sa monture, puis à marcher, tourner et s'arrêter, et enfin se sentir à l'aise au pas, au trot et au galop. Corriger peu à peu ses défauts, découvrir comment faire du cheval un fidèle partenaire, savoir être constamment à son écoute… Voilà le chemin, parfois ardu, à parcourir pour accéder aux plaisirs de l'équitation.

Selles, brides et mors

Le cheval a été domestiqué vers – 5000 avant J.-C., mais il a fallu bien du temps aux hommes avant de penser à monter sur son dos et à lui mettre un mors ou une selle.

Les Chinois : en tête !

Ce sont les Chinois qui, les premiers, ont pensé à atteler le cheval vers – 3500 avant J.-C., suivis plus tard des Mésopotamiens. Ce sont encore les Chinois qui ont monté les premiers des chevaux (vers le IIe millénaire avant J.-C.) avec un simple tapis retenu par une sangle et un collier-frein (courroie passée autour de l'encolure). Le mors et la selle ne sont venus qu'après, améliorant encore le confort et l'efficacité des cavaliers. Ils ont ensuite été adaptés aux différents styles de monte et continuent d'être modernisés de nos jours grâce à de nouveaux matériaux.

Mille et une selles

La première selle, apparue en Chine vers le IIe siècle avant. J.-C., était à grands panneaux et ne permettait pas l'utilisation des jambes. Le cavalier employait un fouet. Les selles à arçon, fabriquées autour d'une ossature rigide, généralement en bois, se sont répandues plus tard en Occident, vers le IVe siècle, à Byzance d'abord, ensuite en Europe par le biais des Huns. Puis différents modèles se sont développés : le chevalier du Moyen Âge utilisait une grosse selle – la selle à piquer – dans laquelle il était bien calé pour affronter ses adversaires dans les tournois. Les écuyers de haute école l'emploient encore aujourd'hui pour les sauts d'école (*voir p. 209*), sous une forme allégée et modifiée. La selle d'armes, ancêtre de la selle de randonnée, équipait les armées européennes en campagne. La selle d'amazone, employée dès le Moyen Âge par les cavalières, a fait naître une forme d'équitation spécifique (*voir p. 240-241*). La selle western (*voir p. 297*) a été créée par les cow-boys américains à qui il fallait une selle très confortable pour convoyer le bétail pendant des journées entières. La selle de randonnée lui ressemble d'ailleurs beaucoup. La selle de jockey, en feutre, est très légère (quelques centaines de grammes seulement), sans arçon et parfaitement inconfortable !

Radiographie d'une selle

L'arçon est une structure rigide autour de laquelle la selle est construite. Mais toutes les selles n'ont pas forcément d'arçon.

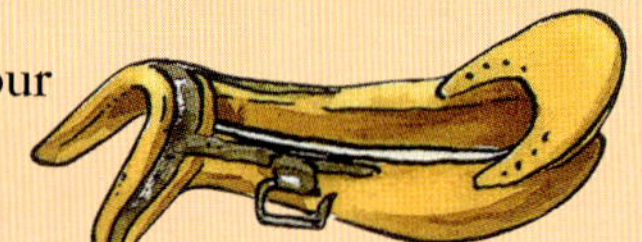

Arçon

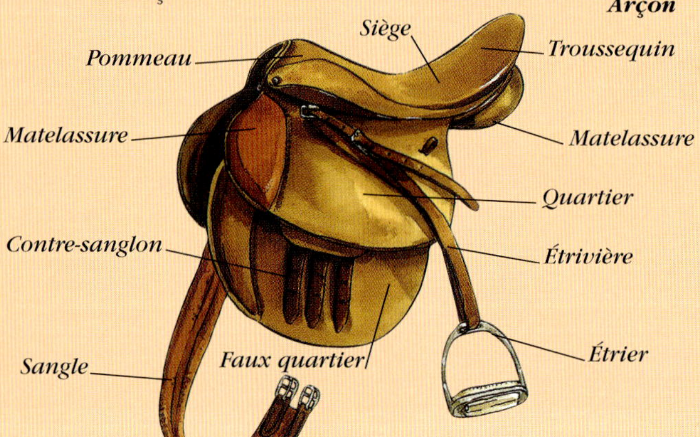

Selle mixte ou "anglaise"

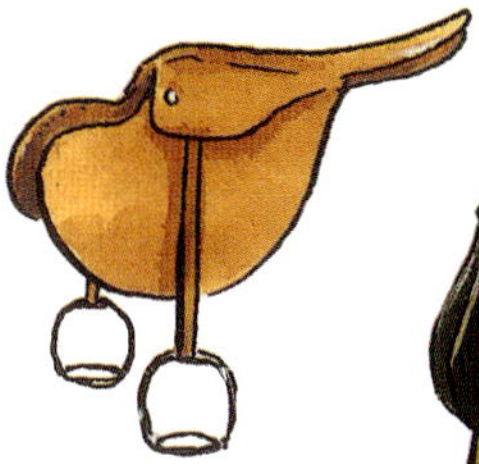

Selle de jockey

Selle de dressage

Selle d'amazone

Selle d'obstacle

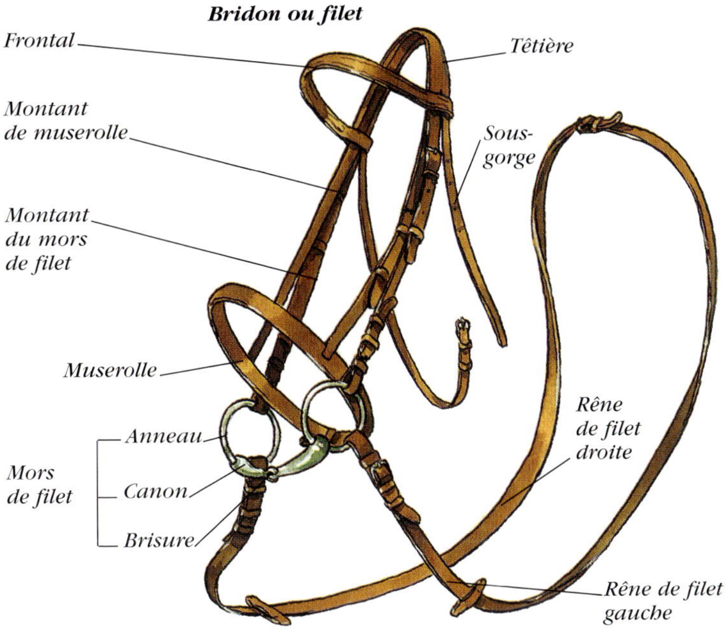

La selle de dressage, avec ses quartiers très droits et longs, aide à placer ses jambes de la meilleure manière pour pratiquer cette discipline. Aujourd'hui, les selles dites mixtes ou "anglaises" sont les plus utilisées, car elles permettent de pratiquer l'obstacle et le dressage dans des conditions de confort suffisantes, jusqu'à un certain niveau. Mais lorsqu'ils abordent la compétition, les cavaliers utilisent une selle spécifique à leur discipline.

Le bridon

Les premiers hommes menaient leurs chevaux par un collier, simple courroie de cuir passée autour de l'encolure, serrée juste derrière les oreilles et à laquelle on pouvait attacher une longe. Par la suite, les cavaliers ont confectionné un collier-frein, placé plus bas autour de l'encolure, qui permettait de tourner et d'arrêter sa monture. Puis ils ont passé une longe autour du chanfrein et derrière les oreilles du cheval : le bridon de type bosal était né, plus efficace pour diriger les montures. Ce harnachement sommaire s'est enrichi d'une têtière, puis d'un mors simple agissant sur les commissures des lèvres (on dit aussi un "filet", ce qui explique qu'on appelle plus souvent le bridon d'aujourd'hui un "filet").

Le mors

Inventé par les Chinois (encore eux !) peu après le IIe millénaire avant J.-C., le mors a pris au fil des siècles des formes bien différentes, voire étranges. Au Moyen Âge, il était relié à deux longues branches et appuyait sur les barres* du cheval, comme un mors de bride. Progressivement, on lui a adjoint un filet plus doux : la bride était inventée, agissant sur les commissures des lèvres grâce au filet et sur les barres, grâce au mors de bride. Aujourd'hui, on compte des dizaines de variétés de mors : simples, doubles, brisés, droits, torsadés, en fer, en cuivre, en caoutchouc, en résine, etc. Le mors de filet reste le plus utilisé. Plus il est gros et léger, plus il agit en douceur sur la bouche du cheval.

***Les mors de filet en cuivre** font souvent saliver les chevaux, ce qui les aide à se décontracter.*

Transformer un filet en licol

Le licol sert à attacher le cheval ; le filet (ou bridon) à le monter. Or, on ne doit jamais se servir des rênes pour attacher sa monture car si elle tire* au renard, elle risque de se couper la langue avec le mors. En balade, on peut transformer le bridon en licol, grâce à un modèle spécial, le "bridon-licol", muni de deux mousquetons latéraux permettant d'enlever et de remettre le mors à volonté.

SELLER ET BRIDER

Pour qu'il soit parfaitement à l'écoute de son cavalier, le cheval doit être équipé d'un harnachement bien ajusté, dans lequel il se sentira à l'aise.

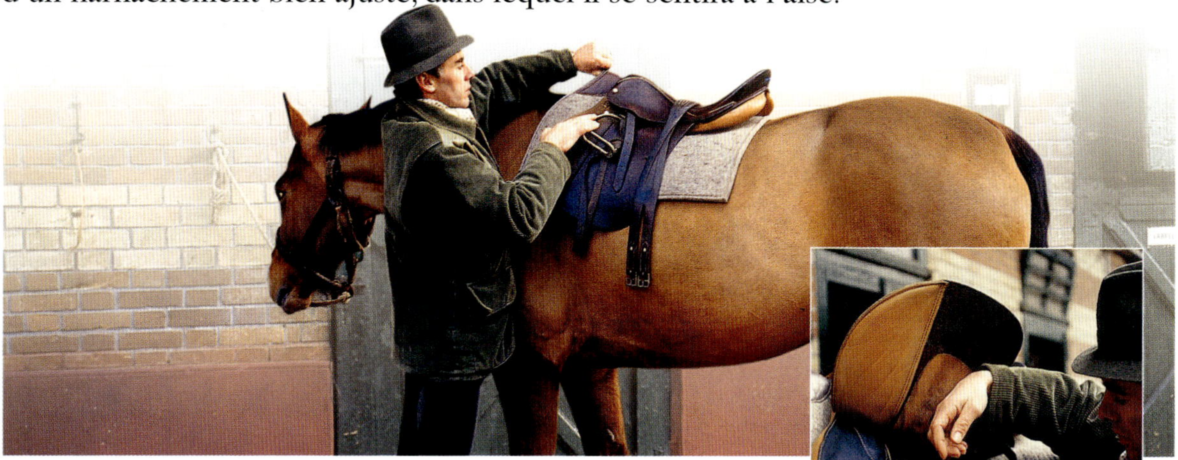

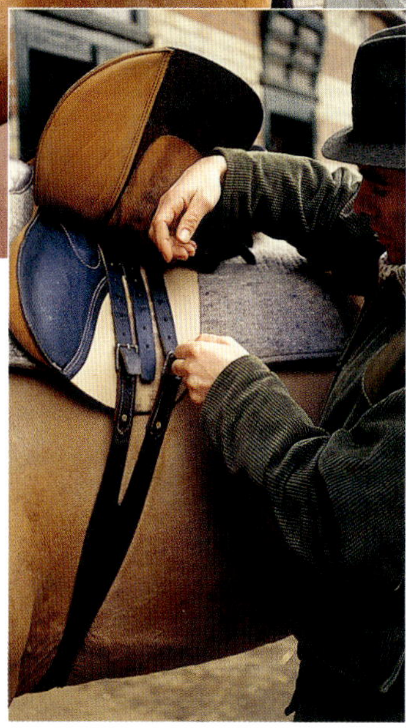

Seller est une opération *qui exige ordre et méticulosité.*

Seller

Avant de seller, vérifie que tu as bien tout le matériel : tapis, pad* si nécessaire, sangle, filet, instruments de pansage, etc. Assure-toi ensuite que la sangle est placée sur la selle et que les étriers sont bien remontés. Sinon, ils risquent de te gêner ou de faire peur au cheval en se balançant lorsque tu poseras la selle.
Porte alors tout l'équipement avec ta main droite (en appuyant la selle sur ta hanche), afin de garder la gauche libre pour aborder le cheval.
Préviens la monture de ton arrivée en lui parlant, et regarde ses oreilles pour connaître son humeur. Dirige-toi à gauche vers son avant-main* et, tout en tapotant l'encolure, place-toi contre son épaule. Pose délicatement (et dans l'ordre) le tapis, le pad et la selle un peu en avant du garrot, ce qui permettra de faire glisser l'ensemble dans le sens du poil. La peau du garrot est en effet très sensible et la moindre gêne risque d'entraîner des blessures toujours douloureuses et difficiles à guérir.
C'est aussi la raison pour laquelle il faut systématiquement "dégarrotter", c'est-à-dire soulever le tapis au niveau du pommeau*, pour éviter qu'il ne touche le garrot (la main doit pouvoir passer sans effort entre le tapis et la peau du cheval).
Une fois que la selle est bien posée au milieu du dos, passe de l'autre côté du cheval pour abaisser la sangle. Sinon, en tombant, elle va taper sur les tendons. Repasse ensuite du côté gauche et sangle, sans trop serrer.

SELLER… OU BRIDER ?
Doit-on d'abord seller ou brider le cheval ? Cela dépend : si le cheval est déjà attaché, mieux vaut le seller en premier car on a les mains libres pour le faire. En revanche, s'il est en liberté ou au box, il faut le brider d'abord. Cela empêchera la monture de se rouler avec la selle dès que le cavalier aura le dos tourné… Certains chevaux adorent ça !

Brider

Les licols, brides et bridons sont décidément faits pour les droitiers ! Pour brider, en effet, il faut se placer à gauche du cheval, contre son encolure. Passe d'abord les rênes au-dessus de l'encolure, puis détache le licol au niveau de la ganache* et boucle-le autour de l'encolure du cheval. Si tu as affaire à un cheval jeune ou anxieux, mieux vaut défaire aussi le nœud d'attache. Pour mettre le bridon, prends d'abord les montants dans la main droite et amène-les au niveau du chanfrein*. Le mors se trouve alors devant

En résumé…

Pose le tapis en avant vers le garrot…

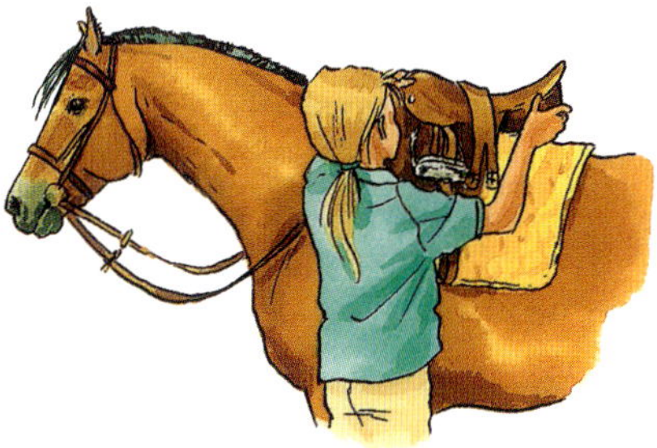

… installe doucement la selle dessus…

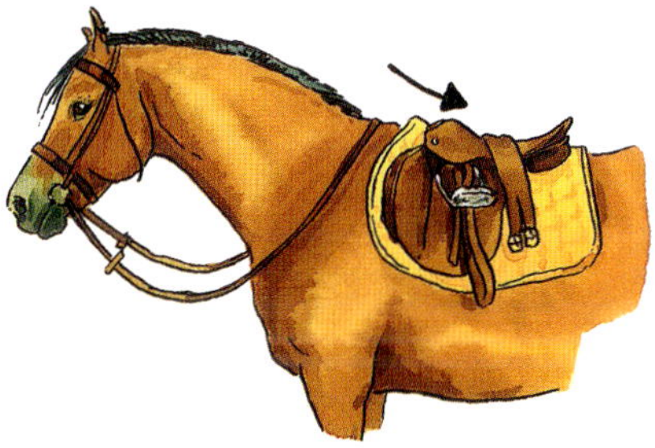

… fais glisser l'ensemble à sa place…

… puis passe à droite du cheval pour vérifier que tout est mis correctement et pour descendre la sangle.

Enfin, repasse à gauche du cheval pour attacher la sangle.

la bouche. Pose la main gauche sur le chanfrein du cheval comme pour le caresser, puis glisse le pouce gauche dans la commissure des lèvres pour ouvrir doucement la bouche.

***Pour que le cheval** ouvre la bouche, il faut glisser un doigt à la commissure de ses lèvres.*

Insère ensuite le mors avec les autres doigts, avant de passer la têtière par-dessus l'oreille gauche, puis l'oreille droite (c'est plus facile dans ce sens). Dégage enfin le toupet* du frontal et attache toutes les boucles et passants (sous-gorge, muserolle, passants des montants latéraux, etc.). Attention, si le cheval a une petite bouche, le mors ne doit pas être trop long pour lui. La taille du mors est correcte lorsque celui-ci dépasse de quelques millimètres de chaque côté de la bouche.

Une bonne astuce

Une fois que le cheval est légèrement sanglé, prends chaque antérieur et étends-les doucement droit devant pour dégager la peau sous la sangle.

Le mors aux dents

Le cheval a beau avoir des barres* qui semblent faites pour recevoir le mors, lui faire supporter ce dispositif en fer ou en caoutchouc ne va pas de soi. Ainsi, pour échapper à l'action d'un mors trop dur ou mal ajusté, une monture peut soit passer sa langue au-dessus, soit "lâcher la main" (ouvrir la bouche pour fuir le contact) et échapper ainsi à son cavalier. Au contraire, un cheval bien bridé "mâchera" son mors, c'est-à-dire qu'il le fera jouer avec sa langue et les commissures de ses lèvres.

Ultime vérification

Avant de monter, fais toujours le tour du cheval pour t'assurer que le matériel est bien ajusté. Au niveau de la selle, il ne doit y avoir ni quartiers repliés ni étriers redescendus. Quant à la bride, le mors ne doit pas faire faire un "grand sourire" au cheval, ni tomber dans sa bouche et heurter ses dents. S'il est bien ajusté, les commissures des lèvres ne font qu'un ou deux petits plis : c'est un repère. Si ta monture doit porter un enrênement, demande conseil au moniteur et ne l'ajuste pas, ni surtout ne le raccourcis, à ton idée, sous peine d'avoir de mauvaises surprises en enfourchant ta monture. Enfin, juste avant de mettre le pied à l'étrier, n'oublie pas de resangler ; les chevaux ont la fâcheuse habitude de gonfler leur ventre lors du premier sanglage, puis de se dégonfler en marchant !

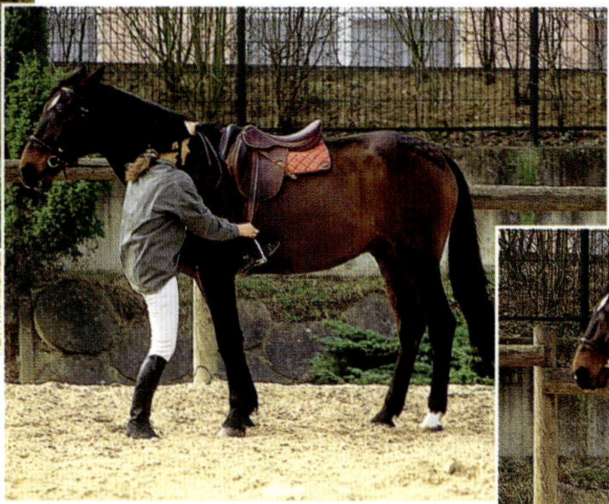

Monter et descendre

En voyant des films où les cow-boys sautent et descendent de leur monture avec prestance et agilité, on pourrait penser que ce n'est qu'une formalité. Certes… mais sous certaines conditions.

Quelques précautions

Avant de monter, le cavalier prend toujours la précaution de ressangler d'un ou deux trous

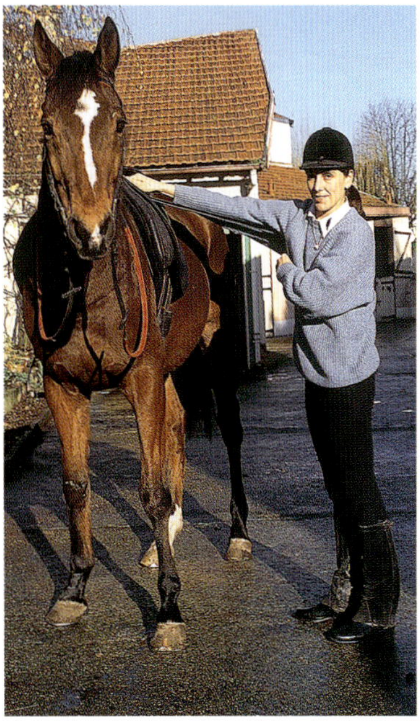

pour que la selle ne tourne pas au moment où il se hisse dessus. Il vérifie ensuite la longueur des étriers : les étrivières* sont bien réglées quand, en plaçant son poing sous le petit quartier de la selle, le plancher de l'étrier vient buter sous l'aisselle. Après avoir contrôlé, en se plaçant face au cheval, que les deux étriers sont à la même hauteur, il reste à ajuster correctement les rênes : enjamber un cheval libre, c'est en effet toujours prendre le risque d'une mauvaise chute. Pour monter, deux possibilités : utiliser l'étrier ou sauter en selle.

Avec les étriers

Une fois les rênes ajustées (la main gauche attrapant une poignée de crins), on se place au niveau de l'épaule du cheval, le torse en direction de ses hanches. On chausse d'abord l'étrier gauche au tiers du pied gauche (si on chausse à fond, on risque d'enfoncer les orteils dans le flanc chatouilleux du cheval !). On attrape ensuite

Que faire s'il bouge ?

Le cheval doit rester calme au montoir. C'est une question de sécurité pour le cavalier comme pour lui. S'il avance, il suffit de mieux ajuster les rênes. S'il recule, il faut les relâcher un peu. S'il tourne ses hanches vers le cavalier, c'est que la rêne droite est trop courte. S'il les tourne vers l'extérieur (vers la droite), c'est que la rêne gauche est trop courte. S'il tente de se cabrer, il faut l'apaiser et décomposer chaque phase, calmement, en le caressant.

le troussequin* avec la main droite. On prend appel sur le pied droit et, tout en tirant légèrement sur les deux bras, on s'élève au niveau du garrot grâce à une forte poussée de la jambe droite. On se retrouve alors en appui sur les deux mains, au-dessus du garrot, le pied gauche dans l'étrier. Il est temps de passer la jambe droite au-dessus de la croupe de sa monture… sans la toucher. On s'installe doucement sur la selle afin de ménager le dos du cheval. Le plus simple est de s'asseoir en fermant un peu les cuisses et en avançant le bassin et le buste. Il ne reste plus qu'à chausser l'étrier droit dans le bon sens, avec l'étrivière bien à plat, et à prendre une rêne dans chaque main.

Sauter, c'est plus musclé

La seconde solution pour monter à cheval consiste à sauter en selle. Pour cela, pas besoin d'étrier : il suffit de poser la main droite sur le garrot, à côté de la main gauche (qui tient les rênes), de se placer contre le cheval, les épaules parallèles à son encolure, et de prendre un bon élan des deux pieds pour sauter et se retrouver en appui au-dessus du garrot.

Pourquoi monter à gauche ?

Pourquoi la majorité des cavaliers montent-ils à gauche ? D'abord pour une raison d'ordre historique : le cheval était autrefois monté essentiellement par des militaires, équipés de sabres qu'ils portaient à gauche. Il aurait donc été bien difficile d'enjamber le cheval par la droite avec un sabre ballottant au-dessus de la croupe. Et, pour des raisons d'esthétique, il était hors de question, dans les défilés, de présenter le sabre à droite. Tant pis pour les gauchers ! Une autre raison peut justifier cette tradition : le cheval, surtout lorsqu'il est jeune et près du sang (pur-sang ou demi-sang), est un animal qui se tranquillise plus volontiers lorsqu'on répète des gestes identiques. Le monter toujours du même côté, au moins le temps du débourrage*, paraît donc indispensable.

Après un léger temps d'arrêt pour se stabiliser, le cavalier se penche en avant, puis passe sa jambe droite par-dessus la croupe, sans la toucher bien sûr. Un dérivé de cette méthode consiste à se faire aider par une personne qui saisit le tibia gauche du cavalier et lui donne l'élan suffisant pour se hisser en selle. Ce procédé est surtout utilisé dans le monde des courses, où les jockeys doivent se mettre en selle le plus légèrement et rapidement possible. Or, les chevaux sont grands et nerveux, les cavaliers petits et les étriers réglés très courts…

De très mauvaises méthodes à ne pas imiter ! *Le cavalier de droite a oublié d'ajuster ses rênes, celui de gauche devrait lever plus sa jambe droite.*

Descendre : facile, mais…

Descendre est un jeu d'enfant. Mais, pour autant, il ne s'agit pas de faire n'importe quoi. On commence par prendre les rênes dans la main gauche, puis on déchausse ses deux étriers. Il faut ensuite appuyer ses deux mains au niveau du garrot, incliner son buste en avant et passer la jambe droite par-dessus la croupe (sans effleurer le cheval !). Il suffit alors de se laisser glisser au bas de sa monture et de mettre pied à terre en souplesse.

Un peu de tenue !

Balayée l'image de l'homme galopant en harmonie parfaite avec son cheval! La réalité est là : nos longues jambes et notre corps trop rigide semblent inadaptés quand il s'agit de suivre les mouvements intempestifs de notre monture. Voici quelques pistes pour progresser.

La position "classique"

À cheval, le cavalier est assis. Or, ce "siège" bouge de façon plus ou moins régulière. Pour ne pas tomber, le cavalier doit sans cesse rectifier son centre de gravité (son point d'équilibre) pour le faire coïncider avec celui de sa monture. Il doit trouver une posture qui lui permette à la fois de "coller" le bas de son corps à celui du cheval, tout en gardant libres le buste et les mains. C'est pourquoi on attache tant d'importance à la position des jambes. Celles-ci doivent adhérer au cheval de façon égale, sans serrer particulièrement – sauf peut-être lors des premières leçons où le mouvement n'est pas naturel – du haut de la cuisse jusqu'au bas de la jambe. Si le contact est plus appuyé à un endroit, la jambe devient moins stable. Par exemple, si le cavalier serre trop le genou, son mollet fera "l'essuie-glace" sur le flanc du cheval. Il faut donc mettre son poids dans les talons. Ceux-ci vont ainsi se placer plus bas que la pointe des pieds, ce qui permet aux chevilles de jouer un rôle de ressort et à l'assiette (l'assise du cavalier) de se faire, selon la nécessité, profonde ou légère. Toutes les oscillations de la monture sont transmises directement au cavalier par l'intermédiaire de son bassin. À une condition toutefois : que le cavalier soit assis sur ses ischions (un des trois os formant l'os iliaque), avec le dos bien droit. En outre, il faut que le rein soit souple pour permettre une meilleure transmission des sensations, une position adéquate des jambes (cuisses bien descendues, talons sous les fesses et poids dans les talons), et un contrôle de la masse du cheval. Aux allures rapides ou à l'obstacle, en équilibre sur les étriers, le dos est légèrement incliné vers l'avant (d'environ 30°). Quant aux bras, ils sont à demi pliés, poignets dans le prolongement des avant-bras, jamais "cassés" (*voir photo ci-contre*). Les rênes sont tenues sans crispation, passant sous

La bonne position

LE SAVAIS-TU ?

Une rude discipline
Autrefois, pour corriger les mauvaises positions des cavaliers, on plaçait une règle dans leur dos, coincée au creux des coudes. Cet exercice obligeait le cavalier à rester bien droit sur sa monture, bras à demi pliés et coudes le long du corps.

l'auriculaire, pour ressortir entre le pouce et l'index. Cette position générale de base, dite "classique", permet de s'adapter à tous les mouvements du cheval.

Sans étriers

Il est essentiel de monter sans étriers pour acquérir une bonne assiette. Deux positions sont possibles, qui se complètent l'une l'autre. La première consiste à monter en laissant pendre ses jambes, ce qui apprend à s'enfoncer dans la selle tout en restant bien redressé. La seconde consiste à relever le bout des pieds comme s'il y avait les étriers, ce qui permet de sentir avec précision la position des jambes que l'on doit avoir étriers chaussés. Pour parfaire cet apprentissage, deux autres exercices sont très utiles : le trot enlevé sans étriers, qui apprend à amortir les secousses du dos du cheval et à se rasseoir en selle en douceur, et le petit galop assis sans étriers, qui enseigne comment descendre ses cuisses et être assis correctement, bassin avancé "au-dessus de ses pieds". Rarement pratiquée en club, la monte à cru est, elle aussi, très efficace pour apprendre à lier son bassin au mouvement du cheval. Cependant, tous ces exercices sans étriers sont assez fatigants ; il est donc préférable de s'exercer peu de temps et souvent (pas plus de cinq minutes par séance), que longtemps et rarement.

À SELLE SPÉCIALE, POSITION SPÉCIALE

Certaines selles obligent le cavalier à adopter une position particulière. La selle western, par exemple, conçue pour rester à cheval de longues heures, place le cavalier comme dans un fauteuil, jambes descendues, assiette bien calée. Mieux vaut ne pas sauter avec elle, car on a bien du mal à s'extraire de ce siège profond ! La selle de course, au contraire, empêche le cavalier de s'asseoir profondément. Genoux complètement repliés, on se trouve beaucoup mieux en "suspension" au-dessus du cheval qu'assis sur ces quelques centimètres carrés de feutre. La selle de dressage, aux quartiers droits, favorise la descente des jambes et l'avancée du bassin. La selle d'amazone est plus confortable qu'il n'y paraît… si l'on monte en amazone, c'est-à-dire les deux jambes à gauche, calées dans des "fourches". La selle mixte (destinée à la fois au saut d'obstacles et au dressage), également nommée "selle anglaise", permet à peu près toutes les utilisations sur le plat ou en extérieur, y compris aux allures rapides. C'est la raison pour laquelle

elle est la plus fréquemment employée. Au moment de choisir une selle, il faut donc au préalable savoir quel type d'équitation on veut pratiquer. (*voir p. 178-179*).

Les aides

Une fois monté sur son cheval, le cavalier doit lui faire comprendre ce qu'il attend de lui. Pour cela, il dispose d'un certain nombre de moyens de communication : ses aides. Leur utilisation doit faire l'objet d'un apprentissage souvent très long. Mais alors, quel plaisir de pouvoir se faire obéir au simple "souffle de la botte"…

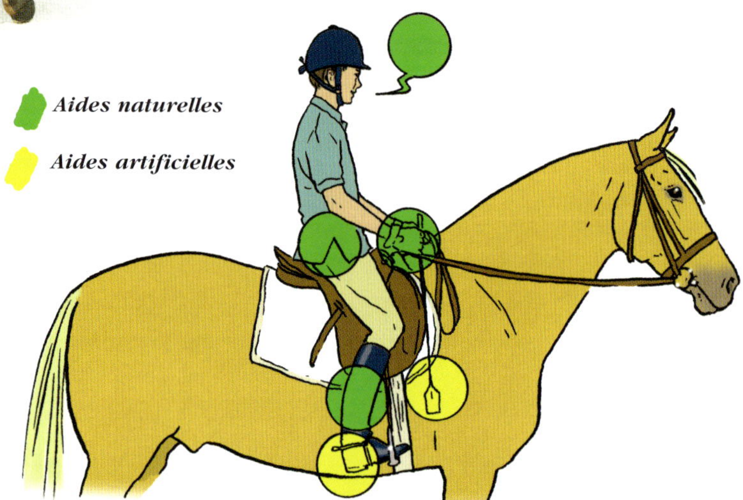

Les aides naturelles

Ce sont les jambes, les mains, l'assiette, le poids du corps et la voix (y compris l'appel de langue). Il existe un ordre d'importance entre ces aides. Pour ressentir les moindres oscillations de la monture et les suivre sans effort, le cavalier dispose d'abord de ses jambes et de son bassin, ce que certains professionnels appellent le "trépied". La stabilité en selle et la capacité à suivre le mouvement du cheval dépendent de la solidité de ce trépied. Le buste, pour sa part, joue surtout un rôle de balancier ou de récepteur-transmetteur des mouvements du cheval. Les mains servent seulement à diriger et à affiner les indications des jambes, jamais à se tenir. On peut monter sans les mains, pas sans les jambes !

Mode d'emploi

Les jambes servent à établir un contact permanent et à déclencher l'avancée. Pour s'en servir, on les ferme, en imprimant une pression plus forte dans le mollet. Si cela ne suffit pas, on donne un petit coup de talon pour réveiller la monture. Les jambes peuvent agir de manière indépendante, pour mobiliser les hanches d'un côté ou de l'autre. Dans ce cas, on recule légèrement la jambe opposée à la direction dans laquelle on veut déplacer l'arrière-main*. Le bassin est le lien privilégié entre les jambes et le buste, et entre le dos du cavalier et celui de sa monture.

LE SAVAIS-TU ?

Le cavalier descend du singe

On disait autrefois que confier des éperons à un débutant ressemblait fort à remettre un rasoir entre les mains d'un singe !

Il accompagne les mouvements du cheval et laisse passer l'impulsion* en suivant le rythme, ou s'y oppose en se bloquant (en serrant les cuisses).
Pour jouer son rôle de balancier, le buste doit être indépendant du bas du corps. On peut le reculer, pour s'opposer au déplacement ou rééquilibrer un cheval qui va trop de l'avant, mais on peut aussi l'incliner (jamais à plus de 30°) pour accompagner le cheval (en extérieur, à l'obstacle, etc.).
Les épaules doivent tomber naturellement sans se bloquer, sinon elles empêchent les mouvements de bras.
Pour qu'ils soient efficaces, les bras ne doivent pas être cassés au niveau des coudes ou des poignets. De leur souplesse dépend le moelleux de la main. Fermées sur les rênes sans raideur, les mains prolongent l'action du buste et sont le lien direct (donc essentiel) avec la bouche du cheval : basses, tenues symétriquement (ongles se faisant face), elles sont capables d'agir indépendamment l'une de l'autre.
Enfin, la voix est un appoint indispensable pour apaiser, encourager, à condition toutefois de ne pas devenir bavard et d'en oublier ses jambes.

Le cavalier de dressage *utilise ses aides avec finesse et discernement.*

Les aides artificielles

Ce sont les "outils" du cavalier.
La cravache sert de soutien à la jambe si cette dernière est inefficace ou en cas de désobéissance. Un ou deux claquements francs suffisent alors pour punir le cheval et sont très efficaces pour lui faire comprendre qu'il a mal agi. Mais une pluie de coups assénée par un cavalier qui perd son sang-froid risque surtout de braquer complètement la monture, pour laquelle cette manifestation de violence devient incompréhensible.
La cravache longue de dressage est réservée aux cavaliers confirmés.
Courts et carrés (de type "prince de Galles"), les éperons affinent les demandes des jambes et sont nécessaires lorsqu'on atteint un certain degré de dressage.
Les éperons à molette* sont plus sévères et confiés seulement aux cavaliers expérimentés.
On les utilise essentiellement en dressage. Mais attention toutefois : mal utilisés, comme pour la cravache, ils peuvent se révéler pires que le mal et figer le cheval dans une complète immobilité. Car celui-ci, ne sachant pas comment échapper à cette source de douleur, va finalement prendre le parti de ne plus bouger du tout en attendant que la pression s'arrête. Il est très difficile ensuite de remettre en avant un cheval qui refuse ainsi l'action des aides…
Enfin, il existe une dernière catégorie d'aides, utilisées très ponctuellement : les enrênements. Ce sont des systèmes de courroies ou d'élastiques, fixes ou coulissants, qui maintiennent le cheval dans une bonne position. Hormis pour le travail à la longe, il est préférable de n'y avoir recours qu'avec parcimonie car, sitôt enlevés, réapparaissent bien souvent intégralement les problèmes qu'on voulait régler grâce à eux.

Repères

La difficulté à cheval, c'est à la fois de trouver son équilibre et de l'adapter à celui de sa monture.
Pour savoir si la position que vous adoptez est bonne, voici quelques repères :
- lorsque vous êtes assis, si votre épaule, votre hanche et votre talon sont sur la même ligne, c'est que vous êtes parfaitement positionné ;
- si votre main et votre coude ne font qu'une ligne droite jusqu'à la bouche du cheval, c'est que votre buste et vos bras sont également bien placés.

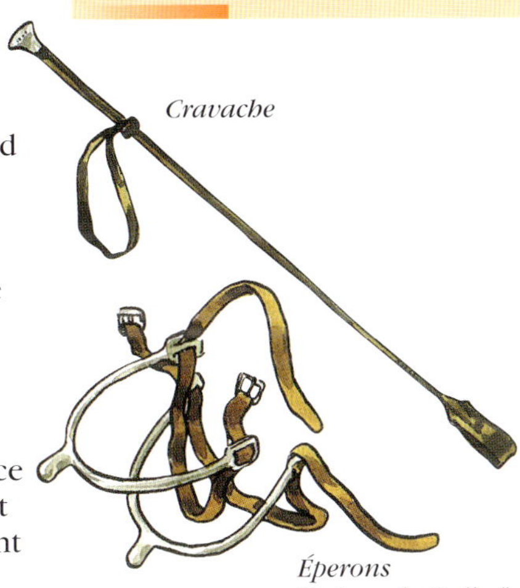

Cravache

Éperons "prince de Galles"

Marcher, s'arrêter

L'équitation est un art d'autant plus délicat qu'il implique deux êtres qui n'ont pas forcément les mêmes envies au même moment! Le cheval étant bien plus puissant que son cavalier, ce dernier a donc tout intérêt à ne pas utiliser la force mais plutôt des aides justes, pour amener sa monture à coopérer.

En avant!

Pour faire avancer un cheval à partir de l'arrêt, deux actions simultanées s'imposent : exercer une simple pression des mollets (sans les remonter) en arrière de la sangle et ouvrir un peu les doigts sur les rênes.
Si la pression des jambes ne suffit pas, on donne un ou deux coups de talon, complétés au besoin d'un appel de langue.
La cravache est inutile à ce stade, sinon cela signifie que le cheval est bien mal dressé et qu'il mérite une "leçon de jambes" par un cavalier confirmé pour le remettre dans le mouvement en avant.
Une fois au pas, il faut entretenir l'impulsion… Avec les jambes d'abord, qui doivent se resserrer chacune à leur tour sur les flancs en accompagnant le mouvement de balancier de l'arrière-main*. Avec le bassin ensuite, qui doit suivre avec souplesse chaque pas, sans se bloquer.

Stop!

S'il est essentiel que la monture avance, il est tout aussi indispensable de pouvoir l'arrêter à volonté. Or, le cavalier ne doit jamais oublier que sa monture n'est pas une machine! Il pensera donc non seulement à l'avertir de ses intentions, mais il prévoira également un certain décalage entre sa demande et l'exécution, surtout si lui-même ou son cheval est débutant.
Pour s'arrêter, il faut, comme

***À l'arrêt** : la position idéale*

pour n'importe quel mouvement, d'abord serrer un peu les jambes (pas les mollets, toute la jambe), car le cheval comprend ainsi que quelque chose va lui être demandé. Ensuite, redresser le buste, reculer les épaules et fermer les doigts sur les rênes avec assurance, de manière discontinue, en les prenant et en les relâchant au rythme des foulées. Attention à ne pas tirer sans arrêt sur la bouche en reculant ses mains : sinon, le cheval creusera son dos et s'arrêtera dans une mauvaise position (les postérieurs très loin derrière lui, la tête en l'air, les hanches de travers) ; ou alors, il prendra appui sur le mors et deviendra récalcitrant. En marquant l'arrêt à chaque foulée, plus ou moins fermement selon le degré de sensibilité de la bouche et en se redressant, on évite ces deux inconvénients. Il faut aussi penser à s'aider de la voix pendant le mouvement, en disant "Ho !" clairement.

Rester à l'arrêt

Quand le cheval est arrêté, on relâche la pression des mains et des jambes en restant redressé pour signifier que l'arrêt va durer un moment. Pour savoir si le cheval est dans une position satisfaisante, un coup d'œil sur ses postérieurs s'impose : ils doivent être placés sous ses hanches (ni trop en arrière, ni de travers). En outre, pour qu'un cheval reste immobile, il doit tout simplement se sentir bien. Il faut donc cesser de l'importuner une fois qu'on a obtenu ce qu'on voulait, le caresser s'il est inquiet ou veut repartir, en pensant à utiliser la voix. Enfin, il est impératif d'observer soi-même le plus grand calme ; sinon, la monture percevra cette impatience et n'aura qu'une envie, bouger.

La voix de son maître

Utiliser sa voix est indispensable et on conditionne assez facilement un cheval à la sienne en employant toujours les mêmes mots - simples - dans les mêmes circonstances. Pour s'en convaincre, il suffit de regarder le comportement des chevaux de club en reprise* : dès que le moniteur dit "galop", tous obtempèrent ! La longe et le travail en liberté permettent d'affiner encore ce dressage. Démuni de ses aides habituelles (jambes, assiette), le cavalier doit en effet être plus clair dans ses ordres vocaux. Le cheval s'habitue vite à obéir à ces intonations et tout le bénéfice de ce dressage se retrouve ensuite en selle.

***Un bel arrêt**, calme, confiant et bien carré*

LA LEÇON DE JAMBES

La leçon de jambes consiste à faire partir le cheval instantanément au galop après un ou deux coups de cravache bien nets derrière la jambe, si la simple pression des mollets n'a pas suffi. Au bout de trois ou quatre demandes simultanées mollets-cravache, le cheval avance en général sans demander son reste. Mais c'est assez inconfortable pour le cavalier (démarrages brutaux, cheval qui se défend) et mieux vaut être confirmé pour s'y risquer.

Tourner

Il existe deux façons de tourner : directement et indirectement. Dans le premier cas, on utilise la rêne d'ouverture et, dans le second, une rêne contraire ou "d'appui". Sans jamais oublier cependant l'essentiel : les jambes !

Les jambes précèdent toujours la demande et elles entretiennent ensuite le mouvement. La main extérieure (gauche si l'on tourne à droite) se contente de suivre la très légère incurvation du cheval sans bloquer l'encolure.

Rêne d'ouverture

La rêne d'ouverture a été ainsi nommée parce que le cavalier qui l'utilise ouvre sa main sur le côté pour emmener son cheval dans la direction qu'il a choisie. Pour une rêne d'ouverture à droite, par exemple, il écarte sa main et son avant-bras droits, de façon à mettre le bout du nez du cheval dans la bonne direction, puis il agit sur la bouche par petites pressions en gardant un contact constant, et en maintenant le coude au corps.

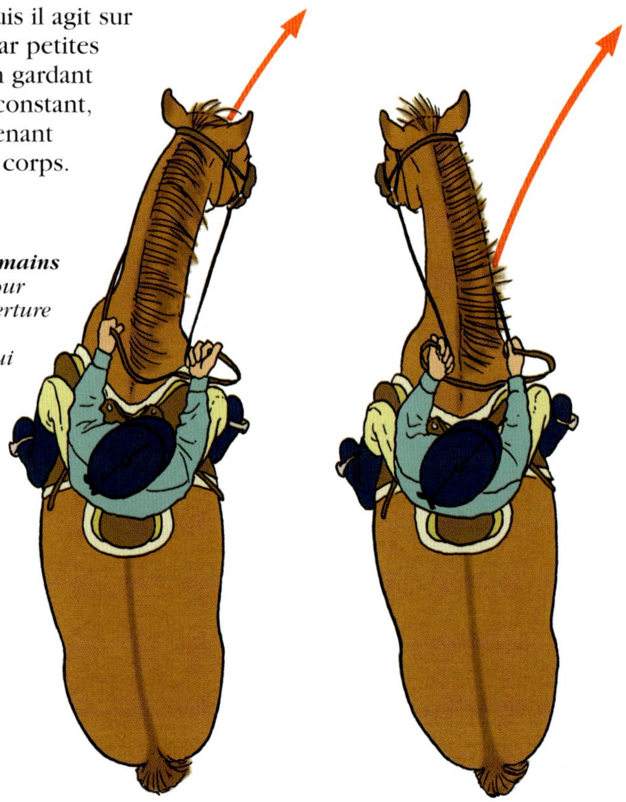

L'action des mains *est décisive pour la rêne d'ouverture (à gauche) et la rêne d'appui (à droite).*

L'intérêt de la rêne d'ouverture, également nommée "rêne directe", c'est qu'elle est simple à exécuter et facile à comprendre pour le cheval : la pression ressentie dans la bouche correspond à la direction dans laquelle il doit aller. On l'utilise donc systématiquement avec un jeune cheval, en extérieur, pour tourner vite et, d'une façon générale, tant qu'on n'a pas de problème d'équilibre et que le cheval est conciliant.

Rêne contraire

Elle demande au cheval "le contraire" de ce qu'elle lui indique, du moins en apparence puisqu'elle agit à droite pour aller à gauche, et inversement, d'où son nom. De quelle façon ? En appuyant légèrement sur l'encolure du cheval, ce qui explique qu'on l'appelle aussi "rêne d'appui". Il arrive parfois qu'un cheval ait peur d'un objet. On a beau demander, lui donner des coups de talon, lui mettre le nez dans la direction où l'on veut aller, rien n'y fait, il ne veut pas s'en approcher. Grâce à une rêne d'appui, on parvient à le pousser en douceur près de ce qui l'inquiète. De même, si un cheval devient difficile à manœuvrer alors qu'il faut réussir à tourner dans un espace restreint, une rêne d'appui permet de le faire tout en rééquilibrant la monture. Son action à la base du garrot facilite en effet le report du poids sur l'arrière-main* et le fait tourner sur les hanches, en équilibre et très serré. En équitation américaine, où les cavaliers montent presque exclusivement avec une seule main, la rêne d'appui est privilégiée. On peut l'utiliser de deux manières différentes : soit un peu en avant du garrot (ce qui agit plutôt sur les épaules), soit en arrière du garrot, ce qui permet d'intervenir sur le postérieur opposé. Mais son efficacité est liée à une condition : y associer les jambes.

LE SAVAIS-TU ?

Le "tape-cul"
En équitation militaire, cette expression désignait à juste titre la méthode qui consistait à monter sans étriers (à cru ou non) pour apprendre à avoir une bonne assiette.

***La rêne d'ouverture** est utilisée ici à l'obstacle pour indiquer au cheval la direction qu'il va devoir prendre dès la réception, gagnant ainsi de précieuses secondes sur le parcours.*

Jamais sans les jambes

Quel que soit l'effet de rênes employé, il ne faut jamais le dissocier d'un effet de jambes. Pour la rêne d'ouverture, on peut se contenter d'entretenir l'impulsion* avec l'assiette, sans déplacer les jambes, ou, à un niveau de dressage supérieur, reculer légèrement la jambe extérieure afin d'incurver le cheval jusqu'aux hanches. En rêne d'appui, pour aller à droite par exemple, on fait agir la jambe gauche (extérieure) légèrement en arrière de la sangle, tandis que les deux mains se déplacent en même temps vers la droite. La rêne extérieure (gauche) appuie doucement sur l'encolure et les deux actions doivent être complétées par un léger déplacement du poids dans la direction où l'on va (dans le cas présent, on pèse dans l'étrier droit).

Le pas

Qui n'a jamais rêvé d'avancer paisiblement sur sa monture, au gré d'un pas souple et cadencé, et de se laisser bercer par cette allure tranquille ? Pour réaliser ce rêve, un minimum d'expérience et de savoir-faire s'impose, rapidement récompensé par le plaisir de l'équitation.

Au pas, le cavalier sent son cheval se balancer de deux façons : longitudinalement et latéralement. De profil, son encolure avance puis recule de façon très nette, tandis que de dos, sa queue compense harmonieusement le mouvement de ses hanches. Il est indispensable d'apprendre à bien sentir ces deux balancements différents pour savoir comment les accompagner, les utiliser ou les améliorer.
L'intérêt du pas est en effet multiple : en début de travail, il permet d'échauffer musculairement le cheval ; à la fin, il facilite la récupération et le retour au calme ainsi que la détente des muscles raidis. Le pas est aussi l'allure de l'apprentissage pour la monture : il aide à décomposer chaque nouveau mouvement (jambe isolée, épaule* en dedans, appuyer* ou pirouette*).
C'est également valable pour le cavalier débutant, qui trouve là une allure rêvée pour "sentir" son cheval et se mettre en confiance.

Accompagner

Quand le cheval prend le pas, le cavalier novice a tendance à partir en arrière et à se sentir déstabilisé par cette allure qui le berce alternativement d'un côté et de l'autre. Le remède consiste à serrer un peu les cuisses sur la selle tout en baissant les talons dans les étriers (en pesant un peu de son poids).
Si c'est nécessaire, les jambes entretiennent l'impulsion* en épousant

LE SAVAIS-TU ?

Un "supertraining"
Parce qu'il consomme peu d'énergie (en oxygène et en glucose), le pas est idéal pour l'échauffement musculaire. Mobilisant suffisamment de muscles (y compris le cœur), il est utilisé avant toutes les épreuves sportives et d'autant plus longtemps que l'effort sera soutenu. C'est le cas en courses ou en concours complet où il n'est pas rare de voir un cheval marcher pendant une heure avant l'épreuve !

Le cheval rassemblé *raccourcit sa foulée au pas : c'est le pas de travail.*

le balancement du cheval, tandis que le bassin accompagne avec souplesse le mouvement vers l'avant. Le buste doit être redressé, sans crispation, et le rein souple de façon à ne pas bloquer le processus. Les mains avancent et reculent au rythme de l'encolure, en gardant un contact constant avec la bouche.

Accélérer/Ralentir

Pour accélérer, il suffit de fermer ses jambes sur les flancs, d'abord les deux ensemble, puis chacune à leur tour de façon à soutenir chaque avancée du postérieur. Il faut ouvrir aussi un peu les doigts pour inciter le cheval à allonger l'allure sans se précipiter.

Pour ralentir, on resserre un peu les jambes et on se grandit pour avertir le cheval et le mettre en équilibre. Puis on ferme les doigts sans tirer vers soi et surtout pas de façon constante. Cette action signifie au cheval qu'il fait bien et peut continuer ainsi. Au contraire, si on exerce une perpétuelle tension, il va se contracter et tirer ou se creuser. Il est indispensable de se servir du poids de son corps (en reculant les épaules progressivement et en s'asseyant plus profondément en selle) et de sa voix ("ho ! ho !"), pour éviter le recours à la force. Attention, l'utilisation de la voix est interdite durant les concours et les examens !

Allonger/Raccourcir

Pour que le cheval donne de l'amplitude à sa foulée au lieu d'en accélérer seulement le rythme, il faut qu'il soit déjà bien rassemblé (*voir p. 211*). Pour cela, on peut lui faire faire quelques très légères flexions d'encolure à droite et à gauche, accompagnées d'actions des jambes correspondantes puis d'un relâchement des mains et des jambes (attention, car son degré de dressage ne lui permet peut-être pas de répondre à ces injonctions). De même, le raccourcissement se fait sur une monture rassemblée, capable de rétrécir sa foulée sans laisser traîner ses postérieurs.

***Au pas**, on doit accompagner les mouvements de l'encolure.*

***En équitation western**, le pas allongé s'effectue rênes totalement relâchées contrairement à l'équitation classique.*

POUR UN MEILLEUR ÉQUILIBRE

Au pas, un certain nombre d'assouplissements permettent au cavalier de se détendre en selle afin de se sentir plus à l'aise et de mieux suivre les mouvements de sa monture :

- Étriers déchaussés, monter les genoux devant soi, alternativement puis ensemble.
- Toucher l'oreille de son cheval avec la main correspondante, (main droite sur l'oreille droite, par exemple) puis avec la main opposée ; recommencer ces gestes sur la croupe.
- Faire pivoter le buste de gauche à droite autour du bassin, en alternant mains aux épaules, sur les hanches ou bras tendus latéralement.

- Debout dans les étriers, poids dans les talons, marcher sans se tenir pendant plusieurs foulées. Ne pas hésiter à s'aider de la crinière !

Le trot

Les séances de mise en selle au trot assis sont, en général, la bête noire des cavaliers. Il est vrai que le trot est l'allure la plus inconfortable et celle où il est le plus difficile de garder son équilibre. Mais, comme c'est également l'allure la plus utilisée en dressage et en balade, il faut bien apprendre à la maîtriser. Et peut-être même, finalement, y prendre goût !

Trot assis et trot enlevé

Au trot, le cheval se projette d'un diagonal sur l'autre. Même si elle est régulière, cette poussée est assez déstabilisante pour le cavalier, d'autant qu'elle varie avec le rythme de chaque monture. Il existe deux façons de l'amortir : le trot assis ou le trot enlevé. Dans les deux cas, les mains n'ont pas à bouger puisqu'il n'y a pas de mouvement de l'encolure. Au trot assis, la poussée du cheval vers le haut est amortie par les cuisses du cavalier qui, en se fermant, démultiplient la force qu'elles envoient

TROT ENLEVÉ

• C'est en s'aidant de ses cuisses et de son bassin que le cavalier peut tantôt se soulever légèrement de sa selle ①, tantôt se rasseoir délicatement ②, ce qui constitue les deux phases successives du trot enlevé.

LE SAVAIS-TU ?

Cheval à pédales
On compare très souvent l'équitation au vélo : en effet, le rôle des jambes du cavalier est très proche de celui des pédales du vélo, tandis que les mains servent à la fois de guidon et de freins.

ensuite dans son dos. Seuls un maintien droit et un rein souple peuvent transformer en ondulation cette poussée relativement forte, variable selon les chevaux et la vitesse. Quand la secousse devient trop importante, il faut soit ralentir, soit prendre le trot enlevé. De cette manière, le cavalier, au lieu d'encaisser la poussée du cheval, se laisse soulever légèrement de la selle lors d'une foulée de projection, puis redescend doucement quand la poussée est finie. Il s'assied donc en selle un temps sur deux seulement. En manège, mieux vaut trotter sur le "pied extérieur", c'est-à-dire s'asseoir au moment où l'épaule extérieure du cheval revient vers soi.

Variations sur le trot

Comme toutes les allures, le trot peut varier en vitesse et en amplitude (taille de la foulée). Le trot assis n'est confortable que si le cheval est en équilibre et à vitesse assez lente. Il sert de base de travail pour toutes les figures de manège, une fois que celles-ci ont été assimilées au pas. Il permet aussi d'aborder une allure plus cadencée : le trot "raccourci". Il s'agit d'un trot plus rassemblé, du moins s'il est de qualité. Le trot moyen, lui, est l'allure qu'on adopte en extérieur, en promenade ou pour entraîner et mettre en souffle sa monture. Le cheval va plus vite qu'au trot assis (environ 200 à 250 m/min) et mieux vaut opter pour le trot enlevé, plus confortable. Le trot allongé est soit une figure de dressage où le cheval parcourt une diagonale du manège en engageant très fort ses postérieurs et en dégageant ses antérieurs avec énergie (le cavalier reste assis, épaules reculées pour encaisser le mouvement), soit une forme plus rapide du trot enlevé. Les allongements/ralentissements qui se font toujours de manière progressive sont indispensables pour assouplir le cheval.

EN COURSES : UN TROT BIEN PARTICULIER

Parce qu'il allège le dos du cheval, le trot enlevé facilite l'engagement du postérieur interne et cadence (rythme) le cheval. Il est donc précieux pour éduquer le poulain. On utilise aussi cette spécificité en courses avec les trotteurs, pour les inciter à conserver leur allure sans prendre le galop. Le trot monté de course est un accéléré de l'allure normale. Le cavalier doit à peine se poser en selle s'il veut suivre le mouvement de son cheval. C'est une allure qui demande beaucoup d'équilibre, à la monture comme au cavalier.

***Dans la forme rapide du trot allongé**, les jambes du cavalier doivent être très présentes pour que le cheval continue à se porter de façon régulière.*

Le galop

C'est souvent l'allure qui fait rêver les cavaliers en herbe. Ils attendent avec impatience le moment où ils pourront enfin découvrir les joies (et parfois les frayeurs) de la vitesse à cheval... Mais attention, galoper n'est pas synonyme de tout lâcher!

Partir du bon pied

Le cheval peut galoper sur le pied droit ou sur le pied gauche (*voir p. 86-87*). C'est son équilibre qui, au naturel, lui commande de choisir un pied ou l'autre, ou encore le sens dans lequel il va tourner (sur le pied gauche par exemple, s'il tourne à gauche). Pour le cavalier, il existe deux façons de faire partir sa monture au galop : par perte ou par prise d'équilibre. Dans le premier cas, le cavalier pousse son cheval au trot jusqu'à ce qu'il "tombe dans le galop" faute de pouvoir trotter plus vite : cet emploi est très limité et peu agréable. On l'utilise surtout avec un jeune cheval qui n'est pas encore assez équilibré ni soumis.
Dans le second cas, beaucoup plus courant, le cavalier part simplement "en équilibre", de n'importe quelle allure inférieure. Afin d'éviter tout désordre dans les départs au galop en général, on peut s'aider de la voix ("galop !") et de l'appel de langue.
Pour un départ par perte d'équilibre (au galop à gauche par exemple), le cavalier, tout en poussant son cheval au trot enlevé, va lui mettre un peu la tête à l'extérieur (à droite), de façon à libérer l'épaule qui doit s'avancer le plus (la gauche). Le poids du corps est légèrement à l'extérieur. La jambe droite recule un peu derrière la sangle et agit assez fortement sur le flanc, tandis que la jambe gauche reste à la sangle. Ainsi, le cheval s'habitue à ce léger décalage de jambes qui sera ensuite la base de l'apprentissage du départ au galop par prise d'équilibre. Pour partir du pas, on utilise la jambe extérieure pour mobiliser les hanches - ce qui met le cheval en place - et on maintient la jambe intérieure à la sangle. Les mains demandent une légère incurvation du côté où l'on va commander le départ.

Confortable... sauf s'il est désuni

Le galop, une fois qu'on le maîtrise, est sans aucun doute l'allure la plus confortable : le cavalier est bercé au gré de l'allure de sa monture. Sauf si le cheval se désunit, c'est-à-dire se met à galoper du pied droit devant et du pied gauche derrière (ou inversement). L'arrière-main* saute irrégulièrement, le cheval ne peut plus se pousser, rendant le galop fort désagréable. C'est d'ailleurs par paresse ou par incapacité physique qu'en général il se désunit. Mieux vaut dans ce cas repasser au trot et tenter un nouveau départ dans le calme, plutôt que de pousser le cheval dans un galop échevelé pour tenter de lui faire reprendre une foulée correcte.

En faisant agir jambes et mains au moment où la monture engage son postérieur extérieur, on obtient le galop (sur un cheval dressé). Il faut avoir le regard haut et loin, le dos droit pour demander un départ correct. On entretient l'allure en redemandant un départ à chaque foulée.

Accompagner

La particularité du galop, c'est son mouvement ondulatoire. Il faut apprendre à l'épouser, pour ne pas bloquer le cheval dans son avancée, ni créer de raideurs ou de défenses. Les mains doivent garder un contact constant et doux avec la bouche du cheval, tandis que le bassin accompagne le mouvement de son dos. Seuls une bonne assiette, un dos droit et des bras souples permettent au cavalier d'acquérir ce positionnement.

Changer de pied

Un cheval en liberté change de pied en fonction des circonstances, notamment lorsqu'il tourne. Monté, il peut aussi le faire à la demande. Par exemple, au galop à gauche, la jambe droite est légèrement reculée et la jambe gauche à la sangle. Lorsque le cheval est bien dressé, il suffit, à la fin du troisième temps de galop et pendant le temps de suspension, d'inverser sa position de jambes, donc de reculer la jambe gauche et d'avancer la droite, pour qu'il change de pied.

Peu fréquent, le galop allongé *permet de travailler la souplesse du cheval.*

TOUT FAUX ?

Dans un manège, si le cheval part sur le pied extérieur, il est au galop “à faux”. Il ne gardera pas cette allure très longtemps de façon naturelle, car elle limite sa foulée et lui demande un effort particulier. On l'utilise parfois cependant comme rééquilibrant, pour travailler un cheval sur le plat. Partir en ligne droite sur le “mauvais pied” (le pied extérieur) est d'ailleurs considéré comme un exercice difficile. Néanmoins, certains chevaux de manège, du fait d'une raideur générale et d'une incurvation marquée d'un côté, rechignent à galoper de façon égale sur les deux pieds. Ils préfèrent partir systématiquement à faux que de galoper sur l'autre pied. Pour les y obliger, il faut les incurver du côté opposé.

Galop à juste

Galop à faux

Le saut

Le saut est inné chez l'équidé, du moins sur de petites hauteurs. Mais le cheval a besoin de qualités hors du commun, d'un sérieux entraînement… et d'un sacré cavalier pour franchir jusqu'à 2,47 m en hauteur et 8,40 m en longueur (ses records) !

Étape par étape

Pour sauter correctement, un cheval doit successivement :
- estimer son obstacle et l'effort à fournir pour le franchir. Voilà pourquoi il abaisse son arrière-main* et allège son avant-main* juste avant de sauter ;
- rassembler ses membres pour préparer son appel. Plus l'obstacle est haut, plus il doit avancer ses postérieurs sous son corps et alléger son avant-main ;
- plier ses genoux et monter ses épaules avec énergie ;
- détendre ses postérieurs pour se propulser vers le haut (sur une trajectoire ronde dans le cas d'un obstacle haut, légèrement elliptique s'il s'agit d'un obstacle large) ;
- au "planer" (une fois qu'il est au-dessus de l'obstacle), s'étirer de l'encolure à la croupe, pour dégager ses postérieurs et basculer son corps de l'autre côté ;
- relever son encolure pour préparer la réception et l'afflux de poids sur les antérieurs ;
- et enfin, poser ses postérieurs.

Le saut est terminé, mais le cheval doit alors reprendre son équilibre et son allure pour préparer le saut suivant.

Trajectoire ronde
sur un obstacle droit

Trajectoire elliptique
sur un obstacle large

Suivre le mouvement

Pour faciliter la tâche de sa monture, le cavalier doit :
- rester en équilibre à l'abord de l'obstacle et demeurer discret pour ne pas perturber cette phase ;
- faciliter l'engagement au moment de l'appel, en soulevant son assiette hors de la selle et en prenant appui sur les étriers ;
- se pencher en avant et accompagner le mouvement de l'encolure avec les mains pendant le planer, pour faciliter l'étirement et la bascule de l'animal ;

– se redresser légèrement lors de la réception pour ne pas surcharger l'avant-main ;
– et enfin rester en suspension près de la selle pour encourager l'avancée des postérieurs et la reprise d'équilibre après le saut.

À l'abord

C'est dans la zone d'abord, située à 15-20 m de l'obstacle (soit 4 à 5 foulées), que le cavalier doit mettre sa monture en équilibre et rectifier sa vitesse. Trop près de l'obstacle, il va perturber l'équidé. Trop loin, il risque d'avoir à réintervenir. Il lui faut aussi maintenir fermement le cheval entre ses jambes et lui donner une direction claire pour prévenir refus et dérobades. On pense parfois qu'il faut aborder plus vite l'obstacle si le cheval renâcle. C'est faux : on doit au contraire être au petit galop.

En cas de refus, un coup de talon suivi éventuellement d'un rappel avec la cravache doit suffire, à condition de revenir aussitôt. En cas de dérobade, il est nécessaire de ramener immédiatement le cheval du côté opposé à celui vers lequel il s'échappe. La question de la zone d'appel idéale est souvent posée quand on pratique le saut. En théorie, un cheval qui saute un obstacle de 1 m de haut doit décoller à 1 m du pied pour que sa trajectoire soit parfaite. Dans le cas d'un obstacle large de 1 m sur 1 m, il doit partir à 1,50 m. En pratique, d'autres éléments sont déterminants : la vitesse et l'équilibre. Si un cheval aborde un obstacle droit de 1 m de haut dans un galop moyen et bien équilibré, une imprécision de 50 cm dans l'appel ne pose aucun problème. En revanche, s'il l'aborde au triple galop et déséquilibré, il aura beau prendre son appel à 1 m, le saut sera mauvais.

***À l'abord**, le cavalier est en suspension, il n'a plus à intervenir.*

***Pour l'appel**, il s'élève au-dessus de sa selle en s'inclinant vers l'avant.*

En suspension

On parle souvent de position "en suspension" à propos du travail à l'obstacle ou en extérieur. Celle-ci désigne simplement un cavalier qui n'est en contact avec son cheval que par les jambes, les fesses étant au-dessus de la selle. Cette posture allège considérablement le dos du cheval puisque le poids du cavalier repose tout entier dans ses talons. Elle encourage aussi le mouvement en avant en soulageant l'arrière-main de la monture. On utilise donc cette position essentiellement aux allures vives, en extérieur, en cross ou encore entre les obstacles.

Tournez manège

Passages obligatoires pour tout cavalier débutant, le manège et la carrière sont destinés à faciliter l'apprentissage de l'équitation. C'est là que l'on se met en selle avant, peut-être, de partir en extérieur…

La carrière

Idéale pour travailler, la carrière est un lieu toujours situé à l'extérieur et clos de barrières appelées "lices". En général, son sol est sableux, sinon il est herbeux. Pour qu'elle soit de qualité, une carrière doit présenter un sol souple et plat. Mal drainée, glissante ou en pente, elle incite le cheval à se "retenir", ce qui ne lui permet pas de développer ses allures. Attention également au sable utilisé. Trop grossier, il est abrasif pour les sabots. Trop fin, les montures vont s'y enfoncer excessivement, ce qui risque de leur provoquer des molettes*. Un sable trop dur peut aussi causer des microtraumatismes et engendrer des suros*. La taille d'une carrière varie en fonction des activités qui y sont effectuées. Les dimensions standard permettant d'organiser des épreuves officielles de dressage sont de 60 x 20 m. En saut d'obstacles, les carrières mesurent au minimum 60 x 40 m.

Les obstacles

La plupart des obstacles installés sur une carrière sont mobiles. Il s'agit de barres en bois (de bouleau notamment), peintes ou non en "pointillés" bicolores, de 2 m de front ou parfois un peu plus. Certaines carrières disposent aussi d'obstacles naturels : buttes, trous, rivière, etc.

***La carrière** doit être régulièrement arrosée sous peine d'être trop poussiéreuse, ce qui est nocif pour les poumons du cheval. Il faut aussi la herser fréquemment, sinon le sol durcit.*

Le manège

Propice à la concentration, le manège est un bâtiment fermé et entièrement recouvert. Le sol est le plus souvent en sciure de bois (plus rarement en débris de cuir ou de plastique). Un "pare-bottes", sorte de plan incliné en planches courant le long des murs, évite au cavalier de rester bloqué contre la paroi en cas de chute.
En manège, le cheval est plus attentif qu'en carrière, car aucun élément extérieur (vent, pluie, circulation, bruits, etc.) ne vient le troubler. En revanche, il a moins d'allant, d'autant que l'espace est souvent plus réduit : les manèges font habituellement 40 x 20 m. C'est peu, mais suffisant pour apprendre les mouvements de base ou entretenir son travail sur le plat pendant l'hiver. À condition toutefois de combiner cet entraînement avec des exercices en extérieur.
Pour les épreuves officielles de dressage et de saut, les dimensions minimales sont identiques à celles des carrières.

Le rond de détente

Quand on a affaire à un cheval jeune ou impétueux, il est recommandé de le détendre avant de le monter en le lâchant dans le rond de détente, sorte de couloir circulaire d'environ 20 m de diamètre. On peut aussi y laisser l'animal en liberté quelques heures par jour pour qu'il se dérouille les jambes. Ou encore y accoutumer une monture à certains objets insolites, effectuer un débourrage* dans le calme ou travailler un "rebelle".

Les principales figures de manège

Elles sont au nombre de cinq :
- le cercle ou la volte, de diamètre variable ;
- la demi-volte ;
- la demi-volte renversée ;
- le doubler, dans la longueur ou la largeur, avec ou sans changement de main ;
- le changement de main par la diagonale.

En reprise*, on peut exécuter toutes ces figures individuellement ou successivement (les uns à la suite des autres).
Enfin, quand on travaille dans un espace clos avec d'autres cavaliers, il faut respecter une certaine discipline pour ne pas se percuter. Ainsi, celui qui évolue piste à main droite a toujours priorité, sauf si l'autre cavalier est à une allure supérieure.

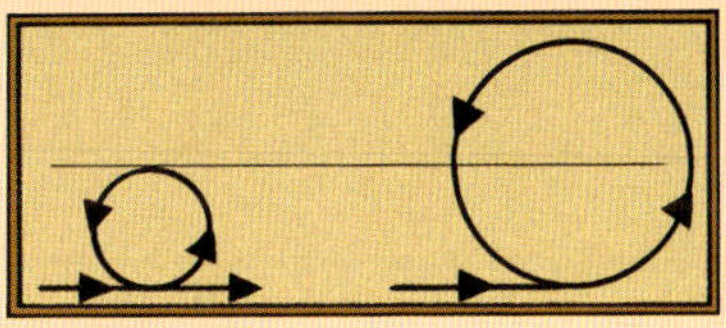

Cercle ou volte

Demi-volte

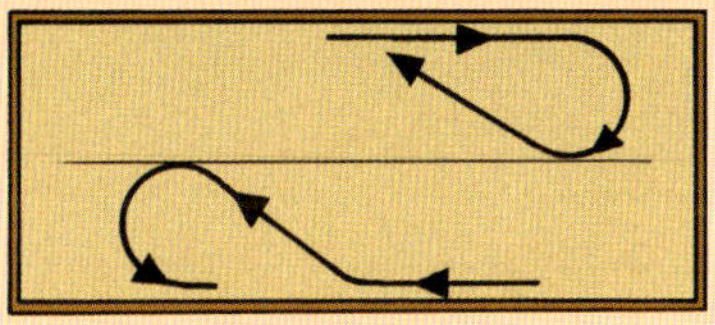

Demi-volte renversée

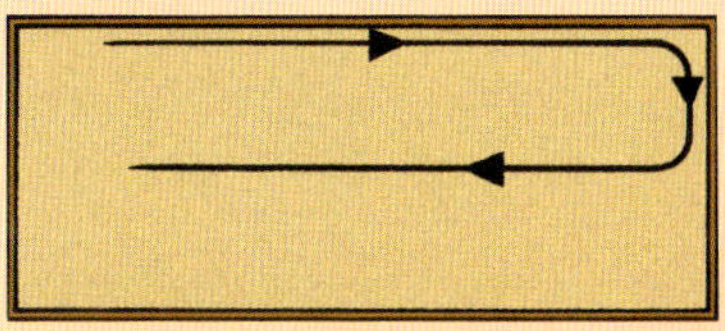

Doubler dans la longueur

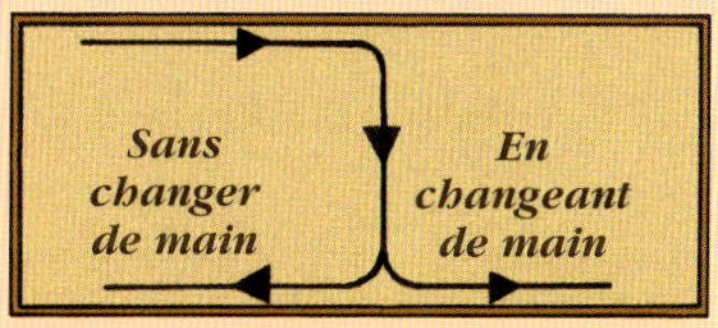

Doubler dans la largeur

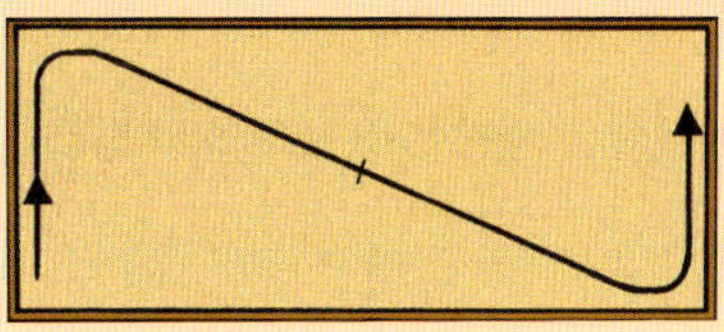

Changement de main par la diagonale

Piste à main droite

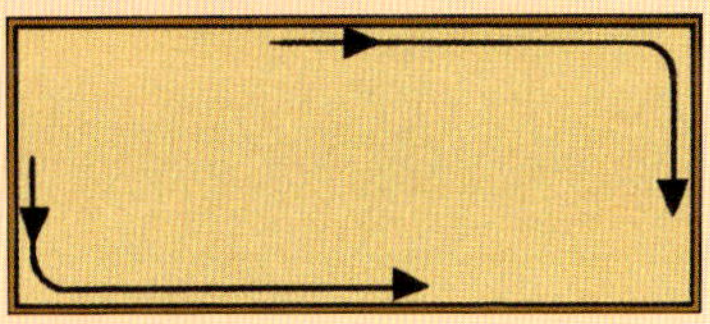

Piste à main gauche

***Le travail en manège** est rassurant pour les débutants car les chevaux y sont plus calmes qu'en extérieur.*

De l'air !

Hors des box et des manèges, un vent de liberté souffle sur le cavalier et sa monture. Les joies du plein air sont vivifiantes. Attention cependant à ne pas s'emballer !

Cheval = véhicule

Lorsqu'on longe ou qu'on traverse des routes très fréquentées, le mieux est de toujours rester au pas, en faisant signe aux chauffeurs de ralentir. Quoi qu'il en soit, le respect du code de la route (arrêt aux stops, feux rouges, etc.) est obligatoire : le cheval est considéré comme un véhicule !

Seul ?

Monter seul en extérieur n'est pas sans risque : en cas de chute sévère, il se peut qu'on attende longtemps l'arrivée des secours. Si l'on opte néanmoins pour ce type d'équitation, mieux vaut s'entourer d'un certain nombre de précautions : choisir des étriers de "sécurité" (dans lesquels le pied ne reste pas coincé) et mettre un casque plutôt qu'une simple bombe (sans oublier de l'attacher !). Il est également fort utile d'indiquer à quelqu'un son itinéraire global ainsi qu'une heure approximative de retour, et de prendre si possible un téléphone portable. Enfin, il convient auparavant de détendre un peu son cheval, en le lâchant en liberté, en le longeant ou en le montant aux trois allures sur la carrière.

S'adapter au terrain

Le cheval est à la fois rustique et fragile. Un sol trop dur crée des lésions au niveau de ses articulations et un sol trop mou abîme ses tendons. Si le chemin est caillouteux ou boueux, la monture peut glisser et se tordre

***Idéal pour prendre le trot et le galop**, le sol sablonneux est suffisamment moelleux. Mais, trop profond, il devient fatigant pour les membres.*

les pieds. Une seule manière de contourner ces inconvénients : rester au pas. Lorsque le temps est froid et sec, l'équidé est souvent guilleret. Mieux vaut prendre le petit trot assez vite après un échauffement minimal au pas (2 à 3 min). Mais qui dit froid dit terrain dur. On peut donc trotter sur ce type de sol (route goudronnée, chemin de terre damé) à condition de ne pas le faire trop longtemps : 3 à 6 min selon l'âge et la forme de la monture, et jamais à une allure trop vive (10-12 km/h environ). Un sol gelé en revanche doit être banni, parce qu'il est glissant et dangereux. De même, la vigilance s'impose sur un sol goudronné et humide. Enfin, on ne galope jamais sur le macadam, très dur et trop lisse, ni dans un champ labouré, trop profond pour que les tendons du cheval y résistent. Attention à la pluie (l'équidé baissera la tête pour éviter les gouttes d'eau) et au vent (il essaiera de lui tourner le dos !).

***En plein air**, monter en groupe est toujours un gage de sécurité.*

Bien choisir ses allures

Chaque promenade commence et se termine par un temps d'échauffement et de récupération au pas d'une durée minimum de 4 à 5 min. Le trot est l'allure de travail privilégiée pour se mettre en forme. On le tient pendant 4 à 8 min environ. Le galop ne se prend que sur des sols moelleux (terre, sable). Sa durée, pour un cheval sorti une heure par jour, tourne autour de 2 min, après un temps de trot obligatoire. Une jeune monture ne galopera pas plus de 1 min. Ensuite, il est nécessaire de respecter un moment au pas. Pour savoir si l'équidé est encore essoufflé, il suffit de s'arrêter et de regarder son flanc : il doit se soulever lentement et régulièrement. Les montées peuvent se prendre aux trois allures, sachant qu'il ne faut jamais pousser l'animal, sous peine de forcer son cœur. En descente, mieux vaut généralement rester au pas. Mais si la pente est douce et le sol de bonne qualité, on peut s'y engager au trot et même au petit galop (toujours sous contrôle) pour travailler l'équilibre de la monture.
Le retour à l'écurie s'effectue dans le calme : à 300 m du point d'arrivée, il faut absolument avoir repris le pas. Si le cheval n'est pas complètement sec, on le fait marcher dans la carrière jusqu'à ce qu'il le soit pour qu'il n'attrape pas froid.

***Attention, danger** ! Ce cavalier est seul et, en outre, il ne porte pas de bombe.*

Restons groupés !

L'équitation est un sport et un loisir que l'on a tout intérêt à pratiquer en groupe. Pour le plaisir des montures, qui préfèrent toujours rester en compagnie de leurs congénères, mais aussi pour le bénéfice des cavaliers : les regards critiques permettent de progresser… en toute sécurité!

En bon ordre

Très développé chez les équidés, l'instinct grégaire entraîne deux grands types de comportement lorsqu'on monte en groupe : certains chevaux passent leur temps à essayer de se rapprocher de leur compagnon d'écurie (ou de pré), et d'autres ne pensent qu'à se provoquer. Une première règle d'or consiste à connaître (ou à repérer rapidement) le caractère et les affinités des chevaux en présence. Et notamment à ne pas placer une monture qui mord derrière un cheval qui botte ! Il faut éviter également de mettre un jeune cheval peureux et sujet aux demi-tours devant un vieux routier (le premier n'apprendrait rien et le second s'ennuierait ou risquerait un mauvais coup). De même, un animal aux allures traînantes ne doit pas se trouver devant un autre plus rapide.

RÈGLES DE BONNE CONDUITE

En promenade, prenez de bonnes habitudes.

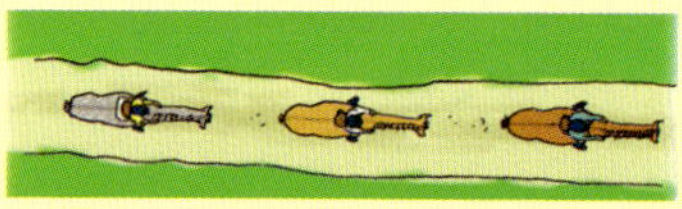

• Sur un chemin, avancez toujours en file indienne pour ne pas entraver la circulation. Le respect des allures adoptées par le cavalier de tête est essentiel. Celui-ci doit prévoir les changements suffisamment à l'avance (surtout les ralentissements) et les signaler aux suivants par élévation du bras.

• Pour couper une route, placez-vous côte à côte (au pas !) de façon à traverser en même temps et en une seule fois.

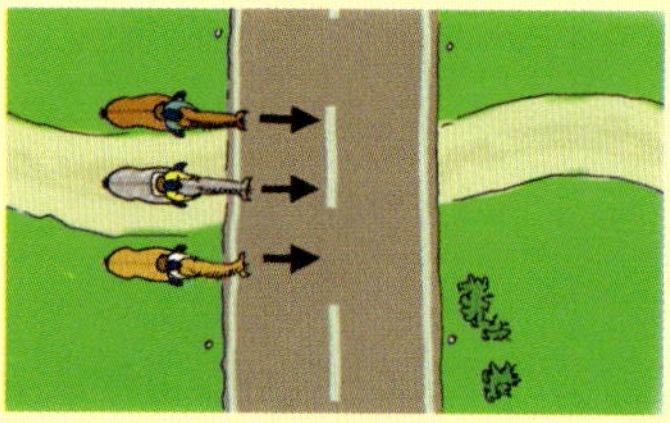

Vous éviterez le désordre et accélérerez la manœuvre. De plus, un groupe compact se repère plus facilement que des éléments isolés.

• Enfin, un certain savoir-vivre est indispensable : refermez les barrières que vous avez ouvertes, ne piétinez pas les champs cultivés, passez au pas lorsque vous croisez des piétons, remerciez les automobilistes qui ralentissent…

Enfin, il n'est pas recommandé d'emmener une bête qui n'est pas sortie depuis deux jours dans une balade où les autres ont déjà accompli plusieurs heures de travail. Elle risque en effet de semer la pagaille à cause de son agitation, surtout si le temps est très froid ou venteux, ce qui réveille les envies de départ au galop intempestif. En respectant ces règles, les groupes sont donc idéalement formés de la manière suivante : en tête les montures les plus actives et les moins couardes, puis les novices et enfin les lentes. Lorsqu'un cheval qui botte ne peut être placé en bout de file, il est recommandé de lui attacher un nœud rouge autour de la queue pour prévenir l'entourage. Si l'on monte un animal peu sociable, il est bon de prévenir les cavaliers placés devant ou derrière soi.

Garder ses distances

Chaque cavalier doit rester maître de sa vitesse et respecter impérativement ses distances, quelle que soit l'allure. Il faut éviter de se laisser distancer, que ce soit par distraction ou pour "calmer" un cheval qui trottine. Celui-ci n'aura en effet plus qu'une idée en tête : rejoindre ses congénères au plus vite en se lançant au galop, ce que les autres interpréteront comme un signal de départ général. Pour doubler, il est indispensable de se mettre au pas et de demander d'abord l'accord de celui qui précède, afin d'éviter tout effet de surprise. Quand on croise un autre cheval ou un autre groupe, il faut également passer au pas et garder de la distance pour éviter les échanges de coups de pied.

La sécurité avant tout

En extérieur, quand la nuit tombe, on doit être éclairé et facilement repérable sous peine de procès-verbal. De plus, même pour des sorties occasionnelles, une assurance est indispensable, soit par le biais de la licence fédérale (voir avec la Fédération française d'équitation ou son club d'attache), soit auprès de sa compagnie habituelle (responsabilité civile et individuelle). Si l'on est de passage dans un club, le loueur est tenu de proposer une assurance incluse dans le prix de l'heure.

LE SAVAIS-TU ?

Chacun sa place

Pour savoir si tu gardes bien tes distances (2 m au minimum), voici une astuce : tu dois voir les sabots des postérieurs du cheval qui te précède entre les oreilles de ta monture.

Dressage, mode d'emploi

Au IVe siècle av. J.-C., le général grec Xénophon posait déjà les bases du dressage équestre, dans un traité intitulé l'*Hipparque*. Les peuples cavaliers se sont ensuite adaptés à ses grands principes en fonction de leurs besoins (agriculture, guerre, jeux, etc.). Mais la base de tout dressage est restée la même.

Les grands principes

Pour des raisons de sécurité, tous les chevaux amenés à travailler avec l'homme doivent être dressés. Apprendre à avancer, tourner et s'arrêter à la demande de son cavalier, voilà la base de toute éducation. Mais le dressage va plus loin : l'homme a en effet constaté que, dans la nature, l'équidé est capable de développer des allures et des attitudes magnifiques. L'écuyer a souhaité les faire adopter à sa monture à volonté. Le dressage a donc pour but de rendre le cheval aussi souple et maniable, monté ou attelé, qu'il l'est en liberté. Il s'agit d'en faire un véritable partenaire "calme, en avant, droit" selon le mot du grand théoricien du XIXe siècle, le général L'Hotte (1825-1904). Ce qui signifie qu'un cheval fait du bon travail lorsqu'il est paisible, allant, et qu'il obéit aux jambes et aux mains de son cavalier. Plus le dressage est affiné, moins les demandes de l'homme en selle sont perceptibles.

Les trois premières années

Le dressage sous la selle doit être adapté à la croissance puis au vieillissement de la monture. Il est vrai qu'on peut mettre une sangle légère à un poulain de selle dès l'âge d'1 an (cela se pratique couramment avec les quarter horses et les pur-sang), afin de l'habituer à cette sensation, mais il n'est pas conseillé de le monter avant deux ans et demi. Les pur-sang anglais, plus précoces, sont débourrés* plus tôt, vers 21 mois, mais avec des poids très légers (35-40 kg). Au cours de sa troisième année, le poulain exécute des tâches simples : avancer, s'arrêter, tourner aux trois allures, avec de l'impulsion, dans un équilibre naturel, c'est-à-dire avec son poids également réparti entre l'arrière* et l'avant-main*.

Le travail à la longe *est fort utile pour débourrer une jeune monture.*

De 4 à 5 ans

À 4 ans, on commence à demander à la monture de reporter un peu de poids sur son arrière-main grâce à des exercices où elle exécute des mouvements latéraux : cession* à la jambe (épaule en avant, épaule en dedans, etc.), demi-tour, transitions*, cercles plus réduits, figures en huit, etc. À 5 ans, les mêmes mouvements sont perfectionnés et amènent le jeune cheval à avancer de plus en plus ses postérieurs sous lui. Cela va lui permettre d'utiliser au mieux toute sa puissance et d'être de plus en plus léger dans la réalisation des exercices cités ci-dessus. Parallèlement, on augmente sa résistance par une mise en condition en extérieur. Les séances sur le plat, de vingt minutes à l'âge de 4 ans (sans compter les temps d'échauffement et de récupération au pas d'une dizaine de minutes en début et fin de séance), sont portées à une demi-heure six mois plus tard. À 5 ans, la durée de cet entraînement varie, selon l'intensité du travail, d'une demi-heure à trois quarts d'heure,

C'est le mors de filet qu'on utilise pour le travail du jeune cheval.

entrecoupée bien entendu de pauses au pas, rênes longues. Plus que la quantité de travail, c'est sa qualité qui permet de progresser.

Un peu de patience !

Comme les humains, les chevaux n'apprennent pas tous à la même vitesse. D'abord, ils n'ont pas les mêmes dispositions au dressage. Ensuite, il faut s'entendre sur le mot “dresser”. Si l'on parle seulement d'avancer, de s'arrêter et de tourner, des progrès nets apparaissent au bout d'un mois, si la méthode est rigoureuse. Mais si l'on veut avoir une monture bien équilibrée, répondant aux ordres du cavalier en souplesse et sans aucune résistance, avec un semblant de rassembler*, il faut beaucoup plus : d'un à deux ans, selon le niveau de départ de l'équidé et son âge. Il est notamment indispensable de tenir compte de sa croissance en évitant tout effort musculaire important avant sa maturité. Celle-ci se situe vers 6 ans pour un cheval de selle, mais dès 3 ans pour les poneys et les chevaux de course, plus précoces. Quant aux mouvements de haute école (piaffer, croupade, cabriole, levade, etc.), ils ne doivent pas être appris avant quatre ou cinq ans d'entraînement préalable.

JUSQU'À QUAND ?

Le dressage d'un cheval commence dès sa naissance, avec le premier licol, et se poursuit toute sa vie. Mais, physiologiquement, un cheval est adulte de 6 à 16 ans. C'est durant cette période que l'on peut améliorer sa technique et lui enseigner des figures ou des attitudes nouvelles. Ensuite, il faut se contenter d'entretenir son dressage et sa souplesse par un travail de détente et des exercices appropriés, sans demander à la monture des efforts trop violents.

Dressage classique

Enseigné au Cadre noir de Saumur, à l'École espagnole de Vienne ou à l'Académie royale d'Andalousie, le dressage classique perpétue une tradition qui remonte à la Renaissance. Pour obtenir allures et sauts très stylisés, souvent époustouflants, patience et longueur de temps font plus que force ni que rage!

Airs relevés

Dans ces allures, le cheval transforme son mouvement naturel vers l'avant en mouvement vers le haut. Également nommées "airs de haute école", elles nécessitent un dressage très élaboré. Les airs relevés sont apparus en Europe (d'abord en Italie, puis en France et en Allemagne) dès la fin du XVe siècle.

Les deux airs les plus classiques sont le passage et le piaffer. Pour les réaliser, le cheval doit abaisser fortement ses hanches, afin de bien engager ses postérieurs, et "raccourcir" son encolure en relevant la nuque. Il peut alors développer un maximum de puissance (contrairement à un cheval dont les postérieurs traînent et dont l'encolure est étendue et basse). Le passage est une allure naturelle très belle, que n'importe quel cheval peut prendre en liberté sous le coup de la surprise ou de l'excitation. L'animal semble trotter en dansant, il reste comme suspendu entre chaque foulée. Pour l'obtenir en selle, il faut que monture et cavalier soient expérimentés. Le piaffer est également naturel pour certains chevaux : l'équidé l'adopte lorsqu'il piétine sur place ou qu'il est énervé. C'est un passage sur place qui exige que l'équidé engage fortement ses postérieurs. Pour y parvenir en selle,

Sauts de pie

Les mouvements de haute école sont difficiles à réaliser. Aussi, les chevaux opposent parfois un peu de résistance. Ils effectuent alors ce que l'on appelle le "saut de pie", qui consiste en un sautillement avec les postérieurs, comme s'ils se préparaient à envoyer une ruade. On dit aussi que la monture "se pique" des postérieurs. Imprévisible, cette défense projette bien des cavaliers dans la sciure !

***Le piaffer** consiste à lever les membres en diagonale mais sans avancer.*

un grand savoir-faire est aussi indispensable. Certaines écoles de dressage (notamment les écoles espagnole et portugaise) ajoutent à leur répertoire le "pas espagnol" ou "pas d'école". Il s'agit d'un pas artificiel, ralenti et rassemblé, dans lequel le cheval relève ses antérieurs en les étendant devant lui.

Sauts d'école

Le cheval peut aussi exécuter un certain nombre de sauts, résultat d'un travail très complexe. Ce sont les "sauts d'école", que l'écuyer demande à pied ou en selle. La plupart de ces airs avaient à l'origine une vocation guerrière : ils permettaient aux cavaliers de se dégager facilement dans les combats au corps à corps. Les plus connus sont la croupade, ruade puissante ; le cabrer : l'animal s'appuie sur ses postérieurs pour soulever son avant-main* de toute sa hauteur ; et la cabriole, qui commence par un bond en l'air suivi d'une ruade. Il existe également la levade (aussi appelée "pesade") : le cheval est ployé sur les hanches, son avant-main est relevée et ses antérieurs repliés ; et la courbette, faite de plusieurs petits bonds en levade, sans que l'avant-main ne revienne au sol.
L'École espagnole de Vienne (dite "espagnole" parce qu'elle fut créée à l'origine avec des étalons andalous), le Cadre noir de Saumur et certaines grandes écoles de cirque (Knie, Grüss) continuent à perpétuer la tradition du dressage classique.

***Lors du passage**, le cheval développe beaucoup de puissance, ce qui donne une grande légèreté à son allure.*

***La croupade** est une ruade des deux postérieurs, qui nécessite un excellent appui sur les antérieurs.*

***Lors du cabrer**, le cheval se dresse complètement sur ses postérieurs.*

Dressage académique

L'équitation dite "académique" a connu son apogée au XVIIIe siècle, à Versailles. Les principes érigés alors continuent à réglementer le dressage académique, tel qu'on le pratique encore aujourd'hui. Cette discipline est donc avant tout un hommage à la tradition.

Origines

Jusqu'au XVe siècle, le cheval n'est utilisé que comme un instrument au service de l'homme. Son dressage reste rudimentaire et la recherche de la légèreté n'est pas d'actualité. C'est au début du XVIe siècle, en Italie, que les premières recherches en art équestre apparaissent. Antoine de Pluvinel suit l'enseignement du maître italien Pignatelli et importe cette nouvelle discipline en France. Dès le XVIIe siècle, des écuyers commencent à publier les fruits de leurs recherches.
Au XVIIIe siècle, l'équitation européenne subit presque exclusivement l'influence de la France. Le grand écuyer François Robichon de La Guérinière, excellent dresseur, crée en 1715 à Paris une académie d'art équestre dont la renommée est internationale. Il rédige en 1733 les grands principes de son équitation dans l'*École de cavalerie*. Ce livre est encore aujourd'hui une base de travail pour tous les cavaliers de dressage.

Académies modernes

Les dernières académies d'art équestre que sont l'École espagnole de Vienne (créée au XVIIIe siècle), l'École royale andalouse de Jerez ou l'École portugaise d'art équestre (relancées au XXe siècle) sont des conservatoires au sein desquels on perpétue cette tradition de dressage. Le Cadre noir de Saumur est différent : apparue en 1828, cette école militaire véhicule des valeurs plus sportives que classiques.

***Le rassembler** est l'état d'équilibre indispensable pour exécuter toute figure de dressage académique.*

Équilibre

Les principes de l'équitation classique relèvent de la nécessité de corriger le déséquilibre vers l'avant provoqué chez le cheval par le poids du cavalier. Faute de dressage et de travail, cette surcharge déplace le centre de gravité de l'équidé vers l'avant, ce qui a pour conséquence de surcharger son avant-main* et de nuire à sa motricité. Afin de retrouver une plus grande aisance de mouvement, l'animal doit adopter une nouvelle attitude que l'on appelle le rassembler*. Elle consiste à relever son encolure (ce qui reporte du poids sur l'arrière) et à engager ses postérieurs sous la masse du corps. Ceux-ci peuvent alors supporter une partie du poids du cavalier et alléger ainsi l'avant-main. Cela permet au cheval de se déplacer plus facilement dans tous les mouvements de dressage, qui nécessitent un parfait équilibre.

Ce changement de posture ne peut évidemment pas se faire du jour au lendemain. Le cheval doit auparavant développer la musculature et la souplesse nécessaires.

Souplesse

Le travail de haute école consiste à assouplir son cheval, à obtenir le fléchissement de ses hanches et l'allègement de ses épaules. L'équidé doit également rester dans une impulsion* constante qui l'incite à se porter en avant à la moindre sollicitation du cavalier. Une des clés de voûte de l'équitation classique est l'épaule* en dedans, exercice durant lequel le cheval se déplace sur la piste avec la tête et les épaules tournées vers l'intérieur du manège. Il est donc ployé d'un côté ou de l'autre, au pas, au trot et même au galop. Cette espèce de marche en crabe confère souplesse et soumission à l'animal. Au fur et à mesure de la progression de son dressage, la monture se fait de plus en plus légère. L'écuyer n'a plus besoin d'agir sur son mors pour la rééquilibrer.

Écuyers contemporains

Le Portugais Nuño Oliveira et le Français Michel Henriquet sont les plus grandes figures contemporaines du dressage académique. Beaucoup considèrent le premier comme le plus prestigieux écuyer du XXe siècle. Il fut l'élève de Joachim Miranda, le dernier écuyer du roi du Portugal. Après avoir dirigé un manège à Lisbonne, il créa sa propre école. À sa mort, en 1989, il dispensait son enseignement aussi bien en Australie qu'au Brésil ou en France. Son équitation était la finesse même. Servi par une position à cheval digne des plus belles gravures, il appliqua sa vie durant les préceptes de La Guérinière. Il dressa de très nombreux chevaux, ibériques pour la plupart. Michel Henriquet, qui fut élève de Nuño Oliveira pendant plus de trente ans, est sans conteste l'écuyer le plus érudit et le plus reconnu en Europe. Son but n'est pas de briller en compétition de dressage, trop éloignée aujourd'hui, à son goût, des préceptes de l'équitation du XVIIIe siècle. La qualité de son enseignement permit à sa femme, Catherine, de s'illustrer aux jeux Olympiques sur un cheval lusitanien. Elle obtint le meilleur résultat français à Barcelone en 1992. C'était la première fois qu'un cheval ibérique participait à une compétition de niveau international.

***L'épaule en dedans**, demandée ici par Catherine Henriquet, permet à l'équidé d'acquérir de la souplesse.*

Que le spectacle commence !

Cheval acteur, danseur, cascadeur, artiste de cirque ou comique, l'équidé est une véritable bête de scène ! Du cinéma aux grandes reconstitutions historiques, en passant par les spectacles équestres, toutes ces exhibitions exigent un dressage spécifique.

Cheval acteur

Dans les westerns, les peplums, les films de cape et d'épée, les films à caractère historique, le cheval est une star ! Ni le célèbre dresseur et cascadeur équestre Mario Luraschi, ni son collègue François Hardy, spécialiste des attelages de cinéma, ne manquent de travail (*voir p. 310-311*). Il en est de même pour Rex Peterson, le plus fameux dresseur de chevaux d'Hollywood, aux États-Unis. Les équidés sont également très sollicités dans le cadre des reconstitutions historiques, à l'image du fameux

Théâtre équestre Zingaro

Bartabas, le très médiatique directeur de Zingaro, récuse le mot de cirque pour celui, plus valorisant à ses yeux, de théâtre. Cet artiste s'inspire de la danse moderne et des cultures ethniques les plus diverses pour composer des spectacles originaux autour du cheval. Mêlant lumières savantes, musiques d'ailleurs et mises en scène élaborées, Bartabas est parvenu à séduire un très large public : installé près de Paris, il fait tous les soirs salle comble.

Lorenzo *et sa poste hongroise version saut d'obstacles*

spectacle du Puy-du-Fou, en Vendée, qui reproduit des tournois médiévaux en costumes avec des cascadeurs. Au théâtre et au cabaret, le cheval a aussi sa place. Le Lido à Paris, par exemple, présente régulièrement des numéros équestres. De nombreux concours hippiques ou salons du cheval sont aussi à l'origine d'animations autour des chevaux : Equitana à Essen, en Allemagne, le plus grand salon équestre d'Europe (en mars) ; le salon du cheval à Liège, en Belgique (en mars) ; Horse Expo à Utrecht, aux Pays-Bas (en décembre). Dans le cadre du salon Cheval Passion à Avignon, en France (en janvier), la soirée des Crinières d'or récompense les nouveaux talents du spectacle équestre. Ce bouillon de culture français s'exporte très bien, notamment en Allemagne, aux Pays-Bas et en Suède. Parmi ces artistes, citons Lorenzo, qui franchit des obstacles debout sur la croupe des camargues composant sa poste hongroise, les frères Pignon et Lucien Grüss, les grands spécialistes du travail des chevaux en totale liberté.

Cirque à l'ancienne

Descendant d'une des plus grandes familles du cirque, Alexis Grüss a ressuscité le cirque des origines, celui des "équestriens". Sa démarche, à l'inverse de celle des spectacles modernes (qui tendent à oublier les chevaux), s'appuie sur la piste ronde de 13 m de diamètre pour proposer des numéros divers : voltige équestre, dressage de haute école, présentation en liberté, mais également jonglage et clowns traditionnels.

Le cirque

Inventé en 1768 en Angleterre par Philip Astley, le cirque était au départ un spectacle purement équestre. En France, cette tradition est toujours très vivace et, même si le cheval n'est plus sa vedette principale, il en demeure un acteur majeur. La piste ronde de 13 m de diamètre doit son rayon à la longueur des chambrières, ces longs fouets qui servent à guider la monture. La sciure qui recouvre le sol permet d'amortir le choc des battues. On distingue trois types de numéros équestres : la voltige, les présentations de chevaux en liberté et les numéros de haute école. La culture du cirque séduit toujours les plus jeunes et l'on dénombre aujourd'hui plus de six cents écoles sur notre territoire, dont une petite vingtaine proposant des activités équestres.

Cirque Knie

Ni moderne ni traditionnelle, la troupe Knie perpétue la tradition du cirque, au sein de laquelle les chevaux occupent une place importante sinon centrale. Virtuose dans l'art de monter à cheval (souvent à cru et sans mors) comme dans celui du dressage en liberté, la famille Knie bénéficie d'une réputation mondiale, même si elle ne se produit qu'en Suisse.

Le dressage

La première qualité d'un dresseur de chevaux est de savoir reconnaître rapidement les aptitudes de l'animal : certains ne seront jamais de bons éléments dans un spectacle, d'autres semblent "faits pour ça" ! Après avoir décelé la future vedette, le dresseur va devoir développer ses capacités. Généralement, comme pour le cinéma, chaque équidé possède une spécialité : le cabrer, l'attaque, le travail en groupe, etc. Le cheval de cirque apprend à connaître son lieu de travail et peut donc acquérir plus facilement certains automatismes. Le cheval de cinéma, au contraire, doit s'adapter à un lieu différent à chaque film…
Mais, dans tous les cas, l'apprentissage est long et parfois fastidieux, avec des périodes où le cheval ne semble plus progresser, voire régresse. La meilleure arme du dresseur pour motiver ses élèves : les gourmandises ! D'ailleurs, il les utilise sans compter, même durant les spectacles.

Dressages spécialisés

Quel point commun existe-t-il entre un jockey, un picador espagnol, un cow-boy américain, un gardian camarguais et un joueur de polo ? La passion. Évidemment, ils ne montent pas à cheval de la même façon. Pourtant, on peut dire que leur dressage vise toujours le même objectif : maintenir l'équilibre naturel de la monture.

Les courses

L'entraînement d'un cheval de course compte trois phases, qui se déroulent sur six mois environ. La première, la "mise en santé", concerne le débourrage* du yearling*, qui est ensuite sorti en promenade avec ses congénères. La seconde est la "mise en muscles". Son objectif : développer les muscles du cheval (dont le cœur) par des galops d'abord lents puis de plus en plus rapides. Enfin, lors de la "mise en souffle", le poulain se prépare à ses premières compétitions par des galops où il atteint sa vitesse maximale.

Les jockeys sont chaussés court, *adoptant ainsi une position très en avant, qui ne perturbe pas l'équilibre du cheval.*

Le polo

Le joueur de polo doit posséder une assiette inébranlable et un bon sens de l'équilibre. Il utilise ses aides presque d'instinct car le jeu, très rapide, ne lui laisse pas le temps de réfléchir ! La principale qualité demandée au cheval est donc une obéissance absolue au cavalier. L'entraînement minimum nécessite près de deux ans de travail. Il a pour but d'obtenir un équilibre parfait au galop, aussi bien dans les lignes droites que dans les changements de direction. La monture apprend à galoper rênes longues, sur des voltes de plus en plus serrées. Elle s'habitue aux transitions d'allures très rapides. Il faut aussi qu'elle accepte les mouvements du maillet que le cavalier doit manier avec suffisamment d'adresse pour ne pas la heurter.

Le polo *aurait été inventé au Tibet il y a environ trois mille ans.*

Le travail du bétail

L'équitation western est fondée sur l'harmonie et la confiance entre le cheval et son cavalier. Les poulains sont donc habitués très tôt à l'homme. Ensuite, le dressage (on dit plutôt "l'éducation") se fait en douceur et progressivement, ce qui ne veut pas dire sans fermeté. Cela donne des animaux calmes, obéissants mais capables d'initiatives. La position du cavalier est décontractée (assis au fond de la selle, les jambes relâchées, les bras souples). Les rênes sont longues et maintiennent un contact très léger avec la bouche du cheval.
Les disciplines de l'équitation ibérique sont nombreuses : *doma vaquera* (pratiquée par les éleveurs espagnols), dressage portugais, haute école, etc.
On trouve aussi l'équitation tauromachique : il s'agit, comme dans une corrida, de combattre un taureau. À deux différences près : l'homme n'est pas à pied mais à cheval et, selon les traditions, le taureau n'est pas toujours mis à mort. On imagine les qualités nécessaires à la monture : courage sans faille, confiance totale en son cavalier, puissance d'action, rapidité et réflexes. Il faut deux à trois ans de dressage après le débourrage et il y a peu d'élus.
Issue du travail des gardians, l'équitation camargue s'est développée pour le loisir et, plus récemment, la compétition. Les épreuves sont variées : dressage, activités autour du bétail (tri, capture, marquage), parcours en extérieur avec de petits obstacles naturels.

LE SAVAIS-TU ?

Des petits surdoués

Le dressage de certains chevaux peut se faire très tôt, c'est le cas des pur-sang anglais qui sont les plus précoces des équidés. Leur entraînement commence dès l'âge de 2 ans. Il s'agit principalement de leur faire accepter le poids et les ordres simples du cavalier. Certains participent déjà à leur première course dans la même année ! Mais ils réalisent leurs meilleures performances entre 3 et 5 ans. L'âge où les autres races n'en sont encore qu'au débourrage…

QUELLE "RETRAITE" POUR CES CHEVAUX ?

L'intensité de l'effort physique et les risques d'accident sont, malgré toutes les précautions prises, intimement liés à ces disciplines. Voilà pourquoi la carrière de ces montures est souvent courte. Certaines d'entre elles font alors le bonheur des centres équestres ou sont reconverties dans d'autres activités (balade, concours hippique…).
Les juments peuvent aussi se consacrer au poulinage.

Dans la corrida portugaise*, le* rejoneador *combat le taureau à cheval.*

Une méthode révolutionnaire

Il n'existe pas une seule mais mille manières de dresser les équidés, par la douceur, la force ou la persuasion. Chaque époque voit naître de nouvelles méthodes. Aujourd'hui, une école de dresseurs connaît un succès planétaire. En France, on les appelle les nouveaux maîtres, aux États-Unis, les chuchoteurs.

Une science nouvelle

L'éthologie* est née dans les années 1950, mais ne s'est intéressée aux équidés que dans les années 1970, après avoir étudié les animaux d'Afrique. Dès 1990, forts des connaissances acquises auprès des chevaux sauvages, les spécialistes ont commencé à envisager une forme d'éthologie appliquée. L'idée consistait à dresser et entretenir les chevaux en fonction de leur comportement naturel, découvert sur le terrain.

Les pionniers

Quelques éthologues se sont attelés à cette tâche, comme Marthe Kiley-Worthington en Angleterre ou Martine Hausberger en France. Mais ce sont surtout des cow-boys américains qui ont popularisé ces nouvelles approches.

Choqués par la violence utilisée dans les milieux de l'équitation western et influencés par la pratique très intuitive des Indiens, ils ont inventé une nouvelle forme de dressage. Les premiers d'entre eux furent Ray Hunt et Tom Dorrance. Pat Parelli, Monty Roberts ou Buck Brannaman constituent la seconde génération de ces chuchoteurs.

Premiers pas

Logiquement, les nouveaux maîtres se sont d'abord intéressés au débourrage*. Leur méthode consiste en premier lieu à se placer comme dominant par rapport au poulain. Très vite, ce dernier comprend que la sécurité se trouve, pour lui, à proximité de son maître. Dès que le jeune cheval fait mine de fuir, non seulement le dresseur le laisse faire, mais il l'oblige à rester éloigné jusqu'à ce que l'équidé montre, par son attitude corporelle, son désir de se

***Le chuchoteur** apprend au cheval à répondre au moindre de ses ordres.*

rapprocher. Il le laisse alors venir à lui et se met à le caresser, d'abord avec les mains, puis avec la longe, le filet, le tapis de selle, etc. Une fois cette sensibilisation effectuée, il envisage de poser une selle sur son dos. En procédant de la même manière, c'est-à-dire en inspirant confiance à l'animal et en ne le trompant jamais, le cow-boy peut monter sur le dos de sa monture dès la première séance.

Perspectives

Outre le débourrage, les chuchoteurs ont remis à la mode le travail à pied. En multipliant les exercices et les jeux entre la monture et son cavalier, dans des cadres différents, chacun apprend à connaître l'autre. La monture découvre à la fois le respect de l'homme et l'intérêt ludique du travail qu'il lui propose.
Une fois en selle, ou plus souvent à cru, les nouveaux maîtres aiment éduquer leurs chevaux en licol ou avec une simple ficelle passée autour de l'encolure. Il s'agit alors pour le cheval de transposer les codes appris avec un mors à ce nouvel harnachement, qui, lui, n'est en aucun cas contraignant. Il prouve ainsi sa bonne volonté et son plaisir à obéir à son cavalier.

Pat Parelli

Ce colosse moustachu est incontestablement le plus connu des nouveaux maîtres. Élève des tout premiers chuchoteurs américains, ce cow-boy a su systématiser et diffuser leur pédagogie, en mettant au point une méthode d'enseignement parfaitement balisée. Elle repose sur sept jeux que le cavalier doit inculquer à sa monture, au cours d'un travail à pied.
Pat Parelli prône ensuite l'enseignement d'une équitation très naturelle, basée sur la compréhension de la psychologie du cheval. Adepte de la monte à cru et sans bride, il forme des élèves qui essaiment à travers la planète. L'Allemagne, la Suisse l'Angleterre et la France possèdent une école PNH *(Parelli Natural Horsemaship)*.

Marthe Kiley-Worthington

Éthologue et zoologue anglaise de réputation mondiale, elle a été élevée au Kenya. Au cours de ses nombreuses années passées en Afrique de l'Est, elle a étudié toutes sortes d'animaux sauvages. Amoureuse des chevaux, elle a rédigé de nombreuses études sur leurs modes de communication et publié plusieurs livres sur leur comportement. Elle étudie aujourd'hui les différentes formes d'apprentissage dont disposent les chevaux.

Les anciens nouveaux maîtres

Le terme de chuchoteur (*whisperer* en anglais) fut employé la première fois pour surnommer le dresseur irlandais Sullivan, qui vécut à la fin du XVIIIe siècle. Cet illettré se faisait enfermer dans le box de chevaux réputés indomptables et en ressortait, parfois après de longues heures, avec un animal parfaitement soumis et confiant. N'ayant laissé ni écrit ni disciple, on ne sait rien de sa méthode. Sa légende est néanmoins vivace et l'on a ensuite donné son surnom à tous les dresseurs "faiseurs de miracles". Le plus célèbre d'entre eux fut sans doute l'Américain John Rarey, qui connut la gloire au milieu du XIXe siècle. Comme Monty Roberts aujourd'hui, Rarey fut employé par la reine d'Angleterre pour reprendre ses chevaux difficiles.

***Accoutumer l'équidé au contact humain** est l'un des principes de base de Pat Parelli.*

Imprégnation : mode d'emploi

Il existe chez le poulain une période propice à une forme particulière d'apprentissage : l'imprégnation. Au cours de cette phase déterminante, il se forge une identité de cheval et s'attache à sa mère. Il est toutefois possible de profiter de cette perméabilité pour habituer l'animal nouveau-né à l'homme : ainsi, humains et équidés pourront vivre en parfaite harmonie.

Un phénomène biologique

L'empreinte ou imprégnation, est un phénomène biologique découvert par le père de l'éthologie*, l'Autrichien Konrad Lorenz (1903-1989). En travaillant sur les oies cendrées, ce chercheur s'est aperçu que les poussins qui étaient à son contact lors de leur sortie de l'œuf le prenaient pour leur mère et le suivaient partout ! Il en a déduit qu'il existait une courte période sensible au cours de laquelle le cerveau des animaux s'initialise, comme on le fait pour un ordinateur avant sa première utilisation. Ce phénomène, censé être irréversible, influerait sur de nombreux comportements futurs de l'animal, tels que son identification à une espèce donnée, son attachement à sa mère, son goût sexuel, ou encore

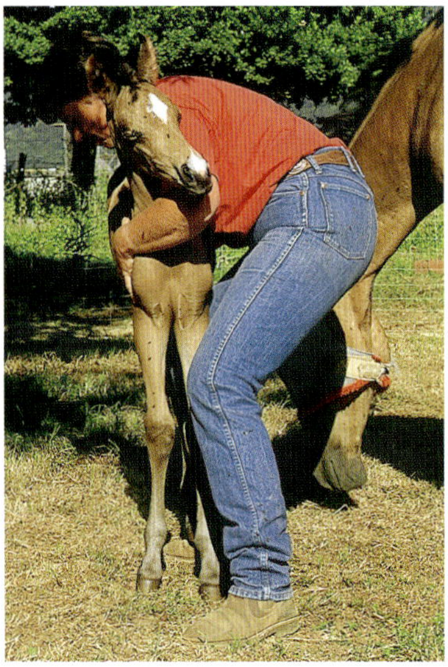

Coucher le poulain…

… l'immobiliser, lui toucher les oreilles…

la détermination du chant pour certains oiseaux. Ainsi, un pinson élevé par des mouettes peut se prendre pour une mouette, être attiré par elles plutôt que par ses congénères et pousser le cri de cet oiseau marin plutôt que celui de son espèce…

Chez le cheval

Le poulain et la jument apprennent, eux aussi, à se reconnaître (à l'odeur) dans les instants qui suivent la naissance. La poulinière s'imprègne très rapidement de son petit. Pendant l'heure qui suit la naissance, elle est hypersensible à son odeur ; il est donc essentiel qu'elle puisse le lécher juste après la mise bas. L'imprégnation du foal* par sa mère est un peu plus lente, mais beaucoup plus rapide que celle du chiot ou du chaton. Il doit, en effet, apprendre très vite qui est sa mère, afin de pouvoir la suivre dès ses premiers jours de vie. C'est également dans les premières semaines que le poulain apprend à distinguer les plantes toxiques des comestibles. C'est pourquoi le fait qu'il vive au pré avec sa mère est primordial.

Les risques de l'imprégnation

L'imprégnation n'est pas sans risque !
Pratiquée trop tôt (juste après la naissance), cette intervention humaine peut perturber l'attachement de la mère, qui refuse alors d'allaiter son poulain. Un petit séparé de sa mère peut aussi se prendre pour un humain, plutôt que pour un cheval, une fois devenu adulte. Cela présente un réel danger pour ceux qui côtoieront un tel animal.
La méthode Miller ne doit donc, en aucun cas, être pratiquée par des non professionnels et il est absolument impératif de suivre les préceptes de son inventeur à la lettre. Il ne saurait être question de la généraliser dans tous les élevages familiaux !

La méthode Miller

C'est un vétérinaire américain, Robert Miller, qui a eu l'idée de mettre en pratique cette théorie de l'imprégnation. Selon lui, il est possible de familiariser les poulains nouveau-nés à l'homme, à la selle, au mors ou à la maréchalerie, dès leur plus jeune âge. Pour cela, il suffit de profiter de cette période d'imprégnation pour leur faire subir différents stimuli*.
Sa méthode consiste à manipuler les poulains dès leur premier jour de vie. Le praticien couche le petit et l'immobilise. Il lui prend alors les oreilles, lui glisse une main dans la bouche (pour symboliser le mors), lui tapote les pieds (comme le fera le maréchal-ferrant), etc. Chaque geste est répété un grand nombre de fois, jusqu'à ce que le poulain n'y réagisse plus. Il est essentiel qu'il se soumette au stimulus, sinon il apprendra qu'il peut se soustraire à la volonté de l'homme. Lorsque la méthode est bien appliquée, les chevaux deviennent beaucoup plus dociles et coopératifs.

*… **tapoter ses pieds** : quatre stimuli de la méthode Miller*

QUELQUES ASTUCES DE DRESSAGE

« Rends agréable à ton cheval tout ce que tu espères de lui et désagréable tout ce dont tu veux le dissuader. » Ce principe de base de tout dressage ne se limite pas à la politique de la carotte et du bâton. Le cheval doit trouver un agrément dans le travail demandé. Motive-le en lui proposant des exercices variés et amusants !

Quelques principes

La capacité de concentration des chevaux est limitée dans le temps. Voilà pourquoi on réduit les séances d'apprentissage et on les espace par des pauses régulières. Inutile de rabâcher ! On sait maintenant que nos montures apprennent mieux si on leur montre brièvement un exercice, assorti d'une récompense si elles le réussissent, plutôt qu'en leur demandant de le refaire plusieurs fois. On peut ainsi laisser passer une semaine avant de proposer le même travail.

Punition

Lorsque le cheval désobéit sciemment ou fait quelque chose d'interdit, la sanction doit être immédiate. Passé quelques secondes, l'animal n'associe plus la punition avec ce qui l'a motivée. Attention également à ne pas punir par inadvertance. Nombreux sont les cavaliers qui, par manque d'équilibre, se rattrapent à la bouche de leur monture et lui donnent de grands coups dans les dents dès qu'elle se porte en avant. Comment s'étonner ensuite que l'animal rechigne à aller de l'avant ?

Pédagogie équine

On sous-estime souvent les capacités d'apprentissage des chevaux. Tout comme les chiens, ils sont capables de donner la patte (pardon, la jambe !) ou de ramener un objet qu'on leur a lancé. Il suffit de prendre le temps d'expérimenter ces exercices. Pourquoi n'essaierais-tu pas ? Ton cheval deviendra progressivement plus attentif et éveillé et il apprendra alors de plus en plus rapidement… avec plaisir ! Et puis, ces moments passés à jouer renforceront à coup sûr votre complicité.

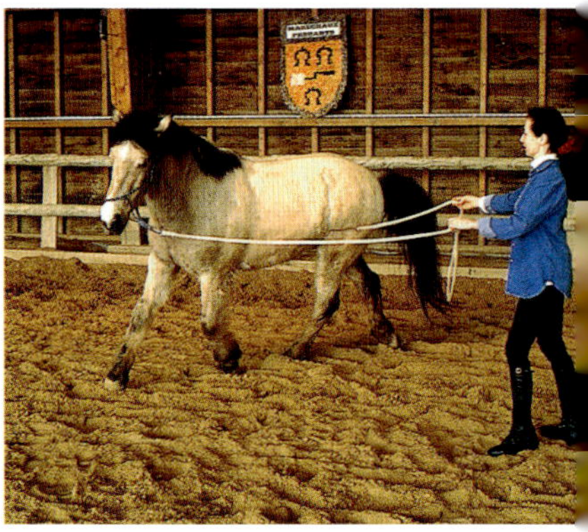

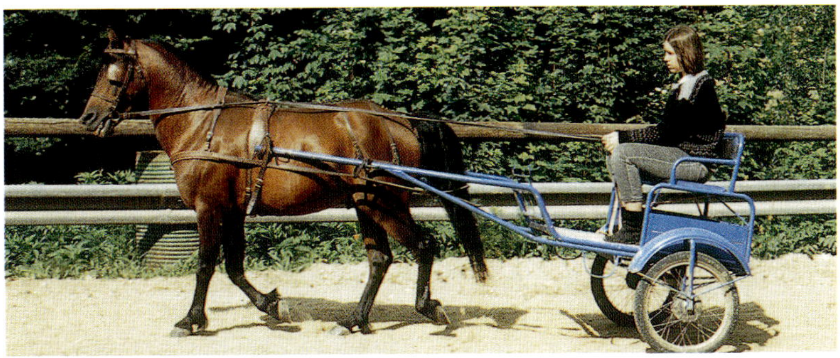

Dix exercices enrichissants

1. Tirer un petit attelage : ton cheval rendra ainsi mille services (transport des granulés, promenade avec des tout-petits...).

2. Herser la carrière : maintenant que ta monture sait tirer des poids, inutile de sortir le bruyant tracteur pour ratisser la sciure. Et quel bonheur pour ton cheval de sortir des quatre murs de son box !

3. Monter dans un van : combien de cavaliers attendent le jour du concours ou celui du départ en vacances pour s'y essayer ! Résultat : stress et résistance ! Grimper sur le pont du camion et s'engouffrer dans le trou noir du van, cela s'apprend.

4. Rester immobile : il est bien pratique de pouvoir lâcher sa monture sans craindre de la voir s'enfuir et de devoir lui courir après !

5. Lorsque ton cheval commence à rester en place, montre-lui comment te faciliter la tâche en restant à la bonne distance pendant que tu ouvres ou fermes la barrière de la carrière.

6. En extérieur, sois audacieux ! Demande-lui de franchir tous les obstacles naturels que vous rencontrez (après avoir vérifié qu'il n'y a aucun risque à la réception, bien sûr). Ce sera bientôt un jeu de galoper à travers un gué ou de sauter les fossés.

7. Faire la révérence : il suffit de lui tendre un sucre entre ses antérieurs pour le forcer à s'agenouiller, tout en lui donnant l'ordre verbal.

8. Ramasser un objet tombé à terre : sache te montrer opportuniste, car tout ce que ton cheval fait spontanément, il peut aussi l'exécuter sur commande.

9. Se laisser mener "à la turkmène", c'est-à-dire tenu en main depuis un autre cheval. N'est-il pas pratique de pouvoir conduire deux chevaux en licol en même temps, sans danger ?

10. Le cheval aime s'amuser, alors joue avec lui : au horse-ball* (pour apprendre à sortir de selle sans modifier sa trajectoire), au polo, aux pony-games, etc.

Des sports et des loisirs

Quels que soient l'âge du cavalier et son expérience, l'équitation propose une large gamme d'activités, de la randonnée à l'attelage de loisir, en passant par les jeux ou les sports collectifs ; et elle réserve de nombreuses surprises ! Pour les candidats qui souhaitent se dépasser ou éprouver leurs limites, la compétition se révèle fort séduisante : en se mesurant aux autres, on franchit peu à peu les étapes… Et un jour, peut-être, le débutant deviendra un cavalier professionnel, représentant sa nation aux jeux Olympiques !

L'équitation "verte"

Équitation "verte", tourisme équestre, équitation d'extérieur ou randonnée, autant d'expressions pour désigner une seule et même discipline, synonyme de liberté, de découverte et d'aventure, qui séduira les amoureux des grands espaces.

Il faut tout d'abord se débarrasser d'un préjugé : le manège et la carrière ne sont pas les seuls lieux où l'on apprend à bien monter. Les randonnées sont également très formatrices pour les cavaliers. Elles améliorent la tenue en selle, car il faut sans cesse s'adapter à la variété du terrain et aux réactions parfois imprévues de sa monture. Elles permettent également d'avoir une meilleure connaissance des chevaux, puisque les randonneurs vivent à leur contact et doivent s'en occuper plusieurs jours (et nuits !) d'affilée.

Tout un apprentissage

Une randonnée dure souvent plusieurs jours, voire plusieurs semaines. Pour vraiment en profiter, il faut pouvoir passer sans fatigue un certain nombre d'heures par jour à cheval. Tout est question d'habitude et d'expérience. On commence par se joindre à des balades de deux ou trois heures, avant de participer à de petites randonnées qui durent une journée. Ensuite, les longues chevauchées sont possibles, et ce dans la quasi-totalité des pays du monde. On peut opter pour une randonnée organisée, avec un guide, ou préparer son propre parcours et partir entre amis. Une solution intermédiaire consiste à choisir une randonnée "clé en main" : vous partez sans accompagnateur mais toute l'intendance est prise en charge par le club organisateur. Celui-ci met à votre disposition les chevaux et un topo-guide sur lequel est indiqué le parcours à suivre et les étapes du soir.

Le choix du matériel

La qualité du harnachement est essentielle, dans cette discipline encore plus que dans n'importe quelle autre, car vous devrez finir la randonnée avec le matériel que vous aviez au départ : difficile, en effet, de changer une

LE SAVAIS-TU ?

Gare aux genoux !
Le cheval ne se râpe pas aux obstacles entre lesquels il passe, car il sait estimer sa propre largeur. Il ne tient pas compte, en revanche, de celle de son cavalier. Aussi faut-il le guider, surtout en forêt, sous peine d'avoir les genoux rabotés par les arbres !

selle mal adaptée pour une autre en pleine campagne ! Or, le moindre petit défaut de harnachement peut, avec le frottement, occasionner de graves blessures qui risquent fort d'abréger votre périple. La selle, profonde et large, doit être posée sur un tapis épais et molletonné. Le licol et l'embouchure sont sélectionnés sur des critères de confort et de sécurité. Topo-guide et boussole en main, trousse de maréchalerie et de pharmacie dans les sacoches, en route vers l'aventure !

***Les randonneurs** portent rarement la bombe. À leurs risques et périls…*

RANDONNEURS AU LONG COURS

Certains cavaliers ont effectué d'impressionnants périples. Dans les années 1970, Évelyne et Corinne Coquet ont fait en selle un Paris-Jérusalem. Puis Évelyne est allée chevaucher en Écosse avec son mari et leur bébé dans son berceau… sur un cheval de bât ! À la même époque, Stéphane Bigo a rallié la Turquie à l'Afghanistan avec un étalon et une mule. En 1990, Jean-Louis Gouraud a parcouru en soixante-quinze jours, avec deux trotteurs, les 3 333 km qui séparent Paris de Moscou. En 1991, l'Américain DC Vision partait pour un voyage de 22 500 km qui allait durer quatre ans et deux mois, à travers 22 États américains, sur un shire ! Émile Brager et Marie Roesle sont revenus en 2000 de quatre ans de voyage, du détroit de Magellan (Argentine) à Fairbanks (Alaska). Günter Wamser a quitté la Terre de Feu en 1994 avec des chevaux *criollo*, et est arrivé au Mexique en 2005. Il a repris la route en 2007, en direction du Canada.

Dressage : vive la compétition !

Les concours de dressage sont de véritables shows, où l'on peut admirer la maîtrise des cavaliers et les qualités des montures qui effectuent pirouettes ou voltes avec une apparence de grande aisance. L'élégance du costume des candidats contribue aussi à faire de ces rendez-vous des spectacles exceptionnels.

Une affaire de militaires

La relance des jeux Olympiques en 1896, par le baron Pierre de Coubertin, fut le signal d'un nouvel essor pour les disciplines sportives et notamment pour les épreuves d'équitation. Toutefois, l'équitation sportive resta longtemps l'apanage des militaires. De nombreuses écoles de cavalerie furent créées à la fin du XIXe siècle en Europe, mais seulement pour remonter les armées.
Les rares civils qui pratiquaient l'équitation étaient des gens fortunés, apprenant à monter à cheval selon les principes militaires. Dans ce contexte, le dressage apparaissait d'une part comme un art réservé à quelques spécialistes, dans le prolongement logique de l'équitation académique ; d'autre part comme la base indispensable de l'équitation de compétition.

Premières épreuves

Elles virent le jour vers la fin du XIXe siècle, dans le cadre du championnat du cheval d'armes, ancêtre du concours complet actuel. Entre les deux guerres, les épreuves de dressage (modèles et allures, en main ou monté) se développèrent pour relancer l'élevage mis à mal par la disparition de la cavalerie résultant de la guerre 1914-1918. Le premier véritable concours de dressage international organisé par la Fédération équestre internationale (FEI) eut lieu en 1929. À l'époque, on demandait au cavalier de sauter

***L'appuyer au trot** est une figure traditionnelle des concours de dressage.*

une petite barre avant de sortir de piste pour prouver l'efficacité de son dressage ! La compétition resta dominée par les militaires jusqu'à la fin des années 1950. Les femmes étaient rares ; elles s'imposèrent plus rapidement dans les pays anglo-saxons.

Tenue de concours

Au départ, les civils qui montaient en épreuve officielle avaient le choix entre la tenue "d'habit rouge" (de l'association de cavaliers créée au début du XXe siècle), caractérisée par une veste rouge, et le costume des équipages de chasse à courre. Ce dernier comprenait une veste aux couleurs de l'équipage, avec gilet, cravate de chasse, chemise blanche, culotte blanche, bottes noires, gants blancs ou noirs. Les hommes portaient la bombe et les femmes le tricorne. Dans les années 1950-60, la tenue noire ou bleu marine, avec chapeau haut-de-forme, se généralisa dans les concours internationaux. Le fouet fut abandonné, mais bride et éperons subsistèrent.

Aujourd'hui

Entré aux jeux Olympiques en 1912, le dressage est devenu, au cours du XXe siècle, une discipline à part entière, avec ses codes, ses cracks, ses stars. De nos jours, les chevaux et les cavaliers d'origine allemande dominent, suivis des Hollandais. En France, il existe des épreuves pour tous les âges, tous les niveaux et presque toutes les races, tant que le cheval peut justifier de ses origines. Leur classification va de E jusqu'à A, c'est-à-dire du niveau départemental à l'international. Les cavaliers peuvent évoluer d'une catégorie à l'autre selon le nombre de prix qu'ils ont gagnés dans l'année. À petit niveau, on demande surtout de bonnes transitions* dans les allures, quelques épaules* en dedans et des appuyers*. Dans les concours de haut niveau, les figures spectaculaires effectuées – changements* de pied au galop au temps, trot* en extension, pirouettes au galop et les deux célèbres mouvements de haute école, le passage et le piaffer – rendent la compétition très impressionnante.

DÉSAFFECTION ?

Le dressage est parfois considéré comme ennuyeux par les néophytes, qui ne voient pas très bien les nuances d'une reprise à l'autre. Les jeunes pratiquants sont souvent rebutés par toutes les exigences de cette discipline. Le pourcentage de cavaliers choisissant le dressage en compétition est donc faible par rapport au chiffre global de pratiquants : environ 10 %. C'est bien dommage !

Un règlement strict

Les épreuves de dressage sont très codifiées. Elles se déroulent sur une carrière de 60 x 20 m, entourée de lettres qui permettent de se repérer. Chaque épreuve commence et finit par un arrêt avec salut, ce qui permet de chronométrer la prestation du candidat. Les reprises* diffèrent selon les concours. Le cavalier doit les connaître par cœur, afin d'exécuter les mouvements de façon liée. La prestation est notée par deux à cinq juges, suivant la catégorie. Ceux-ci sont placés de part et d'autre de la carrière. Ils apprécient le développement harmonieux du cheval, son calme, sa souplesse, son impulsion et son entente avec le cavalier. Ce dernier est jugé sur sa position, son assiette, l'emploi de ses aides et sa précision. À partir d'un certain niveau, les éperons sont obligatoires, de même que la bride, car leur emploi est considéré comme un signe de parfaite maîtrise des aides de la part du cavalier, et de bon niveau de dressage pour le cheval.

L'impulsion doit être franche *pour réussir les changements de pied au temps.*

Saut d'obstacles

Aujourd'hui, le CSO (concours de saut d'obstacles) arrive en tête des disciplines choisies par les cavaliers, avant le dressage et le concours complet. C'est également la plus prisée du grand public et des chaînes de télé…

Historique

C'est à la chasse à courre que les cavaliers ont tout d'abord appris à franchir des obstacles : troncs, haies, fossés… Mais ayant toujours éprouvé le besoin de comparer les mérites de leurs montures, ils créèrent des courses *point-to-point* (parcours entre deux villages), où il fallait sauter toutes les difficultés qui se présentaient (ces courses existent toujours au Royaume-Uni). Sur les hippodromes, les épreuves commencent à être réglementées au XVIIIe siècle en Angleterre, notamment grâce à la création du Jockey Club en 1750. Les organisateurs pensent alors à ajouter des obstacles sur la piste. Toutefois, l'épreuve qui consiste à franchir un enchaînement d'obstacles de différentes formes dans un espace réduit est encore plus récente : elle remonte à la fin du XIXe siècle.

Règlements

Il existe de très nombreuses épreuves de saut d'obstacles. Du Grand Prix au relais à l'américaine, en passant par la puissance, le "choisissez vos points"… les options ne manquent pas. Toutes les compétitions font l'objet de règlements nationaux et internationaux mis au point par les fédérations équestres de chaque pays, en relation avec la FEI (Fédération équestre internationale). La forme, le nombre et la taille des obstacles sont définis par ces règlements en fonction du niveau et de la catégorie de l'épreuve.
Le "but du jeu" est toujours le même : effectuer un parcours en faisant le moins de fautes possible et le plus souvent dans un temps imparti. Sont considérés comme fautes le refus de sauter, la chute du cavalier et/ou du cheval, la dérobade, les défenses de la monture (arrêt, demi-tour, cabrer, etc.), la mise d'un pied du cheval dans la rivière, la chute d'un élément de l'obstacle ou son renversement complet, l'erreur de parcours (obstacle

La reconnaissance

Avant de se lancer sur un parcours, le cavalier en fait la reconnaissance à pied, en mesurant particulièrement les distances qui séparent les obstacles les plus rapprochés. Sachant que quatre grands pas de 1 m chacun représentent une foulée moyenne, auxquels il faut ajouter deux pas pour l'abord ou la réception, on peut ainsi évaluer le nombre de foulées nécessaires entre chaque obstacle.

Les obstacles

On distingue trois grands types d'obstacles : les verticaux, les larges* et les naturels, sachant que certains combinent deux de ces caractéristiques (un talus ou une rivière barrée par exemple). Dans les verticaux, on inclut les droits*, les murs, les barrières et les palissades. Dans les larges, on compte les oxers (composés de deux plans verticaux de barres parallèles, de hauteur égale ou différente), les barres de spa (montant sur trois niveaux comme un escalier), les rivières, les barres en A, etc. Les naturels comprennent les haies, les buttes, les trous et les rivières.

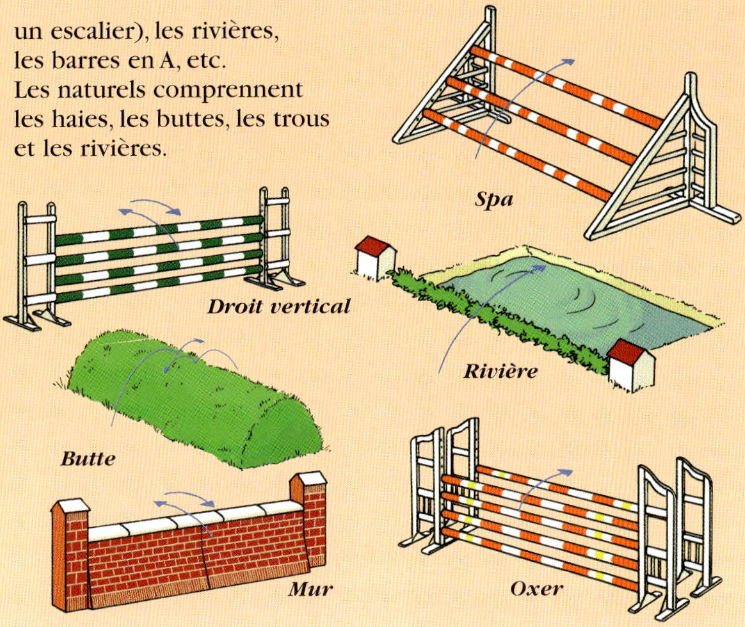

oublié ou franchi dans le mauvais sens) et le non-respect des ordres du jury transmis par la cloche. Afin d'aider le cavalier à bien effectuer son parcours, des fanions rouges et blancs sont placés tout au long du circuit : au départ, près de chaque obstacle (ils portent alors son numéro), aux points de passage obligatoire et à l'arrivée. Dans tous les cas, le cavalier doit avoir à sa droite les fanions rouges, et à sa gauche les blancs.

Barèmes

Il existe deux types de jugement des parcours : le barème A (avec ou sans chronomètre) et le barème C (au chronomètre). Dans le premier, les fautes sont sanctionnées par des points, dans le second par du temps supplémentaire. Ainsi, un obstacle renversé en sautant "coûte" quatre points au barème A et cinq secondes au barème C. Les parcours où l'aptitude à l'obstacle est le facteur déterminant sont donc jugés au barème A, les parcours où la vitesse et la maniabilité de la monture priment au barème C. Pour le classement, on additionne soit les points, soit les temps. Les concurrents à égalité pour la première place peuvent être départagés lors d'un barrage. Il s'agit d'un nouveau parcours, composé avec les mêmes obstacles mais en nombre généralement moindre. Leur hauteur peut, par contre, être augmentée. Les barrages se font la plupart du temps au chronomètre.

LE SAVAIS-TU ?

Quel style !
C'est l'Italien Caprilli qui, le premier, au début du XXe siècle, incita les cavaliers à suivre le mouvement de leur cheval pendant le saut en se penchant en avant, plutôt que de rester assis en selle, buste en arrière, comme on le faisait jusqu'alors dans toute l'Europe. C'est également grâce à lui que le CSO se développa.

***Les obstacles composés** regroupent plusieurs simples : ici, un triple constitué d'un droit et de deux oxers.*

Concours complet

Pourquoi dit-on que ce type de concours est complet ? Parce qu'il englobe les trois disciplines classiques (dressage, saut et cross) et qu'il permet au cavalier de démontrer toutes ses qualités en selle.

Origines

Les premières épreuves de concours complet sont liées à l'histoire militaire. À la fin du XIXe siècle, les officiers n'hésitaient pas à se défier sur des distances et des durées toujours plus longues.

Les chevaux, plus ou moins chargés, devaient accomplir des parcours d'endurance à des vitesses moyennes parfois prodigieuses.
Une réglementation s'avéra nécessaire pour faire face aux abus. Le *military*, ou "épreuve du cheval d'armes" était né.
Il n'intégrait alors que le fond et l'obstacle. Le dressage entra dans le championnat au début du XXe siècle. Aux jeux Olympiques de Stockholm, en 1912, l'ordre des épreuves était le suivant : endurance et cross, saut d'obstacles et dressage.
Le concours complet est apparu sous sa forme actuelle aux jeux Olympiques de Paris en 1924 : c'est là que, pour la première fois, on utilisa une carrière de dressage de 60 x 20 m.
La période qui suivit la Seconde Guerre mondiale transforma le concours complet : les épreuves, jusque-là réservées aux seuls militaires, s'ouvrirent aux civils. Quant aux femmes (il s'est tout d'abord agi de cavalières anglaises), elles participèrent aux premiers internationaux en 1949.

L'ÉQUIPEMENT DU CHEVAL

C'est surtout pour le cross que le cheval doit être spécialement équipé. Comme les obstacles ne tombent pas, il faut le protéger davantage que sur un parcours de CSO. Des guêtres devant et derrière ainsi que des cloches* (une, voire deux paires l'une sur l'autre) sont indispensables. De plus, pour que le cheval ne se blesse pas en touchant un obstacle, on l'enduit d'une épaisse couche de vaseline, selon une coutume importée d'Angleterre.

Épreuves

Aujourd'hui, le dressage ouvre toujours le concours. Selon la catégorie de celui-ci, il est suivi de l'épreuve de fond ou du saut d'obstacles. Dans le cas des concours internationaux, l'ensemble des épreuves se déroule sur deux ou trois jours. Elles doivent, bien sûr, être toutes exécutées par le même couple cavalier-cheval.

- L'épreuve de dressage consiste en un enchaînement d'une vingtaine de figures imposées. Le but est de montrer sa précision dans les changements d'allure ou de direction, et la soumission du cheval. L'objectif n'est donc pas éloigné de celui des compétitions de dressage pur, à ceci près que le niveau n'est pas aussi élevé. C'est l'épreuve où l'on risque d'accumuler des points de pénalité qui pèseront lourd dans le résultat final. Les cavaliers disent d'ailleurs qu'un complet se gagne sur le carré de dressage.
- Selon les niveaux, le fond peut être un cross seul ou se décomposer en quatre phases :

un routier, un steeple-chase, un second routier et un cross. Les routiers sont des épreuves d'endurance courues à une moyenne de 12 km/h, sur 3 à 15 km. Le premier routier est toujours plus court que le second. Le steeple est une épreuve de vitesse qui se déroule sur hippodrome (à 690 m/min) sur des distances d'environ 2000 m. Il comporte une dizaine de haies s'élevant à 1,10 m maximum. Le cross se court ensuite sur des obstacles fixes naturels en bois (troncs, rondins) ou en terre, agrémentés parfois de gués, et d'une hauteur maximum de 1,10 m, le long d'un parcours allant de 2 à 7 km. Les plus grands cross totalisent plus de 40 sauts ! Ils se disputent au chronomètre. Des pénalités en points sont infligées pour les fautes aux obstacles et pour le dépassement du temps idéal. Entre la fin du second routier et le cross, monture et cavalier disposent de dix minutes pour récupérer. Un contrôle vétérinaire est alors effectué.

***Le dressage** inaugure toujours le concours complet.*

***Cette chute spectaculaire** se produit sur des obstacles fixes ; elle est appelée "panache".*

- Le saut d'obstacles, dernière épreuve, est là pour démontrer qu'il reste encore un peu de fraîcheur aux chevaux qui ont couru la veille l'épuisante course de fond. On ne leur demande donc pas de faire des exploits : les obstacles sont au nombre de 8 à 12, et ne dépassent pas 1,15 m.

Obstacles de cross

On distingue les obstacles verticaux, les larges* et les naturels (talus, fossés, gués, etc.), sachant qu'il existe des combinaisons riches entre ces trois genres. On y ajoute les obstacles directionnels (où la conduite est essentielle) comme les pointes, ou les obstacles très étroits. Souvent, sur les combinaisons difficiles, les chefs de piste prévoient deux parcours différents pour laisser le choix au cavalier entre une voie rapide, plus ardue, et une voie lente, plus facile.

LE SAVAIS-TU ?

Vive les femmes !

Le premier championnat d'Europe, organisé en 1957 à Harewood, en Grande-Bretagne, a été remporté par une femme : l'Anglaise Sheila Willcox sur High and Mighty. Depuis, la suprématie des Anglo-Saxonnes – Australiennes et Néo-Zélandaises incluses – ne s'est jamais démentie.

LA TENUE

Il faut trois tenues pour monter en concours complet. Celle de dressage se compose d'une veste noire ou d'un frac (pour le haut niveau). En cross, le cavalier revêt un polo ou une chemisette, un casque et des bottes. Les gants sont facultatifs, le chronomètre et le gilet rigide protégeant le dos restent obligatoires. Enfin, pour le saut d'obstacles, la veste peut être noire, bleu marine ou rouge, et les bottes sont noires. Dans tous les cas, la culotte est blanche ou beige.

Du cœur à l'ouvrage

Les raids d'endurance sont des courses de vitesse qui se déroulent sur des dizaines de kilomètres. Les équidés doivent donc à la fois faire preuve de célérité et de résistance. Mais, comme dit le proverbe, "qui veut voyager loin ménage sa monture"...

***"Finir c'est gagner"**, telle est la devise des cavaliers d'endurance. Le fair-play est donc de mise, et deux cavaliers, même adversaires, passent parfois la ligne d'arrivée main dans la main.*

Des militaires aux sportifs

Les cavaliers, voyageurs ou guerriers, ont toujours eu à couvrir de longues distances, rapidement et avec le même cheval. Au tout début du XXe siècle, les militaires ont, les premiers, porté la course d'endurance au rang de compétition sportive. C'était pour eux un excellent moyen de sélectionner des chevaux peu sensibles à la fatigue. L'endurance est une discipline si séduisante que les civils s'y sont vite intéressés. Et, dans les années 1970, elle avait déjà des adeptes dans de nombreux pays : Portugal, Espagne, Suisse, Belgique, Allemagne, Angleterre, France, Afrique du Sud, Australie, sans oublier les États-Unis où plus de cent épreuves se déroulaient tous les ans. Aujourd'hui, l'endurance a

***En raid d'endurance**, la réussite dépend à la fois de l'aide de l'équipe suiveuse et de la faculté à s'arrêter au meilleur moment pour permettre à sa monture de reprendre des forces.*

Les contrôles vétérinaires

Les chevaux qui participent à des raids d'endurance fournissent de durs efforts. Pour veiller à leur santé, des vétérinaires les auscultent avant, pendant et après la course. Le long de la piste, des arrêts obligatoires d'une demi-heure ou d'une heure sont prévus avec contrôle des rythmes cardiaque et respiratoire, et examen du degré de déshydratation. Il existe d'autres contrôles, dits "volants" : n'importe quand, les montures peuvent être examinées. Si les médecins jugent dangereux pour l'animal de continuer, ils excluent le concurrent. Ce sont eux les vrais patrons de la course !

son championnat du monde, avec des classements en individuel et par équipe. Elle sera sans doute un jour discipline olympique.

Le règlement

En France, il existe quatre niveaux d'épreuves :

- les "qualificatives" : 20 à 40 km, à une vitesse de 10 à 13 km/h ;
- les "régionales" : 40 à 60 km, à une vitesse de 12 à 15 km/h ;
- les "prénationales" : 90 à 110 km, à une vitesse de 12 à 16 km/h ;
- les "nationales" : 130 km ou plus, à vitesse libre.

Chaque compétition réussie donne le droit d'accéder au niveau supérieur.

Les enfants, dès l'âge de 12 ans, peuvent participer à ces raids (jusqu'à 90 km), mais ils doivent être parrainés par un cavalier âgé d'au moins 21 ans. Ce parrain les guide durant la course et leur donne de précieux conseils.

Pendant l'épreuve

L'endurance est une discipline éprouvante pour les montures. Avant de concourir, elles doivent donc suivre un entraînement progressif aux trois allures et recevoir une alimentation adaptée à l'effort à fournir.
Le départ se prend seul ou en petit groupe. Dans ce dernier cas, il est d'usage d'alterner sa position au sein du groupe, afin que chaque cheval "entraîne" les autres à tour de rôle.

Pendant la course, lorsqu'un concurrent informe verbalement un autre candidat qu'il souhaite le doubler, ce dernier a l'obligation de lui céder le passage.
Le but étant de fatiguer le moins possible sa monture, le cavalier adopte généralement la position "en suspension", au trot comme au galop. En effet, le manque de souplesse et d'équilibre d'un cavalier handicape davantage le cheval que le poids du candidat. On a vu ainsi une jument de 1,45 m au garrot porter sans faiblir un cavalier de 98 kg sur 160 km, et ne pas finir l'épreuve avec un autre de 45 kg !
Il est également recommandé de mettre pied à terre dans les descentes trop raides ou pour reposer une monture essoufflée. Mais attention, la ligne d'arrivée doit être passée en selle, sous peine d'élimination !
Enfin, on ne peut parvenir à de bonnes performances en endurance sans une équipe suiveuse compétente et attentionnée. Cette assistance, obligatoire, est souvent constituée de parents ou d'amis, chargés de prendre soin du cavalier et de sa monture à chaque halte. On saisit bien son importance en cas de forte chaleur, lors de l'approvisionnement en eau…

LE SAVAIS-TU ?

Super bolide
Il faut trois longues journées de selle à un bon randonneur pour couvrir 160 km.
Aux États-Unis, un célèbre raid d'endurance, la Tevis Cup, se dispute sur cette distance. Et, chaque année, le gagnant termine la course en… moins de douze heures !

Équitation américaine

Elle est aujourd'hui pratiquée dans le monde entier sous forme d'exhibitions, de compétitions ou simplement pour le plaisir. Mais l'équitation américaine n'est pas seulement une histoire de technique, c'est aussi un état d'esprit, une complicité entre cheval et cavalier basée sur la confiance et le respect mutuels.

Prémices

Le rodéo est né en Espagne, et non pas aux États-Unis comme on pourrait le penser. Il n'est arrivé en Amérique centrale qu'en 1519, lorsque Hernán Cortés débarqua pour conquérir le Mexique avec, entre autres, quelques cavaliers et leurs montures. Les Mexicains s'adaptèrent rapidement au cheval et développèrent son élevage. Ils utilisaient leurs montures pour le travail du bétail. Mais ils imaginèrent aussi des démonstrations, qui devinrent vite des compétitions : capture de taureaux ou de chevaux sauvages, concours de lasso, saut depuis le dos d'un cheval dressé jusqu'à celui d'un cheval sauvage ("le saut de la mort"). Puis, en 1880, un Mexicain nommé Vicente Oropezo vint aux États-Unis pour faire la première démonstration de lasso.
En 1882, un spectacle de rodéo vit le jour dans le Nebraska.
Il fut suivi de beaucoup d'autres exhibitions identiques…

Pratiquants et compétitions

L'équitation western compte environ 4 500 pratiquants en France. Seuls 10 % d'entre eux font de la compétition. Une quinzaine d'épreuves officielles et dix concours d'entraînement sont organisés chaque année. Depuis quelque temps, cette pratique se développe en Belgique, aux Pays-Bas, en Italie et en Allemagne. À tel point que le *reining* a été agréé par la Fédération équestre internationale : il fait donc partie des disciplines officielles aux jeux Olympiques.

Disciplines

– Le *reining* est la discipline la plus connue et la plus appréciée. C'est aussi la base de l'équitation western. En compétition, c'est une épreuve de dressage qui comporte des

***On reconnaît le bon cheval d'extérieur** à ses performances lors de l'épreuve de* trail.

***Pour le* cutting**, *les chevaux se transforment en véritables chiens de berger !*

figures imposées : arrêt (*stop*), arrêt glissé sur les postérieurs (*sliding stop*), demi-tour (*roll-back*), pirouette très rapide, comme une toupie (*spin*), reculer, changement de pied au galop.
– Le *western pleasure* est une reprise* individuelle que les concurrents ne découvrent qu'une heure avant la compétition. Il s'agit d'un enchaînement aux trois allures comprenant un reculer. On juge en premier les allures et le comportement de l'équidé, en second l'élégance du cavalier et la présentation du cheval.
– Le *western horsemanship* est aussi une reprise aux trois allures, mais le jury note d'abord les qualités du cavalier (position, emploi des aides) ainsi que son entente avec la monture.
– Le *trail* consiste à franchir de petits obstacles d'extérieur (rondins, points d'eau, ponts, etc.). On peut aussi demander au cavalier d'enfiler un imperméable, d'ouvrir et de refermer une barrière sans descendre de sa selle, etc.
– Le *working cowhorse* permet de juger la capacité de l'équidé à travailler avec un troupeau. Il réalise des figures de *reining* et doit démontrer qu'il a le sens du bétail, c'est-à-dire qu'il a parfaitement compris son rôle auprès des bovins et qu'il est capable de le jouer même avec un cavalier qui ne donne aucune indication.
– Le *team penning* et le *cutting* consistent à trier du bétail, en équipe ou individuellement. Pour réussir ces tests chronométrés, il faut des chevaux capables d'anticiper les réactions des vaches.
– Le *barrel racing* est une course entre trois tonneaux disposés en triangle, qu'il ne faut pas faire tomber. Cette épreuve très célèbre demande une monture souple et soumise.
– Le *pole bending*, autre parcours individuel chronométré, est un slalom effectué au galop sur une ligne de six piquets, espacés chacun de 6 m. Arrivé au bout de la ligne, le cheval doit faire un *roll-back* puis repartir dans l'autre sens. Il effectue au total onze changements de pied !

Harnachement

Pas d'équitation américaine sans une selle adaptée ! Elle semble terriblement lourde, mais son poids est parfaitement réparti sur le dos de la monture. Conçue pour le travail des cow-boys, elle est d'une solidité à toute épreuve. Son pommeau* permet d'attacher le lasso qui sert à attraper un veau au milieu d'un troupeau. Le siège est profond et confortable (*voir p. 297*). Les mors américains ont la réputation d'être très durs pour la bouche du cheval. Cela se vérifie si le cavalier ne sait pas s'en servir. Utilisés dans l'esprit de l'équitation western, c'est-à-dire avec une grande précision et sans violence, ils sont inoffensifs.

***Le* spin** *est l'une des figures les plus spectaculaires de l'équitation western.*

Apprendre en s'amusant

L'équitation est un sport rigoureux, qui exige régularité et discipline. Il n'est pourtant pas interdit d'apprendre de manière ludique, sans avoir l'impression de fournir des efforts épuisants… Vive les pony-games!

Les origines

Les pony-games sont nés en Angleterre, à la fin des années 1950. À cette époque, on se déplaçait encore souvent à cheval dans ce pays et il fallait être suffisamment bon cavalier pour affronter les dangers de la ville comme les difficultés des champs. Le jeu est alors apparu comme le meilleur moyen de former les apprentis écuyers. Le succès de cette approche pédagogique fut immédiat et les meilleurs cavaliers anglais actuels, tel John Whitaker, ont été formés à cette école. En France, il existait aussi des jeux traditionnels mais, mentalité gauloise oblige, les règles différaient d'un village ou d'un centre équestre à l'autre! Il était donc difficile de jouer ensemble. C'est la raison pour laquelle le système anglais, avec ses règles bien établies et admises de tous, a été adopté il y a une dizaine d'années. Depuis, les Français peuvent tous participer aux mêmes compétitions ou affronter leurs cousins européens. Aujourd'hui, les pony-games connaissent un succès grandissant dans toute l'Europe. La plupart des poneys-clubs proposent cette activité.

Une certaine éthique

Ces jeux anglo-saxons ont pour principale qualité leur dimension éducative. Il s'agit d'être un cavalier adroit et surtout de se montrer fair-play, c'est-à-dire loyal avec ses partenaires. La devise de cette discipline est la suivante : "Respect des règles, respect du poney, respect de l'autre, respect des consignes de l'entraîneur." Pas question de gagner à tout prix, il faut au contraire faire preuve d'esprit d'équipe et se montrer chevaleresque!

MONTER SON TERRAIN

Les terrains officiels font au moins 85 m de long, mais on peut s'entraîner sur une carrière plus petite ou dans un champ bien fermé. Pour créer ton propre terrain, dispose une ligne de quatre piquets distants de 7 à 9 m les uns des autres. Procure-toi des cônes comme ceux utilisés pour la circulation, des seaux, des poubelles, des balles de tennis, quelques bouteilles en plastique (vides), des cordes en coton, un jeu de témoins (pour les relais…) et le tour est joué!

***Le jeu de la corde** est un des grands classiques des pony-games.*

Cette éthique n'empêche évidemment pas de développer aussi des qualités motrices, de la vivacité d'esprit et du sens tactique.

Sélection de jeux

Le règlement des pony-games décrit un grand nombre de jeux (une cinquantaine). Chaque année, la Fédération française d'équitation choisit seulement huit à dix jeux parmi tous ceux recensés dans le manuel anglais. C'est, par exemple, une course en sac (le cheval tenu par les rênes trottant à côté du cavalier), un slalom entre divers piquets, un parcours où il faut enfiler des anneaux à la pointe d'une épée de bois. À moins que les cavaliers ne doivent déplacer des tasses d'un piquet à un autre, planter des fanions dans des cônes, ou ramasser des balles de tennis posées en équilibre précaire sur des obstacles…

Discipline

Il existe quelques règles essentielles communes à tous les jeux :

- Les joueurs doivent toujours passer les lignes de départ et d'arrivée à califourchon et dans le bon sens.
- En cas de chute, le cavalier doit remonter là où il est tombé.
- Tout piquet ou matériel renversé doit immédiatement être remis en place par le joueur responsable de cette chute.
- Si l'on fait tomber un accessoire, on peut mettre pied à terre pour le ramasser et même effectuer l'action demandée. Mais on doit ensuite se remettre en selle pour terminer le parcours.
- Il est interdit de lâcher son poney, même si l'on effectue un exercice à pied.
- Lors du passage de relais, seul le cavalier qui transmet le témoin peut descendre le récupérer, s'il est tombé.
- Toute brutalité à l'égard de son poney est éliminatoire.

Quel équipement ?

Nul besoin d'une tenue particulière pour les pony-games. Il faut juste un casque ou une bombe, une paire de boots, des jodhpurs (pour faire anglais !) et un sweat-shirt aux couleurs de l'équipe. Une paire de bottes en caoutchouc et une culotte d'équitation classique feront également l'affaire.
Les cravaches et les éperons sont strictement interdits et seuls les mors doux sont autorisés. Il faut penser en revanche à bien protéger son poney avec des cloches*, des guêtres ou des bandes.

***Les adultes aussi** apprécient particulièrement cette discipline équestre !*

Sports collectifs

Bien que l'équitation soit avant tout une discipline individuelle, elle compte quelques sports d'équipe, qui permettent de se divertir tout en peaufinant sa pratique équestre. Ils enseignent aussi le respect de l'autre et la cohésion du groupe.

L'invention du horse-ball*

C'est un genre de basket-ball à cheval, qui se joue à quatre (plus deux remplaçants). Il ne nécessite ni terrain particulier comme le polo, ni chevaux extraordinaires. On peut donc le pratiquer dans tous les centres équestres. Le but du jeu consiste à expédier un ballon pourvu d'anses dans un panier de large diamètre. Créé par le Français Jean-Paul de Pons en 1978, il a d'abord imité le *pato*, un jeu argentin au cours duquel les cavaliers se disputaient la dépouille d'un canard et la lançaient dans un cerceau. Pour établir des règles de sécurité et donner un esprit sportif à cette nouvelle discipline, son initiateur s'est inspiré du polo, du rugby et du basket-ball.

Les règles du jeu

Il est interdit de couper la route du cavalier porteur du ballon. On ne doit l'attaquer qu'en galopant à ses côtés. Lorsque la balle est à terre, il existe des priorités de ramassage qui empêchent la meute des chevaux de piétiner le cavalier qui sort de sa selle pour se saisir du ballon. Autre règle essentielle : chaque équipe ne peut marquer un but qu'après avoir effectué au minimum trois passes. De plus, on ne doit pas garder la balle plus de dix secondes. Cela facilite la fluidité du jeu et dissuade les passages en force. Enfin, quand deux joueurs se disputent la balle, ils n'ont pas l'autorisation de s'accrocher à leur selle avec leur main libre, ce qui évite qu'ils n'utilisent la force de leur monture pour réussir l'arrachage. Si la lutte dépasse trois secondes, l'arbitre siffle un entre-deux.

Le polo est un jeu fort ancien, *vraisemblablement inventé au Ier siècle av. J.-C.*

Les protections

En dépit de ce règlement, le contact entre deux chevaux qui se percutent à pleine vitesse reste violent. C'est la raison pour laquelle les joueurs de horse-ball portent toujours des bottes montantes et souvent des genouillères. Le casque est obligatoire et ressemble davantage à une coiffe de cycliste qu'à une bombe. Enfin, le risque d'entorse des doigts étant très grand au moment des arrachages, il est recommandé de renforcer leurs articulations à l'aide de *strappings* (sparadrap élastique). Les cavaliers disposent aussi d'un équipement spécifique, dont la pièce maîtresse est la sangle qui relie les deux étriers. Grâce à elle, ils peuvent se pencher sur le côté pour récupérer le ballon à terre, sans tomber ni faire tourner leur selle. Les membres des équidés sont généralement couverts par des bandes de polo ou des guêtres et des cloches* (protections) aux quatre pieds.

Le polo

Même pratiqué à petit niveau, le polo garde son image de sport des rois et de roi des sports. On distingue deux types de polo : le grand polo qui se joue sur d'immenses terrains avec plusieurs chevaux par joueur, et qui reste réservé aux membres de la jet-set ; et le paddock-polo, inventé il y a une trentaine d'années dans les centres équestres, avec un seul cheval par joueur. Dans le premier, la balle est petite et dure ; dans le second, elle ressemble à un ballon de hand-ball. Le but du jeu consiste à taper dans la balle à l'aide d'un maillet afin de la pousser entre deux poteaux. Comme au horse-ball, il est interdit de couper la trajectoire d'un cavalier qui galope vers les buts. Les matchs de grand polo se disputent à Bagatelle, à Deauville ou à Chantilly. On compte moins de trois cents joueurs en France. Le paddock-polo n'est pas beaucoup plus populaire, en dépit des efforts que font certains clubs, surtout les poneys-clubs pour proposer cette activité aux enfants. Pour le grand polo, les joueurs n'utilisent que des *criollos* argentins et des croisés pur-sang-*criollo*, capables de démarrer très vite et de disposer d'une bonne pointe de galop. Pour le paddock-polo, on se contente de n'importe quel cheval ou poney. Il faut juste que les animaux soient suffisamment éduqués pour ne pas donner de coups de pied !

Un sport à succès

Le horse-ball connaît un formidable essor, surtout chez les jeunes cavaliers, puisque l'on dénombre plus de quatre cents équipes dans notre pays. Il conquiert aussi l'Espagne, le Portugal, l'Italie, la Belgique, la Suisse, l'Allemagne, etc. L'un de ses nombreux atouts est de séduire les garçons, qui sont nettement moins nombreux que les filles dans les centres équestres. De plus, cette discipline est accessible à tous les cavaliers, quel que soit leur niveau.

En amazone

Élégance et tradition, telle semblait être la devise de ces jolies cavalières qui montaient en amazone. Cette pratique des siècles passés connaît encore aujourd'hui quelques amateurs passionnés.

Origines

Les premières représentations d'une cavalière en amazone sont celles de la déesse gauloise Épona, souvent sculptée assise sur sa jument, les deux jambes pendant du même côté.
La pratique de ce type d'équitation semble s'être développée au XVIe siècle. Catherine de Médicis employait, par exemple, une selle pourvue de "cornes" pour suivre son mari à la chasse. Les premières selles d'amazone étaient cependant très rudimentaires et il fallait vraiment un cheval placide et confortable pour les utiliser. L'invention des fourches (qui fixent les jambes dans la bonne position) telles qu'on les connaît aujourd'hui date du XIXe siècle. On la doit aux célèbres écuyers François Baucher et Jules Pellier. La fourche basse aide à bien placer sa jambe gauche, tandis que la fourche haute permet de refermer sa cuisse droite et de

***"Monter dans les fourches"** est un synonyme de "monter en amazone".*

LE SAVAIS-TU ?

Vive la mixité !
L'équitation en amazone n'est pas une discipline exclusivement féminine. On rencontre parfois quelques cavaliers du sexe opposé, curieux de découvrir de nouvelles sensations équestres, qui la pratiquent. Nombre d'enseignants, de dirigeants et de dresseurs du milieu sont d'ailleurs des hommes.

Que faire en amazone ?

Avec un peu de talent, on peut pratiquer rigoureusement les mêmes exercices qu'à califourchon. Certaines cavalières s'avèrent capables de franchir des obstacles de 1,50 m sans difficulté. D'autres, plus attirées par la haute école, exécutent des changements de pied au temps, des passages et des piaffers.
Il n'y a finalement que le code des aides qui change un peu et les chevaux n'éprouvent généralement aucun problème à transposer ce qu'ils ont appris.

s'assurer une solide assise. Grâce à ce nouvel outil, les amazones purent rivaliser avec les hommes, aussi bien en haute école qu'en saut d'obstacles.
Ce mode d'équitation a décliné dès le début du XXe siècle avec l'essor de la monte à califourchon pour les femmes. La tradition se perpétue toutefois à travers un petit réseau de spécialistes et d'aficionados.

Tenue et matériel

La pièce la plus importante est bien entendu la selle d'amazone, dite également "à fourches". Le quartier gauche possède une large avancée (nommée "garde-jambe") qui favorise le positionnement de la jambe droite. Ce type de selle compte trois sangles. Outre la sangle classique, on trouve la balancine ou "sangle de retrait" qui s'attache sur le côté droit, à l'arrière de la selle, et qui contrebalance le poids des jambes. C'est elle qui évite que la selle ne tourne. Enfin, une sursangle sert à prévenir les battements du quartier droit, le long des flancs du cheval.

Aujourd'hui, les selles d'amazone ne sont plus guère fabriquées, et il faut souvent en dénicher une d'occasion, quitte à la faire restaurer...
Autre outil absolument indispensable : la cravache !
Enfin, on peut monter en amazone en tenue d'équitation classique, mais il est recommandé de porter une tenue traditionnelle avec une jupe noire et une veste cintrée. La coiffure est généralement un Kronstadt (demi-haut-de-

forme en feutre). L'important est surtout d'être élégante !
Quant à la monture, toutes les races peuvent se prêter à cette forme d'équitation, après un petit temps d'adaptation à l'utilisation de la cravache, sur le côté droit.

Comment monter ?

En selle, la cavalière est bien assise sur ses deux fesses, le buste tourné dans le sens de la marche. Ses hanches doivent être perpendiculaires à l'axe de la monture. La jambe gauche tombe naturellement, le bas au contact du cheval et l'étrier chaussé au tiers du pied. Toutefois, à cause des fourches, cette jambe est moins descendue et donc moins efficace qu'à califourchon.

Le travail qu'effectue normalement la jambe droite est remplacé par la cravache que l'amazone tient dans la main droite. Cette précieuse badine sert aussi bien à encadrer le cheval qu'à entretenir l'impulsion*. Les rênes peuvent être tenues à deux mains ou bien d'une seule (la gauche), comme en équitation de travail.

La voltige

La voltige est l'une des plus anciennes disciplines pratiquées en selle. Pourtant, elle est aujourd'hui en marge du monde du cheval qui la considère comme peu équestre. Il est donc nécessaire de la réhabiliter.

Une discipline antique

L'histoire de la voltige date de l'Antiquité. Pour les uns, ce sont les Romains qui en ont été les précurseurs avec les jeux du cirque. Pour les autres, ce sont les Crétois qui l'ont inventée en pratiquant des acrobaties entre les cornes des taureaux.
Au XVIIe siècle, c'était en France la première discipline sportive, destinée à éduquer les enfants, bien avant la course à pied ou l'escrime. Au début du XXe siècle, les séances de gymnastique des militaires comportaient de la voltige à cheval.

Un mode d'initiation

La voltige est souvent utilisée en tant que méthode d'initiation à l'équitation. La vitesse et les allures du cheval sont contrôlées par le longeur. Le cavalier peut donc se concentrer sur sa position et sur son assiette.
Dans certaines académies d'art équestre, comme celle de Vienne, les apprentis écuyers travaillent en longe pendant près d'un an afin d'acquérir une parfaite position et une bonne fixité de jambes et de mains. Ils commencent ensuite à diriger seuls leur monture.
Dans les écoles d'équitation françaises, le baptême équestre et les toutes premières heures en selle s'effectuent parfois encore à la longe.
Le nouveau cavalier peut ainsi se familiariser avec l'animal et ne se soucier que de son équilibre, sans devoir se préoccuper en plus de diriger l'équidé.
On lui fait alors pratiquer quelques exercices élémentaires afin qu'il se décontracte et qu'il oublie un peu ses craintes. Il est ainsi plus facile d'apprendre le trot enlevé ou assis sans se raccrocher à ses rênes ni subir les aléas d'une conduite approximative.

Le cheval d'arçon *est utilisé pour l'entraînement.*

En voltige*, les cavaliers sont dispensés du port de la bombe.*

LES TYPES DE VOLTIGE

Il existe au moins quatre types de voltige :

• La voltige sur le cercle, à la longe, est la discipline pratiquée en compétition et reconnue par la Fédération équestre internationale.

• La voltige sur le cercle sans longe est celle que l'on peut voir au cirque. La piste ronde de 13 m de diamètre dispense en effet de l'usage de la longe.

• La voltige de pied ferme s'apparente au cheval d'arçon. La monture à l'arrêt sert de support à des sauts et à des acrobaties.

• La voltige cosaque en ligne droite se pratique au grand galop, avec un filet classique et une selle spécialisée. Le cavalier lance son cheval sur une ligne droite et effectue différentes figures acrobatiques avant de revenir à califourchon. C'est également le type de voltige que pratiquaient les Indiens d'Amérique, qui se cachaient derrière les flancs de leurs montures.

Tenue et matériel

Le cheval de voltige est généralement équipé d'un caveçon* et d'un surfaix (sangle) de voltige. En compétition, les longeurs experts utilisent un filet pour diriger l'animal, ainsi que des rênes fixes. L'usage d'un mors pour le travail à la longe n'est cependant pas à conseiller en dehors de la haute compétition. Les voltigeurs portent des justaucorps et des chaussons de danse. Depuis quelques années, les juges interdisent toute créativité dans le costume. On ne voit donc plus de numéros originaux, comme c'est par exemple le cas en patinage artistique. Cette rigueur proche du conservatisme nuit certainement à la discipline, aussi bien d'un point de vue médiatique que créatif.

La compétition

En France, la voltige n'est que trop rarement proposée dans les clubs en tant qu'animation ou discipline d'agrément. On ne l'utilise que pour mettre en selle les débutants ou développer une équipe de compétition, généralement composée d'anciens gymnastes ou danseurs. C'est la raison pour laquelle le nombre de voltigeurs reste faible dans notre pays : environ 400 compétiteurs. En effet, seuls 680 clubs proposent l'activité et 12 000 cavaliers l'ont expérimentée en France (en mise en selle), contre 116 000 en Allemagne. La voltige de compétition s'adresse à de très jeunes gens : souvent moins de 25 ans en individuel et moins de 18 ans en équipe. Les compétitions comprennent généralement des figures imposées et des figures libres en musique. Les épreuves par équipe consistent à former de véritables pyramides humaines sur le dos de l'animal. Les concours individuels s'apparentent à la fois à la gymnastique, à la danse et à l'équitation. Il s'agit d'effectuer des figures et des sauts sur le dos ou à côté de l'animal.

Le justaucorps et les chaussons de danse constituent la tenue de compétition.

L'attelage de loisir et de compétition

Ce moyen de transport, supplanté au siècle dernier par la voiture, est remis au goût du jour. Bucolique, il séduit les amateurs de voyage en groupe à un rythme "naturel". Mais que l'on ne s'y trompe pas; l'attelage n'est pas pour autant un sport de tout repos…

Un peu d'histoire…

Vingt siècles avant Jésus-Christ, le char fait son apparition en Asie Mineure : il est utilisé pour la guerre et la chasse. Au début, il est peu perfectionné : le harnais étrangle les chevaux et les deux roues d'alors sont pleines, donc très lourdes. Jusqu'à ce qu'une invention révolutionnaire vienne faciliter la tâche des chevaux : la roue à rayons, vers 1 700 av. J.-C. Les chars deviennent légers et rapides. Entre le Ve et le IVe siècle av. J.-C., le char à quatre roues voit le jour; il permet de transporter plus de deux personnes. Des lanières de cuir souple remplaçant les axes en bois le relient aux chevaux : la traction par trait est née. Au Moyen Âge, elle sert beaucoup au travail de la terre. Dès la seconde moitié du XVIIe siècle apparaissent les transports urbains tirés par des chevaux, les carrosses à sols, mais ils ne rencontrent guère de succès.

Vient ensuite le coche à quatre roues : suspendu et couvert, il est nettement plus confortable pour les passagers. Grâce à lui, le voyage de Paris à Lyon ne prend que cinq jours en été et six jours en hiver…
Au XVIIIe siècle, les diligences deviennent un moyen de locomotion très répandu, et les carrossiers construisent sans cesse de nouveaux modèles de voitures. Au début du XIXe siècle, l'omnibus est l'un des principaux transports urbains. Après la Seconde Guerre mondiale, l'attelage disparaît progressivement des villes et des campagnes en même temps que se développent le chemin de fer, la voiture et le tracteur. Depuis quelques années, ce type d'équitation est de nouveau en vogue. Certains le pratiquent en promenade : c'est un loisir convivial dont toute la famille profite. D'autres se lancent dans la compétition : très technique et exigeant, l'attelage est un sport à part entière.

***La sécurité du meneur** repose sur la solidité du harnachement et l'obéissance de ses chevaux.*

Une confiance réciproque

Entre meneurs et chevaux, tout est question d'entente et de respect. Contrairement au cavalier qui a une relation physique directe avec sa monture, le meneur, lui, est relié par l'intermédiaire des guides, du fouet (utilisé avec souplesse) et de la voix. Cela suppose un lien de confiance mutuelle très fort. Chevaux et humains doivent savoir dialoguer, chacun dans son langage, sinon l'équipée peut vite tourner à la catastrophe !

LE SAVAIS-TU ?

Guerrier ou princier

Dans l'Égypte ancienne, le char était très employé pour faire la guerre. Mais c'était aussi le moyen de transport réservé au pharaon et aux plus hauts dignitaires.

***Un shetland attelé** pour le plus grand plaisir de ces jeunes meneurs*

Le harnachement

Le harnachement d'attelage est presque identique à celui de la monte traditionnelle. Les rênes, appelées "guides", sont nettement plus longues, et les œillères limitent la vue du cheval. Le mors ressemble souvent à celui d'une bride. Il faut y ajouter une bricole ou un collier, reliés par des courroies à l'avaloire. Cette dernière permet à la voiture de reculer. Sur le dos du cheval, la sellette est tenue par une sangle sur laquelle viennent se fixer les brancards.
Les différentes pièces du harnais sont attachées par plusieurs courroies. La difficulté réside dans leur réglage.

La bricole

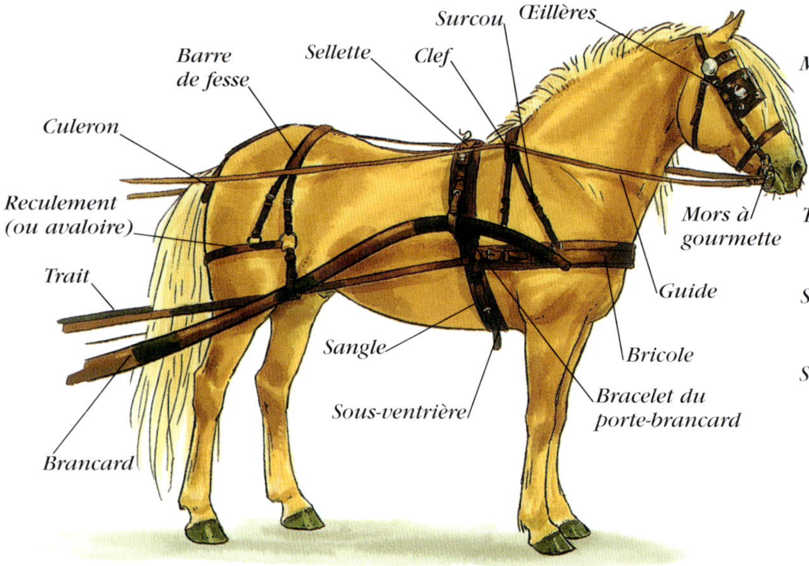

Le collier

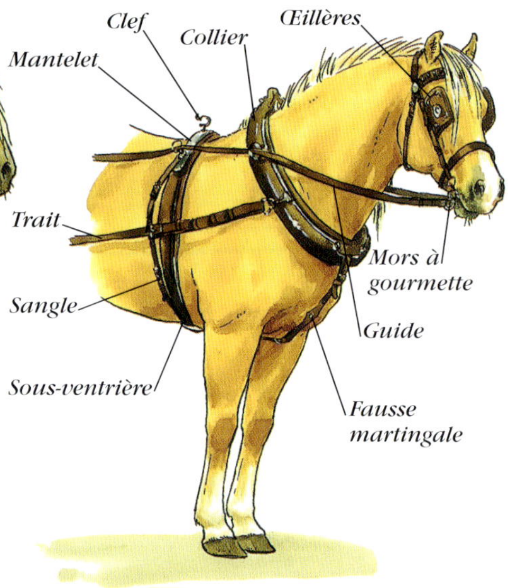

La compétition, c'est aussi...

• Le trec attelé, proche du concours d'entraînement. Son principe : rassembler des attelages pour une épreuve d'orientation et un parcours en terrain varié. Il est ouvert à tous les chevaux (avec ou sans papiers) et à toutes les voitures.

• L'attelage de tradition. Les participants sont tous passionnés de voitures anciennes. La compétition comporte trois épreuves : présentation individuelle, parcours routier d'environ 10 km et parcours de maniabilité.

Les voitures

La plus légère est celle à deux roues. Elle permet d'atteler un seul cheval, éventuellement deux, l'un derrière l'autre.
Il en existe de nombreux modèles comme le cabriolet, le tilbury ou la charrette anglaise.
La voiture à quatre roues offre plus de place pour les passagers, et est également plus facile à équilibrer. Elle est tractée par un équidé voire deux, quatre ou même plus. Avec un minimum d'expérience, on peut aisément la diriger car sa partie avant est articulée. Parmi les modèles les plus connus, on compte le break, le fiacre ou la victoria. N'oublions pas la roulotte que l'on croise parfois au gré des petites routes de vacances. Attelée à un cheval lourd au pas lent, elle permet à toute une famille de voyager.

La compétition

Elle a été inventée par les Anglais au début des années 1970.
Un concours d'attelage comporte trois épreuves, qui ont quelques points communs avec celles du concours complet.
Ce sont le dressage, le marathon et la maniabilité.
Le dressage commence par un test de présentation. Les juges notent la propreté des montures et des voitures, la tenue du meneur et de son équipe.
Ils doivent être élégants, porter obligatoirement une coiffure (chapeau), des gants, un tablier.
Le règlement oblige aussi le meneur à tenir un fouet en main. L'attelage réalise au pas et au trot une dizaine de figures imposées. Il est jugé sur la précision, la régularité des allures et l'impulsion des chevaux. Le marathon, lui, est très fatigant. Il s'agit d'un parcours dans la nature, semé d'obstacles (entre cinq et huit) : gués, fortes descentes ou montées, virages serrés, etc.
La distance totale varie entre 20 et 30 km, elle est divisée en plusieurs phases parcourues au pas, au trot ou au galop. Le rôle du meneur est primordial comme celui du ou des grooms, équipiers placés à l'arrière, qui se penchent pour rétablir l'équilibre de la voiture.
L'épreuve de maniabilité se déroule sur une carrière.
L'attelage doit franchir une vingtaine d'obstacles : portes disposées en zigzag ou en serpentine, pont, gué, etc.
Sur les bornes qui forment les portes, une petite balle est posée et elle tombe au moindre choc ; une faute est alors comptée. Le parcours est évalué par chronométrage ou par points. Chaque épreuve (dressage, marathon, maniabilité) nécessite une voiture différente.
Celle que l'on utilise pour le marathon est la plus solide : elle est équipée de freins à disque et d'amortisseurs.

Quels diplômes ?

L'attelage fonctionne avec des Galops spécifiques (de 1 à 9). C'est à partir du Galop 4 que le meneur et son équipier doivent être autonomes en terrains variés. Pour participer à des compétitions officielles, il faut posséder le Galop 7.

Le collier, adapté aux gros efforts de traction, est utilisé pour le marathon (ci-dessous). La bricole, plus légère, est préférée lors des épreuves de maniabilité (à gauche).

Vive les courses !

Le besoin qu'ont toujours eu les hommes à cheval de se mesurer les uns aux autres remonte à la nuit des temps. Aujourd'hui encore, en marge des hippodromes institutionnels, on trouve des champs de courses improvisés où les cavaliers peuvent s'affronter pour le simple plaisir d'être les plus rapides !

Compétitions antiques

Les premières courses de chevaux remontent à l'Antiquité. Au Xe siècle av. J.-C., il s'agit de courses de chars. Deux siècles plus tard, en 776 av. J.-C., celles-ci figurent aux premiers jeux Olympiques. Les Romains à leur tour les intègrent aux jeux du cirque, et formalisent les premiers paris. Mais ces courses dégénèrent souvent en émeutes. L'empereur Théodose Ier (vers 347-395) décide de les interdire en 394 de notre ère. Elles perdurent cependant et gagnent la Gaule, comme le confirment certains documents du Ve siècle.

Évolution

Au XIe siècle, les croisés (ceux qui participaient aux croisades) importent les premiers étalons arabes en Occident afin d'accroître la vitesse de leurs lourds destriers. Petit à petit, les courses prospèrent en Normandie (dans l'Orne), puis arrivent en Angleterre, notamment grâce au roi Richard Cœur de Lion (1189-1199). Il faut attendre le règne d'Henri VIII (1509-1547) pour qu'elles commencent véritablement à se structurer. Jacques Ier (1603-1625) poursuit cette œuvre en créant l'hippodrome de Newmarket. En 1750, le Jockey Club voit le jour : c'est un club très fermé qui régit les courses. Les épreuves de plat, qui mettent en valeur la vitesse du cheval, sont désormais considérées comme ce qu'il y a de mieux. L'obstacle existe aussi, sous la forme du steeple-chase (course de haies et d'obstacles) ou du *point-to-point* (ancêtre du cross actuel), parcours d'un village à un autre au cours duquel il faut sauter tout ce qui se présente devant soi. Quant aux courses de trot, elles ne commencent qu'au XIXe siècle.

Les paris

L'utilisation des courses de chevaux comme support de pari apparaît dès l'Antiquité. À l'époque, il ne s'agissait que de jeux. Aujourd'hui, ce système présente l'avantage de financer la filière cheval. En effet, une partie des enjeux est redistribuée aux joueurs (proportionnellement aux mises), une autre à l'État (taxes) et la troisième aux éleveurs. En d'autres termes, grâce aux prélèvements sur les courses et aux paris, les disciplines équestres peuvent se développer et les diverses races continuer à se perpétuer.
Il existe deux types de paris : le pari "à la cote", utilisé en Angleterre, nécessite un intermédiaire, le *bookmaker.* Ce donneur gère seul l'argent engagé par les parieurs. C'est lui qui fixe la cote

***Sur le rond de présentation**, les derniers instants avant la course*

du cheval, c'est-à-dire ce qu'il va rapporter en cas de victoire, dès l'engagement du pari. Avec le pari mutuel, créé en 1930 en France, le joueur ne sait ce qu'il peut gagner qu'à la fin de la course, car la cote varie jusqu'au départ, en fonction du nombre de parieurs qui ont joué le même cheval. De plus, les mises sont réparties entre tous les joueurs gagnants.

Les hippodromes

Chaque hippodrome possède des saisons de courses liées au climat : Deauville en été ; Auteuil, Cagnes-sur-Mer, Vincennes (France), Santa Anita (États-Unis), Epsom et Aintree (Grande-Bretagne) à l'automne et au printemps. Chaque après-midi de courses ou réunion compte six ou sept épreuves. Certains hippodromes organisent des réunions en nocturne, jusqu'à 23 h (Vincennes). Certains se sont spécialisés dans une discipline (plat, trot ou obstacles) ou en accueillent deux sur trois.
Les chevaux arrivent le matin et sont logés en box ou en stalle. Une demi-heure avant la course, chaque monture, tenue en main, marche au pas dans le rond de présentation. Pendant ce temps, les jockeys se préparent.
Ils passent à la pesée avec tout leur équipement, selle comprise, pour vérifier qu'ils font bien le poids requis. Ce poids sera à nouveau vérifié après la course. Ils montent ensuite en selle dans le rond de présentation sous l'œil attentif du public et des propriétaires. C'est là que les parieurs font leurs derniers choix. Les chevaux sont ensuite emmenés en main vers la piste. Les guichets prennent les dernières mises : la course peut commencer !

Des chiffres

Il existe aujourd'hui en France 6 millions de parieurs ! Les joueurs peuvent miser directement sur l'hippodrome (PMH, "pari mutuel hippodrome") ou hors des hippodromes (PMU, "pari mutuel urbain"), dans différents lieux, appelés "points", prévus à cet effet.
On recense dans notre pays 7 800 points PMU, 210 points et clubs-courses, 350 cafés-courses et 150 000 comptes directs PMU.

***Les courses d'obstacles** existent depuis plus de deux siècles.*

***La pesée** est obligatoire avant et après la course.*

Courses de trot

Prolongement logique de l'utilisation quotidienne des chevaux "carrossiers", les courses de trot se sont développées dès le XVIIIe siècle en Italie, aux Pays-Bas et en Russie (sur la glace en hiver). Elles sont d'ailleurs toujours très appréciées dans de nombreux pays européens, à l'exception de l'Angleterre, qui dispose pourtant d'une race de trotteurs : le norfolk. En France, les premières épreuves n'ont eu lieu qu'au début du XIXe siècle, en Bretagne d'abord puis dans l'Est de la France. Le premier meeting de trot fut organisé en 1836 sur la grève de Cherbourg, sous l'égide d'un inspecteur des Haras nationaux, Ephrem Hoûel (*voir p. 130*). Grâce à lui, et malgré la réticence du milieu des courses, l'administration n'hésita pas à encourager l'élevage des demi-sang pour ces manifestations. En 1864, la création de la Société d'encouragement pour l'amélioration du cheval français de demi-sang, devenue aujourd'hui la Société du cheval français, permit de codifier et de développer les courses et l'élevage des trotteurs. Caen puis Vincennes en devinrent les capitales et, devant le nombre important de courses réservées aux trotteurs chaque année (7 000 à 8 000 contre 4 000 environ en plat et 2 000 en obstacles), de nombreux autres hippodromes ont aménagé des pistes secondaires. C'est le cas notamment à Enghien, Cagnes-sur-Mer et sur la plupart des hippodromes de province.

Trot monté

Les courses de trot monté restent une spécificité française et ne représentent que 40 % des épreuves de trot. Même si elles n'ont pas convaincu les autres pays, elles sont intéressantes pour la sélection car elles permettent de tester la robustesse, la puissance et l'équilibre des montures. Généralement, un cheval monté est un peu moins rapide qu'un cheval attelé. S'il trotte aussi vite ou même plus vite, il est donc plus performant. Le jockey de trot ne doit pas dépasser un certain poids. Les règles sont un peu différentes de celles imposées pour le galop : 55 kg sur un cheval âgé de 2 ans, 63 kg pour une monture de 3 ou 4 ans et 67 kg sur un animal de 5 ans. Au trot monté, la selle est légère, le siège plat pour permettre au jockey de se rasseoir et les quartiers relativement hauts pour nepas gêner la jambe et alourdir inutilement l'ensemble. Les jockeys sont chaussés assez long, jambe en avant, afin de conserver un équilibre beaucoup plus vertical qu'en courses de galop. Ils doivent en effet s'aider de la poussée du cheval pour encaisser les foulées un temps sur deux.

Partez !

Les courses de trot sont souvent organisées sur des pistes en "cendré", noires et praticables quel que soit le temps. Les chevaux prennent le départ à l'élastique ou derrière une voiture comportant un système d'ailes qui se referment au fur et à mesure qu'elle accélère (avant de dégager de la piste). Si le cheval prend le galop, il est distancé c'est-à-dire qu'il sera exclu du classement. Enfin, comme pour les galopeurs, il existe un club des *gentlemen* du trot, réservé aux jockeys et aux drivers amateurs.

Dressage particulier

L'allure du trot de courses étant une allure provoquée, l'équidé apprend progressivement à la conserver tout en y trouvant un certain confort. Lors de l'apprentissage, le driver favorise donc le trot au détriment du galop. Le fait que la race soit spécifiquement sélectionnée (*voir p. 130*) facilite cet enseignement. Mais le jockey s'aide souvent d'artifices, tels les enrênements fixes qui conservent la tête du cheval en l'air pour l'empêcher d'avancer l'encolure et de tomber dans le galop et des ferrures spécialisées (fers lestés ou dont la forme est modifiée) qui gênent la monture si elle galope pour qu'elle comprenne bien que cette allure lui est interdite. Le cheval est également plus protégé qu'au galop : guêtres devant et derrière, protecteurs de genoux et de coudes, cloches*... Cependant, le travail de mise en souffle et en muscles reste très proche de celui du galopeur.

LE SULKY

À l'origine simple charrette à deux roues, le sulky* est aujourd'hui un véhicule très perfectionné. En bois de frêne bouilli ou en duralium (alliage de cuivre, aluminium et magnésium), il est doté de roues à pneumatiques et de "flasques" (sièges) métalliques permettant au driver de caler ses pieds de chaque côté de la croupe, plusou moins près d'elle selon les modèles. Les premières voitures en bois pesaient près de 18 kg, maintenant, les plus modernes en duralium font 3 kg seulement ! Le cheval apprend à tolérer ce mode d'attelage lors du débourrage*. Certaines montures, particulièrement émotives, portent des œillères pendant les courses.

Concentration optimale *au moment du départ…*

Courses de galop

Elles comportent deux disciplines : le plat et l'obstacle. En plat, les montures courent sur des distances allant de 800 m (pour les jeunes chevaux) à 4 000 m, la distance la plus fréquente étant 2 400 m. Les équidés portent des poids de 49 à 65 kg, selle comprise. En obstacles, les courses se disputent sur des distances s'échelonnant de 2 800 m à 6 500 m. Les chevaux supportent des poids plus lourds, de 60 à 75 kg. Il existe trois types de courses d'obstacles :

- les haies, où les obstacles ne sont constitués que de haies identiques franchies en "broussant" (en passant à travers). Le "train" (la vitesse) est en général très rapide ;
- le steeple-chase, qui comporte au moins cinq types d'obstacles différents : *bull-finch* (haies très hautes), rivières, *rail-ditch and fence* (trous barrés de haies), talus ou murs de pierres.
- le cross, qui se court sur des distances plus longues et comporte des obstacles naturels spécifiques (notamment talus en contre-haut et contrebas).

Quelques paramètres

Les courses varient en fonction de l'âge des chevaux (2 à 5 ans, ou au-dessus), de leur sexe et de leurs performances. Celles de plat sont les plus prisées. Elles se déroulent sur les grands hippodromes et sont internationales. Dans les courses à "handicap", le poids porté par les chevaux est prédéfini afin d'égaliser les chances des équidés (un champion sera plus chargé qu'un débutant). Dans les courses à "réclamer", le galopeur est à vendre à l'issue de l'épreuve.
Un cheval de plat fait carrière de 2 à 6 ans, les meilleurs résultats étant obtenus à 3 et 4 ans. Tandis qu'un cheval d'obstacles peut courir de 3 à 10 ans, avec un pic de performances entre 6 et 8 ans.

Une vie mouvementée

La journée du cheval de course démarre très tôt, vers 5 h 30. Les apprentis (jeunes jockeys qui assurent l'entraînement) les montent par "lots" d'une dizaine de chevaux, selon

LE SAVAIS-TU ?

Quels cavaliers ?
Traditionnellement, peu de femmes montent en courses de façon professionnelle. Elles y sont néanmoins autorisées selon les mêmes règles que les hommes.
Il existe aussi une autre catégorie de jockeys : ce sont les *gentlemen riders*, des cavaliers amateurs participant à des compétitions organisées spécialement à leur intention.

QUELQUES GRANDES COURSES À NE PAS MANQUER

- Le prix du Jockey Club (depuis 1836, en juin à Chantilly).
- Le prix de Diane (en juin à Chantilly).
- Le prix de l'Arc-de-Triomphe (depuis 1920, à Longchamp).
- En Angleterre, le *King George VI and Queen Elizabeth Stakes*, et le Derby d'Epsom (depuis 1780).
- La *Breeder's Cup* aux États-Unis.
- Pour les courses d'obstacles, le Grand Steeple-chase de Paris (en mai à Auteuil), le Grand National de Liverpool et enfin le Grand Steeple de Pardubice en République tchèque.

Les galopeurs *doivent avant tout posséder un moral de gagnant.*

les écuries, sur des pistes généralement en sable. Chaque cavalier doit suivre un programme déterminé par l'entraîneur. L'obsession du jockey est le poids : il ne doit à aucun prix dépasser le seuil des 50 kg sous peine de ne plus être compétitif. La sélection à l'entrée des écoles de lad-jockeys est draconienne (*voir p. 269*). De retour aux écuries, les chevaux sont pansés et leurs box nettoyés. Après le repas, un temps de repos est prévu. La journée se termine vers 18 h. Le rôle du premier garçon (adjoint de l'entraîneur) est essentiel au bon fonctionnement de l'écurie. Quant aux jockeys, ils vont aux courses l'après-midi, même s'ils ne montent pas, pour observer les autres chevaux et prendre (ou entretenir) des contacts avec les propriétaires et les entraîneurs.

Les courses de haies *sont aujourd'hui parmi les plus populaires.*

Quel matériel ?

Le poids jouant un rôle essentiel, surtout en plat, un soin extrême est apporté au matériel utilisé : la selle en feutre, ou cuir et feutre pour l'entraînement, est très légère (quelques centaines de grammes). Les chevaux sont montés en filet simple. Le poids requis inclut tout le harnachement, y compris le tapis, les étriers (en aluminium pour être moins lourds) et le collier s'il y en a un, ainsi bien sûr que le jockey… La position du jockey, chaussé très court, facilite l'aérodynamisme du cheval et donc la vitesse. En course, le jockey porte une casaque (tunique) et une toque sur le casque aux couleurs du propriétaire du cheval ou de son écurie. Enfin, la plupart des chevaux sont entraînés dans les grands centres de Maisons-Laffitte, Chantilly, Lamorlaye, Deauville et Évry. Certains hippodromes de province sont ouverts aux entraîneurs locaux pour leur permettre de travailler dans de bonnes conditions.

Le transport des montures

Les chevaux de course sont appelés à voyager très souvent. Le mode de transport le plus courant reste le van ou le camion (même si certains champions prennent l'avion !). Il existe de nombreux types de véhicules, plus ou moins grands et bien aménagés. Ils sont conçus pour que les chevaux voyagent dans le sens de la marche. Avant d'y faire monter les équidés, il faut les protéger : bandes de repos ou guêtres de transport pour les membres, fourreau de queue pour les crins, et protège-nuque. Embarquer le cheval nécessite deux personnes au minimum : l'une le tient en licol et l'amène d'un bon pas devant le pont ouvert, tandis que l'autre met la barre de queue ou ferme le bat-flanc. Voilà pour la théorie, mais la pratique n'est pas aussi évidente. Avec un récalcitrant, la carotte peut être efficace. Embarquer en premier un cheval facile incite parfois le second à venir le rejoindre. Une longe tenue à chaque extrémité et passée derrière les cuisses de la monture est encore une autre solution. Enfin, le conducteur (muni d'un permis E) ne doit surtout pas dégoûter l'équidé des voyages en écrasant la pédale du frein ou en donnant de grands coups d'accélérateur !

Des chevaux et des hommes

Aujourd'hui, le club est vraiment l'endroit idéal pour se familiariser avec la gent équine et devenir un authentique connaisseur. Qu'il se trouve en ville ou à la campagne, c'est un lieu convivial et animé, propice aux amitiés, où humains et équidés évoluent au contact les uns des autres. Mais, pour ceux qui rêvent de passer encore plus de temps avec “la plus noble conquête de l'homme”, pourquoi ne pas devenir palefrenier, vétérinaire ou jockey, autant de professions qui permettent de côtoyer des chevaux quotidiennement ?

Bienvenue au club !

Pour les amoureux de l'équitation ou les curieux qui souhaitent tenter l'aventure, le club hippique offre la possibilité de fréquenter ou de découvrir l'univers passionnant des équidés. Alors, pourquoi attendre avant d'aller s'y promener et, peut-être, faire son premier tour de manège... en selle ?

***Les écuries** sont pour les débutants un lieu magique qui offre l'opportunité de se familiariser avec les us et coutumes équins.*

Infrastructures

- Le club-house est le premier endroit où l'on se rend à chaque arrivée au club. Avant la reprise*, on y retrouve le moniteur qui indique le cheval à monter. C'est aussi le lieu où sont affichées les informations importantes (planning, stages, concours, petites annonces diverses).
- Le bureau est réservé au travail administratif : on s'y rend pour prendre sa licence, régler sa cotisation, etc.
- Les écuries sont généralement organisées en fonction de critères bien précis. Une partie des box est réservée aux chevaux du club, une autre accueille éventuellement ceux des propriétaires. S'il y a

***Une sellerie doit être bien ordonnée** : les selles se rangent à côté des harnachements qui leur correspondent. C'est un des lieux stratégiques du club !*

LE CLUB, C'EST AUSSI...

- La graineterie où l'on stocke les sacs de grains.
- L'aire de douche où chaque monture passe après le travail.
- Le rond de détente.
- Le ou les paddocks.
- Le lieu de stockage du fumier.
- Éventuellement la "forge", réservée au ferrage.

des poulains au débourrage*, ils peuvent occuper un secteur à part. Parfois, il existe d'autres box plus grands pour le poulinage. Lorsqu'ils ne sont pas au pré, les poneys sont souvent regroupés dans une stabulation libre.

- Le manège et la carrière sont les lieux d'entraînement. Le premier permet de monter à l'abri des intempéries pendant l'hiver, et lorsque la nuit tombe car il est éclairé. La carrière, elle, offre l'avantage de travailler au grand air dans un espace souvent plus vaste.
- La sellerie est la pièce où sont rangés les harnachements : selles, filets, tapis de selle, mais aussi licols et accessoires divers (protections ou couvertures). S'y trouve également le matériel de pansage ainsi que celui destiné à l'entretien des cuirs.

Différents types de clubs

La plupart des centres sont appelés "écoles élémentaires d'équitation". Ils proposent des leçons qui sont obligatoirement assurées par un moniteur diplômé d'État. Ils peuvent accueillir chevaux et poneys, ou être uniquement des poneys-clubs. Ils prennent aussi parfois des équidés en pension.
Les fermes équestres sont plutôt orientées vers les promenades.

Première visite

Pour une première visite, mieux vaut choisir un jour où l'activité est importante (comme le mercredi ou le samedi après-midi) afin d'observer le plus de situations possible.

LE SAVAIS-TU ?

Journée du cheval
Elle a lieu le dernier week-end de septembre. Les clubs en profitent souvent pour organiser des portes ouvertes. Différentes manifestations sont également proposées pour faire connaître toutes les disciplines équestres, de la haute école à l'équitation western, en passant par le polo, le trec et l'attelage.

L'excellent état général des chevaux et leur bon caractère est le premier critère de choix d'un club digne de ce nom. Ensuite, à chacun d'opter pour l'ambiance qui lui semble la plus sympathique... Pour monter régulièrement, il faut payer une cotisation, afin de devenir membre du club. Elle est valable un an, et son prix dépend de la taille du centre équestre (elle est souvent moins chère à la campagne). La licence aussi est fortement recommandée : c'est une carte d'adhésion à la Fédération française d'équitation. Elle n'est obligatoire que si l'on passe les Galops, mais il est très utile de la prendre car elle permet d'être assuré en cas de problème. Les leçons sont généralement vendues sous forme de forfait (par dix ou vingt cours).

LES QUESTIONS À POSER

- Quelles sont les diverses activités proposées ?
- Le club est-il ouvert pendant les vacances d'été ?
- Que se passe-t-il si l'on manque une reprise ?
- Y a-t-il un manège couvert ?
- Le club prête-t-il la bombe ?

LE MATÉRIEL AD HOC

Lorsqu'il s'agit de mettre le pied à l'étrier, pas question de plaisanter avec la sécurité. Seul un matériel adapté et en bon état peut garantir le moindre risque et un confort optimal, pour le cavalier… comme pour sa monture.

Ton équipement de base

- Il te faut absolument une protection de tête dotée d'un système d'attache "3 points" (une lanière passe au niveau des tempes, l'autre derrière les oreilles, et elles viennent s'attacher sous le menton) pour qu'elle reste en place en cas de chute. La bombe traditionnelle, recouverte de velours, est élégante. Privilégie les modèles avec un protège-nuque en mousse qui offre une sécurité supplémentaire. Quant au casque, il a l'avantage d'être léger et de pouvoir s'adapter à des tailles différentes (ce qui te permettra de le garder plus longtemps). Avant d'acheter l'un ou l'autre, essaie-les : ils doivent être bien ajustés.
- Pour les bottes, choisis entre celles en caoutchouc, plus faciles à entretenir et ne craignant pas la boue, et celles spécialement conçues pour l'équitation, qui évitent que les étrivières* ne pincent les mollets. Ne mets jamais de baskets, car, en l'absence de talon, l'étrier risquerait de s'enfoncer trop loin.
- Tu peux porter un pantalon près du corps, mais la culotte de cheval, qui protège des frottements, est plus confortable.

Compléments

Si tu es un cavalier confirmé, tu peux aussi te munir :

- de boots (synthétiques ou en cuir, et éventuellement doublées) et de minichaps (bandes de cuir bien ajustées au mollet), plus agréables à porter que des bottes ;
- d'une tenue de concours : veste sombre, chemise et culotte blanches. Elle te servira pour certains Galops (elle n'est pas obligatoire pour les premiers). Et si tu te lances dans le concours complet, gilet de protection et casque sont nécessaires pour le cross ;
- d'éperons : il est toujours utile d'en avoir une paire, à condition de savoir s'en servir !
- de matériel de toilettage pour ta monture : un peigne et des élastiques (pour les tresses), des ciseaux à bouts ronds (pour ne prendre aucun risque), du shampooing, du démêlant, ainsi que de l'onguent pour sabots.

Les éperons *se présentent sous diverses formes, adaptées aux différentes disciplines et aux niveaux des cavaliers. À utiliser lorsque l'on a déjà une bonne assiette et toujours avec modération…*

Boots et minichaps *: une variante des bottes traditionnelles*

- Un petit plus : les gants. En hiver, ils protègent du froid. Lorsqu'il pleut ou que le cheval transpire, ils évitent que les rênes glissent entre tes doigts.
- Une cravache ? Si tu veux, mais il y en a toujours au club !

Entretien du matériel

Savoir maintenir en bon état le harnachement, la selle, mais aussi les écuries et les lieux où l'on monte fait partie de l'apprentissage équestre. Ces exercices sont souvent pratiqués lors des stages de vacances.

- Pour la selle, on enlève la sangle et les étrivières. Il faut graisser plus souvent les endroits qui ne sont pas au contact du cavalier (intérieur du quartier et faux-quartier). Attention, certaines selles sont synthétiques et doivent simplement être lavées.
- Après chaque utilisation, passe au jet les protections de travail.

La bombe traditionnelle, *recouverte de velours ①, est désormais remplacée par des casques à visière souple ④, souvent agrémentés d'un protège-nuque ② et ③ et d'une mentonnière ②.*

- L'entretien du harnachement (on dit : "faire les cuirs") doit être régulier, pour lui rendre toute sa souplesse, et éviter qu'il ne casse ou qu'il ne blesse le cheval. Première étape : nettoie le cuir (sur les deux faces) avec une éponge légèrement humide et beaucoup de savon, afin d'enlever la sueur et éventuellement la boue. Attends qu'il soit sec avant de le graisser avec un chiffon doux. L'idéal est de démonter entièrement le bridon pour vérifier l'état des coutures. Profites-en pour frotter également le mors.

Entretien des locaux

Ces tâches sont effectuées par le personnel du club, mais un coup de main est souvent le bienvenu.

- Le nettoyage de la carrière et du manège est également une priorité : il faut les arroser régulièrement et y passer la herse.

- Quant aux écuries, une ou deux fois par an (au printemps ou à la fin de l'automne), elles ont besoin d'un ménage complet. Après avoir curé et lavé entièrement les box, on pulvérise un produit désinfectant sur toutes les parois.

Une éponge à peine humide *permet de nettoyer le filet avant de le graisser.*

Au quotidien

Les clubs vivent à des rythmes un peu différents en fonction de leur taille et de leurs activités. La journée d'un centre équestre situé à proximité d'une grande ville ne ressemble pas à celle d'un poneys-club installé en pleine campagne. Elles ont cependant des points communs car il faut quotidiennement nourrir les animaux, les soigner, faire les box, parer aux imprévus... Bref, un emploi du temps souvent chargé!

Premier repas

Au petit matin, le club s'éveille au son des hennissements des chevaux impatients. C'est l'heure du premier repas, généralement constitué de foin et d'aliments riches qui vont donner aux animaux l'énergie nécessaire à leur journée de travail. Ce passage dans les box est l'occasion de voir si tout va bien, si les abreuvoirs fonctionnent correctement (attention au gel en hiver). De même pour les animaux au pré, une petite visite matinale permet de vérifier l'état des clôtures ainsi que la réserve d'eau.

LE SAVAIS-TU?

Piège à mouches
Même si cela semble étrange, on n'enlève pas les toiles d'araignées dans les écuries. Elles sont utiles pour capturer les mouches qui pullulent souvent l'été.

Fignoler le pansage *avec la brosse douce permet de lisser le poil : c'est une étape indispensable pour l'hygiène et le moral du cheval!*

Comment aider au club ?

Il y a mille façons d'aider et autant d'occasions d'apprendre en même temps ! Lors d'une reprise de débutants, par exemple, on peut préparer les chevaux puis les desseller et les panser après la leçon. Le club organise un concours ? Pourquoi ne pas se transformer en peintre d'obstacles ? On peut aussi se rendre utile lorsque la paille, le foin ou les aliments sont livrés. Et quand il faut sortir le fumier, la corvée peut devenir récréative si on est nombreux et de bonne humeur !

Petit ou grand ménage

Vient ensuite l'entretien des box : selon le jour, le palefrenier procède à un simple paillage ou à un curage complet. Chaque club adopte son propre rythme. Durant ce nettoyage, certains chevaux sont emmenés au paddock, où ils se détendront jusqu'à la première reprise*.

Pansage et travail

Avant de se mettre en selle, le pansage est une étape obligée. Tout en nettoyant, il permet aussi de faire une inspection générale de sa monture. Après le travail, retour aux écuries et passage à la douche, si le sol était boueux ou s'il faisait très chaud. Puis nouveau pansage lorsque le cheval est sec.

Deuxième repas

C'est la fin d'une matinée bien occupée et l'heure du déjeuner pour tout le monde ! Les chevaux qui sont allés au paddock retrouvent leur box. La ration de midi est généralement composée d'aliments concentrés (granulés accompagnés d'orge ou d'avoine).

L'après-midi

Le programme varie selon le jour et la saison. Le mercredi et le samedi, les cavaliers sont souvent nombreux. Certains jours de la semaine, le club peut accueillir des groupes scolaires.
La veille d'un concours, il faut préparer les montures (les sortir, vérifier qu'elles n'ont aucune blessure) et le matériel (faire les cuirs, par exemple).
Puis, en fin d'après-midi, vient l'heure du réconfort : on distribue la troisième ration de la journée, la plus importante en fourrage. Mais les imprévus peuvent survenir à tout moment de la journée (ou de la nuit) : un cheval malade (on appelle aussitôt le vétérinaire), une clôture de paddock cassée (il faut immédiatement la remplacer pour empêcher les fugues) ou une panne des abreuvoirs automatiques (on va chercher l'eau avec des seaux).

Le palefrenier *est notamment chargé de l'entretien des box.*

Stages, mode d'emploi

En équitation, comme dans tous les autres sports, on progresse par palier. Le stage est utile car il permet d'aller vite, sans brûler les étapes.
Il donne aussi l'occasion de découvrir des activités comme la voltige ou le horse-ball*.
La durée d'un stage varie d'une journée à plusieurs jours et certains clubs peuvent loger les élèves la nuit.
Pour y participer, aucun âge minimum n'est requis ; il faut simplement savoir se débrouiller un peu tout seul.
Les horaires et les activités des stages diffèrent selon les clubs. Mais il y a en général un temps pour l'équitation (trois heures réparties dans la journée), un temps pour les soins et un temps pour l'hippologie (anatomie, matériel, etc.).
Les stages de préparation aux Galops sont organisés par niveaux. L'examen se passe en principe à la fin, mais il n'est pas obligatoire.

Aux Galops !

Les Galops sont à l'équitation ce que les Ceintures sont au judo ou les Étoiles au ski : des diplômes successifs qui permettent d'évaluer sa progression. Un excellent moyen de savoir si l'on est un cavalier talentueux !

Les Galops

Au fur et à mesure de son apprentissage équestre, il est possible de passer, dans les clubs hippiques, des diplômes appelés "Galops". La seule obligation est d'être titulaire d'une licence de la Fédération française d'équitation. Au nombre de sept, les Galops comportent chacun trois parties (équitation, soins et connaissances). Les deux premiers peuvent se passer dans la même année ; ensuite, on en prépare en moyenne un par an. Le Galop 7 permet d'accéder à la compétition officielle (dressage, saut d'obstacles ou concours complet). Il existe deux autres Galops qui donnent simplement une indication sur le niveau du cavalier. Le Galop 8 correspond à peu près aux connaissances d'un moniteur, le Galop 9 à celles d'un instructeur. Échouer à l'un de ces examens n'est pas une catastrophe ! Le mieux est d'en parler avec son enseignant, pour en analyser les raisons et travailler ses points faibles.

Cette cavalière démontre *qu'elle sait utiliser une rêne directe pour tourner.*

Équitation

Pour les premiers Galops, le cavalier doit être capable de se tenir bien en équilibre dans la selle, au pas, puis au trot et au galop. Progressivement, il apprend à conduire le cheval sur des courbes serrées et à changer d'allure. Il commence à sauter des cavaletti (petits obstacles de 50 cm de haut) et à se déplacer en terrain varié (montées et descentes). Puis vient le premier test de dressage : une reprise* que l'on déroule seul devant l'examinateur, en lui montrant qu'on sait se servir de ses aides (naturelles et artificielles) pour réaliser les différentes figures demandées. Ensuite, le test de saut d'obstacles consiste en un petit parcours en équilibre sur les étriers et au galop. Enfin, le test de cross suit le même principe, mais sur des obstacles fixes et en terrain varié. Sans oublier le "travail à pied" : faire tourner l'équidé (muni d'un enrênement) à la longe, au pas et au trot.

Soins

On commence par apprendre à aborder un cheval correctement, c'est-à-dire à s'approcher de lui en toute sécurité pour lui passer le licol. On doit être capable de le panser puis de le seller, de lui mettre et de lui enlever son filet. Il faut aussi savoir entretenir le harnachement ("faire les cuirs"). Ensuite, on vérifie l'état des pieds et des membres avant et après le travail. On explique comment nettoyer une litière. À partir du Galop 4, on apprend à poser les protections de travail, celles de transport ainsi que les bandes de repos. Pour finir, on présente à l'examinateur un cheval en main : la monture doit être propre et si possible toilettée.

Connaissances

On débute par l'apprentissage des robes et de leurs nombreuses particularités. Puis vient l'étude de l'anatomie du cheval, jusqu'à ce que, de la tête au bout des pieds, son squelette, ses muscles et ses tendons n'aient plus aucun secret pour le cavalier ! Dernier point à maîtriser absolument : les règles de sécurité qu'il faut respecter au club ou à l'extérieur, à pied comme à cheval. En passant les Galops, on améliore sa technique de cavalier et on doit en expliquer certains points : comment utiliser les aides, qu'est-ce que l'impulsion*, pourquoi change-t-on de bipède diagonal au trot enlevé ? L'enseignement concerne aussi l'alimentation du cheval et les soins quotidiens. Le cavalier doit ensuite savoir interpréter les attitudes de sa monture : pourquoi ses oreilles sont-elles légèrement tournées vers l'arrière, que signifie-t-elle si elle gratte le sol avec un antérieur ?...

Autre épreuve *: monter sans étrier*

Savoir démonter une bride *constitue aussi un grand classique de la partie soins.*

Le cheval thérapeute

Le club hippique est plus qu'un centre d'hébergement pour chevaux et poneys. C'est un endroit convivial et chaleureux, qui peut aussi devenir un lieu d'épanouissement pour des cavaliers pas tout à fait comme les autres...

Les bénéfices physiques et psychiques que l'on peut tirer de l'équitation ne sont pas exclusivement réservés aux personnes valides. Les médecins et psychothérapeutes se sont en effet aperçu que ce sport, ou même le simple contact avec les chevaux, s'avérait particulièrement profitable aux personnes présentant différents problèmes : handicap physique ou psychomoteur, troubles mentaux ou état de souffrance psychique, voire troubles du comportement et de la conduite (troubles sociaux).

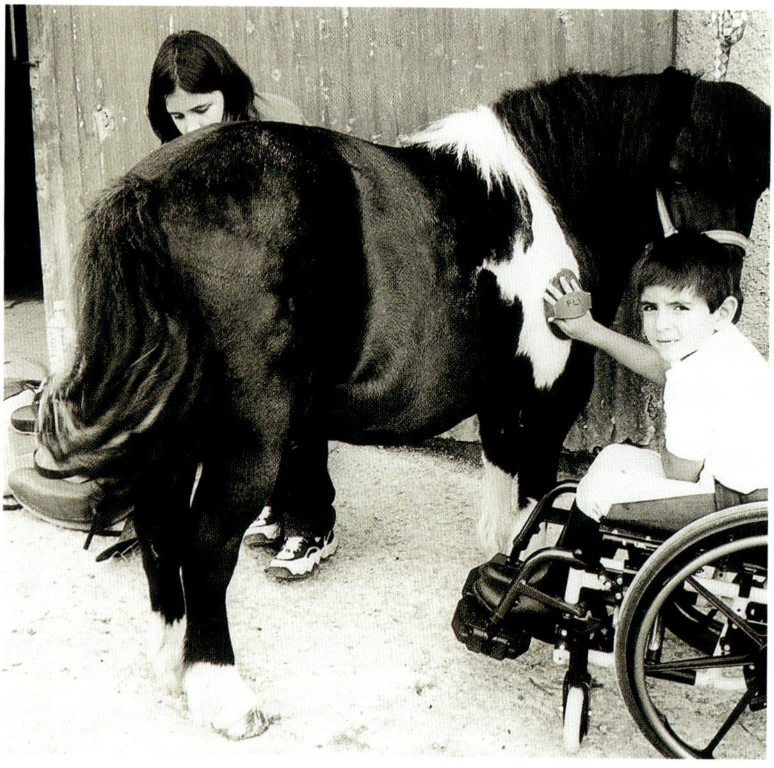

***Retrouver confiance en soi**, faire l'apprentissage des rapports sociaux, voici quelques-uns des bienfaits apportés par l'apprentissage de l'équitation.*

***Dès les premières visites** au centre équestre, les enfants expriment le besoin de s'approcher des chevaux, de les toucher, et pour les plus téméraires... de les monter !*

Des bienfaits multiples

D'un point de vue physique, la rééducation par le cheval permet la mobilisation du corps dans sa globalité. Elle stimule ainsi la verticalisation du corps et la coordination des gestes, elle encourage et renforce l'équilibre par le tonus et les réajustements

Les débuts de l'équithérapie

En 1952, Lis Hartel, atteinte depuis huit ans d'une forme grave de polio, remporte une médaille olympique en dressage à Helsinki. Ancienne cavalière brillante, la jeune femme avait mis toute son énergie à se remettre en selle. À peu près à la même époque, une jeune Anglaise aveugle réussissait l'exploit de remporter plusieurs distinctions au concours hippique de Londres.
C'est donc à partir de l'équitation sportive que le "déclic" se produit, dans les pays scandinaves et en Grande-Bretagne.
Au milieu du XXe siècle, une kinésithérapeute norvégienne, Elisabeth Bodiker, ouvre le premier centre équestre pour handicapés moteurs et mentaux.
Le mouvement gagne la France à partir de 1962. L'association Handi-cheval est créée en 1970, et rassemble en 2000 près de 3 000 adhérents et sympathisants.
En 1972 naît ANTHE ANTHESIS, association nationale belge de thérapie par l'équitation.
En 1981, un secrétariat international "*Riding for disabled*" est organisé par quatorze nations.
En 1991, c'est la Fédération internationale d'équitation thérapeutique qui voit le jour. Son siège se trouve en Nouvelle-Zélande. En l'an 2000, elle regroupe, vingt-trois nations, parmi lesquelles l'Allemagne, l'Afrique du Sud, l'Australie, les États-Unis, le Japon, la Norvège, la Finlande, etc. L'équithérapie ne cesse donc de se développer...

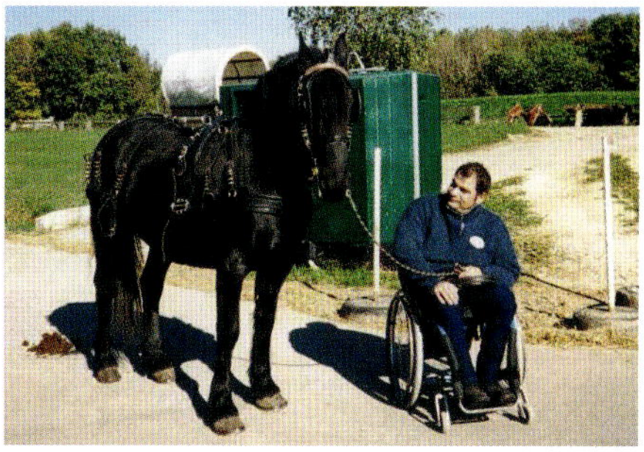

***En hippothérapie**, l'accent est mis sur la relation avec l'animal plutôt que sur la performance.*

musculaires permanents, au rythme des mouvements de la monture.
Cette thérapie induit également une bonne position générale et améliore l'usage indépendant de chaque main.
Sur le plan psychique, l'immersion dans un milieu nouveau (odeurs, bruits, personnes), – où l'on rencontre un être impressionnant mais amical avec lequel on peut communiquer sans parler – amoindrit souvent de façon spectaculaire les réactions de rejet ou de repli sur soi.
L'animal aide à apprendre le respect des règles, enseigne la patience mais aussi la confiance en soi. Très sensible et extrêmement réceptif aux postures et mimiques, il oblige en effet le cavalier à dominer ses émotions (agressivité, peur, colère...) et à s'exprimer avec précision, dans le calme.

Un environnement sécurisé

La thérapie avec le cheval nécessite du matériel adapté, un cheval sûr et une équipe d'encadrement spécialement formée à cette pratique.
L'équithérapeute doit bien connaître à la fois le cheval et les différentes formes de handicaps, aimer l'animal et l'être humain. Des formations spécifiques, alternant théorie et pratique pendant au moins deux années, existent depuis les années 1970 en Belgique, France, Angleterre, Suisse, Allemagne, et aux Pays-Bas. Les équidés, quant à eux, doivent être avant tout tranquilles à la monte mais également au pansage, lorsque se crée le lien avec la personne en difficulté. Les chevaux de trait sont appréciés pour leur flegme mais s'avèrent souvent trop grands. Monter et descendre de son cheval sont en effet les actions les plus délicates pour bien des handicapés.
On préfère donc généralement utiliser des poneys très calmes et respectueux de l'homme.

Un matériel spécifique

Il est peu développé mais on trouve cependant une selle appelée "La Boussole" : l'arçon est plus haut et plus grand que celui des selles classiques, le siège maintient le bassin en arrière pour que le buste soit droit, et un système mécanique permet de caler les pieds dans les étriers. On peut également équiper la selle d'une surselle comme ci-dessous.

Les selles les plus utilisées restent celles de travail, car, profondes, elles encadrent bien le cavalier entre le pommeau* et le troussequin*.
Pour attraper plus facilement les rênes, on y ajoute parfois des anneaux sur lesquels on fixe des poignées. Pour éviter les actions de mains trop dures sur la bouche du cheval, les rênes sont reliées au mors par des élastiques.

Métiers d'encadrement

Quel plus grand bonheur que de travailler en permanence avec des chevaux, lorsqu'on est passionné d'équitation ? D'autant que ces métiers se pratiquent souvent au grand air. Une orientation rêvée, donc, pour qui aime à la fois la nature et les relations humaines.

Guide de randonnée

Accompagner des cavaliers en extérieur ne consiste pas seulement à chevaucher dans des paysages magnifiques ou à partir vers de nouveaux horizons !
Le guide de randonnée s'apparente au voyagiste, car il recherche sans cesse de nouveaux itinéraires à mettre dans son catalogue. Ces circuits doivent dépayser, charmer, et être jalonnés de lieux d'étape et de ravitaillement (pour les montures comme pour les cavaliers). À moins qu'il organise des randonnées uniquement à l'étranger, le guide possède des chevaux qu'il choisit, nourrit, soigne et éduque.
Il doit aussi faire sa propre publicité en éditant des prospectus et en participant à des salons et autres manifestations équestres ou touristiques. Le Comité national de tourisme équestre (CNTE) appartient à la Fédération française d'équitation (FFE).
Il organise des stages et des examens menant successivement aux diplômes (reconnus par le ministère) d'accompagnateur, de guide de randonnée ou de maître randonneur. Le niveau équestre minimum requis pour le premier examen est le Galop 5, le Galop 7 pour les deux autres.

***Le guide de randonnée** est un véritable meneur de troupes !*

La rigueur est la première qualité de l'enseignant.

Le maître randonneur doit être âgé d'au moins 30 ans et avoir son diplôme de guide depuis plus de deux ans.

Enseignant

L'"enseignant-animateur", "enseignant responsable pédagogique" ou plus couramment "moniteur" travaille dans un centre équestre et donne des leçons d'équitation. Forcément bon cavalier, doué de qualités pédagogiques, il doit aussi être une sorte de meneur de jeu, qui organise et coordonne les diverses activités du club. Pour le devenir, il faut posséder au minimum le Galop 6, être en possession du brevet de secourisme et être titulaire du Brevet d'État d'éducateur sportif (BEES), qui ne peut s'obtenir avant 18 ans. Cet examen comporte un "tronc commun" (identique pour toutes les disciplines sportives) : anatomie, physiologie, histoire du sport, pédagogie, etc. ; et des épreuves spécifiques au cheval : il s'agit d'une formation sur le terrain (de un à trois ans) dans un centre équestre agréé par le ministère de la Jeunesse et des Sports. Après avoir obtenu ce diplôme (le seul obligatoire pour enseigner), on peut passer ceux d'instructeur et de professeur.

Animateur poney bénévole

Il est possible de le devenir dès 14 ans. Pour cela, il faut être titulaire du Galop 5 et suivre une formation de cent vingt heures, avant de passer l'examen (animation d'une reprise et épreuve technique tirée au sort : attelage, longues rênes, etc.).
Si cette activité te convient, tu pourras ensuite préparer le Brevet d'Animateur Poney (BAP).

Animateur-soigneur

Cet enseignant, spécialisé principalement dans les jeux, est chargé d'animer des reprises* dans les poneys-clubs disposant déjà d'un enseignant diplômé d'État. Il doit allier les qualités d'un éducateur (patience, pédagogie et… enthousiasme !) à celles d'un spécialiste équestre.
La formation consiste en un stage pratique de trois cents heures dans un poneys-club.
Le candidat doit posséder une connaissance approfondie de la pédagogie ludique. Il lui faut aussi savoir mener un attelage, présenter un poney en main et le faire travailler aux longues rênes.
Pour passer l'examen, il doit avoir 18 ans révolus, le Galop 6, l'attestation de formation aux premiers secours et une licence de la FFE.
Le diplôme d'animateur-soigneur est homologué par le ministère de la Jeunesse et des Sports.

Métiers des courses

Avec ses codes, son langage, ses acteurs, le monde des courses est un univers à part, qui fascine et fait rêver. Qui n'a jamais frémi lorsqu'on donne le signal du départ sur un hippodrome et que chevaux et cavaliers bondissent dans un même élan ?

Éleveur

Aucun diplôme n'est exigé pour faire naître des chevaux, même s'il existe une formation en deux ans, accessible après une troisième ou un CAP, amenant au Brevet d'État professionnel agricole, élevage du cheval. Mais il est indispensable de disposer de pâtures et d'une excellente connaissance des équidés. Rares sont ceux qui vivent uniquement de l'élevage. La majorité ne possèdent que quelques poulinières et exercent un autre métier, surtout chez les éleveurs de trotteurs. Le monde des galopeurs est plus élitiste, car les pur-sang de bonne lignée valent souvent des millions… Les élevages sont parfois la propriété de riches hommes d'affaires, voire de rois du pétrole. Dans tous les cas, l'éleveur doit trouver les meilleurs couples étalon-jument pour faire naître les futurs cracks. Il est là pour surveiller ses protégés, leur alimentation, les mises bas… et vendre ses produits au meilleur prix, en direct ou lors de ventes aux enchères.

Entraîneur

Il entraîne les chevaux de course confiés par des propriétaires. Sa réussite dépend des résultats qu'il obtient sur les hippodromes : elle tient à ses capacités et à la chance ! Celui qui se lance dans ce métier risqué a presque toujours été éleveur de pur-sang ou de trotteurs, premier garçon d'écurie ou jockey.
Sa journée commence à l'aube. Il arrive très tôt à l'écurie. Après avoir étudié soigneusement l'état des montures, il décide du programme à faire suivre à chacune. Mais il les monte rarement lui-même, car c'est à pied qu'il juge le mieux de leurs performances, de leur progrès ou de leur régression. Toute la matinée, chronomètre en main, il observe.
L'après-midi, il se rend sur les champs de courses pour voir les chevaux dont il s'occupe. En espérant qu'ils deviennent des champions, comme les légendaires Driade-des-bois, Ourasi ou Une-de-mai !

LE SAVAIS-TU ?

Léger, léger
Le poids est le gros problème du jockey. Aussi doit-il suivre un régime alimentaire très sévère. Son matériel aussi est hyper-léger. Sa selle aux étriers d'aluminium ne pèse pas plus de 2 kg, et ses bottes seulement quelques centaines de grammes !

Lad, jockey, driver

Le lad est un garçon d'écurie de courses, dont le métier ressemble à celui de palefrenier-soigneur. Fini les grasses matinées, il est debout dès 4 h du matin pour un travail très éprouvant physiquement.
Il l'a choisi généralement parce qu'il est mince et léger, et ambitionne de devenir un jour jockey ou driver (jockey de trot attelé). Les premières conditions à remplir : avoir 14 ans, mesurer moins d'1,40 m et peser moins de 38 kg. Les études durent trois ans dans un établissement d'enseignement agricole. Il faut ensuite réussir l'examen de lad-jockey ou de lad-driver. On peut aussi s'y présenter si l'on a moins de 16 ans : il suffit de faire un apprentissage dans une écurie, alterné avec des stages au centre d'apprentis de Chantilly. Le lad devient jockey ou driver selon le bon vouloir de l'entraîneur chez qui il travaille. Mais, pour cela, il doit mesurer moins de 1,70 m et peser moins de 60 kg. Les femmes sont très faiblement représentées dans la profession, et la vie ne leur est pas forcément rendue facile dans ce milieu encore très masculin… Le jockey prend tous les risques en course pour finir bien placé. Le métier est dangereux et peu rémunérateur, à part pour quelques vedettes. Le jockey reçoit en effet 7 % de l'allocation attribuée à sa monture. S'il n'est pas dans les cinq premiers, il reçoit un forfait de… 13,70 € en plat et 48,50 € à l'obstacle ! Il est également payé entre 760 et 1 200 € par mois pour ses travaux à l'écurie. S'il atteint une certaine notoriété, il quitte son premier employeur car des propriétaires lui demandent de monter ou de mener leurs chevaux.

***L'entraîneur**, bien qu'il ne monte pas, est capable d'évaluer très précisément les performances de ses chevaux : rien n'échappe à son œil exercé.*

La légèreté du sulky est un atout indéniable pour le driver.*

Profession cavalier

Vivre uniquement de ses capacités à monter à cheval, voilà qui laisse songeur... Malheureusement, le rêve ne devient pas toujours réalité : dans ces professions, on compte beaucoup d'appelés pour peu d'élus.

Cavaliers professionnels

À la différence des jockeys qui concourent exclusivement sur les hippodromes, les cavaliers professionnels participent aux concours nationaux et internationaux, en saut d'obstacles, dressage et concours complet. En France, ils ne sont qu'un millier. Aucun diplôme ne conduit à cette carrière. On devient donc professionnel grâce à ses qualités de cavalier, sa volonté, et aussi une certaine part de chance. Certains passent d'abord les diplômes d'enseignant, d'autres font simplement la preuve de leur adresse. Il ne leur reste plus alors qu'à trouver des propriétaires qui donnent leurs chevaux à travailler contre rémunération... Ce qui n'est pas vraiment facile ! Seuls leurs succès en compétition font leur réputation. Mais le cavalier professionnel peut trouver d'autres moyens de gagner de l'argent. Il organise des stages dans la discipline où il excelle, ou loue ses services pour conseiller les acheteurs. Il peut parvenir enfin à ce qu'une grande marque commerciale lui demande d'entraîner et de monter un cheval en compétition. Cependant, dans les années 1990, huit marques seulement possédaient des chevaux de saut d'obstacles...

LE SAVAIS-TU ?

Cavalier d'élite

Militaires et policiers ont longtemps été des "gens d'armes". Parmi eux, ceux qui avaient la réputation d'être les meilleurs étaient les cavaliers. Ainsi le premier chef de police parisien, nommé par Charlemagne en 802, était le "chevalier" du Guet.

Ce cavalier de saut d'obstacles *obtiendra-t-il des résultats suffisants pour devenir professionnel ?*

Officier et garde des Haras

Ces fonctionnaires gèrent le patrimoine génétique des étalons nationaux. L'officier des Haras dirige l'un des vingt-trois haras nationaux français. Ingénieur agricole de formation, il doit obligatoirement faire un stage à l'École des Haras, au haras du Pin. Mais la sélection est drastique : seuls deux élèves officiers sont recrutés chaque année ! Leur tâche est pour une bonne part administrative. Mais ils doivent aussi gérer les relations auprès des professionnels et mettre en avant la qualité des étalons. Ils sont ainsi amenés à assister à un grand nombre de manifestations, de salons et de compétitions équestres. Le garde des Haras entretient et soigne les étalons. Entre février et août, il les suit dans les stations de monte - où ont lieu les saillies. Pour postuler, il faut posséder un CAP d'un métier du cheval tel que palefrenier-soigneur. Si l'on est engagé et que l'on travaille sérieusement, on est rapidement titularisé. Attention, le garde des Haras pratique en réalité trois métiers : il doit être capable de soigner les étalons, de les atteler et de les monter.

Les cavaliers de spectacle *séduisent petits et grands par leur courage et leur ténacité.*

Cavaliers de spectacle

Ils allient l'adresse équestre au sens du spectacle. Certains sont fort connus, comme les artistes de cirque Patrick et Alexis Grüss ou la famille Knie. À chaque représentation, ils s'efforcent de donner le meilleur d'eux-mêmes. S'ils manquent un exercice, ils le recommencent jusqu'à ce qu'ils le réussissent. Les acteurs de cinéma étant rarement de grands cavaliers, ils sont souvent remplacés par des cascadeurs. Ces derniers, peu connus, sont pourtant capables de véritables exploits. Pierre Pakomoff sait passer sous le ventre de sa monture au galop, et Mario Luraschi est capable de chevaucher un cheval enflammé !

Cavaliers militaires

Autrefois, le cheval était réservé en priorité aux militaires. De nos jours, dans bien des pays, on a gardé quelques unités montées, par tradition et par goût du panache : la prestigieuse Garde républicaine en France, la Garde rouge de Dakar au Sénégal, les lanciers en Inde et les célèbres *horse-guards* anglais, reconnaissables à leur bonnet de fourrure. Tous ces cavaliers, qui sont d'abord des militaires, reçoivent une formation spécifique au sein de l'armée. Ils ont pour tâche principale de parader, notamment en l'honneur des hôtes de marque. Dans certains pays comme au Canada ou au Maroc, il existe aussi des policiers à cheval. En France, des forêts et de grands parkings sont ainsi gardés par des gendarmes montés.

La police montée *au Maroc*

Opération soins

En dépit de leur fière allure, de leur apparence imposante et de leur résistance, les chevaux sont aussi de "petites bêtes" qu'il faut soigner, chouchouter, dorloter, bichonner... Ils sont donc l'objet d'attentions quotidiennes.

Palefrenier-soigneur

De lui dépend le bon état physique et moral des pensionnaires de l'écurie. Sa journée commence à l'aube, quand il donne leur premier repas aux équidés. Puis il les sort un par un et les panse. C'est l'occasion de les examiner et de les soigner. La toilette terminée, il rafraîchit la litière ou cure le box, avant d'y ramener son locataire. Ensuite, il lui reste à distribuer les autres repas. Bien souvent, on lui confie d'autres tâches (entretien de la sellerie, du van, etc.). Dans une écurie de courses, le palefrenier peut accéder au rang de "premier garçon", véritable bras droit de l'entraîneur. À moins qu'il ne préfère se lancer dans l'élevage.

Pour devenir palefrenier, on peut entrer à 14 ans dans un collège agricole et, après trois ans d'études, passer le Certificat d'aptitude professionnel agricole (CAPA). Autre possibilité : un apprentissage de deux ans en alternance dans une écurie et dans un centre de formation spécialisé.

Vétérinaire équin

C'est lui qui veille à la santé des équidés. Pour cela, il lui faut entreprendre de longues études dans une des quatre écoles vétérinaires françaises (Maisons-Alfort, Nantes, Lyon et Toulouse). L'entrée se passe sur concours,

L'entretien quotidien des box *rythme la journée du palefrenier.*

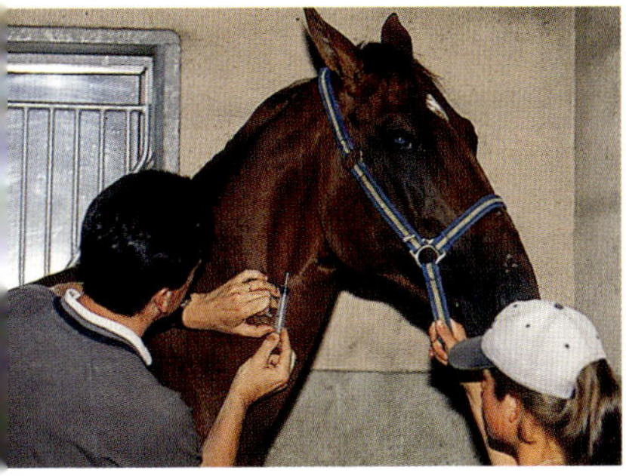

après un an de classe préparatoire (épreuves de mathématiques, physique, chimie et biologie) : après admission, le lauréat effectue d'abord quatre ans d'études générales (tronc commun consacré à toutes les espèces animales), puis il complète cette formation par des cours spécifiques et des stages sur le terrain dans les années qui suivent. Attention, les places sont très chères : au début de l'an 2000, 200 vétérinaires seulement soignaient uniquement des chevaux, et moins de mille s'occupaient à la fois d'équidés et d'autres animaux.
Cette profession exige une grande disponibilité, de jour comme de nuit. La voiture du vétérinaire équin est un peu son cabinet : il y transporte tout le matériel et les médicaments susceptibles de lui être nécessaires. Mais il doit aussi disposer d'une clinique, qui comporte notamment une table de soin basculante permettant de coucher un cheval endormi. Dans certaines régions, ce ne sont pas les vétérinaires mais des techniciens dentaires qui s'occupent des dents des chevaux. Pour l'instant, cette spécialité (dentiste équin) n'est pas officiellement reconnue.

LE SAVAIS-TU ?

Dur labeur
Les fers ne sont fabriqués en usine que depuis quelques décennies. Pendant des siècles, les maréchaux-ferrants les forgeaient eux-mêmes, à la sueur de leur front.

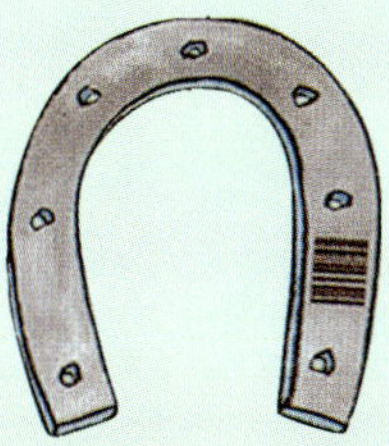

Maréchal-ferrant

Autrefois, il ne se contentait pas de ferrer mais faisait aussi le travail du vétérinaire, car ce métier n'existait pas encore. C'est notamment lui qui castrait les mâles, avec plus ou moins de succès... Aujourd'hui, il se consacre exclusivement aux sabots des équidés : avant de ferrer, il observe attentivement la démarche de l'animal afin de compenser éventuellement des aplombs défectueux. Puis il dépose les vieux fers, râpe et coupe la corne abîmée, pour que le cheval ne soit pas gêné en marchant. Il rectifie alors les fers sur son enclume, les broche, avant de couper les pointes des clous sortis sur la muraille du sabot. Ensuite, il les rive avec la mailloche et les tricoises.
Pour devenir maréchal-ferrant, il existe un CAP de maréchalerie, qui se prépare après deux ans d'apprentissage chez un artisan. L'école de maréchalerie du haras du Pin propose également une formation.

SELLIER-BOURRELIER

Autrefois, le sellier était l'artisan qui fabriquait et entretenait les harnachements des chevaux de selle. Le bourrelier s'occupait quant à lui des chevaux de trait. Aujourd'hui, ces deux métiers sont confondus. Les sports équestres se développant, les selliers-bourreliers ont de plus en plus de travail. Il n'existe pourtant en France aucune école où apprendre ce métier. Mais en passant le CAP de maroquinier, puis en faisant un apprentissage chez un sellier-bourrelier, il est possible de s'installer à son compte.

D'hier à aujourd'hui

L'histoire du cheval remonte à la préhistoire, époque redoutable pour les équidés qui constituaient un gibier très prisé. Puis est venu le temps de la domestication, vers 3500 av. J.-C. L'homme a compris tout le profit qu'il pouvait tirer de ce mammifère en l'utilisant pour les travaux agricoles ou comme monture de guerre. Aujourd'hui, seuls quelques peuples cavaliers font encore appel au cheval pour mener le bétail. Partout ailleurs, il est devenu un incomparable compagnon de loisir.

Les ancêtres

Le cheval n'a pas toujours eu l'apparence qu'on lui connaît aujourd'hui. Au cours de sa très lente évolution, il a grandi d'environ 1 m au garrot et a acquis un appareil locomoteur conforme à sa nouvelle taille. Il s'est adapté aux différents milieux dans lesquels il a dû survivre, donnant naissance à la grande diversité de races que l'on rencontre de nos jours.

Hyracotherium

Nous sommes à l'Éocène, il y a 53 millions d'années. Les dinosaures ont laissé la planète aux mammifères depuis 8 millions d'années. Les cinq continents actuels sont beaucoup plus proches les uns des autres et une gigantesque forêt recouvre les terres émergées. Quelque part dans la future Amérique du Nord apparaît l'ancêtre du cheval : *Hyracotherium (Eohippus)* est un petit animal de 45 cm au garrot qui pèse moins de 10 kg. Il marche sur la pointe de ses pattes, pourvues de quatre doigts aux antérieurs et de trois aux postérieurs, un peu comme un chien. Il se nourrit de feuilles et de fruits : c'est pourquoi ses dents ne sont ni très dures ni très longues. Bien que peu développé, son cerveau est supérieur à celui des autres herbivores. Sa vie forestière lui permet de se cacher pour échapper à ses prédateurs. Son salut ne dépend pas encore de sa faculté à galoper vite et longtemps.

Au fil du temps

Petit à petit, *Hyracotherium* va engendrer une foule de descendants. *Mesohippus* puis *Miohippus* peuplent le continent nord-américain durant l'Oligocène. Au Miocène, on y trouve *Parahippus* puis *Merychippus.* C'est au Pliocène que naît, toujours en Amérique du Nord, le premier équidé à un seul doigt : *Pliohippus.* Il est l'ancêtre direct d'*Equus*, le cheval tel que nous le connaissons aujourd'hui, apparu au Pléistocène. *Equus* va

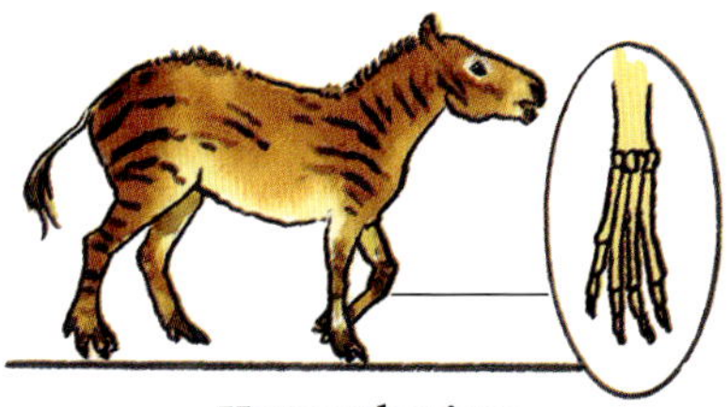

Hyracotherium
(- 53 millions d'années ; 45 cm)

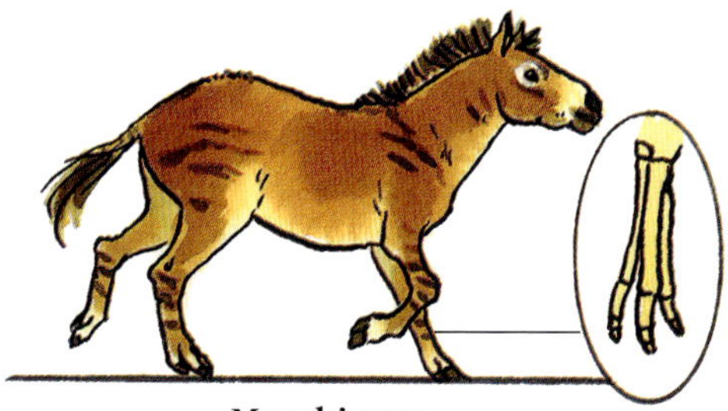

Mesohippus
(- 30 millions d'années ; 70 cm)

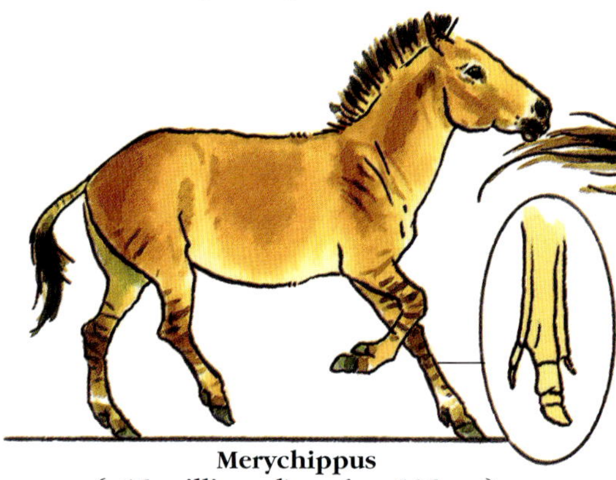

Merychippus
(- 15 millions d'années ; 105 cm)

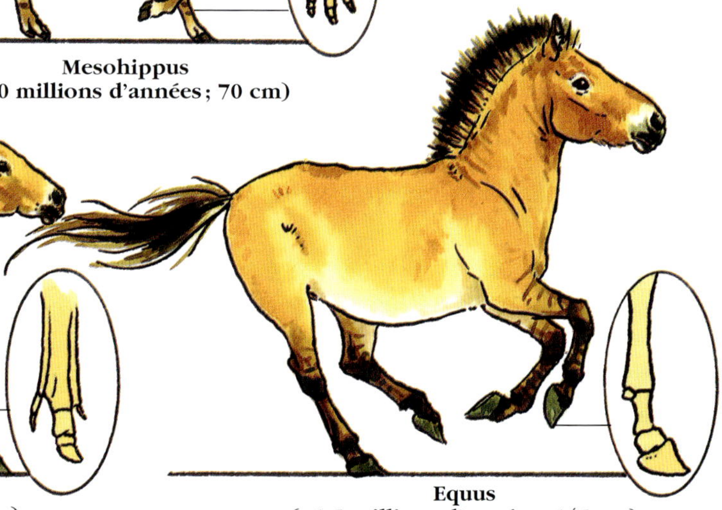

Equus
(- 1,5 millions d'années ; 145 cm)

se disperser en Amérique du Sud, en Eurasie puis en Afrique. Pour des raisons toujours non élucidées à ce jour, il disparaîtra du continent américain à la fin du Pliocène. Il n'y sera réintroduit qu'au XVIe siècle par les conquistadors.
L'évolution du cheval semble donc assez continue : sa taille ne cesserait d'augmenter jusqu'à la fin du Pliocène et la structure de ses jambes s'adapterait pour pouvoir supporter ce poids de plus en plus important. Mais ce n'est pas si simple !

Une évolution tâtonnante

Parallèlement aux espèces citées auparavant, il va en naître d'autres, parfois plus grandes qu'*Equus*, parfois plus petites, mais qui disparaîtront toutes progressivement. Ainsi, dès le Miocène, *Anchitherium*, descendant de *Mesohippus*, voit le jour en Amérique du Nord puis en Eurasie, où il sera le premier représentant de l'espèce. Il s'éteint à la fin du Miocène. *Hypohippus* et *Megahippus*, qui apparaissent également durant le Miocène, sont beaucoup plus grands qu'*Equus*, qui n'arrivera pourtant que 20 millions d'années plus tard ! À l'opposé, *Archaeohippus*, rencontré à la même période, retrouve une taille quasiment identique à celle d'*Hyracotherium* ! Il disparaît avant la fin du Miocène. On le voit, l'évolution de la taille du cheval n'est donc pas totalement linéaire. Pas plus d'ailleurs que celle de ses doigts, puisqu'au Pliocène cohabitent plusieurs espèces dont certaines ont encore trois doigts (*Hipparion, Nannipus, Calippus*…) alors que *Pliohippus*, lui, n'en a déjà plus qu'un. On a retrouvé à Laetoli, en Tanzanie, les traces d'*Hipparion* à côté des premières empreintes de pas humains. Mais *Hipparion* a été peu à peu supplanté par les équidés monodactyles.

***Les shetlands sont un parfait exemple d'adaptation au milieu** : ils doivent leur petite taille au rude climat de leur berceau d'origine, les îles Shetland.*

Adaptation

C'est probablement le recul des forêts et la vie en milieu ouvert qui ont contraint les chevaux à croître. Il fallait alors repérer les carnivores de loin, à travers les hautes herbes, et pouvoir fuir plus vite qu'eux.
Les mâchoires et les dents des équidés ont également évolué. S'ils ont aujourd'hui une tête relativement grosse, c'est que leurs mâchoires renferment quarante dents, qu'ils usent tout au long de leur vie. Il s'agit, là encore, d'une adaptation à la vie en plaine : les herbes que les chevaux mangeaient dans la steppe étaient en effet riches en lignine (substance organique durcisseuse), en terre et en gravillons qui les rendaient très abrasives. Rien à voir avec les tendres feuilles que consommait le petit *Hyracotherium* dans sa forêt natale ! C'est pour compenser cette usure que les dents des équidés actuels poussent continuellement.
De nos jours, si tous les chevaux ont le même squelette, ils offrent par contre une grande diversité de taille selon les races. Façonnées par leur milieu d'origine, celles-ci n'ont jamais cessé d'évoluer. Mais, plus que la nature, c'est désormais l'être humain qui fait sa loi ! Grâce à une sélection rigoureuse, il adapte la morphologie de sa monture à ses besoins… parfois jusqu'à l'excès.

Les cousins

Au sein du monde animal, le cheval paraît unique, par sa stature, son élégance et sa capacité à comprendre les ordres de l'homme. Pourtant, il possède une vraie famille, composée de différentes espèces qui lui sont plus ou moins proches.

Les apparentés

Aussi étonnant que cela paraisse, les équidés ne comptent que très peu de collatéraux. Les plus proches sont les rhinocéros (six espèces) et les tapirs (quatre espèces). Tout comme le cheval, ces animaux possèdent un nombre impair de doigts ; on les range dans l'ordre des périssodactyles (on les appelle aussi "mésaxoniens", car l'axe de leurs membres passe par le troisième doigt). Avec seulement trois familles, cet ordre paraît bien maigre, comparé à celui des artiodactyles, ces animaux qui, tels la vache, le mouton, le chameau, l'antilope ou la gazelle, possèdent un nombre pair de doigts.

Il semble donc que l'évolution des périssodactyles soit en plein déclin. D'ailleurs, à l'exception du cheval domestique, tous ses membres sont au bord de l'extinction, tandis que les ruminants semblent, au contraire, à l'apogée de leur développement.

La famille des équidés

Au sein de cette famille, le cheval compte trois espèces cousines, elles-mêmes divisées en sous-espèces : les zèbres, les ânes et les onagres. En Afrique, on distingue trois sous-espèces de zèbres et une sous-espèce d'ânes. Les zèbres de Grévy qui vivent au nord du Kenya sont les plus grands

Ruses d'éleveurs

Lorsque l'on souhaite produire des chevaux de taille modeste, mieux vaut choisir les plus petites juments. La dimension de l'utérus de la mère détermine en effet la taille du futur poulain. Les éleveurs de poneys de compétition mettent à profit cette particularité de la nature : ils accouplent de petits chevaux de sport avec des ponettes, dans l'espoir d'obtenir des poulains suffisamment petits pour concourir dans la catégorie poney, mais aussi compétitifs que les grands.

***Comme les ânes et les chevaux**, les zèbres sont eux aussi des équidés.*

L'onagre de Perse *est un équidé aujourd'hui très rare.*

des équidés sauvages. Ils arborent de fines rayures et de longues oreilles arrondies. Mais ils sont de plus en plus rares. Les zèbres de plaine sont nettement moins menacés : de grands troupeaux pâturent en Afrique de l'Est.
Les zèbres de montagne, en revanche, ne subsistent plus que dans quelques parcs d'Afrique du Sud. On les reconnaît à la grille de bandes noires transversales qu'ils portent sur la croupe.
Les ânes sauvages d'Afrique sont les ancêtres de nos ânes domestiques. Ils ont quasiment disparu de la nature. Les derniers spécimens survivent dans la corne de l'Afrique (Soudan, Éthiopie et Somalie).
Enfin, en Mongolie, on rencontre d'autres équidés appelés "hémiones" ou "onagres".
À mi-chemin entre les ânes et les chevaux, ces animaux d'Asie sont en voie de disparition.

Races, espèces et hybrides

Tous les chevaux appartiennent à une seule espèce : *equus caballus*. La notion d'espèce n'est pas très bien définie.
Le critère de l'interfécondité est le plus souvent retenu : constituent une espèce les animaux qui peuvent se reproduire entre eux et donner naissance à des sujets fertiles.
Ainsi un âne et une jument ne peuvent engendrer que des hybrides stériles : les mules.
Le croisement inverse (une ânesse et un cheval) produit des bardots, également inféconds.
Les chevaux, quelle que soit leur race, peuvent se reproduire ensemble. Les prejwalskis (les derniers chevaux sauvages) se croisent également sans problème avec les races domestiques ; c'est pourquoi on ne les considère pas tout à fait comme espèce distincte, mais comme une sous-espèce.

Le prejwalski*, dont l'apparence est très proche de celle du cheval, constitue une sous-espèce.*

LE SAVAIS-TU ?

Vive la famille !
En observant les rhinocéros et les tapirs dans les zoos, on constate que leur comportement est proche de celui des chevaux. Ils ont notamment en commun le langage des oreilles.

Ces mulets des Pyrénées *servent de bêtes de trait.*

À la chasse !

Pendant des siècles, il n'est pas question, entre l'homme et le cheval, d'élevage ou de domestication. L'animal est seulement considéré comme du gibier, de la viande sur pied; c'est pourquoi il est impitoyablement traqué. Quelle époque redoutable pour nos amis équidés !

Éloquents vestiges

Nous savons que les hommes de la préhistoire chassaient des chevaux (alors que nous ne possédons aucun témoignage écrit de cette période) grâce à la découverte de peintures rupestres ou pariétales du paléolithique supérieur, dessinées ou gravées il y a environ 15 000 ans sur les parois des grottes. Dès le début du XXe siècle, les mises à jour de ces sites par les archéologues ont rendu possible une meilleure compréhension du mode de vie des hommes de la préhistoire : la grotte des Combarelles (Dordogne), authentifiée dès 1901, a ainsi permis de dénombrer plus de cent vingt dessins de chevaux, outre les rennes, mammouths, bisons, cerfs, lions ou rhinocéros. Sans oublier la célèbre grotte de Lascaux, également en Dordogne, dont le secret fut percé en 1940 : ses parois révèlent aussi des scènes de chasse et des équidés. La grotte Chauvet (à Vallon-Pont-d'Arc, en Ardèche) a été mise à jour en 1994 : on y a retrouvé des ossements d'ours ainsi que de nombreuses peintures de mammouths, de rhinocéros et… de chevaux !

Le besoin de viande

Sur les murs de ces grottes, seuls sont représentés des animaux (bovidés, cervidés, équidés), jamais de fruits ni de légumes… Cela tendrait à prouver que, pendant des centaines de milliers d'années, la grande préoccupation des hommes a été le gibier. Il est plus que probable que leur régime alimentaire était presque exclusivement carné. Pour ces peuples qui ne pratiquaient pas l'agriculture, la cueillette était en effet le seul moyen de se procurer quelques denrées d'origine végétale. La chasse était donc indispensable à la

LE SAVAIS-TU ?

Proies ou sacrifiés ?

Les chevaux n'ont pas toujours été chassés et abattus pour être mangés. Au début de notre ère, dans certaines civilisations, notamment en Inde, on les faisait périr au cours de sacrifices rituels parce qu'ils étaient la monture des guerriers, symbole de puissance et de bravoure. En les égorgeant, on offrait donc aux dieux ce que l'on avait de meilleur.

***Peinture rupestre marocaine préhistorique** (environ 13 000 ans av. J.-C.) figurant un cheval, la proie la plus difficile à chasser*

Cette peinture pariétale de la grotte espagnole de Cogul *(35 000-8 000 av. J.-C. environ) représente chasseurs et proies (équidés, bovidés et cervidés).*

survie. Les chevaux n'étaient pas seulement recherchés pour leur viande, mais également pour leur peau qui, une fois tannée, servait de vêtement ou de couverture.

Techniques de chasse

Comment les hommes de la préhistoire parvenaient-ils à traquer et à abattre des chevaux ? D'autant qu'ils ne disposaient pas de monture et ne pouvaient chasser qu'à pied. Il semble que certains chasseurs aient été spécialisés dans la traque des équidés, qu'ils tuaient à coups de lance, de harpon, ou à l'aide d'arc et de flèches, la plupart de ces armes étant fabriquées avec des os taillés puis façonnés. En bas de la célèbre roche de Solutré (Saône-et-Loire), on a retrouvé des quantités d'ossements de chevaux. On a longtemps pensé que les chasseurs effrayaient des hardes (peut-être avec du feu ou en poussant des cris) et les amenaient à se jeter du haut de la falaise, pour ensuite récupérer leurs corps. Quoique cette hypothèse soit aujourd'hui controversée (*voir page 14*), on pense néanmoins que les chasseurs tendaient des pièges aux chevaux, qu'ils devaient poursuivre ou encercler, à moins qu'ils n'aient réussi à les abattre en se dissimulant sous des feuillages. Ce qui est certain, c'est que, parmi tous les animaux, les équidés étaient les plus difficiles à chasser en raison de leur fougue et de leur promptitude à prendre la fuite !

Des peintures représentatives ?

Les équidés représentés sur les parois des cavernes préhistoriques nous montrent-ils ce qu'étaient vraiment ces animaux il y a 15 000 ans ? Rien n'est moins certain, car les artistes les ont probablement dessinés tels qu'ils les souhaitaient, en les idéalisant. Ils ont peut-être reproduit l'image du cheval parfait qu'ils espéraient abattre, et représenté ainsi des bêtes énormes ou très grasses. Mais ce ne sont là que des hypothèses…

Adieu liberté

Longtemps, les chevaux ont vécu à l'état sauvage, loin des hommes qui étaient alors pour eux des prédateurs, au même titre que les fauves. Mais, un jour, les équidés ont fini par être dominés : le lent processus de la domestication était en marche…

Rapides comme l'éclair

Le premier animal domestiqué a été le chien, il y a 15 000 ans environ. Peu après, l'homme a fait passer sous sa coupe le mouton, le porc, la vache et enfin l'âne. Mais c'est seulement vers 3500 av. J.-C. qu'il est parvenu à garder des chevaux près de ses habitations. On peut se demander pourquoi ces animaux ont été parmi les derniers à subir le joug humain. La réponse ne fait pas de doute : les chevaux étaient méfiants, très rapides, et surtout difficiles à maîtriser.

Hypothèses, hypothèses…

Quel peuple s'est, avant tous les autres, emparé de chevaux ? On sait seulement que l'événement s'est produit quelque part dans les steppes de l'Asie centrale. Il est presque certain que les sujets capturés ont été tout d'abord des juments, moins violentes et agressives que les étalons, donc plus vulnérables.
Pour le reste, on ne peut qu'émettre des suppositions. Peut-être un chasseur a-t-il légèrement blessé une jument, et l'a-t-il ensuite ramenée vers son logis : il l'y aurait soignée et aurait eu l'idée de la dresser. Ou bien a-t-il plus simplement tué une femelle accompagnée de son petit, avant d'entraîner le poulain dans un enclos pour pouvoir l'éduquer.

À boire et à manger

Pour les premiers éleveurs, les chevaux représentaient sans doute avant tout une réserve de nourriture. Ils en abattaient un de temps à autre, comme ils tuaient un porc ou un mouton. Ils se fournissaient de la sorte en viande, mais aussi en cuir. En outre, les juments donnent du lait, comme les vaches. Le cheval constituait à lui seul un repas presque complet.

LE SAVAIS-TU?

Travois miniature
Avant l'arrivée des conquistadors, il n'y avait pas de chevaux en Amérique. Il n'y avait pas non plus de vaches, qui auraient pu servir de bêtes de trait. Pourtant, lorsque les Indiens réalisaient une bonne chasse, des animaux devaient tirer les quartiers de viande jusqu'à leur camp… C'étaient des chiens ! Mais ceux-ci n'étaient attelés à de petits travois chargés de viande que lorsqu'ils étaient repus. Sinon, ils auraient pu dévorer leur chargement !

Au travail !

Il est probable qu'assez rapidement les hommes se sont donné les moyens de rendre les chevaux calmes et dociles, car ces animaux représentaient une force de travail. Il semble que, très tôt, les chevaux aient porté des charges. Ensuite, on leur en a fait tirer. Mais la roue n'était pas alors d'un usage courant. Aussi est-il quasi certain que l'usage du travois (ensemble de deux longs piquets de bois entrecroisés sur l'encolure et traînant sur le sol à leur extrémité) a précédé celui du char. Il est toutefois impossible d'avancer une date précise, car même les spécialistes de la préhistoire l'ignorent. En revanche, on sait que, peu à peu, le labeur des équidés s'est généralisé, car ils étaient aussi puissants que les bœufs mais plus prompts à réagir aux ordres.

***Un travois**, précurseur de l'attelage*

***Linteau aux chevaux** (sculpture en relief, IVe-IIIe siècle av. J.-C.), découvert à Roquepertuse dans les Bouches-du-Rhône*

Et l'équitation fut

Toute invention demande à évoluer dans le temps pour se perfectionner : les pratiques des premiers cavaliers nous semblent aujourd'hui bien archaïques. Rendons cependant aux précurseurs ce qui leur appartient : atteler ou monter un cheval, n'est-ce pas déjà une trouvaille exceptionnelle ?

Au commencement

Avant d'être monté, le cheval a été bâté, c'est-à-dire muni d'un bât, pièce de bois placée sur son dos pour aider au transport des fardeaux. C'est ensuite vers 2000 av. J.-C. que sont apparus, au Proche-Orient, les premiers attelages, réservés aux guerriers. Mais les imperfections techniques étaient si nombreuses que les chevaux n'avaient pas la vie belle. Ils étaient fort mal harnachés. Les courroies qui leur permettaient de tracter les chars de guerre leur comprimaient la gorge. Leur enrênement était si sommaire que le cocher devait utiliser un long aiguillon pour les guider. Afin de les manier plus facilement, l'homme s'attachait les guides autour du cou, pratique plutôt dangereuse…

Des chars fragiles

Avec des équipements aussi primitifs, moins les chevaux avaient de poids à tirer, meilleures étaient leurs performances. Aussi les chars étaient-ils légers, donc

LE SAVAIS-TU ?

Aïe, aïe, aïe !
Aujourd'hui, on fait porter aux chevaux de trait un collier d'épaule qui leur permet de donner toute leur force sans s'étrangler. Mais cette pièce du harnachement n'a été inventée que vers l'an mil. Pendant trois mille ans, les chevaux qui travaillaient ont donc constamment souffert…

particulièrement fragiles. Très peu de métal entrait dans leur fabrication, et la carrosserie était souvent faite de rotin tressé. Sans compter que les moyeux de leurs essieux en bois s'encrassaient de terre ou de sable : cette usure entraînait souvent de la casse. Être meneur de char, c'était risquer presque constamment sa vie.

Un char de guerre *(mosaïque de Mésopotamie du* III*e siècle av. J.-C.)*

Drôle de posture

Les premières représentations connues de cavaliers sont des bas-reliefs ou des statuettes en bronze, qui les montrent assis sur la croupe de leur monture… Une bien curieuse position, qui permet d'avancer seulement au pas. Il est cependant très probable que l'équitation ait commencé par là. L'homme aurait alors agi comme les âniers d'Afrique du Nord d'aujourd'hui, qui s'assoient sur la croupe de l'animal, derrière la charge. Ensuite, il aurait continué à pendre place sur la croupe, par habitude, jusqu'à ce qu'il comprenne que, assis juste derrière le garrot, on peut faire adopter à sa monture toutes les allures. Cette révolution s'est produite aux alentours de 1500 av. J.-C.

Cheval attelé pour la chasse
(sculpture syrienne, 1200-700 av. J.-C.)

Une invention sans prix

La pratique équestre a véritablement transformé la vie des hommes. Ils ont été capables de rechercher et de poursuivre le gibier avec beaucoup plus d'efficacité, de sorte que leur alimentation s'est améliorée. Ils ont également pu rassembler, garder et déplacer leur bétail plus aisément. Devenus cavaliers, ils ont donc chassé, travaillé et voyagé plus rapidement. Et ils ont consacré le temps gagné de la sorte à des activités artisanales ou artistiques. L'essor des civilisations doit donc beaucoup au cheval ! Voilà pourquoi on le considère fréquemment comme la plus noble conquête de l'homme…

Premiers enrênements

Les Chinois, précurseurs de l'art équestre, ont inventé le mors au IIe millénaire av. J.-C. (*voir p. 178*). Quant au "collier-frein", il a vu le jour vers le IIIe siècle av. J.-C, et doit son existence aux Numides d'Afrique du Nord. Il s'agissait d'un nœud coulant qu'ils passaient autour de l'encolure de leur monture. Pour ralentir l'animal ou l'arrêter, ils n'avaient qu'à tirer sur cette boucle. Ils le guidaient en lui tapotant l'encolure avec une badine, du côté opposé à celui où ils voulaient tourner.

Le temps des conquêtes

Les cavaliers ont d'abord été des guerriers. Pendant des siècles et jusqu'à une époque fort récente (le tout début du XXe siècle), les chevaux étaient plus que de simples montures : participant à de redoutables batailles où ils périssaient souvent, ils étaient les plus fidèles alliés des combattants.

Alexandre et son fidèle Bucéphale *(enluminure flamande,* Liber floridus, *XIIe-XVe siècle)*

Alexandre et Bucéphale

Le Macédonien Alexandre III (qui allait devenir Alexandre le Grand) était encore un jeune roi lorsqu'il parvint à monter Bucéphale, un magnifique étalon noir, que personne jusqu'alors n'avait pu dominer : la légende dit qu'il le tourna face au soleil, car l'animal avait peur de son ombre. Avec lui et à la tête de ses soldats, Alexandre partit en 334 av. J.-C. à la conquête de la Perse. Ce pays était alors un gigantesque empire appartenant au roi Darius III. Les armées perses et grecques se rencontrèrent plusieurs fois et se livrèrent des combats acharnés. Faisant astucieusement manœuvrer sa cavalerie, Alexandre poursuivit victorieusement Darius pendant onze ans, jusqu'aux limites de la Chine ! Au soir d'un dernier affrontement, Bucéphale périt. La douleur d'Alexandre fut immense : en mémoire de son cheval, il fonda une ville nommée Bucéphalia.

Redoutables Huns

Attila régna entre 434 et 453 sur le peuple des Huns, des cavaliers nomades sans merci, originaires des steppes du sud de la Sibérie. Ces "barbares" (ainsi appelés par leurs ennemis) ne connaissaient qu'une manière de s'enrichir : le pillage. L'Empire romain était alors fort riche. Attila décida de l'attaquer avec son armée, et parvint à vaincre ses terribles légions. Il partit ensuite à la conquête de la Gaule. Le cheminement de son armée fut jalonné de massacres et d'incendies. Vallonnée, montagneuse et presque entièrement couverte de forêts, la Gaule était très différente de l'immensité plate et herbue des steppes auxquelles les "barbares" étaient accoutumés. Les Huns et leurs montures eurent bien du mal à s'y adapter. Ils perdirent face aux armées du Romain Aetius et du Wisigoth Théodoric Ier, en 451.

Le conquérant du monde

Le Mongol Gengis Khan, qui régna au début du XIIIe siècle, est souvent considéré comme le plus grand conquérant de tous les temps. En vingt-cinq ans, à la tête de ses cavaliers, il réussit à construire un empire qui allait de la Chine à l'Europe et de l'Iran à la Russie ! Pour être toujours informé de ce qui se passait dans ce gigantesque territoire, il avait mis sur pied un système de courriers par relais, l'ancêtre du Pony-Express américain. Des dizaines de milliers de chevaux étaient ainsi dispersés dans le pays pour permettre aux messagers de faire parvenir leurs plis au plus vite. On présume que Gengis Khan mourut en 1227 des suites d'une chute de cheval. Son empire lui survécut jusqu'en 1368.

Les conquistadors

Au XVIe siècle, des aventuriers espagnols partirent à la conquête de l'Amérique. Hernán Cortés débarqua ainsi en 1519 sur la côte du Mexique. Ce pays comptait alors plus de 10 millions d'habitants, les Aztèques. Cortés, lui, n'avait

LE SAVAIS-TU ?

Pratique, mais cher !
L'étrier a été inventé aux alentours de l'an 400. Cependant, il fallut attendre plusieurs siècles avant qu'il ne devienne d'un usage courant. En l'an mil, nombreux étaient les cavaliers qui s'en passaient. Sans doute parce que, fabriqué à la main par les forgerons, l'étrier était très coûteux.

Attila et sa cavalerie *(enluminure médiévale, XVe siècle)*

que six cents hommes, mais, en deux ans, il parvint à soumettre toute la population. Car les Indiens, qui ignoraient tout des civilisations européennes, redoutaient les armes à feu et prenaient les chevaux pour des dieux. Lorsqu'ils comprirent leur erreur, leur patrie n'existait plus et leur civilisation, pourtant très riche, avait été détruite…

Extraordinaires Nez-Percés

Dans l'Ouest américain, les Indiens ont longtemps lutté contre les envahisseurs blancs, ce qui entraîna d'étonnantes chevauchées, telle la fuite des Nez-Percés, une tribu d'éleveurs d'appaloosas. En 1877, les Blancs voulurent les chasser de leur territoire. Les Nez-Percés décidèrent de se réfugier au Canada, où ils pourraient vivre librement. Montés sur leurs vaillantes montures, ils furent huit cents, de tous âges, à partir. Leurs chevaux non ferrés ne se nourrissaient qu'en broutant et buvaient dans les ruisseaux. Ils parvinrent néanmoins à couvrir 2 700 km en cent sept jours : un véritable exploit !
Ils s'arrêtèrent alors au bord d'un ruisseau, certains d'être arrivés au Canada. Mais ils étaient en réalité à 60 km de la frontière… L'armée américaine profita de l'occasion pour fondre sur eux. Ils se battirent courageusement, mais furent vaincus.

Hernán Cortés *passant ses troupes en revue (gravure, XVIIIe siècle)*

À l'assaut !

Pendant des siècles, les guerres furent le quotidien de l'homme : les cavaliers se livraient des combats redoutables, soit pour protéger leurs terres, soit pour en conquérir de nouvelles et affermir leur pouvoir. Lors de ces batailles, la qualité des chevaux était un atout de taille.

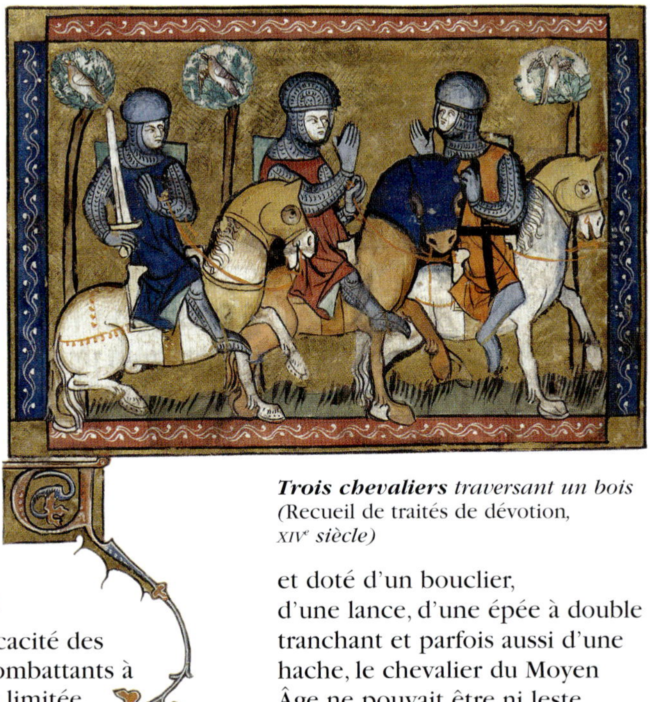

***Trois chevaliers** traversant un bois*
(Recueil de traités de dévotion, XIVe siècle)

Contre l'ennemi

À cru, l'efficacité des premiers combattants à cheval était limitée. Leur tactique préférée consistait à s'approcher au galop des rangs ennemis et, arrivés à la bonne distance, à lancer leurs javelots. Puis ils faisaient volte-face et s'éloignaient, toujours au galop. On disait qu'ils harcelaient ainsi les fantassins ennemis comme des "guêpes".

Lourds chevaliers

Avec l'étrier est apparu le combat par le choc. Coincé dans son armure et doté d'un bouclier, d'une lance, d'une épée à double tranchant et parfois aussi d'une hache, le chevalier du Moyen Âge ne pouvait être ni leste ni souple.
Au XIVe siècle s'est ajoutée la barde, l'armure du cheval qui descend parfois jusqu'au paturon. Tout cela représentait souvent quelque 160 kg, y compris le poids du cavalier. Autant dire qu'avec une telle charge le cheval ne pouvait guère galoper ! L'équitation se résumait presque en deux points : piquer des deux éperons pour mettre le cheval en marche ou l'activer, et tirer sur les rênes pour le ralentir ou l'arrêter.

Carrousel* donné devant les Tuileries *par Louis XIV le 5 juin 1662 (gravure anonyme, XVIIe siècle)*

guerre. Déjà très difficiles à effectuer au manège, il était sûrement impossible de les obtenir dans le fracas d'une bataille. Mais, par passion des chevaux, certains ont continué de leur apprendre les airs relevés. Ainsi est née l'équitation académique, encore pratiquée aujourd'hui par les cavaliers du Cadre noir de Saumur (fondé en 1828) ou de l'École espagnole de Vienne (créée en 1729).

Une véritable révolution

Vers 1500, les premières balles d'arquebuse firent leur apparition. Elles blessaient ou tuaient instantanément. Peu à peu, les guerriers à cheval abandonnèrent leur armure, devenue inutile. La victoire au combat ne dépendait plus de la violence du choc, mais de la rapidité d'évolution, cela à condition d'avoir des montures vives et manœuvrables. Or, les cavaliers ne disposaient que de leurs lourds chevaux. Aussi les éleveurs furent-ils amenés à faire naître peu à peu des races différentes.

Premiers maîtres

À la fin du XVe siècle, des cavaliers se penchèrent sur l'éducation des chevaux, pour en faire des montures de guerre efficaces. Ces maîtres, d'abord italiens, puis allemands et français, ouvrirent des académies où ils enseignaient les airs relevés, afin de permettre aux combattants d'esquiver les coups ou d'en donner. La cabriole, par exemple, était un saut au cours duquel le cheval détachait une ruade. Voilà qui pouvait être pratique pour se débarrasser d'un ennemi à pied ! La pesade était une cabrade qui permettait de se faire une protection du cheval, pour éviter les balles. Et la demi-pirouette se pratiquait pour repartir soudainement en arrière. En fait, ces figures n'ont sans doute jamais été utilisées à la

LE SAVAIS-TU ?

La mort d'un héros
Pour les guerriers d'Asie centrale, mourir en combattant à dos de cheval était un acte d'héroïsme. Le cavalier défunt était enterré avec ses étriers à sa gauche.

Grande fête équestre *donnée en l'honneur de Christine de Suède, au palais Barberini, à Rome (peinture de Filippo Lauri, XVIIe siècle)*

Le temps raccourci

Un omnibus vers 1815 *(gravure d'Auguste Raffet, 1804-1859)*

Depuis les premiers balbutiements de la civilisation, l'homme cherche à aller le plus vite possible pour économiser son temps, son bien le plus précieux. Ainsi le cheval a longtemps été l'auxiliaire privilégié des modes de transport les plus divers.

Les messagers de l'Antiquité

Dès les débuts de l'équitation, des cavaliers ont couvert de longues distances très rapidement. Il suffisait pour cela qu'ils suivent des routes dotées de relais où ils pouvaient remplacer leur monture fatiguée par une nouvelle, fraîche et dispose. En Perse, 300 ans av. J.-C., on disposait déjà d'un vaste réseau de pistes jalonnées de relais. Les courriers royaux allaient de Suse à Sardes en une douzaine de jours.

Les relais de poste

À partir du XVIIe siècle, en Europe, les cavaliers "couraient la poste" : ils louaient des chevaux dans les "relais de poste" et en changeaient aussi souvent que nécessaire. Entre ces étapes, la distance moyenne était d'une lieue, soit environ 8 km. Les voyageurs les plus rapides parcouraient "trois postes à l'heure", c'est-à-dire 24 km à l'heure : ceux-là ne connaissaient que le galop !

La malle-poste

Au fil du temps, les échanges de courrier s'intensifièrent. Au XVIIIe siècle, les postiers à cheval ne suffisant plus, on les relaya par la malle-poste. Cette voiture attelée de quatre chevaux ressemblait à un grand coche. À côté du cocher, l'employé de la poste était assis sur la caisse de courrier.

LE COCHE

Sans routes correctement nivelées, l'utilisation d'attelages rapides est quasiment impossible. À partir du XVe siècle, un réseau de voies de communication se mit enfin en place en Europe. À la même époque, une invention hongroise se popularisa. Il s'agissait d'une voiture aux roues avant plus petites que celles de derrière, autorisant une conduite sûre et rapide. Afin de ménager les chevaux, sa carrosserie était très légère. Et, pour le confort des passagers, elle était dotée d'une suspension de courroies de cuir (*voir p. 134*).

Quatre personnes voyageaient à l'intérieur de la voiture et huit autres… sur le toit !

La malle-poste dans la neige *(tableau de James Pollard, 1797-1859)*

LE SAVAIS-TU ?

Plus vite !
En vue d'un relais, les postillons de malle-poste et de diligence sonnaient de la trompe pour annoncer l'arrivée de la voiture. On pourrait croire qu'il s'agissait de dégager la route, comme avec un klaxon. Erreur ! Le coup de trompe avertissait que des chevaux frais devaient être tenus prêts. Car les voyageurs étaient pressés !

Le Pony-Express

En 1860, les Américains lancèrent une surprenante poste par relais. C'était le Pony-Express, destiné à transporter le courrier entre Saint-Louis et Sacramento, deux villes distantes de 3 160 km. Les zones traversées étaient rudes et désertiques, peuplées d'Indiens souvent hostiles. La compagnie garantissait l'arrivée à bon port du courrier en dix jours ! Les cavaliers changeaient de monture dans des relais disposés tous les 20 km. Hélas, par un fâcheux concours de circonstances, dix-huit mois après son inauguration, le Pony-Express était devenu inutile : le télégraphe venait d'être installé d'un bout à l'autre du pays.

Diligence et omnibus

Le succès de la malle-poste incita des entrepreneurs privés à ouvrir des services pour voyageurs : les diligences. Quantité de lignes furent créées, qui connurent leur heure de gloire entre 1750 et 1850. Et certaines perdurèrent longtemps ! Car, dans les années 1930, bien après l'arrivée des automobiles et des autobus, l'une d'elles circulait toujours en Aveyron. Quant aux omnibus, utilisés seulement dans les grandes villes, ils virent le jour à Paris en 1828 et, pendant près d'un siècle, ne furent tirés que par des chevaux.

Certaines diligences *ont été conservées et séduisent encore bien des amateurs.*

Déclin et renouveau

Dès le milieu du XIXᵉ siècle, la mécanisation et l'industrialisation firent peu à peu disparaître les chevaux de la vie quotidienne. Eux qui étaient les plus fidèles alliés de l'homme se virent relégués au second plan. Il a fallu attendre presque un siècle, et l'essor de la civilisation des loisirs à la fin des années 1960, pour que l'équidé retrouve sa place dans notre univers.

La place de l'Opéra vers 1890
(photographie J.-L.-C. Garnier)

Rails contre sabots

Les premiers chemins de fer apparurent aux alentours de 1830. Au fur et à mesure de la construction de nouvelles lignes, les services de diligence cédèrent la place au train, devenu le moyen de transport le plus rapide. C'étaient autant de chevaux qu'on ne faisait plus travailler. Durant la Première Guerre mondiale, bien des hussards et cuirassiers se rendirent au combat par le train, emmenant avec eux leurs chevaux dans les wagons…

Autos, camions et tracteurs

L'automobile a été inventée en 1890. Immédiatement, elle a séduit les gens les plus fortunés car, à la différence du chemin de fer, elle permettait de se promener à son gré. De plus, elle était plus rapide que les chevaux attelés. Aussi, très vite, calèches et tilburys furent-ils écartés. Néanmoins, il fallut attendre la fin de la Seconde Guerre mondiale pour que l'usage de l'automobile se démocratise. Les camions sont arrivés un peu plus tard, au tout début du XXᵉ siècle. Ils ont permis aux hommes de déplacer des charges plus rapidement et plus aisément qu'avec des chariots ou des charrettes. De nombreux équidés ont alors été privés de travail, si bien que, dans les années 1940, seuls les agriculteurs utilisaient encore des chevaux comme animaux de labeur. Mais, là encore, la machine a peu à peu détrôné l'animal. Les premiers tracteurs ont été imaginés très tôt (à la fin du XIXᵉ siècle) ; pourtant, ce n'est qu'après 1950 qu'ils sont devenus vraiment performants et d'un prix abordable. Dans les années 1970, seuls quelques rares chevaux travaillaient encore dans l'agriculture.

LE SAVAIS-TU ?

Chevaux-locomotives
Les rails ont été inventés avant la locomotive. Outre leur vocation de transport de marchandises, certains wagons, dans quelques grandes villes, étaient chargés de passagers.
Tous ces wagons étaient tractés par des chevaux, souvent "usés" en moins de quatre ans…

Sports équestres

À la fin des années 1960 est apparue ce que l'on nomme la "civilisation des loisirs" : avec la réduction de plus en plus importante du temps de travail, l'homme a pu se consacrer davantage à de nouveaux divertissements.
La pratique sportive s'est alors accrue. À cette époque, les centres équestres et les poneys-clubs ont commencé à proliférer et cet engouement n'a cessé de croître depuis. L'art équestre est donc devenu un sport à part entière, avec ses amateurs et ses champions.
Même si l'équitation fit son apparition aux jeux Olympiques dès 1900, c'est à partir des années 1950 que la compétition a pris l'ampleur et la renommée qu'on lui connaît aujourd'hui.

Chevauchées en liberté

C'est aussi dans les années 1960 que certains commencèrent à se passionner pour l'équitation en extérieur, qui permettait de se promener à cheval quelques heures, voire sur de longs périples. Peu à peu, ils furent de plus en plus nombreux à chevaucher entre forêts, plaines et causses.
Le tourisme équestre était né. Il s'est d'abord lentement développé avant de rassembler une multitude d'amateurs.

À LA RECHERCHE D'UNE TECHNIQUE OUBLIÉE

Depuis les temps les plus reculés, on a toujours bâté des chevaux. En Europe, après l'apparition des machines, cette pratique est tombée dans l'oubli. Parmi les premiers randonneurs, certains voulaient chevaucher en emmenant un animal de bât. Mais ils ne savaient évidemment ni où se procurer le matériel nécessaire, ni comment l'utiliser. Quelques-uns ont cherché à retrouver de vieux bâts militaires. D'autres sont allés aux États-Unis, dans les Rocheuses, où le bât était encore en vigueur. Et ce n'est que lentement que ces techniques ont été retrouvées. Aujourd'hui, on les enseigne dans toutes les bonnes écoles de randonnée.

***Le cheval de travail**, disparu de notre paysage agricole après guerre, entame aujourd'hui son retour.*

Gardians de Camargue

Ces cow-boys du plat delta du Rhône sont encore aujourd'hui quelques-uns à travailler dans ce pays marécageux, couvert de roseaux et de salicorne. Montés sur leurs petits chevaux gris clair, ils gardent les troupeaux de taureaux noirs, comme le faisaient jadis leurs ancêtres.

Un dur métier

Éleveur de chevaux et de taureaux laissés en semi-liberté sur de grands espaces, le gardian doit sans cesse surveiller l'état de sa manade (troupeau). Le terrain humide de Camargue peut rendre ce travail éprouvant, malgré une parfaite connaissance du pays et le pied sûr de sa monture. Le gardian doit souvent traverser des étendues où l'eau peut atteindre ses genoux, et passer parfois dans des zones truffées de fondrières (crevasses). Une fois par an, il marque le bétail : c'est la "ferrade". Elle consiste à marquer les veaux de l'année, afin qu'ils puissent être facilement identifiables. Le jeune animal est saisi par les cornes puis plaqué au sol pendant qu'un aide vient appliquer le fer rouge sur sa cuisse.

Un équipement particulier

La selle du gardian comporte un large pommeau* et un troussequin* qui maintient le cavalier. Elle ressemble fort à la selle à piquer très enveloppante des chevaliers du Moyen Âge, qui combattaient en armure et à la lance et devaient résister aux assauts des adversaires.
Le gardian reçoit lui aussi des chocs, car il utilise son trident comme une lance pour pousser les taureaux. La selle camargue est assortie d'une croupière* et d'un collier de chasse. Ses étriers sont à grille, afin que les pieds ne puissent passer à travers.
N'oublions pas le caveçon* en chaîne de vélo, qui repose sur le nez du cheval. Cet accessoire brutal (à cause de sa partie métallique) permet, avec une main douce, une équitation d'une grande précision.

***Selle** camargue*

Le cheval camargue est, bien sûr, la monture de prédilection des gardians. Les qualités de ce petit cheval (frugalité, docilité) sont d'ailleurs de plus en plus appréciées hors de nos frontières. Des élevages importants se développent en Italie, en Allemagne et en Belgique.

***Dans les arènes, les gardians** se mesurent les uns aux autres, lors de jeux manadiers.*

UN PEU DE VOCABULAIRE

En Camargue, les taureaux sont des *toros*. Et un troupeau vivant en semi-liberté, qu'il s'agisse de chevaux ou de *toros*, est une manade. Le gardian utilise également des mots provençaux pour désigner son équipement : sa selle est une *sello* et le trident se dit *ferri*. Le collier de chasse s'appelle *martegalo*, et le caveçon, cabassoum. Sans oublier l'abrivado, fameux jeu d'adresse qui se déroule le matin des corridas.

Jours de fête

Aux beaux jours, de nombreuses fêtes se déroulent en Camargue. Les plus importantes ont lieu aux Saintes-Maries-de-la-Mer et à Arles. Les gardians s'y rendent à cheval. Pour cette occasion, ils revêtent la tenue traditionnelle : chapeau de feutre noir comme la veste, bottes courtes, pantalon resserré aux genoux et évasé vers le bas enjolivé de liserés noirs, et chemise mouchetée de petits motifs provençaux de couleur. Souvent, ils emmènent en croupe une femme vêtue elle aussi d'un costume folklorique. Dans l'arène, les gardians disputent des épreuves : arracher un bouquet à d'autres cavaliers, montrer leur adresse en passant au galop d'un cheval nu à un autre… comme de vrais cascadeurs ! L'*abrivado* est aussi une pratique traditionnelle spectaculaire. Les gardians vont chercher dans les marais les quelques *toros* nécessaires à la fête. En les encadrant de très près, ils les mènent au galop vers les arènes. Sur ce trajet, les piétons tentent de disperser les bovins. Tout est permis ! Bien qu'il soit dangereux, ce jeu est le reflet de toute une tradition où l'homme avait coutume de se mesurer à l'animal.

LE SAVAIS-TU ?

Crins à tout faire

En Camargue, on tresse les crins coupés pour obtenir une corde extrêmement solide, qui porte le nom provençal de *seden*. Le gardian l'utilise comme enrênement de fortune. Grâce à un nœud qui se détache avec deux doigts, elle sert aussi à attacher sa monture lorsqu'elle tire au renard*.

***Une parade de gardians** devant le palais des Papes, à Avignon*

Valeureux cow-boys

Le cow-boy est l'homme des grands espaces. Dans l'immense Ouest américain, il a pour tâche de garder et de soigner les vaches. Son pays est très aride : les pluies y sont rares et la végétation pauvre. Il y faut souvent trente fois plus de terrain qu'en France pour y nourrir une vache!

Cinéma ou réalité ?

Inutile de présenter le cow-boy, devenu célèbre grâce au cinéma... Aujourd'hui cependant, il ne porte plus de revolver depuis longtemps ! Et, pour travailler, il dispose de véhicules 4 x 4. Il surveille même parfois les troupeaux d'avion ou d'hélicoptère. Mais ce n'est qu'en selle qu'il rassemble les vaches, ou les pousse sur de longues distances pour les changer de pâture.
Son travail est très rude. L'été, sous un soleil brûlant, le cow-boy doit se couvrir le nez d'un foulard pour éviter de respirer la poussière soulevée par les vaches. L'hiver, par un froid intense, il lui faut pousser les bovins vers les zones où la neige (souvent haute) a été dégagée par le vent, car ce sont les seuls lieux où les animaux trouveront de l'herbe à brouter... Le cinéma est bien loin !

LE SAVAIS-TU ?

Cavaliers-boussoles !
Le cow-boy a un sens aigu de l'orientation ; même en plein désert, il retrouve toujours sa route. Et presque tous les gens de l'Ouest sont comme lui. Il y a quelques années, on pouvait lire sur une pancarte, devant le palais de justice de Cheyenne dans le Wyoming : "Défense de se garer à l'est de ce panneau." Mieux valait savoir où se trouvait l'est...

Très attentif, ce cheval *possède obligatoirement un sens inné du bétail, notamment pour isoler un veau du troupeau.*

Équitation western

La race de sa monture (généralement un appaloosa, un quarter horse, ou encore un pinto) importe peu au cow-boy, car il ne demande à son cheval que docilité et endurance. La spécificité de cette équitation, dite "américaine" ou "western", réside dans le harnachement (selle et mors particuliers), et aussi dans le fait que le cow-boy monte rênes longues. Enfin, les chevaux doivent avoir le "sens du bétail" pour être capables, par exemple, de ramener un veau qui s'éloigne.

Sur une selle américaine, *le pommeau relevé sert à fixer le lasso.*

Selle américaine

Elle possède un pommeau* en forme de corne et de larges étrivières*. Son histoire est longue : elle a été modifiée dans la péninsule Ibérique, avant d'arriver en Amérique avec les conquistadors. Les Mexicains l'ont transformée. Puis les Américains l'ont imitée… mais de cent façons différentes ! On parle notamment de selle "texane" ou "californienne". En fait, il en existe une infinité de modèles, distingués par de légers détails.

Le rodéo

À la fois fête et compétition, le rodéo commence par un défilé de cavaliers, portant des costumes rappelant la conquête de l'Ouest. Ensuite les cow-boys se mesurent les uns aux autres au cours de diverses épreuves, comme la monte de chevaux ou de taureaux sauvages. Sans oublier les compétitions au lasso, cette corde qui est l'un de leurs outils de travail privilégiés. Individuellement ou par équipes de deux, ils doivent attraper un veau et lui ficeler les pattes en quelques secondes seulement !

Cavaliers ibériques

Deux pays se partagent aujourd'hui la péninsule Ibérique : le Portugal et l'Espagne. De chaque côté de la frontière, des cavaliers, qui sont aussi des gardiens de troupeaux, font perdurer des pratiques équestres fort anciennes.

La selle portugaise *est une variante de la selle à piquer.*

La selle espagnole ou vaquera *est recouverte d'une peau de mouton.*

Quelle monture ?

Les cavaliers espagnols et portugais montent des chevaux très proches. Le pure race espagnol (autrefois appelé "andalou") et le lusitanien sont tous deux issus de l'antique cheval ibérique. Les différences entre ces races sont minimes et tiennent aux critères de sélection retenus dans chaque pays. Ce qui n'empêche pas les controverses, voire les querelles. Car, dans chaque clan, beaucoup proclament que la race qu'ils affectionnent est la meilleure !

Quel harnachement ?

La selle portugaise est presque identique depuis le XVIIIe siècle. C'est une selle à piquer (selle à l'assise large et profonde), dont le pommeau et le troussequin* ont été fortement abaissés. Elle comporte des étriers au plancher rond, parfois avec une sorte de coquille recouvrant l'avant du pied. En Espagne, la selle doit sa forme au modèle arabe, avec son haut troussequin et ses étriers à long plancher. Le pommeau relevé encadre le cavalier.
Bien que différentes, toutes deux permettent une solide tenue à cheval. On leur adjoint généralement une croupière*.

L'école andalouse de Jerez maintient la tradition de l'équitation académique.

Quel costume ?

Lorsqu'il revêt la tenue traditionnelle, le *campino* portugais (paysan à cheval, gardien de troupeaux) est reconnaissable de loin. Car son bonnet vert et rouge, dont la pointe ballotte sur la nuque, est inimitable. Il porte généralement aussi de hautes cuissardes et un petit gilet à boutons dorés. Quant au cavalier espagnol, il se coiffe d'un chapeau de feutre plat, tantôt gris tantôt noir. Il arbore également un gilet. Sur son pantalon des bandes de cuir ouvragé recouvrent ses courtes bottes.

Quelle discipline ?

La principale tâche des cavaliers ibériques est de s'occuper du bétail, essentiellement des animaux destinés aux arènes. Mais, au Portugal comme en Espagne, d'autres disciplines se pratiquent aussi. La *doma vaquera* (qui pourrait se traduire par "dompte la vache") est assez proche du rodéo américain : les cavaliers se mesurent les uns aux autres afin d'exhiber leurs talents de vachers. L'équitation d'arène, où les cavaliers défient le *toro*, est également fort appréciée dans la péninsule Ibérique. C'est un véritable spectacle où le cheval joue avec le bovin, l'approche, l'esquive, frôle ses redoutables cornes, revient, volte, provoque, virevolte.

Pour les concours de **doma vaquera**, *toute la famille revêt le costume traditionnel.*

Le jeu est souvent dangereux, mais les cavaliers sont très entraînés et les montures reçoivent, elles aussi, une éducation poussée.

LE SAVAIS-TU ?

Quel exploit !
Les toreros espagnols ont besoin de leurs deux mains pour planter les banderilles dans le garrot du taureau. Aussi conduisent-ils leur monture grâce à des rênes qu'ils fixent à leur ceinture ! Ils doivent donc posséder une excellente assiette pour ne pas tirer mal à propos sur la bouche du cheval !

L'équitation d'arène *peut être très dangereuse, mais les risques permettent de mettre en valeur l'habileté du cavalier.*

Traditions anglaises

***L'Angleterre est un pays cavalier dans l'âme, où la pratique équestre est synonyme de prestige. La famille royale montre elle-même l'exemple en se passionnant pour l'équitation et en conservant trois régiments de cavalerie, dont les célèbres* horse-guards.**

Pur-sang

Au XVIIIe siècle, le standard de la race pur-sang a été fixé en Angleterre. Ce cheval, le plus rapide de tous sur de courtes distances, a très vite été exporté en Europe, car ses qualités faisaient l'unanimité. Aujourd'hui, on en élève ou on en importe dans presque tous les pays du monde. En France et en Pologne, le pur-sang a été croisé avec des juments arabes, donnant naissance à l'anglo-arabe.

Saut d'obstacles

Les Anglais ont toujours été de grands amateurs de chasse à courre au renard. L'animal était poursuivi non pas en forêt mais à travers champs. Pour passer d'une prairie à une autre, il fallait sauter des haies et des murs de pierres. Au XIXe siècle, certains chasseurs ont donc eu l'idée de se mesurer dans des compétitions de saut d'obstacles. Depuis, cette nouvelle discipline a séduit bien des pays.

***Le cheval de chasse** est un véritable athlète, capable de franchir bien des obstacles.*

Selle anglaise

Lorsqu'on pratique la compétition, on cherche à se donner le maximum d'atouts pour gagner. Voilà pourquoi

***La selle anglaise** est aujourd'hui la plus prisée pour l'équitation sportive et de loisir.*

les premiers cavaliers anglais d'obstacles ont conçu une selle permettant de sauter avec plus d'efficacité. Cette pièce de harnachement est aujourd'hui utilisée quasiment dans tous les pays. Même par des randonneurs, pour qui elle n'est nullement faite, ou par des émirs, qui disposent pourtant de selles arabes pour monter leurs pur-sang !

CHACUN SON NOM

Les Anglais parlent des chevaux avec une grande précision. Ils emploient notamment des termes particuliers en fonction du service auquel sont affectés les animaux. Un cheval de promenade est un *hack*, une monture de chasse est un *hunter*, un solide cheval polyvalent est un *cob*, une monture militaire un *charger*, et un hackney est un cheval de voyage. Enfin, un *pony* n'est pas un petit cheval, mais une monture rustique, quelle que soit sa taille.

LE SAVAIS-TU ?

Quelle main ?

Les cavaliers ont toujours tenu les rênes de la main gauche ("main de conduite"), pour pouvoir tirer l'épée de l'autre, regarder une carte, ou encore saluer une dame. Mais, depuis le XIXe siècle, les rênes sont tenues à deux mains, vraisemblablement dans un souci de symétrie. Cette nouvelle habitude serait venue d'Angleterre.

Trot enlevé

Ce sont encore les Anglais qui ont imaginé le trot enlevé (*voir p. 194*). Et cette invention a, elle aussi, fait le tour du monde. Le trot enlevé présente un avantage : même avec un cheval inconfortable, le cavalier ne se cogne pas sur sa selle. Mais il a aussi un gros inconvénient : pratiqué par quelqu'un d'inexpérimenté, il déséquilibre la musculature du cheval, en amenant un des postérieurs à être plus puissant que l'autre.

Horse shows

Ces manifestations hippiques rassemblent toutes les générations, des petits-enfants aux grands-parents. Car la passion du cheval est profondément ancrée dans le cœur de la nation anglaise. Les *horse shows* réunissent ainsi des adolescents pour les *pony-games*, des parents en compétition classique, et des personnes plus âgées venues montrer avec fierté leurs chevaux d'élevage.

***Cette pratique publicitaire** consistant à atteler des shires perpétue une vieille tradition anglaise : au XIXe siècle, ces chevaux tiraient les chargements des livreurs de bière.*

Csikos hongrois

Immense plaine herbeuse, la puszta hongroise est le domaine du csiko, dont le nom signifie "éleveur de poulains". Ce cavalier n'élève pas que des chevaux. Il garde et déplace aussi les troupeaux de bœufs gris et de moutons ratzkas aux longs poils, perpétuant ainsi des traditions millénaires.

Fameux chevaux

On ne peut parler d'une vraie race d'équidés issue de la puszta. Car, au fil des invasions subies par la Hongrie, d'innombrables croisements ont eu lieu avec les races les plus diverses. Cependant, le climat rigoureux du pays forge des montures résistantes et pouvant vivre dehors toute l'année.
Ces chevaux n'ont qu'un point particulier : ils sont presque tous bais ou alezans.
Bien qu'ils soient surtout utilisés comme montures, ces équidés servent aussi aux labours ; on les attelle alors en paire.

Curieux dressage

Le csiko est un éducateur de grand talent. Il sait obtenir calme et docilité de la part de très jeunes chevaux. Il est facile d'en juger au vu des exercices auxquels il se livre avec eux.
Il sait par exemple faire plier les membres postérieurs de sa monture pour l'"asseoir" et se jucher sur elle, un pied sur chaque hanche. Il est encore capable de la faire se coucher de tout son long, la tête contre le sol, pour se dresser sur son épaule. Ces postures sont dignes de celles des plus grands cavaliers de spectacle !

***Le csiko est un as du dressage**, capable de tout obtenir de son cheval.*

Costume traditionnel

La tenue traditionnelle du csiko est assez surprenante. De son court gilet brodé dépassent les larges manches d'une chemise bleue. La culotte également bleue est ample, au point de ressembler à une jupe. Les bottes sont noires et souples. Quant au chapeau de feutre noir, son rôle semble purement décoratif : petit, il se porte les bords relevés haut et ne peut donc guère protéger du soleil ou de la pluie.

LE SAVAIS-TU ?

Cousins de Robin des Bois !
Le peuple hongrois a vécu jadis sous la coupe de puissances telles que l'Autriche ou la Turquie. Au XIXe siècle, l'oppression autrichienne était devenue insupportable pour le peuple. C'est alors que sont apparus des bandits à cheval, qui volaient les riches pour donner aux pauvres. On a donné à ces cavaliers le nom de *betyars* (les rusés).

Poste hongroise

Malgré son nom, elle n'a rien à voir avec le courrier. Il s'agit d'une sorte de jeu équestre, auquel se livrent les csikos. Ils mènent plusieurs chevaux sans autre harnachement que des guides, en se tenant debout sur la croupe des deux derniers. À toutes les allures ! Et il arrive que des courses se disputent ainsi entre plusieurs postes.

LÉGENDAIRES HUSSARDS

À l'origine, ces cavaliers étaient des csikos ! Leur bravoure et leur adresse étaient telles qu'ils étaient convoités par toutes les armées d'Europe. Pour bien montrer qu'ils étaient des soldats d'élite, ils étaient vêtus "à la hongroise". Ils portaient un uniforme chamarré, des bottes échancrées sur le devant, un *csako* ("shako" en français), coiffure rigide à visière, et un *dolmany*, petite veste qui s'accrochait à l'épaule droite. La cavalerie ayant disparu de l'armée, les régiments qui la constituaient conduisent désormais des blindés ! Mais ils ont conservé le nom de hussards.

La poste hongroise *exige du csiko un équilibre à toute épreuve et une capacité extrême de concentration.*

Les éleveurs de Mongolie

La Mongolie est un pays de steppes vallonnées et de déserts. Les températures y atteignent parfois - 40 °C en hiver et 40 °C en été. Une bonne partie de la population vit encore au rythme des traditions anciennes.

De rudes chevaux

Les éleveurs mongols sont des nomades. Ils subsistent grâce à leurs troupeaux de chevaux, moutons, bovins, rennes, yacks, chèvres et chameaux. Ils doivent sans cesse changer de lieu pour leur offrir de nouveaux pâturages. Les chevaux mongols sont assez différents d'une région à l'autre, mais leur taille est toujours modeste (autour de 1,40 m au garrot). Rudement charpentés, ils sont dotés de qualités peu ordinaires. En premier lieu, ils sont frugaux et se contentent de l'herbe qu'ils trouvent. En été, celle-ci est souvent abondante, mais, en hiver, ils doivent parfois gratter d'énormes couches de neige pour l'atteindre. Ces animaux sont aussi d'une rare endurance : ils couvrent communément des étapes d'au moins 100 km.

À demi sauvages

Les Mongols utilisent leurs solides petits chevaux pour se déplacer et pousser leurs troupeaux. Le cheptel de chaque famille est généralement très important. Aussi est-il très rare que la même monture soit sellée deux jours de suite. Comme les équidés ne sont

Frugales et endurantes, *les montures mongoles se caractérisent par leur petite taille.*

qu'à demi apprivoisés, on ne peut les attraper à pied. Il faut donc aller les chercher en selle et les prendre avec une sorte de lasso, l'*uurga*, constitué d'une boucle de corde fixée au bout d'une longue perche. Pour procéder de la sorte, un cheval sellé est gardé en permanence auprès de chaque yourte (tente en feutre servant d'abri). C'est grâce à celui-ci qu'on va chercher les autres montures.

Astucieuse selle mongole

Les montures mongoles ne pèsent en moyenne que 350 kg. Les cavaliers, eux, sont des hommes de bonne taille, pesant souvent quelque 80 kg. Comment peuvent-ils monter des animaux apparemment si faibles? Pour y parvenir sans leur faire de mal, une selle particulière a été imaginée avant même l'époque de Gengis Khan (XIIIe siècle). Elle permet de répartir le poids du cavalier sur tout le dos du cheval, grâce à ses lames d'arçon très longues. De plus, le siège est situé à 15 cm environ au-dessus de l'animal, ce qui allège la charge.

Drôles de courses

Les Mongols sont très fiers de l'endurance de leurs équidés. Pour la juger et se mesurer entre eux, ils organisent des courses sur de longues distances (entre 30 et 60 km). Les meilleurs sujets sont montés par des enfants, des "petits poids". Le rôle de ces très jeunes jockeys ne consiste qu'à guider leur monture. À l'arrivée, c'est le meilleur cheval (et non son cavalier) qui a gagné.

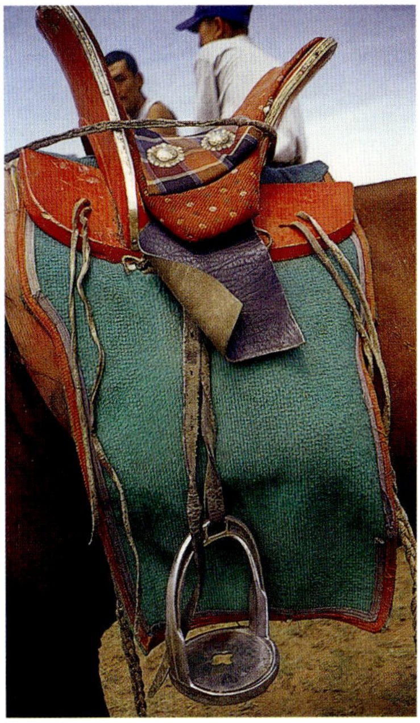

***La selle mongole** possède un siège surélevé et un long arçon qui soulagent le dos de l'animal.*

LE SAVAIS-TU?

Des chevaux sans nom
À l'inverse des Occidentaux, les Mongols n'attribuent pas de nom à leurs montures. Ils les différencient par la couleur de leur robe! Le vocabulaire mongol est en effet riche de près de trois cents termes désignant la nuance d'une robe. Là où nous ne verrions qu'un cheval gris, l'éleveur distingue un animal gris cendre ou gris neige, chaque nuance de gris correspondant à un terme précis. Ainsi, quel que soit le nombre d'équidés autour de la yourte, il n'y a jamais d'équivoque possible.

***Les chevaux furent longtemps** l'unique moyen de déplacement des Mongols. La modernisation a peu à peu introduit d'autres modes de locomotion. De nos jours, on peut voir, comme ici, un camion à côté d'un troupeau de chevaux.*

Gauchos argentins

Ces cavaliers de la Pampa argentine (une plaine grande comme deux fois la France!) doivent subir la brûlante chaleur de l'été et les froids violents de l'hiver. Mais quels que soient le temps et la température, ils demeurent fidèles à leur tâche qui est de garder les vaches.

LE SAVAIS-TU ?

Tirez-lui la queue...
Certains cow-boys sud-américains ont une technique très particulière pour attraper les vaches. C'est un véritable travail d'équipe à deux cavaliers. Le premier guide la vache vers son compagnon ; celui-ci, s'accroche alors solidement d'une main à l'encolure de sa monture. En plein galop, il doit saisir la queue du bovin avec sa main libre, et le faire chuter en le déséquilibrant.

Une légende vivante

Jusqu'au XIXe siècle, le gaucho était considéré comme un contrebandier ou un vagabond, qui ne s'embarrassait guère de scrupules. S'il avait faim, il tuait aussitôt un bœuf et, s'il avait besoin d'une monture, il capturait un des innombrables chevaux sauvages de la Pampa. Il est vrai qu'alors, chacun pouvait se les approprier, jusqu'à concurrence de dix mille têtes ! Puis, durant la redoutable guerre d'indépendance de 1806-1816, les gauchos ont combattu pour libérer leur pays, l'Argentine, de la tutelle espagnole. Leur adresse à cheval et leur bravoure en ont fait des vainqueurs. Depuis cette époque, le gaucho est pour les Argentins le symbole du cavalier libre, valeureux et puissant.

Des chevaux hors pair

Le cavalier de la Pampa monte des criollos. Ces chevaux sont de véritables phénomènes. Intelligents, puissants, endurants, ils font preuve d'une surprenante frugalité et d'une longévité peu commune. Certains vivent jusqu'à 40 ans. Chaque année a lieu en Argentine un raid d'endurance qui leur est réservé. Il a pour nom la *marcha*. La distance à couvrir en sept jours est de 750 km, soit plus de 100 km par jour ! Les criollos doivent porter 110 kg minimum (cavalier et harnachement compris). En outre, durant toute l'épreuve et la semaine qui la précède, ils ne doivent manger que de l'herbe. L'orge et l'avoine leur sont interdites ! À l'arrivée, les montures sont classées, mais pas les cavaliers.

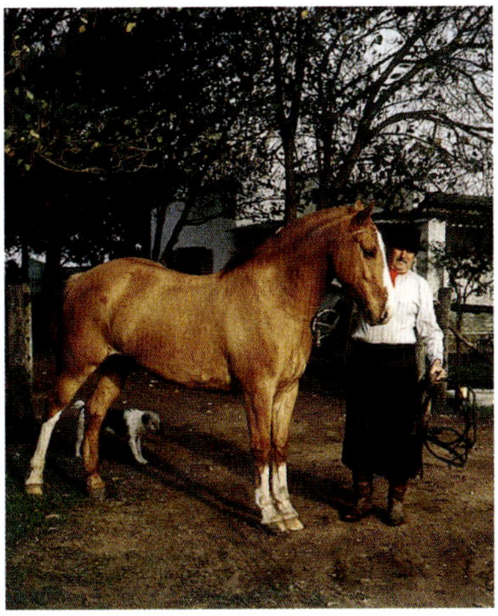

***Frugal et rustique**, le criollo est l'allié du gaucho.*

La panoplie du gaucho

Pour mener le bétail, le gaucho utilise un long lasso de cuir. Mais il lui préfère souvent ses *boleadoras*, trois pierres recouvertes de cuir et reliées entre elles par des lanières. Lancées avec adresse, elles s'enroulent autour des postérieurs de l'animal poursuivi et le paralysent. Le gaucho porte un pantalon bouffant (les *bombachas*) et des bottes en accordéon. Dans le dos de sa large ceinture, il passe un grand couteau nommé *facon*. Quant à son sombrero, il est noir à bord court. Observer un gaucho en train de seller constitue un spectacle étonnant. Sa selle est une accumulation de peaux de mouton, maintenues par des sangles. Et l'arçon sur lequel il les dispose est fait de boudins de roseaux, car le bois est très rare dans l'herbeuse Pampa.

LE SAVAIS-TU ?

Incroyables montures
Entre 1925 et 1927, un maître d'école nommé Aimé-Félix Tschiffely s'est rendu avec deux chevaux de Buenos Aires, la capitale argentine, jusqu'à New York. Il a donc traversé deux continents, des déserts et des forêts tropicales et fait grimper ses chevaux, Mancha et Gato, jusqu'à 5 000 m d'altitude. Pourtant, ces deux montures étaient déjà âgées : Mancha avait 16 ans et Gato 15 ans. Mais c'étaient des criollos !

Le cheval et l'imaginaire

Depuis la préhistoire, la destinée du cheval et celle de l'homme sont étroitement liées. Il n'est donc pas surprenant que cet équidé fasse partie de notre imaginaire. Très présent dans les arts comme la littérature ou la peinture, il est même une authentique source d'inspiration.

Neptune sur son char
(mosaïque du IIe siècle)

Tout un mythe !

La mythologie grecque a particulièrement célébré l'équidé, qui occupait une place essentielle dans la vie agricole et guerrière. Il suffit par exemple de se souvenir de Pégase, le cheval ailé qui aurait surgi de la tête de la Méduse lorsqu'elle fut décapitée par Persée. L'histoire raconte qu'il devint ensuite une constellation. Pour les Grecs, le cheval est une création de Poséidon, mais c'est Athéna qui inventa le mors et qui est à l'origine de l'équitation. L'équidé reste avant tout un symbole guerrier : il est ainsi le fidèle allié des Amazones, peuple imaginaire de femmes combattant en selle et se coupant un sein pour pouvoir mieux tirer à l'arc. Cet animal, à qui l'on prête bien des vertus, est également très présent dans l'œuvre du poète grec Homère : il est évoqué au livre II de l'*Iliade* à propos de l'aventure du cheval de Troie. Cette gigantesque sculpture en bois, où se cachaient des soldats, servit de ruse guerrière pour prendre la ville.

Licorne et centaure

Voici deux animaux fabuleux qui hantent presque toutes les légendes occidentales. La licorne possède un corps et une tête de cheval (parfois de cerf) et une corne unique au milieu du front. Elle est le plus souvent blanche, incarnant la pureté et la virginité. Sa plus célèbre représentation est la tenture de *La Dame à la licorne*, tapisserie du XVe siècle conservée aujourd'hui au musée de Cluny, à Paris. Elle fut aussi une source d'inspiration importante pour des artistes du XIXe siècle, comme le peintre français Gustave Moreau.
Le centaure, quant à lui, est plutôt un symbole de force, voire de violence : avec son corps de cheval, son buste et son visage humains, c'est un féroce combattant qui inspire la crainte. Représenté sur les frises du Parthénon à Athènes, on le trouve aussi dans la littérature

LE SAVAIS-TU ?

Une belle histoire
"L'histoire du cheval enchanté" est l'un des contes des *Mille et Une Nuits* que Schéhérazade raconte au roi pour obtenir sa clémence.

contemporaine, notamment grâce au roman de l'écrivain américain John Updike, *Le Centaure* (1963), qui joue sur la double identité du héros, mi-homme mi-animal.

Chevalerie

Dès le début du Moyen Âge, le cheval est le compagnon fidèle du chevalier. Il lui est aussi indispensable que son épée. Le terme même de chevalerie tire son origine du latin *caballus* signifiant "cheval de guerre". L'équidé est également un symbole de richesse et de pouvoir, puisque le chevalier possède un fief suffisamment important pour avoir une cavalerie. La littérature médiévale abonde en descriptions de preux chevaliers montés sur leurs fiers destriers. Citons Bayard, le cheval rapide et merveilleux de Renaud, héros des *Quatre fils Aymon*, célèbre chanson de geste du XIIIe siècle. Sans oublier les héros de Chrétien de Troyes (Lancelot est le "chevalier à la charrette" et Yvain le "chevalier au lion", vers 1170) et les fabuleux chevaliers de la Table ronde, personnages du cycle arthurien (un ensemble de légendes médiévales celtes) dont la fidélité n'a d'égale que la persévérance. Leurs montures sont des alliées, des doubles, des frères. Peu à peu, le cheval est donc assimilé à la noblesse, qui ne se définit pas alors par des privilèges mais plutôt par un état d'esprit et une lutte continuelle pour le bien et le juste, avec vaillance et loyauté.

Scène de tournoi, Roman des chevaliers Galaad, Tristan et Lancelot *(enluminure du XVe siècle)*

Les Licornes, *peinture de Gustave Moreau (vers 1888)*

LE SAVAIS-TU?

Cheval et langage
Depuis toujours, le cheval est présent dans notre langue sous la forme de multiples locutions très courantes et fort imagées... Ainsi, celui qui a une "fièvre de cheval" souffre d'une très forte fièvre. Pour la soigner, on peut prescrire un "remède de cheval". Celui qui "monte sur ses grands chevaux" se montre outré et se met férocement en colère. Être "très à cheval" sur un comportement, c'est se révéler très exigeant à ce propos. Enfin, un "cheval de bataille" est cet argument favori que l'on ne se lasse jamais de répéter.

Silence… moteur !

La place du cheval dans notre tradition est si grande qu'il n'est pas surprenant que le septième art se soit intéressé à lui. Symbole de liberté et d'aventure, il constitue un sujet idéal pour le cinéma. D'autant que sa grâce et sa prestance sont toujours du meilleur effet sur la pellicule.

Des débuts meurtriers

Le cheval apparaît sur grand écran dès les débuts du cinéma. Quoi de plus normal, puisqu'il fait alors partie du quotidien de chacun ? Mais c'est avec le développement du genre western qu'il va devenir une véritable vedette, grâce à des cascades spectaculaires… et souvent meurtrières ! Car les premiers pas du septième art ne se font pas sans quelques catastrophes : aucune réglementation ne concernant les équidés, il n'était pas rare qu'ils se blessent voire succombent lors de cascades trop dangereuses. À l'époque, en effet, les chevaux n'étaient pas dressés pour la cascade. Ils étaient montés par des cavaliers aguerris et assez téméraires pour, par exemple, se jeter d'un train en marche avec leur monture depuis un pont enjambant une rivière ! Aux États-Unis, on embauchait de vrais cow-boys. En France, les gardians de Camargue se prenaient au jeu de ces tournages, plus valorisants et plus distrayants que leur rude métier. Ils étaient payés à la journée et n'avaient droit, le plus souvent, qu'à une seule prise pour réaliser leurs cascades, la pellicule coûtant trop cher pour être "gâchée". Dans un même souci d'économie, pas question de passer des jours à apprendre à un cheval à tomber sans se faire mal : on tendait un fil de fer sur sa trajectoire et il venait s'y prendre les pieds au grand galop ! Une méthode très dangereuse, pour la monture comme pour le cavalier.

Crin Blanc *(Albert Lamorisse, 1953) raconte l'amitié entre un enfant et un cheval sauvage.*

La Chevauchée sauvage *(Richard Brooks, 1975), une des grandes références du western*

Un métier à part entière

La fréquence des accidents sur les tournages fit réagir les associations de protection des animaux et, à partir des années 1950, la réglementation devint plus stricte. Les chevaux devaient désormais être spécialement dressés pour réaliser les attitudes souhaitées par le réalisateur : cabrers, chutes invraisemblables, saut à travers le feu, etc. Le métier

L'Étalon noir *a fait naître bien des vocations équestres.*

de cascadeur équestre s'est alors développé. Aujourd'hui, le plus célèbre d'entre eux est Mario Luraschi, sans cesse sollicité (*L'Étalon noir, Dangereusement vôtre, Lucky Luke, Highlander 3, Le Pacte des loups*…). Après trente ans de carrière, il a plus de 300 films à son actif ! Tout l'art et toute la science de son métier résident, selon lui, dans la capacité à reproduire à l'infini un exercice sans jamais se blesser. Sa seule limite : la sécurité du cheval.

Des chevaux acteurs

On distingue aujourd'hui deux types de montures : les véritables chevaux de cascade, chacun ayant une spécialité (simuler l'agressivité, faire un plongeon spectaculaire, marcher sur une table…), et les chevaux dits de comédiens, chargés de mettre les acteurs en confiance (5 % d'entre eux seulement sont cavaliers au départ !). Ainsi, dans *La Reine Margot*, Jean-Hugues Anglade devait traverser un sous-bois au galop en zigzaguant entre les arbres. L'équipe de cascadeurs a donc appris le parcours au cheval et a ensuite persuadé le comédien de faire confiance à sa monture !

LE SAVAIS-TU ?

Z comme Zorro

Le feuilleton "Zorro" est apparu en 1957 sur les écrans américains, en 1965 en France. Mais on le rediffuse encore de nos jours ! Tornado, le fidèle cheval noir de Zorro, y était joué par Diamond Decorator, un cheval de course réputé et médaillé. Mais, comme toute star digne de ce nom, il avait des doublures ! Dès qu'il s'agissait de sauter ou de galoper, d'autres chevaux, plus spécialisés, entraient en scène. À Diamond, on laissait toutes les scènes de composition.

LE SAVAIS-TU ?

Chuchoteurs

L'Homme qui murmurait à l'oreille des chevaux, le roman de Nicholas Evans, adapté par Robert Redford au cinéma, traite de la philosophie et des méthodes d'un chuchoteur. Le personnage de Tom Booker a été inspiré par le véritable "nouveau maître" américain Buck Brannaman, d'ailleurs conseiller technique du film.

Mario Luraschi *sur le tournage de* La Reine Margot *(Patrice Chéreau, 1994)*

Lexique

Appuyer
Exercice de dressage dans lequel le cheval progresse en diagonale.

Arrière-main
Partie du cheval située derrière le cavalier.

Ars
Partie du cheval située à la jonction des membres antérieurs et du poitrail.

Avant-main
Partie du cheval située devant le cavalier.

Balzane
Tache blanche à l'extrémité des membres du cheval.

Barres
Espaces dépourvus de dents sur la gencive du cheval.

Bleime
Blessure de la sole, c'est-à-dire de la partie du pied du cheval en contact avec le sol.

Bréviligne
Se dit d'un cheval à la silhouette trapue et aux membres courts.

Cagneux
Se dit d'un cheval dont les membres et les pieds sont dirigés vers l'intérieur.

Carrousel
Fête équestre apparue en France au début du XVIIe siècle pour célébrer un événement ou flatter une dame. Aujourd'hui, c'est une démonstration collective de figures de manège.

Caveçon
Pièce de harnachement renforcée de métal, qui enserre le chanfrein.

Cession
Action du cheval qui cesse de résister au cavalier.

Chanfrein
Partie de la tête du cheval située entre le front et le bout du nez.

Changement de pied
Exercice de dressage au galop, au cours duquel le cheval change de pied sans modifier sa direction. Il peut être pratiqué "au temps", c'est-à-dire à chaque foulée.

Cloche
Bracelet en caoutchouc utilisé dans toutes les disciplines sportives pour protéger la couronne et les talons du cheval.

Court-jointé
Se dit d'un cheval dont l'attache du boulet et du paturon est verticale.

Croupière
Large courroie qui passe sur le dos et la croupe du cheval.

Débourrage
Premier dressage du jeune cheval consistant à le familiariser avec le mors et la selle, et à l'habituer peu à peu à être monté.

Débourrer
Voir débourrage.

Droit
Obstacle vertical.

Emphysème
Dilatation excessive des alvéoles pulmonaires. Cette maladie touche aussi bien le cheval que l'homme.

Engager (s')
On dit qu'un cheval s'engage quand ses postérieurs se posent nettement sous son corps.

Épaule en dedans
Exercice qui consiste à faire progresser le cheval sur la piste avec la tête et les épaules tournées vers l'intérieur du manège.

Éthologie
Science qui étudie le comportement des animaux. Cette science est pratiquée par les éthologues.

Étrivières
Courroies servant à suspendre les étriers à la selle.

Fanon
Touffe de poils à l'arrière du boulet du cheval.

Foal
Nom que l'on donne au poulain jusqu'au 1er janvier qui suit sa naissance.

Fourbure
Maladie des pieds des équidés due à une mauvaise hygiène de vie (nourriture trop riche et dépense physique insuffisante).

Fourmilière
Affection du sabot consistant en un décollement de la paroi.

Ganache
Partie latérale postérieure de la mâchoire inférieure du cheval.

Gonfle
Œdème généralement provoqué par le harnais.

Grasset
Partie du membre postérieur du cheval allant de la rotule à la limite de la cuisse et de la jambe.

Horse-ball
Sport collectif qui se joue à cheval avec un ballon muni d'anses en cuir et des paniers de basket-ball.

Impulsion
Mouvement en avant du cheval. L'impulsion peut être spontanée ou provoquée par le cavalier.

Ladre
Partie de la peau du cheval sans pigment et presque sans poils.

Large
Obstacle impliquant un saut en longueur.

Longiligne
Se dit d'un cheval à la silhouette élancée et aux membres fins et longs.

Long-jointé
Se dit d'un cheval dont l'attache du boulet et du paturon n'est pas verticale.

Médioligne
Se dit d'un cheval à la silhouette intermédiaire entre le longiligne et le bréviligne.

Molette
Excroissance molle qui se forme au niveau inférieur des membres du cheval.

Pad
Coussinet que l'on place entre la selle et le tapis pour protéger le garrot.

Panard
Se dit d'un cheval dont les membres et les pieds sont tournés vers l'extérieur.

Parage
Opération qui consiste à couper et à râper la corne du sabot, une fois le fer enlevé.

Pommeau
Partie surélevée à l'avant de la selle.

Poser
Action du cheval qui pose son pied sur le sol.

Prise de longe
Blessure qui se produit lorsque le cheval se prend les pieds dans la longe.

Raie de mulet
Bande sombre qui court sur l'échine dorsale du cheval de l'encolure à la queue.

Rassembler
Attitude équilibrée du cheval qui consiste en un engagement des postérieurs sous le corps et en un allègement de l'avant-main, avec la tête bien placée.

Remonte
Autrefois, service de l'armée qui était chargé de fournir de nouveaux chevaux aux régiments. Aujourd'hui, on appelle ainsi les jeunes chevaux entraînés par un cavalier de concours.

Reprise
1. Ensemble des cavaliers qui se suivent les uns les autres, en promenade ou en manège.
2. Succession de figures de dressage.

Rusticité
On dit qu'un animal est rustique lorqu'il peut supporter des conditions de vie très difficiles.

Salières
Creux qui se trouvent au-dessus des yeux du cheval. Avec l'âge, les salières sont plus marquées.

Seime
Fissure verticale du sabot.

Sire
Étalon destiné à devenir chef de lignée.

Stimulus (plur. : stimuli)
Intervention externe susceptible de provoquer une réaction du cheval.

Stud-book
Livre généalogique où sont consignées toutes les naissances des chevaux appartenant à une race donnée.

Sulky
Voiture légère utilisée en trot attelé.

Surdents
Excroissances qui apparaissent au niveau des molaires du cheval et qui risquent de blesser ses joues. Si tel est le cas, elles doivent être arrachées.

Suros
Excroissance dure qui se manifeste sur le canon des membres mais qui ne provoque en général pas de boîterie.

Teigne
Parasite venant se loger dans les poils ou les crins du cheval.

Tirer au renard
Se dit d'un cheval attaché qui, sous l'effet de la panique, tire vers l'arrière afin de s'enfuir. Il risque alors de se blesser.

Toupet
Partie de la crinière qui retombe entre les oreilles, sur le devant de la tête du cheval.

Transition
Changement d'allure.

Trot en extension
Trot de dressage très allongé.

Troussequin
Partie relevée à l'arrière de la selle.

Tubage
Introduction d'un tuyau ou d'une sonde par les naseaux.

Yearling
Nom que l'on donne au poulain ou à la pouliche âgés de 1 an.

Zain
Se dit d'un cheval qui n'a pas un seul poil blanc.

Index

A

B

C

S

T

U

V

W

Y

Z

Crédit photographique

Page de titre
A. Soumillard/OPTIPRESS

Sommaire
p. 4 mg, h : B. Langrish/OPTIPRESS ; mb : A.-S. Flament/OPTIPRESS ; md : G. Delaborde. p. 5 m : F. Chéhu ; hd : G. Delaborde ; b : G. Delaborde. p. 6 h, mb, md : F. Chéhu/OPTIPRESS. p. 7 mg : F. Chéhu ; hd : Giraudon ; b : F. Chéhu/OPTIPRESS.

Comportement et mode de vie
p. 10-11 : F. Chéhu. p. 12 h, b : B. Langrish/OPTIPRESS. p. 13 : S. Stuewer/OPTIPRESS. p. 14 h : B. Langrish/ OPTIPRESS ; b :A. Soumillard/OPTIPRESS. p. 15 h : B. Langrish/OPTIPRESS ; b : S. Sarfati/OPTIPRESS. p. 16 h : C. Caillière/OPTIPRESS ; m : F. Chéhu. p. 16-17 b : F. Chéhu. p. 17 : G. Delaborde. p. 18 h : F. Chéhu ; bg, bd : G. Delaborde ; p. 19 h : F. Chéhu/OPTIPRESS ; bg : B. Langrish/ OPTIPRESS ; bd : G. Delaborde. p. 20 h : B. Langrish/ OPTIPRESS ; b : G. Delaborde. p. 21 h : F. Chéhu/ OPTIPRESS ; b :A.-S. Flament/OPTIPRESS. p. 22 : B. Langrish/OPTIPRESS. p. 23 h : G. Delaborde ; m : F. Chéhu/OPTIPRESS ; b : B. Langrish/OPTIPRESS. p. 24 h : G. Delaborde ; b : F. Chéhu/OPTIPRESS. p. 25 h : B. Langrish/OPTIPRESS ; b : G. Delaborde. p. 26 h : S. Stuewer/OPTIPRESS ; b : G. Delaborde. p. 27 h, b : F. Chéhu. p. 28 h : B. Langrish/OPTIPRESS ; b : F. Chéhu. p. 29 hg : G. Delaborde ; hd : B. Langrish/ OPTIPRESS ; b : Gallagher. p. 30 hd : F. Chéhu ; m, bg : G. Delaborde. p. 31 G. Delaborde. p. 32 h : B. Langrish/OPTIPRESS ; b : G. Delaborde. p. 33 h : G. Delaborde ; b : B. Langrish/OPTIPRESS. p. 34 h : G. Delaborde. p. 35 b : B. Langrish/OPTIPRESS. p. 36 : B. Langrish/OPTIPRESS. p 37 hg : F. Chéhu/ OPTIPRESS ; hd : B. Langrish/OPTIPRESS ; bd : F. Chéhu/OPTIPRESS. p. 38: S. Stuewer/OPTIPRESS. p. 39 hg, md, bd : B. Langrish/OPTIPRESS. p. 40 hd : G. Delaborde ; b : F. Chéhu. p. 41 : F. Chéhu. p. 42 hd : F. Chéhu/OPTIPRESS ; b : G. Delaborde. p 43 bg : F. Chéhu/OPTIPRESS ; hg : F. Chéhu/OPTIPRESS ; bd :A. Soumillard/OPTIPRESS. p. 44 hd, bd : F. Chéhu/ OPTIPRESS. p. 45 : F. Chéhu/OPTIPRESS. p. 46 b : B. Langrish/OPTIPRESS. p. 46-47 h : G. Delaborde. p. 47 bg :A. Soumillard/OPTIPRESS ; md :A.-S. Flament/OPTIPRESS ; bd : G. Delaborde.

Signes particuliers
p. 48-49 : B. Langrish/OPTIPRESS. p. 50 h : B. Langrish/OPTIPRESS. p. 52 : S. Sarfati/OPTIPRESS. p. 54 h : G. Delaborde. p. 55 m : G. Delaborde ; bg : G. Delaborde ; bd : B. Langrish/OPTIPRESS. p. 57 : G. Delaborde. p. 58 h : B. Langrish/OPTIPRESS. p. 60 b : F. Chéhu/OPTIPRESS. p. 61 md, bd : F. Chéhu/OPTIPRESS. p. 62 h : F. Chéhu. p. 63 bg, bd : B. Lecointre/OPTIPRESS. p. 64 h : F. Chéhu. p. 65 hd : B. Langrish/OPTIPRESS ; bd : C. Caillière. p. 66 hd : C. Potdevin/OPTIPRESS ; bg : F. Chéhu/ OPTIPRESS. p. 67 m : F. Chéhu/OPTIPRESS ; hd : B. Langrish/OPTIPRESS ; bg : G. Delaborde ; bd : F. Chéhu. p. 68 hg, bg : B. Langrish/OPTIPRESS ; hm, hd : G. Delaborde. p. 69 hg, bd : G. Delaborde ; p. 70 : F. Chéhu/OPTIPRESS. p. 71 h : B. Langrish/ OPTIPRESS ; mg : G. Delaborde ; md : F. Chéhu/ OPTIPRESS ; bg : G. Delaborde ; bd : F. Chéhu/ OPTIPRESS. p. 72 h : F. Chéhu/OPTIPRESS ; b : F. Chéhu. p. 73 h : G. Delaborde ; b : F. Chéhu/OPTIPRESS. p. 74 hg : B. Langrish/OPTIPRESS ; hd : F. Chéhu/ OPTIPRESS ; bg : F. Chéhu. p. 75 hg : B. Langrish/ OPTIPRESS ; mg, md : F. Chéhu/OPTIPRESS ; bd : G. Delaborde. p. 76 hd : F. Chéhu/OPTIPRESS ; bg : G. Delaborde ; bd : G. Delaborde. p. 77 hg, hd : F. Chéhu/OPTIPRESS ; bg : G. Delaborde ; bm : B. Langrish/OPTIPRESS. p. 78 bg, m, bd : B. Langrish/OPTIPRESS ; hd : C. Caillière/ OPTIPRESS. p. 79 h : C. Caillière/OPTIPRESS ; md : F. Chéhu/OPTIPRESS. p. 80 hg : G. Delaborde ; m : C. Caillière/OPTIPRESS ; bd : G. Delaborde. p. 81 hm :A.-S. Flament/OPTIPRESS ; bg : F. Chéhu/OPTIPRESS ; bd : C. Caillière/OPTIPRESS. p. 82 : G. Delaborde. p. 83 : C. Potdevin/OPTIPRESS. p. 84 : G. Delaborde. p. 85 md : B. Langrish/OPTIPRESS ; bd : B. Langrish/OPTIPRESS. p. 86 : G. Delaborde. p 87 hg : G. Delaborde ; hd : F. Chéhu/OPTIPRESS. p. 88 hd :A.-S. Flament/OPTIPRESS ; bg : F. Chéhu. p. 89 hd : G. Delaborde ; bg, bd : G. Delaborde.

Mille et un chevaux
p. 92-93 : G. Delaborde. p. 94 : F. Chéhu. p. 95 : B. Langrish/OPTIPRESS. p. 96 : B. Langrish/ OPTIPRESS. p. 97 h : G. Delaborde ; b : B. Langrish/ OPTIPRESS. p. 98 : G. Delaborde. p. 99 m, b, d : A. Soumillard/OPTIPRESS. p. 100 h, m : B. Langrish/OPTIPRESS ; b : G. Delaborde. p. 101 h : G. Delaborde ; b :A. Soumillard/OPTIPRESS. p. 102 : G. Delaborde. p. 103 : B. Langrish/OPTIPRESS. p. 104-105 : S. Stuewer/OPTIPRESS. p. 105 hd, md, b : B. Langrish/OPTIPRESS. p. 106 : F. Chéhu/OPTIPRESS. p. 107 : B. Langrish/OPTIPRESS. p. 108 h, b : B. Langrish/ OPTIPRESS. p. 109 h, b : B. Langrish/OPTIPRESS. p. 110 : G. Delaborde. p. 111 mg, bg, bd : B. Langrish/OPTIPRESS. p. 112 : F. Chéhu. p. 113 h, m, b : B. Langrish/OPTIPRESS. p. 114 : F. Chéhu. p. 115 hd : F. Chéhu ; b : B. Langrish/OPTIPRESS. p. 116 : B. Langrish/OPTIPRESS. p. 117 h, b : B. Langrish/ OPTIPRESS. p. 118 : G. Delaborde. p. 119 h, b : B. Langrish/OPTIPRESS. p. 120 h : B. Langrish/ OPTIPRESS ; b : F. Chéhu. p. 121 h, b : B. Langrish/ OPTIPRESS. p. 122 h, m : G. Delaborde. p. 123 : B. Langrish/OPTIPRESS. p. 124 h : G. Delaborde ; b : B. Langrish/OPTIPRESS. p. 125 hd, m : B. Langrish/OPTIPRESS ; bg : G. Delaborde. p. 126 :

A. Soumillard/OPTIPRESS. p. 126-127 : G. Delaborde. p. 128 m : B. Langrish/OPTIPRESS ; b : S. Stuewer/ OPTIPRESS. p. 129 h, b : B. Langrish/OPTIPRESS. p. 130 : G. Delaborde. p. 131 : S. Sarfati/OPTIPRESS. p. 132 h : F. Chéhu/OPTIPRESS ; b : G. Delaborde. p. 133 h, b : B. Langrish/OPTIPRESS. p. 134 : F. Chéhu. p. 135 : G. Delaborde. p. 136 h, b : B. Langrish/ OPTIPRESS. p. 137 m : S. Stuewer/OPTIPRESS ; hd : C. Potdevin/OPTIPRESS ; b : B. Langrish/OPTIPRESS. p. 138 : G. Delaborde. p. 139 : B. Langrish/OPTIPRESS. p. 140 h, m, b : B. Langrish/OPTIPRESS. p. 141 h, bd : G. Delaborde ; bg : B. Langrish/OPTIPRESS. p. 142 hg : G. Delaborde. p. 142-143 b : G. Delaborde. p. 143 hg : G. Delaborde ; hd : B. Langrish/OPTIPRESS ; bd : F. Chéhu. p. 144 hg, md, b : F. Chéhu. p 145 hg, hd, md, mg, b : F. Chéhu.

Aux petits soins
p. 146-147 : F. Toubon/OPTIPRESS. p. 148 h : G. Delaborde ; md : B. Langrish/OPTIPRESS. p. 149 : G. Delaborde. p. 150 bg, hd : G. Delaborde. p. 151 h : F. Chéhu ; b : G. Delaborde. p. 152 hd, m, bg : F. Chéhu. p. 153 bg, m, bd : F. Chéhu. p. 154 h, bd : G. Delaborde. p. 155 : F. Chéhu/OPTIPRESS. p. 156 h, hd : G. Delaborde ; bg : F. Chéhu. p. 157 hg : F. Chéhu ; bd : F. Chéhu/OPTIPRESS. p. 158 h : F. Chéhu ; b : F. Chéhu/OPTIPRESS. p. 159 bg, bd : G. Delaborde. p. 160 hg : G. Delaborde ; hd : F. Chéhu ; md, bg : G. Delaborde. p. 161 mg, bm, bd : F. Chéhu. p. 162 h : B. Langrish/OPTIPRESS ; b : G. Delaborde. p. 163 hg, d : G. Delaborde ; b : F. Chéhu. p. 164 hd, m, bm, bd : G. Delaborde. p. 165 hg, bg : F. Chéhu ; m : G. Delaborde. p. 166 h, b : F. Chéhu. p. 167 m, b : F. Chéhu. p. 168 : G. Delaborde. p. 169 hd, bg : F. Chéhu. p. 170 hd : C. Caillière/OPTIPRESS ; b : A.-S. Flament/OPTIPRESS. p. 172 : F. Chéhu. p. 173 hd : F. Chéhu/OPTIPRESS ; bg : F. Chéhu. p. 174 hg : G. Delaborde. p. 175 m (1-2-3), d : G. Delaborde.

En selle !
p. 176-177 : G. Delaborde. p. 178 h : G. Delaborde ; 179 b : G. Delaborde. p. 180 h, d : G. Delaborde. p. 181 : G. Delaborde. p. 182 h, b : G. Delaborde. p. 183 : G. Delaborde. p. 184 h : G. Delaborde ; bg : F. Chéhu. p. 185 bd : G. Delaborde. p. 186 hg : F. Chéhu/OPTIPRESS. p. 187 bg : G. Delaborde. p. 188 : G. Delaborde. p. 189 : G. Delaborde. p. 190 : F. Chéhu. p. 191 : G. Delaborde. p. 192 : F. Chéhu. p. 193 g :A. Soumillard/OPTIPRESS ; d : G. Delaborde. p. 194 : F. Chéhu. 195 : F. Chéhu. p. 196 : F. Chéhu. p.197 : F. Chéhu. p. 198 : F. Chéhu. p. 199 : F. Chéhu. p. 200 h, b : F. Chéhu. p. 201 : G. Delaborde. p. 202 h : F. Chéhu ; bg : G. Delaborde ; bd : G. Delaborde. p. 203 hd, bg : G. Delaborde. p. 204 : G. Delaborde. p. 205 hd : F. Chéhu/OPTIPRESS ; b : G. Delaborde. p. 206 hd : F. Chéhu. p. 206-207 b : F. Chéhu. p. 207 hd : G. Delaborde. p. 208 h : F. Chéhu/OPTIPRESS ; b : F. Chéhu. p. 209 m : G. Delaborde ; bg, bd : F. Chéhu/OPTIPRESS. p. 210 h, b : F. Chéhu/OPTIPRESS. p. 211 : F. Chéhu/OPTIPRESS. p. 212 h : G. Delaborde ; b : F. Chéhu/OPTIPRESS. p. 213 : F. Chéhu/OPTIPRESS. p. 214 h : G. Delaborde ; b : F. Chéhu. p. 215 h, b : F. Chéhu/OPTIPRESS. p. 216 h, b : F. Chéhu. p. 217 : F. Chéhu. p. 218 h, b : F. Chéhu. p. 219 : F. Chéhu. p. 220 h : G. Delaborde. p. 220 bd : F. Chéhu. p. 221 hg, m, bd : G. Delaborde. p. 221 bg : C. Potdevin/OPTIPRESS.

Des sports et des loisirs
p. 222-223 : G. Delaborde. p. 224 hg : G. Delaborde ; hd : F. Chéhu. p. 225 h : G. Delaborde ; b : J.-F. Ballereau. p. 226 h : F. Chéhu ; bd : G. Delaborde. p. 227 : F. Chéhu. p. 228 : F. Chéhu/OPTIPRESS. p. 229 : F. Chéhu/OPTIPRESS. p. 230 : F. Chéhu/OPTIPRESS. p. 231 bg : F. Chéhu/OPTIPRESS ; hd : F. Chéhu. p. 232 hg, hd : F. Chéhu. p. 232-233 : G. Delaborde. p. 234 h : S. Sarfati/OPTIPRESS ; b : F. Chéhu/OPTIPRESS. p. 235 h, bg : G. Delaborde ; bd : S. Sarfati/OPTIPRESS. p. 236-237 mh : F. Chéhu. p. 236 bd : F. Chéhu. p. 237 bd : F. Chéhu. p. 238-239 b : F. Chéhu. p. 239 hd, bm : F. Chéhu. p. 240 h : G. Delaborde. p. 240 b : B. Langrish/OPTIPRESS. p. 241 h : B. Langrish/OPTIPRESS. p. 241 m, b : C. Caillière/OPTIPRESS. p. 242 h, bd : G. Delaborde ; bg : F. Chéhu. p. 243 g : G. Delaborde ; d : F. Chéhu. p. 244 h : GIRAUDON ; b : G. Delaborde. p. 245 h, b : F. Chéhu. p. 246 : G. Delaborde. p. 247 : G. Delaborde. p. 248 : S. Sarfati/OPTIPRESS. p. 249 h, b : S. Sarfati/OPTIPRESS. p. 250 : S. Sarfati/OPTIPRESS. p. 251 : S. Sarfati/ OPTIPRESS. p. 252 hg : S. Sarfati/OPTIPRESS. p. 252-253 mb : S. Sarfati/OPTIPRESS. p. 253 hd : S. Sarfati/OPTIPRESS.

Des chevaux et des hommes
p. 254-255 : G. Delaborde. p. 256 h : G. Delaborde ; b : F. Chéhu. p. 257 : G. Delaborde. p. 258 md : C. Caillière/OPTIPRESS. p. 258-259 h : F. Chéhu/ OPTIPRESS ; b : G. Delaborde. p. 259 b, md : F. Chéhu. p. 260 : F. Chéhu. p. 261 : F. Chéhu. p. 262 bg : F. Chéhu/ OPTIPRESS ; hd : F. Chéhu. p. 263 hd, bg : F. Chéhu. p. 264 h : F. Chéhu/OPTIPRESS ; bg, bd : Équit'aide. p. 265 hd, bd : Équit'aide. p. 266-267 : G. Delaborde. p. 267 h : G. Delaborde. p. 268 mg : F. Chéhu. p. 268-269 h : G. Delaborde ; b : G. Delaborde. p. 269 bd : G. Delaborde. p. 270 h, b : F. Chéhu. p. 271 mg : G. Delaborde. p. 271 bd : F. Chéhu/OPTIPRESS. p. 272 h : F. Chéhu ; b : G. Delaborde. p. 273 hg, md : F. Chéhu ; bm : G. Delaborde.

D'hier à aujourd'hui
p. 274-275 : GIRAUDON. p. 277 h : F. Chéhu/OPTIPRESS. p. 278 h, b : G. Delaborde. p. 279 hg : A. Soumillard/OPTIPRESS ; hd : F. Chéhu/OPTIPRESS ; bd : G. Delaborde. p. 280 : F. Chéhu/OPTIPRESS. p. 281 : GIRAUDON. p. 282 : GIRAUDON. p. 283 : GIRAUDON. p. 284 h : GIRAUDON. p. 285 hd, b : GIRAUDON. p. 286 : GIRAUDON. p. 287 h, b : GIRAUDON. p. 288 g, d : GIRAUDON. p. 289 h, b : GIRAUDON. p. 290 : GIRAUDON. p. 291 h : GIRAUDON ; b :A. Soumillard/OPTIPRESS. p 292 : GIRAUDON. p. 293 m : G. Delaborde ; b :A.-S. Flament/OPTIPRESS. p. 294 :A. Soumillard/OPTIPRESS. p 295 hg, bd : G. Delaborde. p. 296 h, b : B. Langrish/OPTIPRESS.

p. 297 hm : G. Delaborde ; b : B. Langrish/OPTIPRESS. p. 298 : S. Stuewer/OPTIPRESS. p. 299 hg : F. Chéhu ; hd, bd : G. Delaborde. p. 300 h : G. Delaborde ; b : B. Langrish/OPTIPRESS. p. 301 b : B. Langrish/ OPTIPRESS. p. 302 h, b : F. Chéhu/OPTIPRESS. p. 303 : F. Chéhu/OPTIPRESS. p. 304 h, m, bd : N. Pilley-Mirande/OPTIPRESS. p. 305 h, b : N. Pilley-Mirande/OPTIPRESS. p. 306 : Ballereau-Rameaux. p. 307 h : C. Rameaux ; b : Ballereau-Rameaux. p. 308 : GIRAUDON. p. 309 h, b : GIRAUDON. p. 310 fond, m, b : Christophe L. p. 311 h : Christophe L. ; b : G. Delaborde.

Table des illustrateurs

Les rubriques « Le savais-tu ? » sont illustrées par Barbe.

Sylviane Gangloff : p. 6 mg, 16, 36, 38, 44, 50-51, 53, 55, 56-57, 58-59, 61, 62-63, 65, 79, 82-83, 84-85, 86-87, 149, 157, 165, 167, 168, 171, 172-173, 174-175, 178-179, 181, 183, 185, 186-187, 188, 190, 193, 194, 197, 198-199, 201, 204, 229, 246, 258, 276, 283, 298, 301, 307.

Philippe Legendre : p. 90-91.

Philippe Meyrier : p. 5 mg, 94, 98, 102, 106, 110, 112, 114, 118, 123, 127, 131, 135, 137, 138.